普通高等教育“十一五”国家级规划教材

桥隧检测与评定

主　编　于忠涛
副主编　朱芳芳　张　延
主　审　王　彤

中国水利水电出版社
www.waterpub.com.cn

内容提要

本书是以高职院校交通土建道路桥梁工程技术相关专业教学的实际需要，以公路工程现行技术规范、标准、试验规程为依据，紧紧围绕桥隧质检岗位的职业技能编写的，主要讲述公路桥隧工程质量检验评定方法，桥隧工程所用原材料（钢筋、混凝土、预应力构件、石料）及其配合比设计，桥梁基础及墩台检测与评定，桥梁预应力结构检测，桥梁上部构造检测与评定，旧桥检测与评定，涵洞及隧道工程检测与评定，结构混凝土无损检测技术等内容。

本书具有较强的操作性和实用性，既可作为交通土建道路桥梁工程技术专业、养护专业、监理专业、检测专业的教材，也可供相关专业技术人员参考使用。

图书在版编目（CIP）数据

桥隧检测与评定 / 于忠涛主编. -- 北京 : 中国水利水电出版社, 2010.5(2021.7重印)
普通高等教育“十一五”国家级规划教材
ISBN 978-7-5084-7504-2

Ⅰ. ①桥… Ⅱ. ①于… Ⅲ. ①桥梁结构－检测－高等学校－教材②隧道工程－工程结构－检测－高等学校－教材 Ⅳ. ①U446②U456

中国版本图书馆CIP数据核字(2010)第088668号

书　　名	普通高等教育“十一五”国家级规划教材 **桥隧检测与评定**
作　　者	主编　于忠涛　副主编　朱芳芳　张延　主审　王彤
出版发行	中国水利水电出版社 （北京市海淀区玉渊潭南路1号D座　100038） 网址：www.waterpub.com.cn E-mail：sales@waterpub.com.cn 电话：(010) 68367658（营销中心）
经　　售	北京科水图书销售中心（零售） 电话：(010) 88383994、63202643、68545874 全国各地新华书店和相关出版物销售网点
排　　版	中国水利水电出版社微机排版中心
印　　刷	清淞永业（天津）印刷有限公司
规　　格	184mm×260mm　16开本　22印张　522千字
版　　次	2010年5月第1版　2021年7月第3次印刷
印　　数	4501—6500册
定　　价	**65.00**元

前　　言

试验检测是工程质量管理的重要手段。客观、准确、规范、及时的试验检测数据，是指导、控制和评定工程质量的科学依据。本书《桥隧检测与评定》是高等职业技术院校交通土建专业的重要专业技术教材。本书以国家和交通部颁发的最新技术标准、规范和试验规程为依据，以职业岗位工作目标为切入点，紧紧围绕桥隧结构施工现场的试验检测需要来编写的。在编写中，注重理论联系实际，重点突出职业岗位对从业人员知识结构和职业能力的要求，充分体现高等职业教育的特点，具有较强的实用性和可操作性。

本书共分八章，第一章概述，第二章桥隧材料及配合比试验检测，第三章桥梁基础及墩台检测与评定，第四章桥梁上部构造检测与评定，第五章旧桥检测与评定，第六章涵洞工程检测与评定，第七章隧道检测与评定，第八章结构混凝土无损检测。

本书第一章、第二章第一节、第八章由辽宁省交通高等专科学校于忠涛副教授编写，第三章、第四章由辽宁省交通高等专科学校朱芳芳副教授编写，第二章第二节由辽宁省交通高等专科学校张丽教授编写，第五章由辽宁省交通高等专科学校张永丹编写，第七章由南京交通职业技术学院范忠明编写，第二章第三节、第六章由张延编写。

全书由辽宁省交通高等专科学校于忠涛任主编，辽宁省交通高等专科学校朱芳芳和张延任副主编，于忠涛担任全书统稿工作，辽宁省交通高等专科学校王彤教授担任主审。

本书在编写过程中，参考和引用了大量有关文献资料，在此对原作者诚表谢意。

由于时间仓促，水平有限，书中内容难免存在缺点和错误，敬请读者批评指正。

编　者

2010 年 3 月

目　　录

第一章　概　　述

学习目标

1. 了解桥隧工程试验检测的目的和意义。
2. 明确加强桥隧工程质量管理的措施。
3. 了解试验检测管理的相关程序和要求。
4. 掌握分项工程、分部工程、单位工程的质量评分方法及有关规定。
5. 知道桥隧工程在各阶段试验检测的内容。

第一节　检测的目的和意义

项目试验工作是公路工程质量管理的一个重要组成部分，是工程质量科学管理的重要手段。客观、准确、及时的试验检测数据是公路工程实践的真实记录，是指导、控制和评定工程质量的科学依据。公路工程试验检测的目的和意义如下。

(1) 用定量的方法，对用于公路工程的各种原材料、成品或半成品，科学地鉴定其质量是否符合国家质量标准和设计文件的要求，对其做出接收或拒收的决定，保证用于工程的原材料都是合格产品，是控制施工质量的主要手段。

(2) 对公路工程施工的全过程，进行质量控制和检测试验，保证施工过程中的每个部位、每道工序的工程质量，均满足有关标准和设计文件的要求，是提高工程质量、创优质工程的重要保证。

(3) 通过各种试验试配，经济合理地选用原材料，为企业创造良好的经济效益打下坚实的基础。

(4) 对于新材料、新技术、新工艺，通过试验检测和研究，鉴定其是否符合国家标准和设计要求，为完善设计理论和施工工艺积累实践资料，为推广新材料、新技术、新工艺做贡献。

(5) 对于在施工中的大跨径悬索桥、斜拉桥、拱桥和连续刚构桥，为使结构达到或接近设计的几何线形和受力状态，施工各阶段需对结构的几何位置和受力状态进行监测，根据测试值对下一阶段控制变量进行预测和制定调整方案，实现对结构施工控制，而试验检测是施工控制的重要手段。

(6) 试验检测是评价工程质量缺陷、鉴定和预防工程质量事故的手段。通过试验检测，为质量缺陷或事故判定提供实测数据，以便准确判定其性质、范围和程度，合理评价事故损失，明确责任，从中总结经验教训。

(7) 分项工程、分部工程、单位工程完成后，均要对其进行适当的抽验，以便进行质量等级的评定。

(8) 为工程竣工验收提供完整的试验检测证据，保证向业主交付合格工程。

(9) 试验检测工作集试验检测基本理论、测试操作技能和公路工程相关学科的基础知识于一体，是工程设计参数、施工质量控制、工程验收评定、养护管理决策的主要依据。

工程实践证明，不重视施工控制和施工现场质量的控制管理工作，而仅靠经验评估是造成工程出现早期破坏的重要原因，因此，认真做好桥隧试验检测工作，必须配备一定数量的试验检测设备和相应的专职试验检测技术人员，建立健全工程质量控制检测制度，对提高我国桥隧工程的设计、施工及整体建设水平具有十分重要的意义。

第二节 工程质量及试验检测管理

一、工程质量管理

工程质量是建设工程的核心，是决定工程建设成败的关键，搞好工程质量，对提高工程建设的经济效益、社会效益和环境效益都具有重大意义，直接关系到国家和人民的财产生命安全，关系着社会主义建设事业的发展。

为做好工程质量管理，主要从保证工序质量、以预防为主、用数据说话和建立质量保证体系等方面来进行。

1. 保证工序质量

一个单位工程都是由分项工程和分部工程所组成，是通过一道道工序来完成的。工程质量是各分项工程质量、分部工程质量组成的，是在各工序施工中创造的。因此保证各道工序质量是工程质量管理的关键。

首先，要认真贯彻执行"质量第一"的方针，提高质量意识；其次，充分调动施工现场全体职工关心施工质量的积极性；第三，切实有效地运用现代科学和管理技术，做好每一道工序，严格控制影响工序质量的各种因素。例如，钢筋混凝土浇筑的上道工序是安装模板，模板的安装质量一定要满足设计和规范要求，包括安装位置、模板尺寸、拼装严密、支撑牢靠等。只有保证了模板的安装质量，才能为混凝土浇筑质量创造良好的质量保证。每一道工序的施工都必须为下一道工序做好质量准备，应严格控制本工序的质量，保证不让不良品或废品流入下一道工序。

2. 预防为主

在生产过程中，随时都要受原材料、施工工艺、施工机具、操作者、检测手段及环境等因素的影响，使工程质量产生波动，产品质量是在生产过程中形成的。所以，产品的质量是设计和生产出来的，而不是检查出来的。那种只依靠质量检验把关，鉴定产品是否合格或是剔除废品，是一种消极的方法。

因此，全过程质量管理就是强调在设计和生产过程中各道工序、各个环节要采取预防性控制，使产品质量始终处于管理状态，防患于未然，把各种可能产生质量事故的苗头消灭在萌芽之中。也就是把过去那种"死后验尸"的被动管理变成"事前预防的主动管理"，变管结果为管过程，管理思想变为以预防为主。

3. 用数据说话

在质量管理中，如果没有数据和定量分析，也没有明确的质量概念，就没有科学的质量管理。全面质量管理是在统计质量管理基础上发展起来的，在统计质量管理中，数理统计方法是揭示波动规律、控制正常波动与异常波动的有力工具。全面质量管理运用数理统计方法，从生产过程中无数变化的现象里，客观地抽取有用的数据，加以整理分析，找出质量变动的规律性，作为决定行动、采取措施的基础。因此，在全面质量管理中，强调“一切用数据说话”，就是要尽可能用数据来反映事实。把管理工作定量化，这是科学管理的重要标志。

值得注意的是，“数据”有真、假之分。反映实际的、经过科学方法分析和加工整理的数据，得出的产品质量信息，才能作出符合实际的结论。那种凭个人经验估计数据、凑数据，是没有多大使用价值的，是与用数据说话的观点相违背的。

特别严重的是：个别人为了某种需要，有意地编造数据，不仅不能保证产品质量，相反会造成很大危害。所以，对待“数据”一定要坚持实事求是，不掺任何“水分”，要采取严肃的科学态度，坚决杜绝编造数据。

4. 质量保证体系

公路施工单位、工程监理和监督部门应按照质量第一的方针和全面质量管理要求，采取切实有效的措施，不断提高质量管理水平。要建立健全“政府监督、社会监理、企业自检”的三级质量保证体系，严格实行质量自检，加强质量监理和质量监督，以抓好工序质量，确保分项工程质量，以分项工程质量保证分部工程、单位工程和整个建设项目的工程质量。

公路工程质量监督部门是对公路工程质量进行监督管理的专职机构，据国家有关法规和部颁的现行技术规范、规程和质量检验评定为准，对公路工程质量进行强制性的监督管理。建设、设计、施工、监理单位在工程实施阶段都应接受质量监督部门的监督。

二、试验检测管理

试验检测工作是质检机构工作中的一个关键环节，试验检测结果的准确性与可靠性将直接影响质检机构的工作质量。为了确保提供的数据准确可靠，要求质检人员在试验检测的全过程中必须严格遵照有关试验检测规程，并力求消除试验检测人为误差，提高试验检测精度。

（一）桥隧工程试验检测的依据

公路桥隧工程试验检测应以国家和交通部颁布的有关公路工程的法规、技术标准、设计施工规范和试验规程为依据进行，对于某些新结构以及采用新材料和新工艺的桥梁，有关的公路工程规范、规程暂无相关条款规定时，可以借鉴执行国外或国内其他行业的相关规范、规程的有关规定。桥隧结构检测依据的技术标准、规范及试验检测规程主要如下。

（1）公路工程质量检验评定标准（JTG F80—2004）。

（2）公路桥涵施工技术规范（JTJ 041—2000）。

（3）公路桥涵设计通用规范（JTG D60—2004）。

（4）公路钢筋混凝土及预应力混凝土桥涵设计规范（JTG D62—2004）。

（5）公路圬工桥涵设计规范（JTG D61—2005）。

（6）公路桥涵地基与基础设计规范（JTG D63—2007）。

（7）金属材料室温拉伸试验方法（GB 228—2002）。

（8）金属材料弯曲试验方法（GB/T 232—1999）。

（9）公路工程岩石试验规程（JTG E41—2005）。

（10）公路工程集料试验规程（JTG E42—2005）。

（11）公路工程水泥及水泥混凝土试验规程（JTG E30—2005）。

(12) 建筑基桩检测技术规范（JGJ 106—2003）。

(13) 公路工程基桩动测技术规程（JTG/T F81—01—2004）。

(14) 公路桥梁板式橡胶支座（JT/T 4—2004）。

(15) 公路桥梁盆式橡胶支座（JT 391—1999）。

(16) 公路桥梁伸缩装置（JT/T 327—2004）。

(17) 预应力混凝土用钢绞线（GB/T 5224—2003）。

(18) 预应力混凝土用钢丝（GB/T 5223—2002）。

(19) 预应力筋用锚具、夹具和连接器（GB/T 14370—2000）。

(20) 普通混凝土力学性能试验方法标准（GB/T 50081—2002）。

(21) 公路土工试验规程（JTGE 40—2007）。

(22) 回弹法检测混凝土抗压强度技术规程（JGJ/T 23—2001）。

(23) 超声回弹综合法检测混凝土抗压强度技术规程（CECS 02：88）

(24) 钻芯法检测混凝土强度技术规程（CECS 03：88）。

(25) 超声法检测混凝土缺陷技术规程（CECS 21：2000）。

(26) 砌筑砂浆配合比设计规程（JGJ 98—2000）。

(27) 砌体工程施工质量验收规范（GB 50203—2002）。

(28) 公路隧道施工技术规范（JTJ 042 94）。

(29) 公路隧道通风照明设计规范（JTJ 026：1—1999）。

(30) 混凝土结构工程施工质量验收规范（GB 50204—2002）。

(31) 铁路隧道防排水技术规范（TB 10119—2000/J72—2001）。

(32) 铁路隧道衬砌质量无损检测规程（TB 10223—2004/ J341—2004）。

(33) 锚杆喷射混凝土支护技术规范（GB 50086—2001）。

(34) 公路隧道养护技术规范（JTG H12—2003）。

按照《公路工程质量检验评定标准》（JTG F80—2004）对公路桥涵进行项目检验时，具体试验检测还要以设计文件中对桥涵各部分结构尺寸、材料强度的要求为依据。

（二）对试验检测人员的要求

为确保检测工作质量，试验检测人员应认真履行岗位职责，做好本职工作，确保工程质量，并应根据以下要求，努力提高自己的业务水平和工作能力。

(1) 检测人员应熟悉检测任务、内容、项目，合理选择检测仪器，熟悉仪器的性能；使用精密、贵重、大型检测仪器设备者，应经过培训，考核合格后，取得操作证书方可上岗操作；会进行日常养护，进行一般或常规仪器的检验与校正。

(2) 检测人员应掌握与所检测项目相关的技术标准，了解本领域国内外测试技术、检测仪器的现状及发展方向，并具有学习与应用国内外最新技术进行检测的能力。

(3) 检测人员应能正确如实地填写原始记录。原始记录不得用铅笔填写，必须有检测人员、计算和校核人员的签名。原始记录如确需更改，作废数据上应画两条水平线，将正确数据填在上方，盖更改人的印章且原始记录保管期不得少于两年。检测结果必须由在本领域五年以上工作经验者校核，校核者必须在检测记录和报告中签字，以示负责。

(4) 检测人员应了解计量法常识及国际单位制基本内容，能运用数理统计方面的知识对检测结果进行数据处理。

（5）检测人员要坚持原则，对检测工作、数据处理工作持严肃态度，要以数据说话。

（三）试验检测人员的纪律

（1）认真学习贯彻国家、部门、地方有关质量方面的文件、政策、法令、法规，严格按产品技术标准、试验检测规程进行各项测试工作。

（2）坚持原则、忠于职守，遵守质检机构规定的各项规章制度。

（3）不准利用职权和工作条件接受受检企业或单位的礼品。

（4）不准擅自多抽或少抽样品，不准违章自理或使用样品。

（5）不准受贿，不准假公济私、弄虚作假。

（6）作风正派，秉公办事。

（7）严谨细致，实事求是，操作准确，保证工作质量，对检测数据负责。

（8）按要求及时试验，提供检测报告。

（9）对客户信息和保密的资料数据负有保密责任。

（四）检测前的准备工作和检测结束后的检查程序

1. 检测工作开始前的检查程序

（1）检测人员应对试样的被测部分的外观质量或品质进行检查，确保试样质量；填写委托时，应注明样品的来源、数量和参数，明确取样方法，抽样人员不能少于2人，取样和校核人对样品质量亦应负责。

（2）应对试验室的环境条件进行检查（如温度、湿度、电源等）。

（3）应检查仪器、设备的工作性能是否正常，是否有计量合格证或准用证。

（4）在运行不可重复的试验前，应对检测方法、仪器、条件等进行检查，当确认正常后再开始试验。

2. 检测工作结束后的检查程序

（1）对全部检测数据进行复核，确认无误后，对被测试样的被测部分作检后处理。

（2）检测结束后，检测人员应对测试仪器、设备的技术状况进行检查，并填与使用记录。

（3）用于现场检测的仪器、设备，使用完后，在检测机构办理归还手续时，应由借出人与仪器设备保管员共同进行技术性复查，并作记录。

（五）试验检测工作程序

1. 室内试验检测工作程序

（1）接受送样委托，并填写试验委托单。

（2）样品管理员负责样品的接收与保管。

（3）部门负责人安排试验任务，确定试验项目负责人。

（4）检验人员根据任务通知单从样品管理员处申领样品。

（5）检验人员按有关标准、规程、实施细则的规定进行检验，并认真填写原始记录。

（6）原始数据处理、复核后编写试验报告，部门负责人及其授权人进行初审。

（7）将报告送质量负责人、技术负责人进行审核。

（8）原始记录资料、检测报告送档案室归档保存。

（9）技术资料送档案室归档保存。

（10）试验设备的管理程序，包括采购、管理、编号、保养、检定、借出、归还、使用记录、维修记录等。

2. 现场检测试验工作程序

（1）接受试验委托。

（2）与委托单位、设计单位、质量监督部门共同确定检测内容及技术要求。

（3）部门负责人安排检测任务、确定检测项目负责人。

（4）检测项目负责人根据承检项目的有关标准、规范、实施细则并按照委托合同的有关内容，编制检测方案。

（5）技术负责人、质量负责人对检测方案进行审核后报中心主任批准。

（6）检测项目负责人根据检测方案落实有关准备工作。

（7）检测项目负责人组织与实施检测试验工作。

（8）检测项目负责人根据检测结果编写检测报告，并由专人进行复核。

（9）将报告送质量负责人、技术负责人进行审核。

（10）原始记录资料、检测报告送档案室归档保存。

（11）技术资料送档案室归档保存。

（六）试样保管制度

（1）试样由专人负责保管。

（2）接受样品时，由专人确认样品的规格、数量、外观完好性及检测要求后进行登记，并由送样单位和接收人签名。

（3）样品要有明确的标识：工程名称、编号、送样日期、批号、龄期、检验项目等，确保样品不致混淆。

（4）环境条件应符合保管样品的要求。

（5）现场采集的试样，要及时登记、注上标记，并有可靠的运输、保管措施，以保证样品不致损坏、变形、变质。

（6）不得将样品转借或作他用。

（7）对非破坏性检测的样品，在检测工作结束并经核实检测结果无误后，将样品保存3个月后方可处理。一般样品不能退回送检单位，特殊情况需退回时，应报质量负责人批准并记录。

（8）破坏性检测样品，检测工作结束后，一般不予保留，应统一堆放，不得随意丢弃。

（9）样品在检测过程中遇到意外检测破坏时，检测人员应将破坏的原因和情况填写在“检测任务通知单”内，及时报质量负责人处理。

（七）试验检测数据的处理

1. 试验检测数据整理

试验检测数据的处理是试验检测工作中的一个重要内容。由于试验检测中得到的数值都是近似值，而且在运算过程中，还可能要运用无理数构成的常数，因此，为了获得准确的试验检测结果，同时也为了节省运算时间，必须按误差理论的规定和数字修约规则截取所需要的数据。此外，误差表达方式反映了对试验检测结果的认识是否正确，也利于用户对试验检测结果的正确理解。由于目前尚未规定报告上必须注明不确定度，暂时可以不考虑。

（1）数据处理应注意以下几点：①检测数据有效位数的确定方法；②检测数据异常值的判定方法；③区分可剔除异常值和不可剔除异常值；④整理后的数据应填人原始记录的相应部分。

（2）检测数据的有效位数应与检测系统的准确度相适应，不足部分以“零”补齐，以便测试数据位数相等。

（3）同一参数检测数据个数少于3时用算术平均值法；测试个数大于3时，建议采用数理统计方法，求算代表值。

（4）测试数据异常值的判断，对于每一单元内检测结果中的异常值用格拉布斯(Crabbs）法；检测各试验室平均值中的异常值用狄克逊（Dixon）法。

这里要强调一下，对比检测是用3台与原检测仪器准确度相同的仪器对检测项目进行重复性试验。若检测结果与原检测数据相符，则证明此异常值是由产品性能波动造成的；若不相符，则证明此值是因仪器造成可以剔除。

2. 试验检测结果判断

在工程质量检验评定中，施工质量的不合格率是大家所关心的问题，由于所抽子样的数据都是随机变量，它们总是存在一定波动。看到数据有一些变化，或某检测数据低于技术规定要求，就认为施工质量或产品有问题，这样的判断方法是不慎重的，也是缺乏科学根据的，因此很容易给施工带来损失。

（八）检测事故的分析报告

检测过程发生下列情况按事故处理：

（1）试样丢失或损坏。

（2）原始记录、检测报告等技术资料丢失。

（3）检测人员操作错误、检测仪器的设备、检测条件等不符合检测工作要求，试验方法有误，数据差错，而造成的检测结论错误。

（4）检测过程中发生人身伤亡。

（5）检测过程中发生仪器、设备损坏。

凡违反上述各项规定所造成的事故均为责任事故，可按经济损失的大小、人身伤亡情况分成小事故、大事故和重大事故。

重大或大事故发生后，应立即采取有效措施，防止事态扩大，抢救伤亡人员，并保护现场，通知有关人员处理事故。

事故发生后3天内，由发生事故部门填写事故报告单，报告办公室。

事故发生后5天内，由中心负责人主持，召开事故分析会，对事故的直接责任者作出处理，对事故作善后处理并制订相应的办法，以防类似事故产生。

重大或大事故发生后7天内，中心应向上级主管部门补交事故处理专题报告。

（九）异常现象的处理方法

检测过程中出现异常现象或突然的外界干扰时的处理办法如下：

（1）出现异常数据时，应停止检测工作，对试样质量、检测仪器设备的工作状态等进行详细检查，并记录检查情况。

（2）因外界干扰（如停电、停水等）而中断试验，干扰过后，检测工作重新开始。

（3）因检测仪器、设备故障或损坏而中断试验者，可用同等级的代用仪器、设备进行检测或将损坏的仪器、设备修复，经验证合格后，才能开始检测。

（4）如发生检测仪器、设备损坏事故，被测试件损坏事故，人身伤亡等事故时，应保护现场，同时向主任或技术负责人报告，待妥善处理后再进行检测。

（十）检测实施细则的制定

1. 检测方法确定

当技术标准中未明确规定检测方法，或所规定的检测方法不能满足计量认证的要求时，由负责该工程的技术人员根据技术指标和要求，提出质量检测实施细则，由中心主任或副主任批准后实施。

2. 检测实施细则

检测实施细则包括如下内容：

（1）检测工作公正性的措施。

（2）检测所依据的技术标准、规程、规范。

（3）检测项目及技术要求。

（4）检测用仪器、设备的名称、型号、量程、精确度、操作规程、环境条件，对检测仪器设备的安装要求等。

（5）检测过程流程图。

（6）在检测过程中发生意外事故的处理办法（如停电、停水、仪器、设备发生意外损坏等）。

（7）对检测过程中可能发生的意外事故制定相应的应急处理措施。

（8）检测结果判断方法。

（十一）试验室的管理制度

（1）试验室是进行检测、检定工作的场所，必须保持清洁、整齐、安静。

（2）试验室内禁止随地吐痰、吸烟、吃东西；禁止将与检测工作无关的物品带入试验室；工作人员不得在恒温恒湿室内喝水，禁止用湿布擦地，禁止开启门窗。

（3）要换鞋、换衣的试验室，不管任何人进入，都要按规定更换工作服、鞋。

（4）试验室应建立卫生值日制度，每天有人打扫卫生，每周彻底清扫一次，空调通风管每季度彻底清扫一次。

（5）下班后与节假日，必须切断电源、水源、气源，关好门窗，以保证试验室的安全。

（6）仪器设备的零部件要妥善保管，连接线、常用工具应排列整齐，说明书、操作手册和原始记录表等应专柜保管。

（7）带电作业应由 2 人以上操作，地面应采取绝缘措施，电烙铁应放在烙铁架上，电源线应排列整齐，不得横跨过道。

（8）试验室内设置消防设施、消火栓和灭火桶，灭火桶应经常检查，任何人不得私自挪动位置，不得挪作他用。

（9）在进行有毒有害气体产生的试验检测时，应注意实验室的通风，维护试验检测人员的身体健康。

（10）应注意环境保护，不能因为进行试验检测而污染环境。

第三节　质量评定及试验检测内容

一、桥隧工程质量评定方法

（一）桥隧工程质量等级评定单元的划分

《公路工程质量检验评定标准》（JTG F80—2004）适用于公路工程施工单位、工程监理单位、建设单位、质量检测机构和质量监督部门对公路工程质量的管理、监控和检验评定。它是公路工程检查与验收的质量评定依据。

按桥隧工程建设规模大小、结构部位和施工工序将建设项目划分为单位工程、分部工程和分项工程（见表1-1），逐级进行工程质量等级评定。

表1-1　　单位、分部及分项工程的划分

单位工程	分部工程	分　项　工　程
路基工程	小桥及符合小桥标准的通道*、人行天桥渡槽（每座）	基础及下部构造*，上部构造预制、安装或浇筑*，桥面*，栏杆，人行道等
	涵洞，通道（1～3km路段）	基础及下部构造*，主要构件预制、安装或浇筑*，填土，总体等
桥梁工程（特大、大中桥）	基础及下部构造*（每桥或每墩、台）	扩大基础，桩基*，管柱*，地下连续墙*，承台，沉井*，桩的制作*，钢筋加工安装，墩台身（砌体）浇筑，墩台身安装，墩台帽*，组合桥台*，台背填土，支座垫石和挡块等
	上部构造预制和安装*	主要构件预制*，其他构件预制，钢筋加工及安装，预应力筋的加工和张拉*，梁板安装，悬臂拼装*，顶推施工梁*，拱圈节段预制，拱的安装，转体施工拱*，劲性骨架拱肋安装*，钢管拱肋制作*，钢管拱肋安装*，吊杆制作和安装*，钢梁制作*，钢梁安装*，钢梁防护*等
	总体、桥面系和附属工程	桥梁总体*，桥面防水层施工，桥面铺装*，钢桥面铺装*，支座安装，搭板，伸缩缝安装，大型伸缩缝安装*，栏杆，护栏安装，人行道铺设，灯柱安装等
	防护工程	护坡，护岸*，导流工程*，石笼防护，砌石工程等
	引道工程	路基*，路面*，挡土墙*，小桥*，涵洞*，护栏等
互通立交工程	桥梁工程*（每座）	桥梁总体*，基础及下部构造*，上部构造预制、安装或浇筑*，支座安装，支座垫石，桥面铺装*，护栏，人行道等
	匝道工程（每条）	路基*，路面*，通道*，护坡，挡土墙*，护栏等
隧道工程	总体	隧道总体等
	明洞	明洞砌筑，明洞防水层，明洞回填*等
	洞口工程	洞身开挖，洞口边仰坡防护，洞口和翼墙的浇（砌）筑，截水沟，洞口排水沟等
	洞身开挖*	洞身开挖*（分段）等
	洞身衬砌*	（钢纤维）喷射混凝土支护，锚杆支护，钢筋网支护，仰拱，混凝土衬砌*，钢支撑，衬砌钢筋等
	防排水	防水层，止水带、排水沟等
	隧道路面	基层*，面层*等
	装饰	装饰工程
	辅助施工措施	超前锚杆、超前钢管等

注　表内标注*号者为主要工程，评分时给以2的权值；不带*号者为一般工程，权值为1。

单位工程：建设项目中，根据业主下达任务或签订的合同，具有独立施工条件，可以单独作为成本计算对象的工程，如大、中跨径桥梁、互通式立交可划分为单位工程。

分部工程：单位工程中按结构部位、路段长度及施工特点或施工任务等划分为若干个分部工程。

分项工程：在分部工程按不同的施工方法、材料、工序及路段长度等划分为若干个分项工程。工程质量检验评分以分项工程为单元，采用100分制进行。在分项工程评分的基础上，逐级计算各相应分部工程、单位工程、合同段和建设项目评分值。

工程质量评定等级分为合格与不合格，应按分项、分部、单位工程、合同段和建设项目逐级评定。

施工单位应按《公路工程质量检验评定标准》（JTG F80—2004）及相关施工技术规范提交真实、完整的自检资料，对工程质量进行自我评定。

工程监理单位应按规定要求对工程质量进行独立抽检，对施工单位检评资料进行签认，对工程质量进行评定。建设单位根据对工程质量的检查及平时掌握的情况，对工程监理单位所做的工程质量评分及等级进行审定。

（二）工程质量评分方法

1. 分项工程质量评分

分项工程质量检验内容包括基本要求、实测项目、外观鉴定和质量保证资料四个部分。只有在其使用的材料、半成品、成品及施工工艺符合基本要求的规定且无严重外观缺陷和质量保证资料基本齐全时，才能对分项工程质量进行检验评定。

检测项目的规定极值是指任一单个检测值都不能突破的极限值，不符合要求时该实测项目为不合格。分项工程的评分值满分为100分，按实测项目采用加权平均计算。存在外观缺陷或资料不全时，须予减分。

$$\text{分项工程得分}=\frac{\sum[\text{检查项目得分}\times\text{权值}]}{\sum\text{检查项目权值}} \tag{1-1}$$

$$\text{分项工程评分值}=\text{分项工程得分}-\text{外观缺陷减分}-\text{资料不全减分}$$

（1）基本要求检查：各分项工程所列基本要求包括了有关规范的要点，对施工质量控制具有关键作用的，应按基本要求对工程进行认真检查，经检查不符合基本要求规定时，不得进行工程质量的检验评定。

（2）实测项目计分：对规定检查项目采用现场抽样方法，按照规定频率和下列计分方法对分项工程的施工质量直接进行检测评分。检查项目除按数理统计方法评定的项目以外，均应按单点（组）测定值是否符合标准要求进行评定，并按合格率计分。

$$\text{检项目合格率}=\frac{\text{检查合格的点(组)数}}{\text{该检查项目的全部检查点(组)数}}\times 100\% \tag{1-2}$$

$$\text{检查项目得分}=\text{检查项目合格率}\times 100$$

（3）外观缺陷减分：对工程外表状况进行检查评定时，如发现外观缺陷，应进行扣分。对于较严重的外观缺陷，施工单位须采取合适的措施进行整修处理。

（4）资料不全扣分。分项工程的施工资料和图表残缺，缺乏最基本的数据或有伪造涂改资料者，不予检验和评定。资料不全者应予扣分，扣分幅度视资料不全情况，每款扣1～3分。

质量保证资料应包括以下 6 项。

1）所用材料、半成品和成品质量检验结果。

2）材料配比、拌和加工控制检验和试验数据。

3）地基处理和隐蔽工程施工记录。

4）各项质量控制指标的试验记录和质量检验汇总图表。

5）施工过程中遇到的非正常情况记录及其对工程质量影响分析。

6）施工中如发生质量事故，经处理补救，达到设计要求的认可证明文件等。

2. 分部工程和单位工程评分方法

分部工程和单位工程评分采用加权平均值计算法确定相应的评分值，即

$$\text{分部(单位)工程评份}=\frac{\sum[\text{分项(分部)工程评分}\times\text{相应权数}]}{\sum\text{分项(分部)工程权数}} \tag{1-3}$$

3. 合同段和建设项目工程质量评分

各合同段工程质量评分采用所含各单位工程质量评分的加权平均值。即

$$\text{合同段工程质量评分值}=\frac{\sum[\text{单位工程质量评分值}\times\text{该单位工程投资额}]}{\text{合同段总投资额}} \tag{1-4}$$

工程各合同段交工验收结束后，由项目法人对整个工程项目进行工程质量评定，工程质量评分采用各合同段工程质量评分的加权平均值，即

$$\text{工程项目质量评分值}=\frac{\sum[\text{合同段工程质量评分值}\times\text{该合同段投资额}]}{\sum\text{施工合同段投资额}} \tag{1-5}$$

（三）工程质量等级评定

1. 分项工程质量等级评定

分项工程评分值不小于 75 分者为合格，小于 75 分者为不合格。

评定为不合格的分项工程，经加固、补强或返工、调试，满足设计要求后，可以重新评定其质量等级，但计算分项工程评分值时按其复评分值的 90%计算。

2. 分部工程质量等级评定

所属各分项工程全部合格，则该分部工程为合格；所属任一分项工程不合格，则该分部工程为不合格。

3. 单位工程质量等级评定

所属各分部工程全部合格，则该单位工程为合格；所属任一分部工程不合格，则该单位工程为不合格。

4. 合同段和建设项目质量等级评定

合同段和建设项目所属单位工程全部合格，其工程质量等级为合格；所属任一单位工程不合格，则合同段和建设项目为不合格。

5. 工程质量鉴定时的等级评定

根据交通部《公路工程竣（交）工验收办法》，质量监督部门和竣工验收委员会按交通部规定的公路工程质量鉴定办法对工程质量检测鉴定，竣工验收时工程质量评定得分不小于 90 分为优良，小于 90 分且不小于 75 分为合格，小于 75 分为不合格。

二、桥涵工程试验检测内容

桥隧工程主要原材料试验检测项目、频度及采用的规程（标准）见表 1-2。桥涵施

工阶段试验检测项目及采用的规程（标准）见表1-3。桥涵工程水泥混凝土等配合比设计试验项目及采用的规程（标准）见表1-4。

表1-2　　桥涵工程主要原材料试验项目、频度及采用的规程（标准）

名称	试验检测项目			规程（标准）	频　度	备　注
钢材	钢筋		屈服强度	金属材料室温拉伸试验方法（GB 228—2002）、金属材料弯曲试验方法（GB/T 232—1999）	施工准备阶段；施工中每批不大于60t，每批取1组，每组至少取4个试件，分别作拉伸、冷弯试验	包括光圆钢筋、热轧带肋钢筋、冷轧带肋钢筋、低碳钢热轧圆盘条
			抗拉强度			
			伸长率			
			冷弯试验			
	焊接钢筋	闪光对焊接头	拉伸试验		同班组、同焊工、同一焊接参数以300个同类型接头为一批或连续焊接一周内不足300个接头时按一批。每批取6件，3件作拉伸试验，3件作弯曲试验	拉伸试验是检验抗拉强度、延性断裂。试验结果判别见《公路桥涵施工技术规范》（JTJ 041—2000）
			弯曲试验			
		电弧焊接头	拉伸试验		以300个同类型接头为一批或不足300个作一批。每批取3件	
预应力钢材	冷拉钢筋		屈服强度		钢筋级别、直径相同的重量不大于20t为一批。任选两根钢筋，各截取一套（3件）试件	试验结果判别见《公路桥涵施工技术规范》（JTJ 041—2000）
			抗拉强度			
			伸长率			
			冷弯试验			
	冷拔钢丝		抗拉强度		从每盘钢丝上任一端截去不少于500mm后再取两个试样	
			伸长率			
			弯曲试验			
	精轧螺纹钢筋		屈服强度		每批重量不大于100t，每批中任选2根截取试件	
			抗拉强度			
			伸长率			
			冷弯试验			
			松弛试验			
	钢丝		抗拉强度		每批重量不大于60t，每批抽取5%但不少于3盘，在每盘钢丝的两端取样，共取3×3个试件	
			规定非比例伸长应力			
			伸长率			
			冷弯试验			
			松弛试验			
	钢绞线		钢绞线最大负荷		每批重量不大于60t，每批选3盘，每盘选钢绞线端部正常部位截取2根试件作试验；每批少于3盘，则逐盘取样	
			屈服负荷			
			伸长率			
			松弛试验			
	热处理钢筋		屈服强度		每批重量不大于60t，每批抽取10%的盘数（不少于25盘）进行试验，共抽3个试件	
			抗拉强度			
			伸长率			
	螺旋管		径向刚度、抗渗透、抗弯曲渗透	（JG/T 3013）	同厂同一批钢带制造，累计半年或50000m为一批	

续表

<table>
<tr><th>名称</th><th colspan="2">试验检测项目</th><th>规程（标准）</th><th>频　　度</th><th>备　　注</th></tr>
<tr><td rowspan="5">水泥</td><td colspan="2">细度检验</td><td rowspan="5">公路工程水泥及水泥混凝土试验规程（JTGE 30—2005）</td><td rowspan="5">施工准备阶段；施工中每批次或每200t至少测一次；质量有怀疑时</td><td rowspan="5"></td></tr>
<tr><td colspan="2">标准稠度用水量测定</td></tr>
<tr><td colspan="2">初、终凝时间测定</td></tr>
<tr><td colspan="2">安定性检验</td></tr>
<tr><td colspan="2">水泥胶砂强度检验</td></tr>
<tr><td rowspan="16">砂碎石或砾石</td><td colspan="2">筛分试验</td><td rowspan="16">公路工程集料试验规程（JTGE 42—2005）</td><td>施工准备阶段；材料变更时；施工中每批次或每200t至少测一次</td><td rowspan="16"></td></tr>
<tr><td colspan="2">表观密度试验</td><td>混凝土配合比设计时</td></tr>
<tr><td colspan="2">堆积密度及紧装密度试验</td><td>需要时</td></tr>
<tr><td colspan="2">含水率试验</td><td>混凝土拌和前；需要时</td></tr>
<tr><td colspan="2">含泥量试验（筛洗法）</td><td>同砂筛分试验</td></tr>
<tr><td colspan="2">各种杂质含量试验</td><td>需要时</td></tr>
<tr><td colspan="2">坚固性试验</td><td>需要时</td></tr>
<tr><td colspan="2">筛分试验</td><td>施工准备阶段；材料变更时；施工中每批次或不超过400m³（机械集中生产）或不超过200m³（人工分散生产）至少测一次</td></tr>
<tr><td colspan="2">密度及吸水率试验</td><td>混凝土配合比设计时</td></tr>
<tr><td colspan="2">含水率试验</td><td>混凝土拌和前；需要时</td></tr>
<tr><td colspan="2">针片状颗粒含量试验</td><td>同碎砾石筛分试验</td></tr>
<tr><td colspan="2">压碎值试验</td><td>同碎砾石筛分试验</td></tr>
<tr><td colspan="2">含泥量及泥块含量试验</td><td>施工准备阶段；施工中怀疑含量超标时</td></tr>
<tr><td colspan="2">吸水率及表面含水率试验</td><td>需要时</td></tr>
<tr><td colspan="2">碱活性检验</td><td>需要时</td></tr>
<tr style="display:none"><td></td><td></td><td></td></tr>
<tr><td rowspan="11">桥梁专用材料</td><td rowspan="5">锚具等</td><td>硬度检验</td><td>（JTJ 055—83）</td><td>每批抽取5%的锚具且不少于5套，有硬度要求作硬度试验；对夹片，每套至少抽5片。每试件测3点</td><td>试验结果判别见《公路桥涵施工技术规范》（JTJ 041—2000）</td></tr>
<tr><td>静载试验</td><td rowspan="4">（GB/T 14370—2000）</td><td rowspan="4">同类型、同材料、同工艺生产的数量，每批不超过1000套。每项试验需抽取3套试件用的锚具、夹具和连接器</td><td rowspan="4"></td></tr>
<tr><td>疲劳试验</td></tr>
<tr><td>周期荷载试验</td></tr>
<tr><td>辅助性试验</td></tr>
<tr><td rowspan="6">支座</td><td>抗压弹性模量试验</td><td rowspan="6">公路桥梁板式橡胶支座（JT/T 4—2004）</td><td rowspan="6">成品进入工地后，每批抽检</td><td rowspan="6"></td></tr>
<tr><td>抗剪弹性模量试验</td></tr>
<tr><td>极限抗压强度试验</td></tr>
<tr><td>容许剪切角试验</td></tr>
<tr><td>摩擦系数试验</td></tr>
<tr><td>容许转角试验</td></tr>
</table>

表 1-3 桥涵工程施工试验检测项目及采用的规程（标准）与频度

内容	试验检测项目			采用规程（标准）	频度	备 注
地基承载力	土质试验			公路桥涵地基与基础设计规范（JTGD 63—2007）	每处基础均测	适用于桥涵、桥墩台、挡墙等基础
	动力触探试验					
混凝土灌注桩	泥浆性能指标	相对密度		公路桥涵施工技术规范（JTJ 041—2000）	每孔均测	
		黏度				
		含砂率				
		胶体率				
		失水率				
	孔位、孔径、孔深、倾斜度、沉淀厚度等					
	基桩混凝土完整性检测	低应变反射波法		公路工程基桩动测检测规程（JTG/TF 81—01—2004）	高等级公路的桥梁、重要工程或重要部位的桩逐根检测，一般公路抽检	
		超声波法				
		钻芯检验法		钻芯法检测混凝土强度技术规程（CECS 03：88）	设计有规定或对桩质量有疑问	
	基桩承载能力检测	静载试验	垂直静载试验	建筑基桩检测技术规范（JGJ 106—2003）	特殊地质或重要大桥	
			水平静载试验			
		高应变动测法		JTG/TF 81—01—2004		
	基桩混凝土强度检测			JTG F80/1—2004	每孔均测	
普通混凝土	混凝土试件制作			公路工程水泥及水泥混凝土试验规程（JTG E 30—2005）	见公路工程质量检验评定标准（JTG F 80/1—2004）	
	拌和物坍落度试验				每工作班或每单元结构物至少两次	
	混凝土抗压强度试验				同混凝土试件制作	
	混凝土抗冻性试验					
普通混凝土构件	强度无损检测	回弹法		JGJ/T 23—2001	对混凝土构件浇筑质量有怀疑时；对构件混凝土强度抽测时；施工需要时等	
		超声回弹综合法		CECS 02：88		
		钻芯取样法		CECS 03：88		
	缺陷	超声法		CECS 21：2000		
	混凝土构件的外观尺寸、位置、高程等检测			JTG F80/1—2004	每构件均测	
	基础位置、尺寸和高程				每基础均测	

续表

内容	试验检测项目	采用规程（标准）	频度	备　注
预应力筋的加工及张拉	预应力管道坐标、间距		抽查 30%，每根查 10 点	
	张拉设备校验		千斤顶使用超过 6 个月或 200 次或使用不正常	
	预应力筋张拉力控制和伸长量检测		每次张拉时	
	压浆强度试验		每一工作班留取 3 组以上	
其他	普通钢筋加工及安装检测	JTG F80/1—2004	每构件均测	
	桥面系检测		每座桥均测	
	涵洞的位置、外观尺寸、结构尺寸、高程等检测		每道涵洞均测	

表 1－4　　　桥涵工程配合比设计试验项目及采用规程（标准）

配合比设计及试验项目名称		采用规程（标准）	备　注
普通混凝土、高强混凝土、泵送混凝土、抗冻混凝土、大体积混凝土配合比设计	试件制作及养护	公路工程水泥及水泥混凝土试验规程（JTG E30—2005）	
	坍落度或维勃稠度试验		
	湿密度试验		
	抗压强度试验		
	抗冻融性能试验（需要时做）		抗冻混凝土设计
孔道压浆配合比设计	抗压强度试验	公路桥涵施工技术规范（JTJ 041—2000）	
	泌水率和膨胀率试验		
	稠度试验		

三、公路隧道试验检测内容

公路隧道检测技术涉及面广，内容很多。按隧道修建过程分类，其主要内容包括材料质量检测、超前支护与预加固围岩施工质量检测、开挖质量检测、初期支护施工质量检测、防排水质量检测、施工监控量测、混凝土衬砌质量检测、通风检测、照明检测等。公路隧道检测技术也可按材料检测、施工检测、环境检测等内容分类。

（一）材料检测

支护材料和防排水材料较具隧道和地下工程特色。支护材料包括锚杆、喷射混凝土和钢构件等。锚杆杆体材质、锚固方式、杆体结构和托板形式等种类繁多；喷射混凝土有干喷、湿喷、潮喷三种，为了获取较好的力学特性和工程特性，往往在喷射混凝土混合料之外，还添加各种外加剂。所以锚喷材料的检测内容繁多，限于篇幅，本书只介绍锚喷的施工质量，材料的品质最终由锚喷的强度等指标反映。防排水材料对隧道工程特别重要，有些甚至是隧道与地下工程专用的材料。隧道防水材料包括注浆材料、高分子合成卷材、排水管和防水混凝土等。值得指出的是，合成高分子防水卷材在我国发展很快，目前修建的公路隧道、地铁和部分铁路隧道都采用不同性能、不同规格的合成高分子卷材作防水夹层，取得了良好的效果。

（二）施工检测

施工检测的内容十分丰富，可概括为两个方面，即施工质量检测和施工监控量测。

1. 施工质量检测

公路隧道工程上出现的种种质量问题，绝大部分都是在施工过程中埋下了质量隐患，如渗漏水、衬砌开裂和限界受侵等，因此必须对施工过程进行质量检测。其主要内容包括超前支护及预加固、开挖、初期支护、防排水和衬砌混凝土质量检测。

在浅埋、严重偏压、岩溶、流泥地段、砂土层、砂卵（砾）石层、自稳性差的软弱破碎地层、断层破碎带以及大面积淋水或涌水地段进行施工时，由于隧道在开挖后自稳时间小于完成支护所需时间，或由于初期支护的强度不能满足围岩稳定的要求等原因，而产生坍塌、冒顶等工程事故，影响了施工安全，延误了工期、费工费料，危害极大。做好辅助施工措施的质量检查工作也是至关重要的。

爆破成形好坏对后续工序的质量影响极大，目前在检测爆破成形质量技术方面发展很快。发达国家已广泛使用隧道断面仪来及时检测爆破成形质量，我国在一些长大铁路隧道施工中也已开始使用断面仪。该仪器可以迅速测取爆破后隧道断面轮廓，并将其与设计开挖断面比较，从而得知隧道的超欠挖情况。应用隧道断面仪还可监测锚喷隧道围岩的变形情况。

支护质量主要指锚杆安装质量、喷射混凝土质量和钢构件质量。对于锚杆，施工质量检测的内容有锚杆的间排距、锚杆的长度、锚杆的方向、注浆式锚杆的注满度、锚杆的抗拔力等。对于喷射混凝土，施工中应主要检测其强度、厚度和平整度。对于钢构件，则要检测构件的规格与节间连接、架间距、构件与围岩的接触情况以及与锚杆的连接。此外，对支护背后的回填密实度也要进行探测。

衬砌混凝土质量检测包括衬砌的几何尺寸、衬砌混凝土强度、混凝土的完整性、混凝土裂缝、衬砌背后的回填密度和衬砌内部钢架、钢筋分布等的检测。其中外观尺寸容易用直尺量测，混凝土强度及其完整性则需用无损探测技术完成，混凝土裂缝可用塞尺等简单方法检测，衬砌背后的回填密实度可采用地质雷达法和钻孔法检测。

2. 施工监控量测

施工监控量测是新奥法施工的一项重要内容，它既是施工安全的保障措施，又是优化结构受力、降低材料消耗的重要手段。量测的基本内容有隧道围岩变形、支护受力和衬砌受力。前面提到的隧道断面仪是目前最先进的隧道围岩变形量测仪器，利用它可迅速测定隧道周边的变形。围岩内部的位移，目前常用机械式多点位移计量测。锚杆受力可用钢筋计量测，喷射混凝土、钢构件和衬砌受力可用各种压力盒、混凝土应变计、表面应变计等量测。将量测结果人工或自动输入计算机，计算机便可根据反算力学模型，推求围岩中的应力场和位移场，据此推断围岩的稳定状态，调整支护或衬砌设计参数。如此反复，使支护与衬砌设计参数与围岩条件相协调，使施工方案不断优化。

（三）环境检测

环境检测可分为施工环境检测和运营环境检测。施工环境检测的主要任务是检测施工过程中隧道内的粉尘和有害气体。这里的有害气体主要指 CH_4，我国西南地区修建隧道时经常遇到。若 CH_4 达到一定浓度，施工中防治措施不当，则可能引发 CH_4 爆炸，造成人身伤亡或经济损失。

运营环境检测包括通风、照明和噪声等。其中通风检测相对比较复杂，检测内容较多，主要有 CO 浓度、烟尘浓度和风速等，受来往车辆的影响不易获得准确的数据。照明检测技术较为先进，现有专供照明检测的车载照度仪、亮度仪，只要随车从隧道通过一趟，隧道内各区段的照明情况便可查清。噪声的检测也比较简单，用噪声计可直接数显隧道内噪声。

思考题与习题

1. 试述做好试验检测工作对提高桥隧工程质量的意义。
2. 简述如何加强工程质量管理。
3. 简述现行国家和交通部颁布的试验检测规程的名称和相应内容。
4. 简述对检测人员的基本要求。
5. 简述有关试验检测的工作程序、要求和制度。
6. 公路工程质量等级评定单元如何划分？质量等级评为几级？质量等级如何评定？
7. 分项工程质量检验包括哪些内容？怎样给分项工程评分？
8. 工程质量评定时，主要应填写哪些表格？
9. 一般分项工程的质量保证资料都包括哪些内容？
10. 路基中某小桥质量检测得分如下：①基础及下部构造 88 分；②上部构造现浇 86 分；③桥面 84 分；④栏杆 90 分；⑤人行道 92 分。试确定该分部工程评分及质量等级。(其中④、⑤两项为非主要工程)。
11. 公路桥隧检测内容有哪些？

第二章　桥隧材料及配合比试验检测

学习目标

1. 熟悉各种钢筋及预应力钢筋的技术性能及试验判定规则。
2. 掌握钢筋拉伸试验和弯曲试验方法，了解钢筋的其他试验方法。
3. 掌握钢筋加工与安装的技术要求。
4. 掌握普通混凝土配合比设计方法和强度等级的评定。
5. 掌握砌体石料、砂浆的技术标准和规格。
6. 掌握石料和砂浆有关试验方法。
7. 掌握砂浆配合比设计方法和强度等级的评定。
8. 能正确填写原始记录和检验评定表，能够对钢筋、混凝土质量作出正确评价。

第一节　钢筋检测评定

一、钢筋的力学性能标准

1. 普通钢筋

钢筋混凝土中的钢筋和预应力混凝土中的非预应力钢筋有光圆钢筋、热轧带肋钢筋、冷扎带肋钢筋、低碳钢热轧圆盘条。依据《钢筋混凝土用热轧光圆钢筋》（GB 1499.1—2008）和《钢筋混凝土用热轧带肋钢筋》（GB 1499.2—2007）的规定，普通钢筋的力学性能标准见表 2-1。

表 2-1　　普通钢筋的力学性能指标、强度标准

表面形状	牌号	公称直径（mm）	屈服强度 R_{el}（MPa）	抗拉强度 R_m（MPa）	断后伸长率 A（%）	最大力总伸长率 A_{gt}（%）	弯芯直径	冷弯试验
热轧光圆	HPB235	6～22	≥235	≥370	≥25	≥10	d	180°
	HPB300		≥300	≥420				
热轧带肋	HRB335 HRBF335	6～25	≥335	≥455	≥17	≥7.5	3d	180°
		28～40					4d	
		＞40～50					5d	
	HRB400 HRBF400	6～25	≥400	≥540	≥16		4d	180°
		28～40					5d	
		＞40～50					6d	
	HRB500 HRBF400	6～25	≥500	≥630	≥15		6d	180°
		28～40					7d	
		＞40～50					8d	

续表

表面形状	牌号	公称直径（mm）	屈服强度 R_{el}（MPa）	抗拉强度 R_m（MPa）	断后伸长率 A（%）	最大力总伸长率 A_{gt}（%）	弯芯直径	冷弯试验
冷轧带肋	CRB550	4～12	≥500	≥550	$A_{11.3}$ ≥8.0	—	3d	180°
	CRB650	4、5、6	≥585	≥650	—	A_{100} ≥4.0	—	
	CRB800		≥720	≥800	—	A_{100} ≥4.0	—	
	CRB970		≥875	≥970	—	A_{100} ≥4.0	—	

注　1. D 为弯心直径，d 为钢筋直径。

2. A、$A_{11.3}$为断后伸长率，A_{gt}为最大力总伸长率，A 表示原始标距为 5d 的断后伸长率，$A_{11.3}$表示原始标距为 11.3 $\sqrt{S_0}$的断后伸长率，A_{100}表示原始标距为 100mm 的断后伸长率，S_0 为试件原始横截面积。

2. 预应力钢筋

预应力钢筋的种类比较多，包括热处理钢筋、冷拉钢筋、精轧螺纹钢筋、冷拔钢丝、预应力混凝土用钢丝、钢绞线。使用最多的是钢绞线，钢绞线是钢厂用优质碳素结构钢经过冷加工、再经回火和绞捻等加工而成的，塑性好、无接头、使用方便，专供预应力混凝土结构使用。桥涵工程常用为 1×7 结构钢绞线（见图 2－1），其尺寸及允许偏差和每米参考质量见表 2－2，力学性能要求见表 2－3。

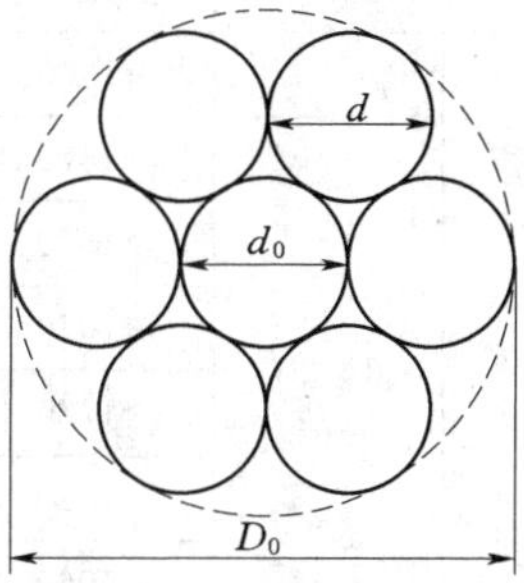

图 2－1　1×7 钢绞线外形示意图

表 2－2　　1×7 结构钢绞线尺寸及允许偏差和每米参考质量

钢绞线结构	公称直径 D_n（mm）	直径允许偏差（mm）	钢绞线参考截面积 S_n（mm^2）	每米钢绞线参考质量（g/m）	中心钢丝直径 d_0 加大范围（%）
1×7	9.50	+0.30 −0.15	54.8	430	≥2.5
	11.10		74.2	582	
	12.70	+0.40 −0.20	98.7	775	
	15.20		140	1101	
	15.70		150	1178	
	17.80		191	1500	
(1×7) C	12.70	+0.40 −0.20	112	890	
	15.20		165	1295	
	18.00		223	1750	

表 2-3　　　　1×7 结构钢绞线力学性能

钢绞线结构	钢绞线公称直径 D_n (mm)	抗拉强度 R_m (MPa)	整根钢绞线的最大力 F_m (kN)	规定非比例延伸力 $F_{P0.2}$ (kN)	最大力总伸长率 ($L_0 \geqslant 500$mm) A_{gt} (%)	应力松弛性能	
						初始负荷相当于公称最大力的百分数 (%)	1000h 后应力松弛率 r (%)
1×7	9.50	≥1720	≥94.3	≥84.9	对所有规格	对所有规格	对所有规格
		≥1860	≥102	≥91.8			
		≥1960	≥107	≥96.3			
	11.10	≥1720	≥128	≥115		≥60	≥1.0
		≥1860	≥138	≥124			
		≥1960	≥145	≥131			
	12.70	≥1720	≥170	≥153			
		≥1860	≥184	≥166	≥3.5	≥70	≥2.5
		≥1960	≥193	≥174			
	15.20	≥1470	≥206	≥185			
		≥1570	≥220	≥198			
		≥1670	≥234	≥211		≥80	≥4.5
		≥1720	≥241	≥217			
		≥1860	≥260	≥234			
		≥1960	≥274	≥247			
	15.70	≥1770	≥266	≥239			
		≥1860	≥279	≥251			
	17.80	≥1720	≥327	≥294			
		≥1860	≥353	≥318			
(1×7)C	2.70	≥1860	≥208	≥187			
	15.20	≥1820	≥300	≥270			
	18.00	≥1720	≥384	≥346			

注　规定非比例延伸力 $F_{P0.2}$ 不少于整根钢绞线公称最大负荷的 90%。

钢绞线弹性模量为（195±10）GPa，但不作为交货条件。允许用不少于 100h 的测试数据推算 1000h 的松弛值。

二、钢筋的检验

钢筋进场时应具有出厂质量证明书或试验报告，每捆（盘）钢筋均应有标牌，并应按批号及直径分批验收。验收内容包括查对标牌、外观检查，并按《公路桥涵施工技术规范》（JTJ 041—2000）的有关规定，抽取试样进行力学性能复验和可焊性试验。

（一）钢筋混凝土用热轧钢筋的检查

1. 外观检查

钢筋的端头应切得正直（对盘圆钢筋允许不切头）；钢筋的表面不得有裂缝、结疤和折叠；钢筋表面允许有凸块，但不得超过带肋钢筋横肋的最大高度；钢筋表面上其他缺陷的深度和高度不得大于所在部位尺寸的允许偏差。允许偏差值参见《钢筋混凝土用热轧带肋钢筋》(GB 1499—1998)。

2. 力学性能试验

盘条光圆钢筋和涵洞所用热轧钢筋具有出厂质量证明时，使用前可不做力学性能试验。若无质量证明文件，或在使用中对钢筋质量产生怀疑（例如发生脆断、焊接性能不良或力学性能显著不正常）时，应做拉力试验和冷弯试验，如果需要焊接时，还要做可焊性试验。

大、中、小桥所用热轧钢筋，除应具有工厂、质量证明书外，其中直径不小于 12mm 的钢筋应作力学性能试验和可焊性试验。

无质量证明书的钢筋，应经试验符合各项性能指标后，方可使用，而且不得用在承重结构的重要部位上。

(1) 组批规则。

1) 钢筋应按批进行检查和验收，每批应由同一牌号、同一炉罐号、同一规格的钢筋组成，每批数量不大于 60t。超过 60t 的部分，每增加 40t（或不足 40t 的余数），增加一个拉伸试验试件和一个弯曲试验试件。

2) 允许由同一牌号、同一冶炼方法、同一浇注方法的不同炉罐号组成混合批，但各炉罐号含碳量之差不大于 0.02%，含锰量之差不大于 0.15%。混合批的重量不大于 60t。

(2) 取样数量。各类钢筋每组试件数量参见表 2-4。

表 2-4 各类钢筋每组试件数量

钢筋种类	每组钢筋数量		
	拉伸试验	弯曲试验	反向（复）弯曲
热轧带肋钢筋	2 根	2 根	每批 1 根（反向弯曲）
热轧光圆钢筋	2 根	2 根	
低碳热轧圆盘条	1 根	2 根	
余热处理钢筋	2 根	2 根	
冷轧带肋钢	逐盘 1 个	每批 2 个	每批 2 个（反向弯曲）

试件截取长度为

拉伸试件：$L \geqslant 10d+200\text{mm}$；

冷弯试件：$L \geqslant 5d+150\text{mm}$。

(3) 注意事项。

1) 凡表 2-4 中规定取两个试件的（低碳钢热轧圆盘条冷弯试件除外），均应从任意两根（两盘）中分别切取，每根钢筋上切取一个拉力试件、一个冷弯试件。

2) 低碳钢热轧圆盘条，冷弯试件应取自同盘的两端。

3) 试件切取时，应在钢筋或盘条的任意一端截去 500mm 后切取。

(4) 复验与判定规则。

1) 屈服强度、抗拉强度和伸长率评定。屈服强度、抗拉强度和伸长率均应符合相应标准中规定的指标。在做拉力检验的两根试件中，如一根试件的屈服强度、抗拉强度、伸长率三个指标中有一个指标不符合标准时，即为拉力试验不合格，应取双倍试件重新测定；在第二次拉力试验中，如仍有一个指标不符合规定，不论这个指标在第一次试验中是否合格，判定拉力试验项目仍不合格，表示该批钢筋为不合格品。

2）冷弯试验评定。冷弯试验后，弯曲外侧表面无裂纹、断裂或起层，即判为合格。做冷弯的两根试件中，如有一根试件不合格，可取双倍数量试件重新做冷弯试验，第二次冷弯试验中，如仍有一根不合格，即判该批钢筋为不合格品。

这里应注意，弯曲表面金属体上出现的开裂，其长度大于2mm，而应不大于5mm；宽度大于0.2mm，而小于0.5mm时称裂纹。

3）反复弯曲试验结果评定。弯曲次数达到或超过有关标准中所规定的弯曲次数判为合格。

试验不合格的该批钢筋可按下列规定之一处理：不予验收，退货；按试验结果降低级别，并且不得用在承重结构的重要部位上。

（二）预应力混凝土用钢绞线的检验

预应力混凝土用钢绞线验收时，应按批进行，每批由同一牌号、同一规格、同一生产工艺捻制的钢绞线组成。每批质量不大于60t。

1. 外观检查

从每批钢绞线中选取3盘，进行表面质量、直径偏差和捻距检查。如一批少于3盘，则应逐盘进行上述检查。钢绞线公称直径的允许偏差和中心直径加大范围应符合《预应力混凝土用钢绞线》（GB/T 5224—2003）的规定。钢绞线的捻距为直径的12～16倍，一般为左捻。每盘钢绞线应由1整根钢绞线组成，其长度一般不小于200m。钢绞线表面不得带有滑润剂、油渍等降低钢绞线与混凝土黏结力的物质。表面允许有轻微的浮锈，但不得有肉眼可见的锈蚀性麻坑。钢绞线应是捻紧不松散的。钢绞线中的钢丝不得带有任何形式的电焊接头。钢铰线内不应有折断、横裂和相互交叉的钢丝。

2. 力学性能试验

从外观检查合格的3盘钢绞线的端部正常部位各截取1根试件进行拉伸试验（包括抗拉强度、最大负荷、总伸长率）和松弛试验。测定钢绞线伸长率时，1×7钢铰线的标距不小于500mm，试件截取长度$L \geqslant 10d+200$mm，试验结果应符合表2-3的要求。如有一项不合格时，则不合格盘不予验收。再从未试验过的钢绞线中取双倍数量的试件进行该不合格项的复验。如仍有一项不合格，则该批钢绞线为不合格品，不予验收。

（三）焊接钢筋的质量检验

钢筋接头一般应采用焊接，螺纹筋可采用挤压套管接头。钢筋的焊接应优选用闪光对焊，当缺乏闪光对焊条件时，也可采用电弧焊、电渣压力焊、气压焊等。钢筋在焊接前必须根据施工条件进行试焊，按不同的焊接方法抽取试样进行力学性能试验，即拉伸和弯曲试验。

1. 焊接钢筋的质量检测内容和标准

不同焊接方式的质量检测内容和标准见表2-5，闪光对焊冷弯试验时的弯心直径、弯曲角度见表2-6，钢筋电弧焊接头尺寸偏差及缺陷允许值见表2-7。

表 2-5　　钢筋焊接接头的检验标准

	钢筋闪光对焊接头	钢筋电弧焊接头
批量	同班组、同一焊工、同一焊接参数以300个接头作一批或连续焊接在一周内不足300个接头时亦按一批	300个同类型接头作一批或不足300个接头时亦按一批
外观验收	每批抽查10%个接头，并不少于10个； 接头无横向裂纹，接头弯折不大于4°； 接头处钢筋轴线偏移不大于0.1倍钢筋直径； 其中一个接头达不到上述要求时，接头全查；不合格品切除重焊后再次验收	接头处逐个检测； 接头处无裂纹，无较大凹陷、焊瘤，接头偏差及缺陷不超过规定值； 外观不合格的接头，可修复或补强后再次验收
强度检验	从成品中每批分别切取3个试件作拉伸试验，3个试件作弯曲试验。 1.3个抗拉试件抗拉强度均不得低于该级别钢筋规定的强度； 2. 至少有两个试件断于焊接之外并呈塑性断裂； 3. 弯曲试验时，弯曲到90°时，接头两侧不得出现宽度大于0.15mm的横向裂纹	从成品中每批切取3个试件作拉伸试验。 1.3个试件抗拉强度均不得低于该级别钢筋规定的强度； 2. 至少有两个试件呈塑性断裂
复验要求	拉伸试验结果有1个试件抗拉强度小于规定值或有2个试件脆断在焊缝或热影响区，应再取6个试件复验，其结果仍有一个试件抗拉强度低于规定值或有3个试件脆断于焊缝或热影响区，该批接头不合格。 弯曲试验结果有2个试件发生破断，再取6个试件复验，其结果仍有3个试件破断，则该批接头不合格	检验结果有1个试件的抗拉强度低于规定值或有2个试件脆性断裂，应取双倍数量试件复验，其结果仍有1个试件的抗拉强度低于规定值，或有1个试件断于焊缝或有3个试件呈脆性断裂，则该批接头不合格

表 2-6　　闪光对焊冷弯试验时的弯心直径、弯曲角度

钢筋牌号	弯心直径	弯曲角度	钢筋牌号	弯心直径	弯曲角度
HPB235	$2d$	90°	HRB400 RRB400	$5d$	90°
HRB335	$4d$	90°	HRB500	$7d$	90°

表 2-7　　钢筋电弧焊接头尺寸偏差及缺陷允许值

名称			单位	接头形式		
				绑条焊	搭接焊	坡口焊及熔槽绑条焊
绑条沿接头纵向偏移			mm	$0.5d$		
接头处弯折			(°)	4	4	4
接头处钢筋轴线的偏移			mm	$0.1d$	$0.1d$	$0.1d$
				3	3	3
焊缝厚度			mm	$+0.05d$ 0	$+0.05d$ 0	
焊缝宽度			mm	$+0.1d$ 0	$+0.1d$ 0	
焊缝长度			mm	$-0.5d$	$-0.5d$	
横向咬边深度			mm	0.5	0.5	0.5
焊缝气孔及夹渣的数量和大小	在长$2d$的焊缝表面上	数量	个	2	2	
		面积	mm^2	6	6	
	在全部焊缝上	数量	个			2
		面积	mm^2			6

2. 钢筋焊接试验记录

钢筋焊接试验记录见表 2-8。

表 2-8 钢筋焊接试验记录

材料产地							
代表数量							
强度等级或牌号							
焊接类型							
试样编号							
试样尺寸	直径（mm）						
	焊接长度（mm）						
	焊口直径（mm）						
	母材截面积（mm^2）						
断口形式							
断口部位距焊缝距离（mm）							
极限荷载（kN）							
极限强度（MPa）							
冷弯	弯心直径（mm）						
	弯曲角度（°）						
	结果						
焊接质量评述							

三、钢筋试验

（一）钢筋拉伸试验

依据国家标准《金属材料室温拉伸试验方法》（GB 228—2002）对钢筋的拉伸试验作一介绍。

1. 试验目的

检测钢筋原材料的屈服点、抗拉强度和伸长率，以评定钢筋的力学性能指标是否满足标准要求。

2. 性能指标

（1）屈服强度。钢筋在拉伸过程中负荷不再增加而试样仍继续发生变形的现象称为“屈服”。

发生屈服现象的应力，即开始出现塑性变形时的应力，称为屈服点或屈服强度，用 R_{eL} 表示，单位为 MPa，屈服强度按下式计算

$$R_{eL}=\frac{F_e}{S_0} \tag{2-1}$$

式中 F_e——钢筋屈服时的负荷；

S_0——试样原横截面面积。

（2）抗拉强度。钢筋拉伸时，在断裂前所承受的最大应力称为抗拉强度。它表示钢筋

在拉力作用下，抵抗大量塑性变形和破坏的能力，是钢筋的重要技术指标。抗拉强度用 R_m 表示，单位为 MPa。计算公式为

$$R_m = \frac{F_m}{S_0} \tag{2-2}$$

式中 R_m——试样拉断前的最大负荷；

S_0——试样原横截面面积。

（3）伸长率。钢筋在拉伸试验时，试样拉断后，其标距部分增加的长度与原标距长度的百分比称为伸长率。用 A 表示，按下式计算

$$A = \frac{L_u - L_0}{L_0} \times 100 \tag{2-3}$$

式中 L_u——试样断裂后的标距；

L_0——施力前的试样标距。

3. 试验仪器

（1）万能试验机。一般选用 300～600kN 的，如果没有小吨位的万能机，1000kN 的万能机也可用，但应选用小度盘。各种试验机应符合下列基本要求：

1）测力示值误差不大于±1%。

2）在规定负荷下停止施荷时，试验机操作应能精确到测力度盘上的一个最小分格，负荷示值应保不少于 30s，负荷指示灵敏。

3）试验机及其夹持装置应保证试样轴向受力。

4）加、卸荷平稳。

5）试验机应备有调速指示装置，试验时能在标准规定的速度范围内灵活调节。

（2）量具，如游标卡尺或螺旋千分尺、钢板尺（300～500mm）。

（3）打标距用的划线机或带色涂料、快干墨水、小冲孔钻头。

4. 试验程序、试验要点及注意事项

（1）钢筋试件的长度。拉伸试件的长度一般为（$10d$＋200）mm（d 为钢筋直径），但拉力试件的长度与试验机上、下夹头间的最小距离和夹头的长度有关，可灵活掌握。

（2）钢筋试件做拉力试验前，应对试样作外观检查，有下列缺陷之一者，该试件不得用于试验。

1）表面有显著横向刀痕或机械损伤。

2）有明显变形或淬火裂纹。

3）表面有肉眼可见的冶金缺陷。

（3）量测钢筋直径。量测钢筋直径，是为了确定计算钢筋强度时的横截面积。量测钢筋直径时，应在试件两端及中间部位等三处测量，每处在两个相互垂直的方向各测一次，取其平均值，选用截面积最小者作为强度计算的截面积。

钢筋直径的量测，对光圆钢筋很容易测量，但对带肋钢筋就很不好确定，而且在带肋钢筋的任何一个截面都量不出应有的公称直径。量内径小于公称直径，量外径大于公称直径。这是因为带肋钢筋是将纵肋和横肋高出的部分来补齐内径直径与公称直径之差的全截面，使带肋钢筋公称直径的截面积与光圆钢筋公称直径的截面积相等。因此，量测带肋钢

筋直径时，可量内径，也可量外径，然后同钢筋标准，即《钢筋混凝土用热轧带肋钢筋》(GB 1499.2—2007) 中所规定的允许偏差相比，如果量测结果在允许偏差范围内，就可确认其直径为公称直径。

钢筋横截面积数值化整按下列原则进行：面积小于 100mm² 时，化整到小数后 2 位；面积在 100mm² 到 1000mm² 时，化整到小数后 1 位；面积大于 1000mm² 时，化整到整数(个位)。所需位数以后的数字，按四舍六入五单双法处理。普通钢筋单根截面积、质量，也可按表 2-9 直接查用。

表 2-9　　单根钢筋截面积、质量表

直径 (mm)	钢筋截面面积 (mm^2)	质量 (kg/m)	直径 (mm)	钢筋截面面积 (mm^2)	质量 (kg/m)
6	28.27	0.222	22	380.10	2.980
8	50.27	0.395	25	490.90	3.850
10	78.54	0.617	28	615.80	4.830
12	113.10	0.888	32	804.20	6.310
14	153.90	1.210	36	1018.00	7.990
16	201.10	1.580	40	1257.00	9.870
18	254.50	2.000	50	1964.00	15.420
20	314.20	2.470			

注　表中理论密度按 7.85g/cm³ 计算。

(4) 打标距。打标距是为量测和计算伸长率。打标距最好用专用的划线机，如实在没有，可用带色涂料或小冲孔钻头。不管用什么方法，都要尽量避免破坏钢筋的有效截面。

钢筋标距长度一般为 $10d$，在试件中部做出 $10d$ 起止点的两个标记，或按每厘米等分格做出多个标记，对带肋钢筋一般都在纵肋上做标记。

(5) 选度盘。万能机一般都有 2～3 个不同度盘。试验前，应根据不同钢筋直径，估计其最大负荷可能出现的吨位，再选择万能机的不同度盘，应使最大负荷时的示值大于度盘的 20%而小于度盘的 80%，以保证试验精度。

(6) 安装、检查自动描绘系统。在万能机主机的试台(即上钳口横梁)上，有一螺柱，在上面拴一根弦线，与测力计的自动描绘器相连，做抗拉试验前，在描绘器的滚筒上，卷好记录纸，安上铅笔。试验中可自动记下屈服负荷和极限负荷。对屈服点不太明显的金属材料做拉伸试验时，必须安装这套系统，否则无法测定屈服强度。但热轧钢筋一般屈服点都较明显，能直接从度盘上读出屈服点荷载，可不必安装自动描绘系统。

(7) 夹持试件。开动油泵电动机，拧开送油阀，使试台上升约 10mm，然后关闭油阀(如果是连续做拉伸试验，试台已在升起的位置，则不必先开油泵电机，只要将送油阀关好即可)。将试件一端夹于上钳口(注意根据不同钢筋直径，选择合适的夹头)，将度盘上指针对准零头，再调整下钳口，夹住试件下端，试件一定要垂直。一定要注意，试件在夹头中的夹持长度，不得少于夹头的 2/3，否则试验中可能造成钢筋打滑，试验无法进行。

(8) 正式送油做拉伸试验。送油时一定要注意加荷速度，拉伸速度规定如下。

1）屈服前，应力增加速度为10MPa/s。

2）屈服后，应力增加速度为10～30MPa/s。

最好选择合适的调速指示装置，保持平稳而无冲击力地均匀施荷。

（9）观察屈服点负荷。在施荷过程中，特别是施荷的前期。对有明显屈服现象的钢筋，其屈服点可借助试验机测力度盘的指针来确定。当测力度盘的指针首次停止前进时，其恒定负荷或指针第一次回转前的负荷即为所求的屈服负荷，应及时记录下来。应特别注意，当指针停止前进时，不要继续送油，除非指针回转太大，才应适当送油，以保持负荷的恒定。

（10）抗拉强度的测定。当指针开始前进时，应按规定速度继续送油，直至试件完全拉断，从测力计度盘上读出最大负荷。在施荷过程中，应随时观察试件是否出现缩颈。如发现试件开始缩颈，应适当调小送油阀，以免施压过大，试件突然拉断，产生巨大震动。

（11）量测伸长率。量测伸长率，是将试件拉断后的两段在拉断处紧密对接起来，尽量使其轴线在一条直线上。如拉断处由于各种原因形成缝隙，则此缝隙应计入试样拉断后的标距部分的长度。标距部分的长度按下述方法测定。

直测法，如拉断处在标距部分中间1/3的范围内，可直接测量标距两端点间的距离。

移位法，如拉断处到邻近标距端点的距离小于标距长度的1/3，则可按下面方法确定拉断后的标距长度。

试样拉断后，会有一段长一段短。在长段上划上短段断口到端点的同样标距格数，再取长段上剩余标距格数的1/2（注意，这一半不是靠长段到端点的那一半），即

拉断后的标距长度＝（短段断口到端点的长度）

＋（长段上从断口到与短段断口到端点的同样标距格数的长度）

＋（长段剩余标距格数1/2的长度）×2

如果试样拉断处位于移位法所处位置，但用直测法求得的伸长率能够达到标准规定的最小伸长率值，则可不采用移位法，直接采用直测法求得伸长率。

（12）钢筋断裂形式的判断。延性断裂（也称塑性断裂）是指伴随明显塑性变形（有缩颈现象）而形成延性断口（断裂面与拉应力垂直或倾斜，其上具有细小的凹凸，呈纤维状）的断裂。

脆性断裂（也称脆断）是指几乎不伴随塑性变形而形成脆性断口（断裂面通常与拉应力垂直，宏观上由具有光泽的亮面组成）的断裂。

（13）试验结果的处理。根据性能指标解释里的公式，分别计算出钢筋的屈服点、抗拉强度和伸长率。

试验中如出现下列情况之一，试验结果无效。

1）试样在标距外断裂。

2）由于试验操作不当，如试样夹偏而造成性能指标不符合规定要求。

3）试验后，试样出现两个或两个以上缩颈。

4）试验中记录有误或设备仪器发生故障，影响结果的准确性。

遇有试验结果作废时，应补做试验。

（14）试验记录及结果整理。钢筋拉伸试验记录及结果整理见表2－10。

表 2-10 钢筋拉伸试验记录和结果整理表

标准编号			材料名称、牌号			试样类型				
试件编号	公称直径 d (mm)	原始横截面积 S_0 (mm^2)	原始标识 L_0 (mm)	断后标识 L_u (mm)	伸长率 (%) $A=\frac{L_u-L_0}{L_0}\times 100$	屈服荷载 F_e (N)	屈服强度 (MPa) $R_e=\frac{F_e}{S_0}$	最大荷载 F_m (N)	抗拉强度 (MPa) $R_m=\frac{F_m}{S_0}$	断口形式	结果评定

注 $1N/mm^2=1MPa$。

(二) 钢筋的冷弯试验

本节依据《金属材料弯曲试验方法》(GB/T 232—1999)，对钢筋冷弯试验作简要介绍。

1. 试验目的

钢筋在低温状态下进行弯曲试验，以表示其承受弯曲的能力。钢筋的冷弯试验是建筑钢材的主要工艺试验，用以测定钢筋在冷加工时承受变形的能力，借以了解受试钢筋对某种工艺加工适合的程度。钢材含碳、磷量较高，或曾经进行过不正常的热处理，冷弯试验往往不合格，所以建筑钢材常做此试验，用以评定钢筋质量是否合格。钢筋电焊接头的可靠性也常用此试验来检验。

2. 试验设备

弯曲试验可在配备弯曲装置的压力机或万能试验机上进行。常用弯曲装置有支辊式（图 2-2）、V 形模具式（图 2-3）、虎钳式（图 2-4）、翻板式（图 2-5）等四种。

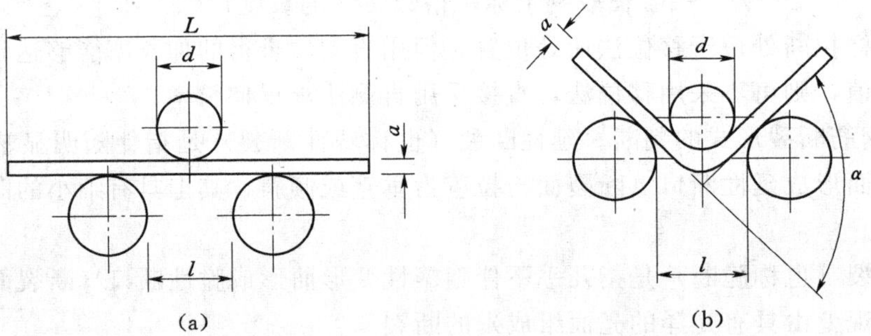

图 2-2 支辊式弯曲装置

(a) 试件弯曲前；(b) 试件弯曲至规定的角度

(1) 支辊式弯曲装置。支辊长度应大于试样宽度或直径。支辊半径应为 1～10 倍试样厚度。支辊应具有足够的硬度。除非另有规定，支辊间距离（见图 2-2）应按式（2-4）确定

$$l=(d+2a)\pm 0.5a \tag{2-4}$$

此距离在试验期间应保持不变。弯曲压头直径相关产品标准中有规定；弯曲压头宽度应大于试样宽度或直径；弯曲压头应具有足够的硬度。

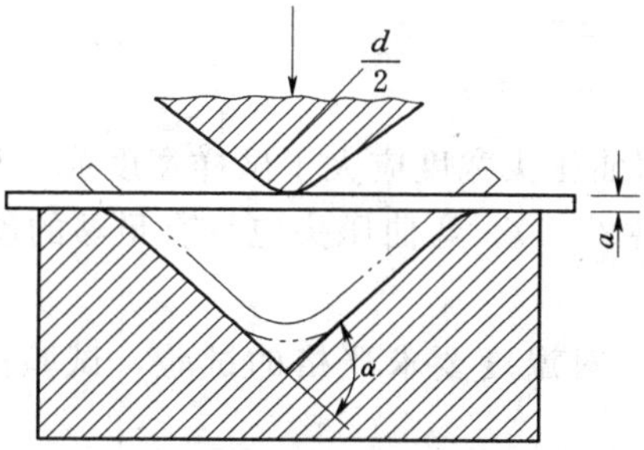

图 2-3 V形模具式弯曲装置

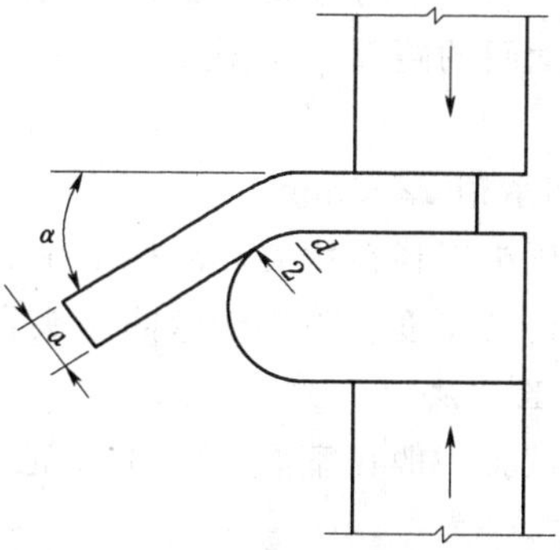

图 2-4 虎钳式弯曲装置

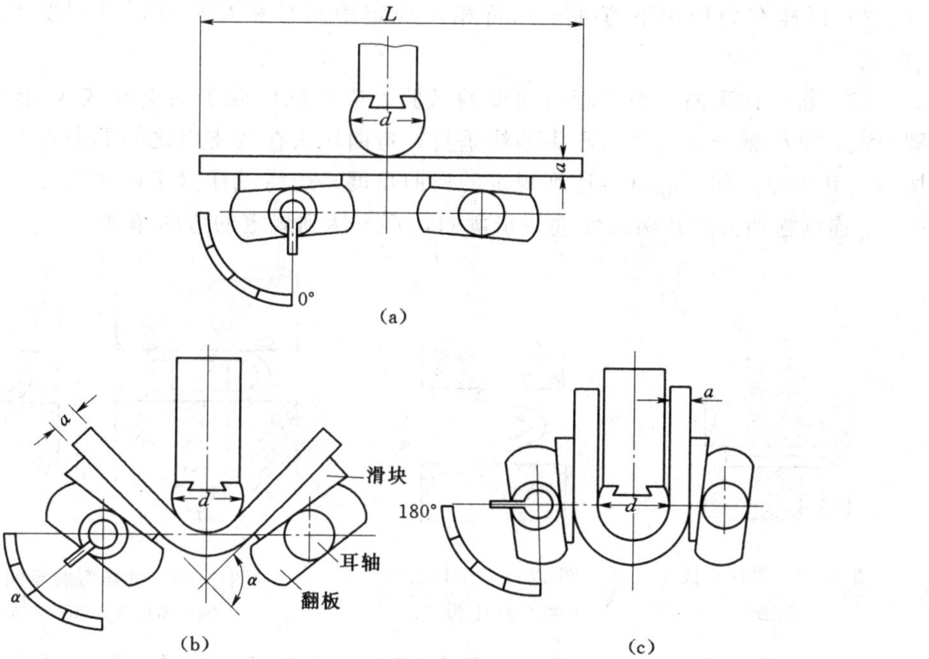

图 2-5 翻板式弯曲装置

(a) 试件弯曲前；(b) 弯曲任意角度；(c) 弯曲 180°

(2) V形模具式弯曲装置。模具的V形槽其角度应为180°（见图2-3）。弯曲角度相关产品标准中有规定。弯曲压头的圆角半径为 $d/2$。模具的支承棱边应倒圆，其倒圆半径应为1～10倍试样厚度。模具和弯曲压头宽度应大于试样宽度或直径。弯曲压头应具有足够的硬度。

(3) 虎钳式弯曲装置。装置由虎钳配备足够硬度的弯心组成（见图2-4）。可以配置加力杠杆。弯心直径应按照相关产品标准要求，弯心宽度应大于试样宽度或直径。

(4) 翻板式弯曲装置。翻板带有楔形滑块，滑块宽度应大于试样宽度或直径。滑块应具有足够的硬度。翻板固定在耳轴上，试验时能绕耳轴轴线转动。耳轴连接弯曲角度指示器，指示 0°～180°的弯曲角度。翻板间距离应为两翻板的试样支承面同时垂直于水平轴线时两支承面间的距离［见图 2-5（c）］。按照式（2-5）确定

$$l=(d+2a)+e \tag{2-5}$$

式中　e 可取值 2～6mm。

弯曲压头直径在相关产品标准中有规定。弯曲压头宽度应大于试样宽度或直径。弯曲压头的压杆其厚度应略小于弯曲压头直径（见图 2-5）。弯曲压头应具有足够的硬度。

3. 试验方法

（1）试验一般在室温 10～35℃范围内进行。对温度要求严格的试验，试验温度应为 23℃±2℃。

1）试样在图 2-2、图 2-3、图 2-4 或图 2-5 所给定的条件和在力作用下弯曲至规定的弯曲角度。

2）试样在力作用下弯曲至两臂相距规定距离且相互平行，见图 2-5（c）和图 2-6。

（2）将试样弯曲至规定弯曲角度的试验，应将试样放于两支辊或 V 形模具或两水平翻板上，试样轴线应与弯曲压头轴线垂直，弯曲压头在两支座之间的中点处对试样连续施加力使其弯曲，如不能直接达到规定的弯曲角度，应将试样置于两平行压板之间（见图 2-7），连续施加力压其两端使进一步弯曲，直至达到规定的弯曲角度。

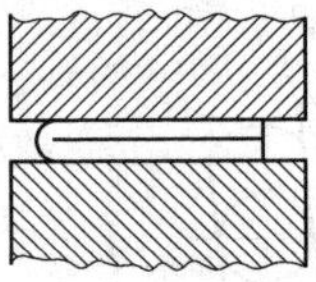

图 2-6　两臂直接接触

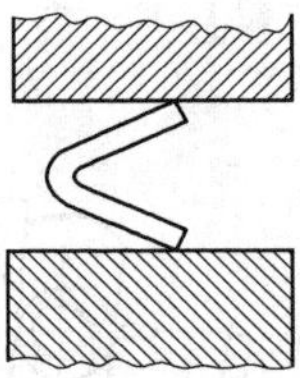

图 2-7　试样置于两平行压板之间

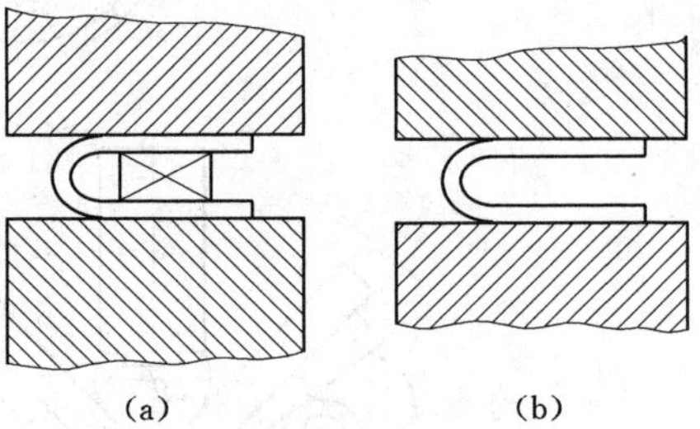

图 2-8　试样弯曲至两臂平行

（a）加垫块；（b）未加垫块

（3）试样弯曲至 180°角两臂相距规定距离且相互平行的试验，采用图 2-2 的方法时，首先对试样进行初步弯曲（弯曲角度应尽可能大），然后将试样置于两平行压板之间（见图 2-7）连续施加力压其两端使进一步弯曲，直至两臂平行（见图 2-8）。试验时可以加或不加垫块。除非产品标准中另有规定，垫块厚度等于规定的弯曲压头直径；采用图 2-5 的方法时，在力作用下不改变力的方向，弯曲直至达到 180°角，见图 2-5（c）。

（4）对于试样弯曲至两臂直接接触的试验，应首先将试样进行初步弯曲（弯曲角度应尽可能大些）然后将其置于两平行压板之间（见图 2-7），连续施加力压其两端使进一步弯曲，直至两臂直接接触（见图 2-6）。

（5）采用图 2-4 所示的方法进行弯曲试验时。试样一端固定，绕弯心进行弯曲，直至达到规定的弯曲角度。

4. 试验结果评定

弯曲试验后，按下列标准检查试样弯曲外表面，进行结果评定。

(1) 完好：试样弯曲处的外表面金属基体上无肉眼可见因弯曲变形产全的缺陷时，称为完好。

(2) 微裂纹：试样弯曲外表面金属基体上出现的细小裂纹，其长度不大于 2mm，宽度不大于 0.2mm 时，称为微裂纹。

(3) 裂纹：试样弯曲外表面金属基体上出现开裂，其长度大于 2mm，而小于等于 5mm，宽度大于 0.2mm，而小于等于 0.5mm 时，称为裂纹。

(4) 裂缝：试样弯曲外表面金属基体上出现明显开裂，其长度大于 5mm，宽度大于 0.5mm 时，称为裂缝。

(5) 裂断：试样弯曲外表面出现沿宽度贯穿的开裂，其深度值超过试样厚度的 1/3 时，称为裂断。

根据上述检验结果，如果相关产品标准未规定具体要求，则一般试样无裂纹、裂缝或裂断，则评定为合格。

5. 试验记录

钢材冷弯试验记录见表 2－11。

表 2－11　　钢材冷弯试验记录

试验编号	钢筋公称直径 d (mm)	弯心直径 d (mm)	跨度 l (mm)	弯折角度 α (°)	试验结果

6. 注意事项

(1) 弯曲试验时，应缓慢施加弯曲力。

(2) 相关产品标准中规定的弯曲角度认作为最小值，规定的弯曲半径认作为最大值。

(3) 应严格按照相关产品标准中规定的弯曲直径选取压头直径。工程中试验最多的是各种规格的钢筋冷弯试验，决不容许对各种不同规格的钢筋使用一个规格直径的弯头来完成试验，否则试验结果将无法评定。

(4) 在微裂纹、裂纹、裂缝中规定的长度和宽度，只要有一项达到某规定范围，即应按该级评定。

(三) 金属应力松弛试验

金属应力松弛试验就是在规定温度下，对试样施加试验力，保持初始应变、变形或位移恒定的条件下，测定应力随时间变化的关系曲线。

1. 术语及定义

约束条件：试验期间保持试样总应变（总变形或总位移）量恒定不变。

应力松弛：在规定温度和规定约束条件下金属材料的应力随时间而减少的现象。

初始应力：应力松弛试验开始时对试样施加的应力。

初始试验力：应力松弛试验开始时对试样施加的力。

零时间：施加全部试验力或达到规定约束条件试验开始的时间，见图 2-9（a）和图 2-9（b）。

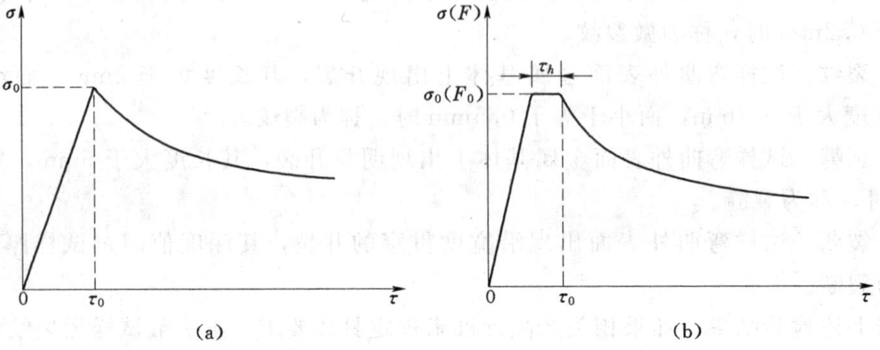

图 2-9　应力松弛试验的零时间和初始试验力保持时间

（a）应力松弛试验的零时间；（b）初始试验力保持时间

初始试验力保持时间：试验开始前保持初始试验力恒定的时间，见图 2-9（b）。

剩余应力：松弛试验中任一时间试样上所保持的应力。

剩余试验力：松弛试验中任一时间试样上所保持的力。

松弛应力：松弛试验中任一时间试样上所减少的应力，即初始应力与剩余应力之差。

松弛力：松弛试验中任一时间试样上所减少的力，即初始试验力与剩余试验力之差。

松弛率：松弛应力（或松弛力）与初始应力（或初始试验力）之比的百分率。

应力松弛曲线：剩余应力或松弛应力与试验时间的关系曲线，见图 2-10。

应力松弛速率：应力松弛曲线在任一时间上其斜率的绝对值，见图 2-10。

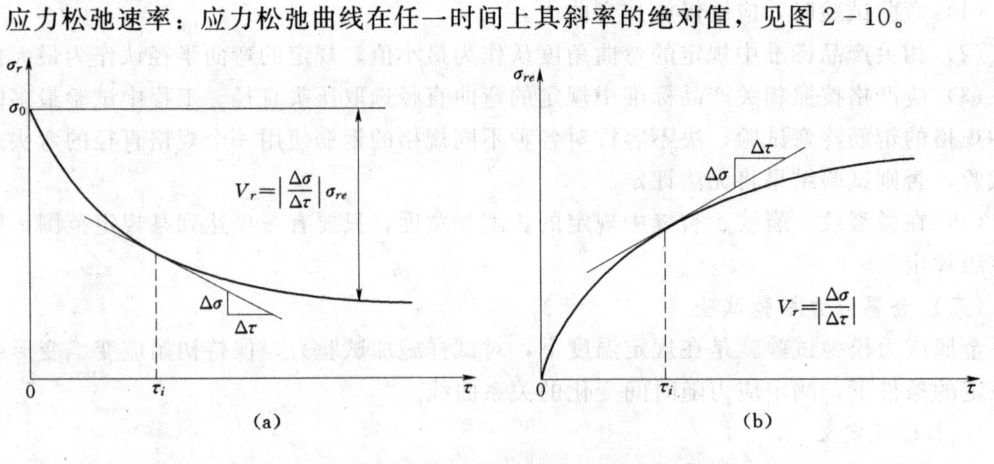

图 2-10　应力松弛曲线

（a）应力随时间下降曲线；（b）应力随时间上升曲线

2. 试验设备

(1) 试验机。

1) 拉伸应力松弛试验机应能对试样施加准确的轴向拉伸试验力，试验机力的示值误差不应超过±1%。试验机力的同轴度不应大于15%。试验机应定期校验。

2) 拉伸应力松弛试验机应具有连续自动调节试验力的装置，以便在试验期间保持试样的初始应变或变形或标距恒定。

3) 试验机安装在无冲击、振动和温度稳定的环境中。

(2) 恒温装置。恒温装置应能将试样加热（或降低）至规定温度，并能在试验期间保持温度恒定，温度偏差为±2℃。

(3) 温度测量仪器。

1) 温度测量仪器误差不应超过±1℃，分辨率不应大于0.5℃，并应定期校验。

2) 测温热电偶应符合JJC141或JJC351中2级热电耦要求。热电耦冷端温度应保持恒定，偏差不超过±0.5℃。

3. 试样

(1) 试样应从预应力钢材制品规定部位切取。试样在试验前，不应经受应力和冷、热加工处理。如相关产品标准允许，可以校直试样。

(2) 试样标距参见相关产品标准规定。如无规定，试样标距一般不少于直径的60倍，如这一标距超过引伸计或试验机的能力，至少应为直径的40倍。

4. 试验方法

(1) 试验室温度应为20℃±2℃。试样应置于试验环境中足够的时间，确认达到温度平衡后施加初始试验力。

(2) 初始试验力应按相关产品标准的规定。在试样上的初始试验力是公称抗拉强度的60%、70%和80%乘以钢丝的公称面积。

(3) 除非相关产品标准另作规定，一般应在3～5min内均匀地施加全部初始试验力。在加力过程中不应超过初始试验力。初始试验力保持时间为1min。保持时间结束点作为零时间，在零时间应立即保持初始总应变或标距恒定。在试验期间试样应变的波动应控制在$\pm 5\times 10^{-6}$以内。

(4) 连续或定时记录试验力和试验温度，必要时监测试样的初始总应变或标距。采用定时记录时，如无其他规定，建议按下列时间间隔记录：1min、3min、6min、9min、15min、30min、45min、1h、1.5h、2h、4h、8h、10h、24h，以后每隔24h记录一次，直到试验结束。

5. 试验数据处理

(1) 达到规定试验时间的松弛率按式(2-6)计算

$$R=\frac{F_0-F_f}{F_F}\times 100\% \qquad (2-6)$$

式中 R——松弛率，%；

F_0——初始试验力；

F_f——剩余试验力。

（2）为了比较材料的相对松弛特性，可绘制松弛率与对数时间或对数松弛率与对数时间的关系曲线。

（3）可以绘制剩余试验力或松弛力与时间或对数时间的关系曲线，或绘制对数剩余试验力或对数松弛力与对数时间的关系曲线。

（4）可以采用试验数据的线性回归分析方法对试验数据进行推算。推算1000h的应力松弛性能时，建议最短试验时间不少于100h。

6. 注意事项

（1）试验室一定要有恒温装置，并能保证在试验期间室温恒定在18～22℃之间，超过这一温度范围的试验结果无效。

（2）试验前一定要先做试件钢材的拉力试验，以确定试件钢材的强度级别，从而选择正确的初始试验力。

7. 试验记录

钢材应力松弛试验记录见表2-12。

表2-12　　钢材应力松弛试验记录

试样编号	直径（mm）	强度级别（MPa）	初始荷载（N）	最终荷载 10h（N）	最终荷载 72h（N）	最终荷载 100h（N）	松弛率 10h（%）	松弛率 72h（%）	松弛率 100h（%）	推算松弛率 1000h（%）

四、钢筋加工与安装质量检测

1. 一般规定

（1）钢筋须按不同钢种、等级、牌号、规格及生产厂家分批验收，分别堆存，不得混杂，且应设立识别标志。钢筋宜堆置在仓库（棚）内，露天堆置时，应垫高并加遮盖。

（2）钢筋应具有出厂质量证明书和试验报告单。对桥涵所用的钢筋应抽取试样作力学性能试验。

（3）预制构件的吊环必须采用HPB235钢筋制作，严禁使用冷加工钢筋。每个吊环按两肢截面计算，在构件自重标准值作用下，吊环的拉应力不应大于50MPa。吊环埋入混凝土的深度不应小于35倍吊环直径，端部应做成180°弯钩，且应与构件内钢筋焊接或绑扎。吊环内直径不应小于三倍钢筋直径，且不应小于60mm。

2. 钢筋的加工

钢筋调直和清除污锈应符合下列要求：

（1）钢筋的表面应洁净，使用前应将表面油渍、漆皮、鳞锈等清除干净。

（2）钢筋应平直，无局部弯折，成盘的钢筋和弯曲的钢筋均应调直。

（3）采用冷拉方法调直钢筋时，HPB235钢筋的冷拉率不宜大于2%；HRB335、HRB400牌号钢筋的冷拉率不宜大于1%。

钢筋的弯制和末端的弯钩应符合设计要求，如设计无规定时，应符合表2-13。

表 2-13　受力主钢筋制作和末端弯钩形状

弯曲部位	弯曲角度（°）	形状图	钢筋种类	弯曲直径	平直部分长度	备注
末端弯钩	180	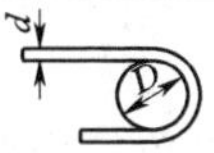	HPB235	≥2.5d	≥3d	d 为钢筋直径
	135	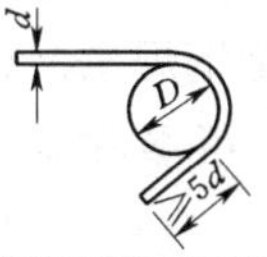	HRB335	ϕ8～ϕ25≥4d	≥5d	
			HRB400 KL400	ϕ28～ϕ40≥5d		
	90		HRB335	ϕ8～ϕ25≥4d	≥10d	
			HRB400 KL400	ϕ28～ϕ40≥5d		
中间弯钩	90 以下	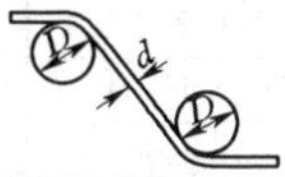	各类钢筋	≥20d	—	

注　环氧树脂钢筋弯曲加工时，对直径 d 不大于 20mm 的钢筋，其弯曲直径不应小于 4d，对直径大于 20mm 的钢筋，其弯曲直径不小于 6d；直线段长度不应小于 5d。

箍筋的末端应做弯钩。弯钩的角度可取 135°。弯钩的弯曲直径应大于被箍受力主钢筋的直径，且 HPB235 钢筋不应小于箍筋直径的 2.5 倍，HRB335 钢筋不应小于箍筋直径的 4 倍。弯钩平直部分的长度，一般结构不宜小于箍筋直径的 5 倍，抗震结构，不应小于箍筋直径的 10 倍。

3. 钢筋的连接

(1) 钢筋接头宜采用焊接接头和钢筋机械连接接头（套筒挤压接头、镦粗直螺纹接头）。钢筋机械连接接头适用于 HRB335 和 HRB400 带肋钢筋的连接，机械连接接头应符合《钢筋机械连接通用技术规程》（JGJ 107—2003）的有关规定。当施工或构造条件有困难时，也可采用绑扎接头。钢筋接头宜设在受力较小区段，并宜错开布置。绑扎接头的钢筋直径不宜大于 28mm，但轴心受压和偏心受压构件中的受压钢筋，可不大于 32mm。轴心受拉和小偏心受拉构件不应采用绑扎接头。弯起钢筋不得采用浮筋。

(2) 钢筋焊接接头宜采用闪光接触对焊；当闪光接触对焊条件不具备时，也可采用电弧焊（帮条焊或搭接焊）、电渣压力焊和气压焊。电弧焊应采用双面焊缝，不得已时方可采用单面焊缝。帮条焊接的帮条应采用与被焊接钢筋同强度等级的钢筋，其总截面面积不应小于被焊接钢筋的截面面积。采用搭接焊时，两钢筋端部应预先折向一侧，两钢筋轴线应保持一致。电弧焊接接头的焊缝长度，双面焊缝不应小于钢筋直径的 5 倍，单面焊缝不应小于钢筋直径的 10 倍。

在任一焊接接头中心至长度为钢筋直径的 35 倍，且不小于 500mm 的区段 l 内（图 2-11），同一根钢筋不得有两个接头；在该区段内有接头的受力钢筋截面面积占受力钢筋总截面面积的百分数，普通钢筋在受拉区不宜超过 50%，在受压区和装配式构件间的连接钢筋不受限制。

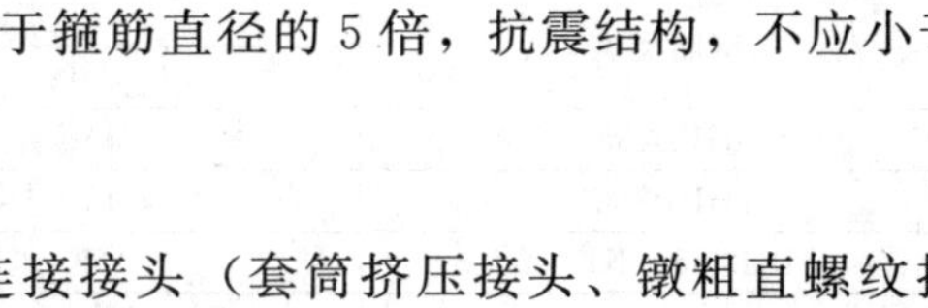

图 2-11　焊接接头设置 l 区段内接头钢筋截面面积按两根计
1—焊接接头中心

帮条焊、搭接焊接头和绑扎接头部分钢筋

的横向净距不应小于钢筋直径，且不应小于 25mm，同时非焊接部分各主钢筋间横向净距和层与层之间的竖向净距，当钢筋为三层及以下时，不应小于 30mm，并不小于钢筋直径；当钢筋为三层以上时，不应小于 40mm，并不小于钢筋直径的 1.25 倍。对于束筋，此处直径采用等代直径。

(3) 凡施焊的各种钢筋、钢板均应有材质证明书或试验报告单。电弧焊（搭接焊）采用的焊条性能应符合《碳钢焊条》(GB/T 5117—1995) 和《低合金钢焊条》(GB/T 5118—1995) 标准的有关规定，其牌号应符合设计要求。若设计未作规定时，可参考表 2-14 选用。

表 2-14　　钢筋电弧焊焊条型号

钢筋牌号	电弧焊接头型式			
	搭接焊、帮条焊	坡口焊、熔槽帮条焊、预制件穿孔塞焊	窄间隙焊	钢筋与钢板搭接焊、预埋件 T 形角焊
HPB235	E4303	E4303	E4316 E4315	E4303
HRB335	E4303	E5003	E5016 E5015	E4303
HRB400	E5003	E5503	E6016 E6015	E5003

(4) 受拉钢筋绑扎接头的搭接长度，应符合表 2-15 的规定；受压钢筋绑扎接头的搭接长度，应取受拉钢筋绑扎接头搭接长度的 0.7 倍。

表 2-15　　受拉钢筋绑扎接头的搭接长度

钢筋类型	混凝土强度等级		
	C20	C25	高于 C25
HPB235	$35d$	$30d$	$25d$
HRB335	$45d$	$40d$	$35d$
HRB335，KL400	—	$50d$	$45d$

注　1. 当带肋钢筋直径不大于 25mm 时，其受拉钢筋的搭接长度应按表中值减少 $5d$；当带肋钢筋直径大于 25mm 时，其受拉钢筋的搭接长度应按表中值增加 $5d$ 采用。
2. 当混凝土在凝固过程中受力钢筋易受搅动时，其搭接长度应增加 $5d$。
3. 在任何情况下，纵向受拉钢筋的搭接长度不应小于 300mm，受压钢筋的搭接长度不应小于 200mm。
4. 环氧树脂涂层钢筋的绑扎接头搭接长度，受拉钢筋按表值的 1.5 倍采用。
5. 受拉区段内，HPB235 钢筋绑扎接头的末端应做成弯钩，HRB335、HRB400、KL400 钢筋的末端可不做成弯钩。

在任一绑扎接头中心至搭接长度 l_s 的 1.3 倍长度区段 l（图 2-12）内，同一根钢筋不得有两个接头；在该区段内有绑扎接头的受力钢筋截面面积占受力钢筋总截面面积的百分数，受拉区不宜超过 25%，受压区不宜超过 50%。当绑扎接头的受力钢筋截面面积占受力钢筋总截面面积超过上述规定时，应按表 2-15 的规定值，乘以下列系数：当受拉钢筋绑扎接头截面面积大于 25%，但不大于 50%时，乘以 1.4，当大于 50%时，乘以 1.6；当受压钢筋绑扎接头截面面积大于 50%时，乘以 1.4（受压钢筋绑扎接头长度仍为表中受拉钢筋绑扎接头长度的 0.7 倍）。

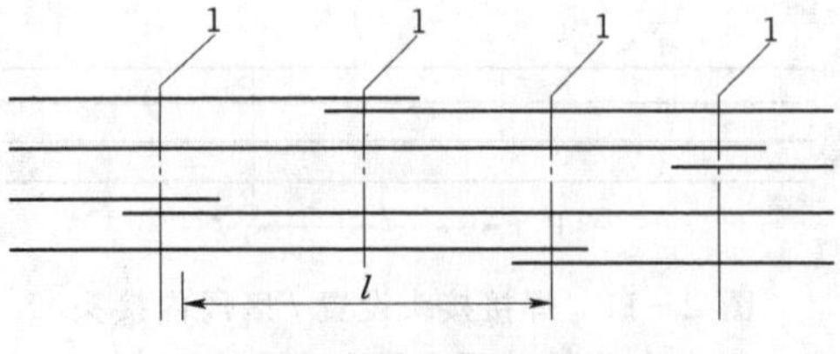

图 2-12　受力钢筋绑扎接头
1—绑扎接头搭接中心

4. 钢筋加工及安装的质量评定

钢筋安装质量检验评定见表 2-16，钢筋网质量检验评定见表 2-17。钢筋混凝土结构及预应力混凝土结构物施工中都包含“钢筋加工及安装”这一个分项工程，以后不再赘述。

表 2-16

钢筋安装质量检验评定表

分项工程名称：钢筋安装　　所属分部工程名称：　　所属建设项目：　　工程合同段：

工程部位：　　施工单位：　　监理单位：　　编号：

（桩号、墩台号、孔号）

项次	检查项目			规定值或允许偏差	检查方法和频率	权值	检查实测值	平均值代表值	合格率（%）	得分
基本要求	1. 钢筋、机械连接器、焊条等的品种、规格和技术性能应符合国家现行标准规定和设计要求；2. 冷拉钢筋的机械性能必须符合规范要求，钢筋平直，表面不应有裂皮和油污；3. 受力钢筋同一截面的接头数量、搭接长度、焊接和机械接头质量应符合施工技术规范要求；4. 钢筋安装时，必须保证设计要求的钢筋根数；5. 受力钢筋应平直，表面不得有裂纹及其他损伤									
1△	受力钢筋间距（mm）	两排以上排距		±5	尺量：每构件检查2个断面	3				
		同排	梁、板、拱肋	±10						
			基础、锚碇、墩台、柱	±20						
		灌注桩		±20						
2	箍筋、横向水平钢筋、螺旋筋间距（mm）			±10	尺量：每构件检查5～10个间距	2				
3	钢筋骨架尺寸（mm）	长		±10	尺量：按骨架总数30%抽查	1				
		宽、高或直径		±5						
4	弯起钢筋位置（mm）			±20	尺量：每骨架抽查30%	2				
5△	保护层厚度（mm）	柱、梁、拱肋		±5	尺量：每构件沿模板周边检查8处	3				
		基础、锚碇、墩台		±10						
		板		±3						
分项工程得分										
外观鉴定	钢筋表面无铁锈及焊渣。不符合要求时，减1～3分					减分		监理意见		
	多层钢筋网要有足够的钢筋支撑，保证骨架的施工刚度。不符合要求时，减1～3分									
质量保证资料	资料、图表残缺，缺乏最基本数据，有伪造涂改者，不予检验和评定。资料不全者，视情况每款减1～3分					减分				
分项工程质量等级评定	评分值：							质量等级：		

注　1. 小型构件的钢筋安装按总数抽查30%。

2. 在海水或腐蚀环境中，保护层不应出现负值。

检测负责人：　　检测：　　记录：　　复核：　　年　月　日

表 2-17 钢筋网质量检验评定表

分项工程名称：钢筋网　　所属分部工程名称：　　所属建设项目：　　工程合同段：

工程部位：（桩号、墩台号、孔号）　　施工单位：　　监理单位：　　编号：

项次	检查项目	规定值或允许偏差	检查方法和频率	权值	检查实测值	平均值代表值	合格率（%）	得分
基本要求	1. 钢筋、机械连接器、焊条等的品种、规格和技术性能应符合国家现行标准规定和设计要求；2. 冷拉钢筋的机械性能必须符合规范要求，钢筋平直，表面不应有裂皮和油污；3. 受力钢筋同一截面的接头数量、搭接长度、焊接和机械接头质量应符合施工技术规范要求；4. 钢筋安装时，必须保证设计要求的钢筋根数；5. 受力钢筋应平直，表面不得有裂纹及其他损伤							
1	网的长、宽（mm）	±10	尺量：全部	1				
2	网眼尺寸（mm）	±10	尺量：抽查 3 个网眼	1				
3	对角线差（mm）	15	尺量：抽查 3 个网眼对角线	1				
分项工程得分								
外观鉴定	钢筋表面无铁锈及焊渣。不符合要求时，减 1～3 分			减分		监理意见		
	多层钢筋网要有足够的钢筋支撑，保证骨架的施工刚度。不符合要求时，减 1～3 分							
质量保证资料	资料、图表残缺，缺乏最基本数据，有伪造涂改者，不予检验和评定。资料不全者，视情况每款减 1～3 分			减分				
分项工程质量等级评定	评分值：					质量等级：		

检测负责人：　　检测：　　记录：　　复核：　　年　月　日

第二节　混凝土质量检测评定

一、模板、支架和拱架制作与安装质量检测

模板、支架和拱架制作应根据设计要求确定模板的型式及精度要求，在设计无规定时，可按表 2－18 执行。模板、支架和拱架安装的允许偏差，在设计无要求时，每块模板、支架和拱架应符合表 2－19 的规定，模板、拱架支架安装施工检测记录见表 2－20。钢筋混凝土结构及预应力混凝土结构物施工中都包含“模板、支架、拱架制作及安装”质量检测，以后不再赘述。

表 2－18　　模板、支架及拱架制作时的允许偏差

<table>
<tr><th colspan="3">项　目</th><th>允许偏差（mm）</th></tr>
<tr><td rowspan="8">木模板制作</td><td colspan="2">模板的长度和宽度</td><td>±5</td></tr>
<tr><td colspan="2">不刨光模板相邻两板表面高低差</td><td>3</td></tr>
<tr><td colspan="2">刨光模板相邻两板表面高低差</td><td>1</td></tr>
<tr><td rowspan="2">平板模板表面最大的局部不平</td><td>刨光模板</td><td>3</td></tr>
<tr><td>不刨光模板</td><td>5</td></tr>
<tr><td colspan="2">拼合板中木板间的缝隙宽度</td><td>2</td></tr>
<tr><td colspan="2">支架、拱架尺寸</td><td>±5</td></tr>
<tr><td colspan="2">榫槽嵌接紧密度</td><td>2</td></tr>
<tr><td rowspan="8">钢模板制作</td><td rowspan="2">外形尺寸</td><td>长和高</td><td>0，－1</td></tr>
<tr><td>肋高</td><td>±5</td></tr>
<tr><td colspan="2">面板端偏斜</td><td>≤0.5</td></tr>
<tr><td rowspan="3">连接配件（螺栓、卡子等）的孔眼位置</td><td>孔中心与板面的间距</td><td>±0.3</td></tr>
<tr><td>板端中心与板端的间距</td><td>0，－0.5</td></tr>
<tr><td>沿板长、宽方向的孔</td><td>±0.6</td></tr>
<tr><td colspan="2">板面局部不平</td><td>1.0</td></tr>
<tr><td colspan="2">板面和板侧挠度</td><td>±1.0</td></tr>
</table>

注　1. 木模板中第 5 项已考虑木板干燥后在拼合板中发生缝隙的可能。2mm 以下的缝隙，可在浇筑前浇湿模板，使其密合。

2. 板面局部不平用 2m 靠尺、塞尺检测。

表 2－19　　模板、支架及拱架安装的允许偏差

<table>
<tr><th colspan="2">项　目</th><th>允许偏差（mm）</th></tr>
<tr><td rowspan="3">模板标高</td><td>基　　础</td><td>±15</td></tr>
<tr><td>柱、墙和梁</td><td>±10</td></tr>
<tr><td>墩　　台</td><td>±10</td></tr>
</table>

续表

项目		允许偏差（mm）
模板内部尺寸	上部构造的所有构件	＋5，0
	基　　础	±30
	墩　　台	±20
轴线偏位	基　　础	15
	柱　或　墙	8
	梁	10
	墩　　台	10
装配式构件支承面的标高		＋2，－5
模板相邻两板表面高低差		2
模板表面平整		5
预埋件中心线位置		3
预留孔洞中心线位置		10
预留孔洞截面内部尺寸		＋10，0
支架和拱架	纵轴的平面位置	跨度的1/1000或30
	曲线形拱架的标高（包括建筑拱度在内）	＋20，－10

表2-20　　模板、拱架支架安装施工检测记录

项目名称：　　　　　　　工程合同段：

施工里程：　　　　　　　分项工程名称：　　　　　　　施工日期：

项次	检查项目		设计值（mm）	实测值（mm）	允许偏差（mm）	备注
1	相邻两板表面高差	木模				
		钢模				
2	表面平整度	木模				
		钢模				
3	轴线偏位	基础（承台）				
		墩台身帽梁				
		柱或墙				
4	模内长宽尺寸	基础（承台）				
		墩、台身				
		梁板、墙				
5	垂直度或坡度	墩、台身				
		柱、墙				
6	预埋件	中心线位置				
7	榫槽嵌	接紧密度				

续表

项次	检查项目		设计值（mm）	实测值（mm）	允许偏差（mm）	备注
8	拱架和支架	纵轴线平面位置				
		曲线形拱架的标高				

检查意见：

技术负责人：

施工负责人：　　　　质检员：　　　　记录员：

二、混凝土质量检验

混凝土所用的水泥、砂、石、水、外掺剂及混合材料的质量和规格必须符合有关规范的要求，按规定的配合比施工；按试验检测频率对混凝土组成材料、拌和物性能、强度进行试验检测，振捣密实。

各种材料、各工程项目和各个工序，应经常进行检验，保证符合设计和施工技术规范的要求。检验项目和次数应符合下列规定。

1. 浇筑混凝土前的检验

(1) 施工设备和场地。

(2) 混凝土组成材料及配合比（包括外加剂）。

(3) 混凝土凝结速度等性能。

(4) 基础、钢筋、预埋件等隐蔽工程及支架、模板。

(5) 养护方法及设施，安全设施。

2. 拌制和浇筑混凝土时的检验

(1) 混凝土组成材料的外观及配料、拌制，每一工作班至少2次，必要时随时抽样试验。

(2) 混凝土的和易性（坍落度等）每工作班至少2次。

(3) 砂石材料的含水率，每日开工前1次，气候有较大变化时随时检测；当含水率变化较大、将使配料偏差超过规定时，应及时调整。

(4) 钢筋、模板、支架等的稳固性和安装位置。

(5) 混凝土的运输、浇筑方法和质量。

(6) 外加剂使用效果。

(7) 制取混凝土试件。

3. 浇筑混凝土后的检验

(1) 养护情况。

(2) 混凝土强度，拆模时间。

(3) 混凝土外露面或装饰质量。

(4) 结构外形尺寸、位置、变形和沉降。

为保证混凝土浇筑顺利施工，施工单位在浇筑前应提交混凝土浇筑报批单，见表2-21，养生记录见表2-22，混凝土施工原始记录见表2-23。钢筋混凝土结构及预应力混凝土结构物施工中都包含“混凝土浇筑”质量检测，以后不再赘述。

表 2-21　　混凝土浇筑报批单

分项工程：　　分部工程：　　合同段：　　项目名称：

施工单位：　　监理单位：　　天气：　　温度：

施工部位、桩号					
结构部位		混凝土标号		设计配比	

机械	拌和机是否正常		是否有备用拌和机	
	振捣设备是否正常		振捣设备数量是否满足、是否有备用	
	电力是否正常		是否有备用电力	
	运输设备是否正常		是否有备用运输设备	
	起重设备是否正常		是否有备用起重设备	
	其他设备是否正常		是否有备用	
材料	砂石料是否符合要求		砂石料数量是否符合要求	
	水泥数量是否符合要求		外加剂数量是否符合要求	
	外掺剂数量是否符合要求		其他材料是否符合要求	
	施工用水是否符合要求		水质是否符合要求	
人员	管理人员是否到场		质检人员是否到场	
	试验人员是否到场		技术人员是否到场	
	技术工人数量（　）是否满足要求		壮工数量（　）是否满足要求	
施工方法	施工方案是否得到批准		技术交底是否进行	
	养生措施是否得当		是否有防雨、防寒措施	
环境	施工道路是否通畅		天气是否正常	

现场监理意见：

签字：　　日期：

注　1. 此表为监理在承包人混凝土施工前检查时填写。

2. 检查项目合格在其后的空格里划“√”，否则“×”。

表 2-22　　混凝土养生原始记录

分项工程：　　分部工程：　　合同段：　　项目名称：

结构部位		施工完成日期、时间		养生开始日期、时间	
日期、时间	养生时天气情况及天气温度		养生方法	养生工人签字：	
养生终了日期		养生过程及结果描述			

质检员：　　质检负责人：　　技术负责人：　　日期：

表 2-23

混凝土施工原始记录

分项工程：　　　　分部工程：　　　　合同段：　　　　项目名称：

施工单位：　　　　监理单位：　　　　混凝土标号：

施工部位	日期	浇注时间	水泥		外加剂型号	石子最大粒径（mm）	实测砂含水量（%）	砂率（%）	施工配比					开盘/结束时间	实测坍落度（mm）	每盘水泥用量（kg/m^3）	混凝土浇筑		
			品种	标号					水泥	砂	石	水	外加剂				盘数	每盘数量	总体积（m^3）

混凝土接触面高程是否合格			混凝土接触面高程是否处理洁净	

施工过程描述：

施工负责人：　　　　质检员：　　　　记录员：　　　　施工日期：

三、水泥混凝土配合比设计方法

（一）普通混凝土配合比设计方法

普通混凝土配合比设计应满足施工工作性、设计强度、耐久性和经济合理的四项基本要求，正确处理水灰比、砂率和单位用水量三个参数。

根据《公路桥涵施工技术规范》（JTJ 041—2000）规定，混凝土灌注时的坍落度宜按表 2-24 选用。

表 2-24　　混凝土灌注时的坍落度

结构类别	坍落度（mm）	结构类别	坍落度（mm）
小型预制块及便于浇注振动的结构	0～20	配筋较密、断面较小的钢筋混凝土结构	50～70
桥涵基础、墩台等无筋或少筋的结构	10～30	配筋极密、断面高而窄的钢筋混凝土结构	70～90
普通配筋率的钢筋混凝土结构	30～50		

1. 配制强度的确定

（1）混凝土配制强度应按式（2-7）计算

$$f_{cu,o} \geqslant f_{cu,k} + 1.645\sigma \tag{2-7}$$

式中　$f_{cu,o}$——混凝土的配制强度，MPa；

$f_{cu,k}$——混凝土立方体抗压强度标准值，MPa；

σ——混凝土强度标准差，MPa。

（2）遇有下列情况时应提高混凝土配制强度：现场条件与试验室条件有显著差异时；C30 级及其以上强度等级的混凝土，采用非统计方法评定时。

（3）混凝土强度标准差宜根据同类混凝土统计资料计算确定，并应符合下列规定：

1）强度试件组数不应少于 25 组。

2）当混凝土强度等级为 C20 和 C25 级，其强度标准差计算值小于 2.5MPa 时，计算配制强度用的标准差应取不小于 2.5MPa；当混凝土强度等级等于或大于 C30 级，其强度标准差计算值小于 3.0MPa 时，计算配制强度用的标准差应取不小于 3.0MPa。

3）当无统计资料计算强度标准差时，其值应按表 2-25 规定取用。

表 2-25　　标准差 σ 值

强度等级（MPa）	低于 C20	C20～C35	高于 C35
标准差 σ（MPa）	4.0	5.0	6.0

2. 配合比设计中的基本参数

（1）每立方米混凝土用水量的确定，应符合下列规定。

1）干硬性和塑性混凝土用水量的确定：水灰比在 0.40～0.80 范围时，根据粗骨料的品种、粒径及施工要求的混凝土拌和物稠度，其用水量可按表 2-26 和表 2-27 选取。水灰比小于 0.40 的混凝土以及采用特殊成型工艺的混凝土用水量应通过试验确定。

2）流动性和大流动性混凝土的用水量宜按下列步骤计算：

a. 以表 2-27 坍落度 90mm 的用水量为基础，按坍落度每增大 20mm 用水量增加

5kg，计算出未掺外加剂时的混凝土的用水量。

b. 掺外加剂时的混凝土用水量可按下式计算

$$m_{wa}=m_{wo}(1-\beta) \tag{2-8}$$

式中　m_{wa}——掺外加剂混凝土每立方米混凝土的用水量，kg；

m_{wo}——未掺外加剂混凝土每立方米混凝土的用水量，kg；

β——外加剂的减水率，%。

c. 外加剂的减水率应经试验确定。

表 2-26　　干硬性混凝土的用水量　　单位：kg/m³

拌和物稠度		卵石最大粒径（mm）			碎石最大粒径（mm）		
项目	指标	10	20	40	16	20	40
维勃稠度（s）	16～20	175	160	145	180	170	155
	11～15	180	165	150	185	175	160
	5～10	185	170	155	190	180	165

表 2-27　　塑性混凝土的用水量　　单位：kg/m³

拌和物稠度		卵石最大粒径（mm）				碎石最大粒径（mm）			
项目	指标	10	20	31.5	40	16	20	31.5	40
坍落度（mm）	10～30	190	170	160	150	200	185	175	165
	35～50	200	180	170	160	210	195	185	175
	55～70	210	190	180	170	220	205	195	185
	75～90	215	195	185	175	230	215	205	195

注　本表用水量系采用中砂时的平均取值。采用细砂时，每立方米混凝土用水量可增加 5～10kg；采用粗砂时，则可减少 5～10kg。掺用各种外加剂或掺合料时，用水量应相应调整。

（2）当无历史资料时，混凝土砂率的确定应符合下列规定。

1）坍落度为 10～60mm 的混凝土砂率，可根据粗骨料品种、粒径及水灰比按表 2-28 选取。

表 2-28　　混 凝 土 的 砂 率　　%

水灰比 W/C	卵石最大粒径（mm）			碎石最大粒径（mm）		
	10	20	40	16	20	40
0.40	26～32	25～31	24～30	30～35	29～34	27～32
0.50	30～35	29～34	28～33	33～38	32～37	30～35
0.60	33～38	32～37	31～36	36～41	35～40	33～38
0.70	36～41	35～40	34～39	39～44	38～43	36～41

注　本表数值系中砂的选用砂率，对细砂或粗砂，可相应地减少或增大砂率；只用一个单粒级粗骨料配制混凝土时，砂率应适当增大；对薄壁构件，砂率取偏大值；本表中的砂率系指砂与骨料总量的重量比。

2）坍落度大于 60mm 的混凝土砂率，可经试验确定，也可在表 2-28 的基础上，按坍落度每增大 20mm，砂率增大 1%的幅度予以调整。坍落度小于 10mm 的混凝土，其砂率应经试验确定。

（3）外加剂和掺合料的掺量应通过试验确定，并应符合国家现行标准的有关规定。

（4）当进行混凝土配合比设计时，混凝土的最大水灰比和最小水泥用量，应符合表 2－29 中的规定。

表 2－29　　混凝土的最大水灰比和最小水泥用量（JGJ 55—2000）

环境条件		结构物类别	最大水灰比			最小水泥用量（kg）		
			素混凝土	钢筋混凝土	预应力混凝土	素混凝土	钢筋混凝土	预应力混凝土
干燥环境		正常的居住或办公用房屋内部件	不作规定	0.65	0.60	200	260	300
潮湿环境	无冻害	高湿度的室内部件 室外部件 在非侵蚀性土和（或）水中的部件	0.70	0.60	0.60	225	280	300
潮湿环境	有冻害	经受冻害的室外部件 在非侵蚀性土和（或）水中且经受冻害的部件 高湿度且经受冻害的室内部件	0.55	0.55	0.55	250	280	300
有冻害和除冰剂的潮湿环境		经受冻害和除冰剂作用的室内和室外部件	0.50	0.50	0.50	300	300	300

注　1. 当用活性掺合料取代部分水泥时，表中的最大水灰比及最小水泥用量即为替代前的水灰比和水泥用量。
2. 配制 C15 级及其以下等级的混凝土，可不受本表限制。

（5）长期处于潮湿和严寒环境中的混凝土，应掺用引气剂或引气减水剂。引气剂的掺入量应根据混凝土的含气量并经试验确定，混凝土的最小含气量应符合表 2－30 的规定；混凝土的含气量亦不宜超过 7%。混凝土中的粗骨料和细骨料应作坚固性试验。

表 2－30　　长期处于潮湿和严寒环境中混凝土的最小含气量

粗骨料最大粒径（mm）	最小含气量（%）	粗骨料最大粒径（mm）	最小含气量（%）
40	4.5	20	5.5
25	5.0		

注　含气量的百分比为体积比。

3. 混凝土配合比的计算

（1）混凝土配合比计算公式和有关参数表格中的数值均系以干燥状态骨料为基准。当以饱和面干骨料为基准进行计算时，则应做相应的修正。

注意：干燥状态骨料系指含水率小于 0.5%的细骨料或含水率小于 0.2%的粗骨料。

（2）混凝土配合比应按下列步骤进行计算。

1）计算配制强度 $f_{cu,o}$ 并求出相应的水灰比。

2）选取每立方米混凝土的用水量，并计算每立方米混凝土的水泥用量。

3）选取砂率，计算粗骨料和细骨料的用量，并提出供试配用的计算配合比。

（3）混凝土强度等级小于 C60 级时，水灰比宜按下式计算

$$W/C=\frac{\alpha_a f_{ce}}{f_{cu,o}+\alpha_a\alpha_b f_{ce}} \tag{2-9}$$

式中　α_a、α_b——回归系数；

f_{ce}——水泥 28d 抗压强度实测值，MPa。

1）当无水泥 28d 抗压强度实测值时，f_{ce} 值可按下式确定

$$f_{ce}=\gamma_c f_{ce,g} \tag{2-10}$$

式中　γ_c——水泥强度等级值的富余系数，可按实际统计资料确定；

$f_{ce,g}$——水泥强度等级值，MPa。

2）f_{ce} 值也可根据 3d 强度或快测强度推定 28d 强度关系式推定得出。

（4）回归系数 α_a 和 α_b 宜按下列规定确定。

1）应根据工程所使用的水泥、骨料，通过试验由建立的水灰比与混凝土强度关系式确定。

2）当不具备上述试验统计资料时，其回归系数可按表 2－31 采用。

表 2－31　回归系数 α_a 和 α_b 选用表

系数＼石子品种	碎石	卵石
α_a	0.46	0.48
α_b	0.07	0.33

（5）确定每立方米混凝土的用水量（m_{wo}）可按本节 2.（1）的规定确定。

（6）每立方米混凝土的水泥用量（m_{co}）可按下式计算

$$m_{co}=\frac{m_{wo}}{W/C} \tag{2-11}$$

（7）选取砂率可按本节 2.（2）的规定确定。

（8）粗骨料和细骨料用量的确定，应符合下列规定。

1）当采用重量法时，应按下列公式计算

$$m_{co}+m_{go}+m_{so}+m_{wo}=m_{cp} \tag{2-12}$$

$$\beta_s=\frac{m_{so}}{m_{so}+m_{go}}\times 100\% \tag{2-13}$$

式中　m_{co}——每立方米混凝土的水泥用量，kg；

m_{go}——每立方米混凝土的粗骨料用量，kg；

m_{so}——每立方米混凝土的细骨料用量，kg；

m_{wo}——每立方米混凝土的用水量，kg；

β_s——砂率，%；

m_{cp}——每立方米混凝土拌和物的假定重量，kg，其值可取 2350～2450kg。

2）当采用体积法时，应按式（2－13）和（2－14）计算

$$\frac{m_{co}}{\rho_c}+\frac{m_{go}}{\rho_g}+\frac{m_{so}}{\rho_s}+\frac{m_{wo}}{\rho_w}+0.01\alpha=1 \tag{2-14}$$

式中　ρ_c——水泥密度，kg/m^3，可取 $2900\sim3100kg/m^3$；

ρ_g——粗骨料的表观密度，kg/m^3；

ρ_s——细骨料的表观密度，kg/m³；

ρ_w——水的密度，kg/m³，可取1000kg/m³；

α——混凝土的含气量百分数，在不使用引气型外加剂时，α可取为1。

4. 混凝土配合比的试配、调整与确定

（1）试配。

1）试配时应采用工程中实际使用的原材料。混凝土的搅拌方法，宜与生产时使用的方法相同。

2）试配时，每盘混凝土的最小搅拌量应符合表2-32的规定；当采用机械搅拌时，其搅拌量不应小于搅拌机额定搅拌量的1/4。

表2-32　　混凝土试配的最小搅拌量

粗骨料最大粒径（mm）	拌和物数量（L）	粗骨料最大粒径（mm）	拌和物数量（L）
31.5及以下	15	40	25

注　L是体积单位，1L=1dm³，dm是长度单位（分米）。

3）按计算的配合比进行试配时，首先应进行试拌，以检查拌和物的性能。当试拌得出的拌和物坍落度或维勃稠度不能满足要求，或黏聚性和保水性不好时，应在保证水灰比不变的条件下相应调整用水量或砂率，直到符合要求为止。然后提出供混凝土强度试验用的基准配合比。

4）强度试验时至少应采用三个不同的配合比。其中一个应为基准配合比，另外两个配合比的水灰比，宜较基准配合比分别增加和减少0.05；用水量应与基准配合比相同，砂率可分别增加和减少1%。

当不同水灰比的混凝土拌和物坍落度与要求值的差超过允许偏差时，可通过增、减用水量进行调整。

5）制作强度试件时，应检验拌和物的坍落度或维勃稠度、黏聚性、保水性及拌和物的表观密度，并以此结果作为代表相应配合比的混凝土拌和物的性能。

6）进行强度试验时，每种配合比至少应制作一组（三块）试件，标准养护28d试压。

需要时可同时制作几组试件，供快速检验或较早龄期试压，以便提前定出混凝土配合比供施工使用。但应以标准养护28d强度的检验结果为依据调整配合比。

（2）配合比的调整与确定。

1）根据试验得出的混凝土强度与其相对应的灰水比（C/W）关系，用作图法或计算法求出与配制强度（$f_{cu,o}$）相对应的灰水比，并应按下列原则确定每立方米混凝土的材料用量。

a. 用水量（m_w）应在基准配合比用水量的基础上，根据制作强度试件时测得的坍落度或维勃稠度进行调整确定。

b. 水泥用量（m_c）应以用水量乘以选定出来的灰水比计算确定。

c. 粗骨料和细骨料用量（m_g和m_s）应在基准配合比的粗骨料和细骨料用量的基础上，按选定的灰水比进行调整后确定。

2）经试配确定配合比后，尚应按下列步骤进行校正。

a. 应根据上述确定的材料用量计算混凝土的表观密度计算值 $\rho_{c,c}$

$$\rho_{c,c} = m_c + m_g + m_s + m_w \tag{2-15}$$

b. 计算混凝土配合比校正系数 δ

$$\delta = \rho_{c,t}/\rho_{c,c} \tag{2-16}$$

式中 $\rho_{c,t}$——混凝土表观密度实测值，kg/m^3；

$\rho_{c,c}$——混凝土表观密度计算值，kg/m^3。

c. 当混凝土表观密度实测值与计算值之差的绝对值不超过计算值的2%时，按强度检验结果修正后确定的配合比即为确定的设计配合比；当两者之差超过2%时，应将配合比中每项材料用量均乘以校正系数 δ，即为确定的设计配合比。

3）根据本单位常用的材料，可设计出常用的混凝土配合比备用；在使用过程中，应根据原材料情况及混凝土质量检验的结果予以调整。但遇下列情况之一时，应重新进行配合比设计：

a. 对混凝土性能指标有特殊要求时。

b. 水泥、外加剂或矿物掺合料品种、质量有显著变化时。

c. 该配合比的混凝土生产间断半年以上时。

5. 换算施工配合比

试验室配合比是以干燥状态骨料为基准计算的，而施工现场砂石材料为露天堆放，都有一定的含水率。因此，施工时应根据现场砂石材料的含水率，将试验室配合比换算为施工配合比。

（二）高强混凝土配合比设计方法

(1) 配制高强混凝土所用原材料应符合下列规定：

1）应选用质量稳定、强度等级不低于42.5级的硅酸盐水泥或普通水泥。

2）对强度等级为C60级的混凝土，其粗集料的最大粒径不应大于31.5mm，对强度等级高于C60级的混凝土，其粗骨料的最大粒径不应大于25mm；针片状颗粒含量不宜大于5.0%，含泥量不应大于0.5%，泥块含量不宜大于0.2%；其他质量指标应符合现行有关标准的规定。

3）细骨料的细度模数宜大于2.6，含泥量不应大于2.0%，泥块含量不应大于0.5%。其他质量指标应符合现行有关标准的规定。

4）配制高强混凝土时应掺用高效减水剂或缓凝高效减水剂。

5）配制高强混凝土时应掺用活性较好的矿物掺合料，且宜复合使用矿物掺合料。

(2) 高强混凝土配合比的计算方法和步骤除应按上述普通混凝土第3部分的规定进行外，尚应符合下列规定：

1）基准配合比中的水灰比，可根据现有试验资料选取；

2）配制高强混凝土所用砂率及所采用的外加剂和矿物掺合料的品种、掺量，应通过试验确定；

3）计算高强混凝土配合比时，其用水量可按上述普通混凝土第2部分的规定确定；

4）高强混凝土的水泥用量不应大于 $550kg/m^3$；水泥和矿物掺合料的总量不应大于 $600kg/m^3$。

(3) 高强混凝土配合比的试配与确定的步骤应按上述普通混凝土第 4 部分的规定进行。当采用三个不同的配合比进行强度试验时，其中一个应为基准配合比，另外两个配合比的水灰比，宜较基准配合比分别增加和减少 0.02～0.03。

(4) 高强混凝土设计配合比确定后，尚应用该配合比进行不少于 6 次的重复试验进行验证，其平均值不应低于配制强度。

四、水泥混凝土强度试验及等级评定

(一) 水泥混凝土立方体抗压强度试件制作与养护

1. 试验目的

通过试验掌握混凝土立方体抗压强度试件的制作与养护方法。

2. 仪器设备

(1) 标准振动台。

(2) 试模：由铸铁或钢制成，并可拆卸。试件尺寸（试模内部尺寸）见表 2-33。

表 2-33　　立方体抗压强度试件尺寸

集料公称量大粒径 (mm)	试件尺寸 (mm)	备　注
31.5	150×150×150	标准尺寸
26.5	100×100×100	非标准尺寸
53	200×200×200	非标准尺寸

(3) 其他：捣棒、镘刀、金属直尺、橡皮锤等。

3. 试验步骤

(1) 水泥混凝土的拌和。

(2) 成型前试模内壁涂一层矿物油，为了防止漏浆，试模接缝处涂黄油。

(3) 认为混凝土拌和物品质合格后，应在 15min 内开始制件。

(4) 成型。

1) 对于坍落度小于 25mm 时，可采用 ϕ25mm 的插入式振捣棒成型。将拌和物一次装入试模，装料时应用抹刀沿试模壁插捣，并使拌和物高出试模口；振捣时振捣棒距底板 10～20mm。振捣至表面出浆为止，一般振捣时间为 20s。振捣棒拔出时要缓慢，拔出后不得留有孔洞。用刮刀刮去多余的混凝土，在临近初凝时，用抹刀抹平。

2) 当坍落度大于 25mm 且小于 70mm 时，用标准振动台成型。将试模放在振动台上夹牢，将拌和物一次装满试模，开动振动台至表面出现水泥浆时为止，振动过程中随时添加混凝土使试模常满，记录振动时间（一般不超过 90s）。振动后，用金属直尺沿试模边缘刮去多余混凝土，用镘刀将表面初次抹平，待试件收浆后，再次用镘刀将试件仔细抹平。

3) 当坍落度大于 70mm 时，用人工成型。拌和物分两层装入试模。捣固时按螺旋方向从边缘到中心均匀地进行。插捣底层时，捣棒应到达模底；插捣上层时，捣棒应插入下层 20～30mm 处。插捣时应用力将捣棒垂直压下，不得冲击，捣完一层后，用橡皮锤轻轻击打试模外端面 10～15 下，以填平插捣中留下的孔洞。每层插捣次数 100cm^2 截面积内不得少于 12 次。

4）试件抹面与试模边缘高低差不得超过 0.5mm。

（5）养护。

1）脱模前养护：试件成型后，用湿布覆盖表面，在（20±5）℃，相对湿度大于 50%的室温下，静放 1～2 个昼夜，拆模，编号并作外观检查，对有缺陷的试件应除去或加工补平。

2）脱模后养护：将试件在（20±2）℃，相对湿度大于 95%的标准养护室养护至规定龄期。试件宜放在铁架或木架上，间距至少 10～20mm。

3）标准养护龄期为 28d，非标准的龄期为 1d、3d、7d、60d、90d、180d。

4. 注意事项

（1）组装试模时，试模相互接触的两个面要相互垂直，必须紧密装配拧紧螺丝，以防在振动台上成型时试模出现震开的现象。

（2）浇制试件时，应在拌和后 15min 内装入试模。从开始拌和至强度试件制备完毕不超过 20min。

（二）水泥混凝土立方体抗压强度试验

1. 试验目的

通过混凝土抗压强度的测定，用于确定水泥混凝土的强度等级，作为评定水泥混凝土品质的主要指标。

2. 仪器设备

（1）压力机或万能试验机：测量精度为±1%，能够满足试件破型吨位要求。试件破坏荷载应大于压力机全量程的 20%且小于全量程的 80%。球座钢质坚硬。

（2）混凝土强度等级大于等于 C60 时，试验机上、下压板之间应各垫一钢板，尺寸应不小于试件的承压面，其厚度至少为 25mm。试件周围应设置防崩裂网罩。

3. 试验步骤

（1）至试验龄期时取出试件，检查其尺寸及形状，相对两面应平行。量出棱边长度，精确至 1mm。试件受力截面积按其与压力机上下接触面的平均值计算。在破型前，保持试件原有湿度，在试验时擦干试件。

（2）以成型时侧面为上下受压面，试件中心应与压力机几何对中。

（3）强度等级小于 C30 的混凝土取 0.3～0.5MPa/s 的加荷速度；强度等级大于 C30 且小于 C60 时，则取 0.5～0.8MPa/s 的加荷速度；强度等级大于 C60 的混凝土取 0.8～1.0MPa/s 的加荷速度。当试件接近破坏而开始迅速变形时，应停止调整试验机油门，直至试件破坏，记下破坏极限荷载 F（N）。

4. 试验结果

（1）试件抗压强度按下式计算

$$f_{cu}=\frac{F}{A} \tag{2-17}$$

式中　f_{cu}——混凝土立方体抗压强度，MPa；

F——试件破坏极限荷载，N；

A——受压面积，mm^2。

(2) 以三个试件测值的算术平均值为测定值，精确至0.1MPa。三个测值中的最大值或最小值中如有一个与中间值之差超过中间值的15%时，则取中间值为测定值；如最大值和最小值与中间值之差均超过中间值的15%，则该组试验结果无效。

(3) 混凝土强度等级小于C60时，非标准试件的抗压强度应乘以换算系数（见表2-34），应在报告中注明。当混凝土强度等级不小于C60时，宜用标准试件，使用非标准试件时，换算系数由试验确定。

表2-34　　立方体抗压强度尺寸换算系数

试件尺寸（mm）	尺寸换算系数（mm）	试件尺寸（mm）	尺寸换算系数（mm）
100×100×100	0.95	200×200×200	1.05

5. 试验记录

试验记录见表2-35。

表2-35　　水泥混凝土抗压强度试验记录

试样编号	工程部位	试件编号	制件日期	试验日期	龄期（d）	试件尺寸（mm）	破坏荷载（N）	抗压强度		换算强度（MPa）	设计标号
								单值	平均		

试验：　　复核：　　负责人：　　单位：　　驻地监理：

6. 注意事项

(1) 以实测试件尺寸计算承压面积，必须以试件的侧面作为受压面。

(2) 试件应连续而均匀地加荷，要严格控制加荷速度。

(三) 水泥混凝土抗压强度评定

水泥混凝土的抗压强度是按照《公路工程质量检验评定标准》（JTG F80—2004）中附录D的规定来评定。

1. 试件制取组数

评定水泥混凝土的抗压强度，应以标准养生28d龄期的试件为准。试件为边长150mm的立方体。试件3个为1组，制取组数应符合下列规定。

(1) 不同强度等级及不同配合比的混凝土应在浇筑地点或拌和地点分别随机制取试件。

(2) 浇筑一般体积的结构物（如基础、墩台等）时，每一单元结构物应制取2组。

(3) 连续浇筑大体积结构时，每80～200m^3或每一工作班应制取2组。

(4) 上部结构，主要构件长16m以下应制取1组，16～30m制取2组，31～50m制取3组，50m以上者不少于5组。小型构件每批或每工作班至少应制取2组。

(5) 每根钻孔桩至少应制取2组；桩长20m以上者不少于3组；桩径大、浇筑时间很长时，不少于4组。如换工作班时，每工作班应制取2组。

(6) 构筑物（小桥涵、挡土墙）每座、每处或每工作班制取不少于2组。当原材料和配合比相同、并由同一拌和站拌制时，可几座或几处合并制取 2 组。

（7）应根据施工需要，另制取几组与结构物同条件养生的试件，作为拆模、吊装、张拉预应力、承受荷载等施工阶段的强度依据。

2. 水泥混凝土抗压强度的合格标准

（1）试件大于等于 10 组时，应以数理统计方法按下述条件评定

$$R_n - K_1 S_n \geqslant 0.9R \tag{2-18}$$

$$R_{\min} \geqslant K_2 R \tag{2-19}$$

$$S_n = \sqrt{\frac{\sum R_i^2 - nR_n^2}{n-1}} \tag{2-20}$$

式中　n——同批混凝土试件组数；

R_n——同批 n 组试件强度的平均值，MPa；

S_n——同批 n 组试件强度的标准差，MPa，当 $S_n < 0.06R$ 时，取 $S_n = 0.06R$；

R——混凝土设计强度等级，MPa；

R_i——第 i 组混凝土的抗压强度，MPa；

$R_{\min}$——n 组试件中强度最低一组的值，MPa；

K_1、K_2——合格判定系数，见表 2-36。

表 2-36　**K_1、K_2 值**

n	10～14	15～24	≥25
K_1	1.70	1.65	1.6
K_2	0.9	0.85	

（2）试件小于 10 组时，可用非统计方法按下述条件进行评定

$$R_n \geqslant 1.15R \tag{2-21}$$

$$R_{\min} \geqslant 0.95R \tag{2-22}$$

实测项目中，水泥混凝土抗压强度评为不合格时相应分项工程为不合格。

五、混凝土弹性模量试验

1. 适用范围

本方法适用于测定水泥混凝土在静力作用下的受压弹性模量，混凝土的受压弹性模量取轴心抗压强度 1/3 时对应的弹性模量。

2. 仪器设备

（1）压力机或万能试验机：同立方体抗压强度试验。

（2）球座：同立方体抗压强度试验。

（3）微变形测量仪：千分表 2 个（0 级或 1 级）；或精度不低于 0.001mm 的其他仪表，如引伸仪。

（4）微变形测量仪固定架两对，标距为 150mm。

（5）钢尺（量程 600mm，分度值为 1mm）、502 胶水、铅笔和秒表等。

3. 试件制备

（1）试件尺寸见表 2-37。

表 2-37　　抗压弹性模量试件尺寸

集料公称量大粒径（mm）	试件尺寸（mm）	备　注
31.5	150×150×300	标准尺寸
26.5	100×100×300	非标准尺寸
53	200×200×400	非标准尺寸

（2）每组为同龄期同条件制作和养护的试件 6 根，其中 3 根用于测定轴心抗压强度，提出弹性模量试验的加荷标准，另 3 根则作弹性模量试验。

4. 试验步骤

（1）试件取出后，用湿毛巾覆盖并及时进行试验，保持试件干湿状态不变。

（2）擦净试件，量出尺寸并检查外形，尺寸量测精确至 1mm，试件不得有明显缺损，端面不平时须预先抹平。

（3）取 3 根试件进行轴心抗压强度试验，计算轴心抗压强度值 f_{cp}。

（4）取另 3 根试件作抗压弹性模量试验，微变形量测仪应安装在试件两侧的中线上并对称于试件两侧。

（5）将试件移于压力机球座上，几何对中。加荷方式见图 2-13。

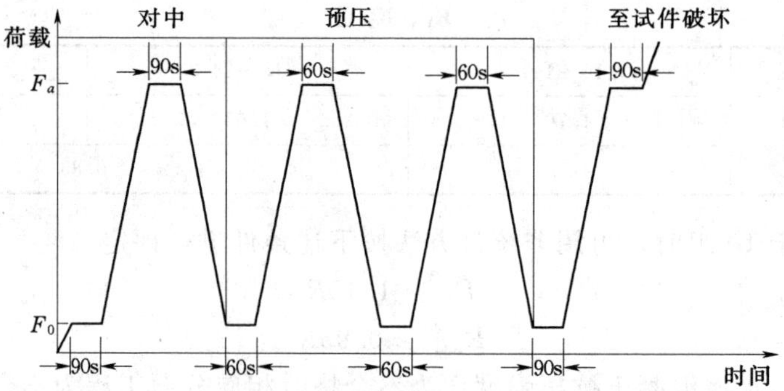

图 2-13　弹性模量加荷方法示意图

（90s 包括 60s 持荷时间、30s 读数时间，60s 为持荷时间）

（6）调整试件位置：开动压力机，当上压板与试件接近时，调整球座，使接触均衡。加荷至基准应力为 0.5MPa 对应的初始荷载值 F_0，保持恒载 60s 并在以后的 30s 内记录两侧变形量测仪的读数 $\varepsilon_0^{左}$、$\varepsilon_0^{右}$。应立即以 0.6MPa/s±0.4MPa/s 的加荷速率连续均匀加荷至 1/3 轴心抗压强度 f_{cp} 对应的荷载值 F_a，保持恒载 60s 并在以后的 30s 内记录两侧变形量测仪的读数 $\varepsilon_a^{左}$、$\varepsilon_a^{右}$。

（7）以上读数应和它们的平均值相差在 20%以内，否则应重新对中试件后重复（6）中的步骤。如果无法使差值降低到 20%以内，则此次试验无效。

（8）预压：确认（7）后，以相同的速度卸荷至基准应力 0.5MPa 对应的初始荷载值 F_0 并持荷 60s。以相同的速度加荷至荷载值 F_a，再保持 60s 恒载，最后以相同的速度卸荷至初始荷载值 F_0，至少进行两次预压循环。

（9）测试：在完成最后一次预压后，保持 60s 初始荷载值 F_0，在后续的 30s 内记录两侧变形量测仪的读数 $\varepsilon_0^{左}$、$\varepsilon_0^{右}$，再用同样的加荷速度加荷至荷载值 F_a，再保持 60s 恒载，并在后续的 30s 内记录两侧变形量测仪的读数 $\varepsilon_a^{左}$、$\varepsilon_a^{右}$。

（10）卸除微变形量测仪，以同样的速度加荷至破坏，记下破坏极限荷载 F（N）。如果试件的轴心抗压强度与 f_{cp} 之差超过 f_{cp} 的 20%时，应在报告中注明。

5. 试验结果

（1）混凝土抗压弹性模量 E_c 按下式计算

$$E_c = \frac{F_a - F_0}{A} \times \frac{L}{\Delta_n} \tag{2-23}$$

$$\Delta_n = (\varepsilon_a^{左} + \varepsilon_a^{右})^a/2 - (\varepsilon_0^{左} + \varepsilon_0^{右})/2 \tag{2-24}$$

式中　E_c——混凝土抗压弹性模量，MPa；

F_a——终荷载，N（$1/3 f_{cp}$ 时对应的荷载值）；

F_0——初荷载，N（0.5MPa 时对应的荷载值）；

L——测量标距，mm；

A——试件承压面积，mm^2；

Δ_n——最后一次加荷时，试件两侧在 F_a 及 F_0 作用下变形差平均值，mm；

ε_a——F_a 时标距间试件变形，mm；

ε_0——F_0 时标距间试件变形，mm。

（2）以 3 根试件试验结果的算术平均值为测定值。如果其循环后的任一根与循环前轴心抗压强度之差超过后者的 20%，则弹性模量值按另两根试件试验结果的算术平均值计算；如有两根试件试验结果超出上述规定，则试验结果无效。结果计算精确至 100MPa。

六、结构混凝土外观检测

（1）表面应密实、平整。

（2）如有蜂窝、麻面，其面积不超过结构同侧面积的 0.5%。

（3）如有裂缝，其宽度不得大于设计规范的有关规定。

（4）预制桩桩顶、桩尖等重要部位无掉边或蜂窝、麻面。

（5）小型构件无翘曲现象。

（6）对蜂窝、麻面、掉角等缺陷，应凿除松弱层，用钢丝刷清理干净，用压力水冲洗、湿润，再用较高强度的水泥砂浆或混凝土填塞捣实，覆盖养护；用环氧树脂等胶凝材料修补时，应先经试验验证。

（7）如有严重缺陷，影响结构性能时，应分析情况，研究处理。

七、冬期混凝土施工质量检查

冬期施工时，混凝土、钢筋混凝土、预应力混凝土工程的质量除按上述规定进行检查外，尚应检查混凝土在浇筑及养护期间的环境温度。

冬期混凝土施工检查内容如下。

（1）混凝土用水和骨料的加热温度。

（2）混凝土的加热养护方法和时间等。检查结果应分别记入混凝土工程施工记录和温度检查记录。

(3) 骨料和拌和水装入搅拌机时的温度、混凝土自搅拌机倾出时的温度及浇筑时的温度，每一工作班应至少检查3次。

(4) 混凝土在养护期间温度的检查，不应少于下列次数。

1) 用蓄热法养护时，每昼夜定时4次。

2) 用蒸汽加热法及电加热法养护时，升温及降温每小时1次，恒温每两小时1次。

3) 室内外环境温度，每昼夜定时定点4次。

(5) 检查混凝土温度时，应符合下列规定。

1) 测温孔应绘制布置图并编号。

2) 温度计应与外界气温隔绝，并应在测温孔内留置不少于3min。

3) 测温孔的位置，当采用蓄热法养护时，应设置在易冷却部位；当采用加热法养护时，应在离热源不同位置分别设置。厚大结构应在表层及内部分别设置。

(6) 混凝土冬期施工时，除留标准养护试件外，并应制取相同数量与结构同条件养护的试件。对于用蒸汽加热法养护的混凝土结构，除制取标准养护试件外，应同时制取与混凝土结构同条件蒸养后再在标准条件下养护到28d的试件，以检查经过蒸养后混凝土28d的强度。冬期施工混凝土质量的评定方法与常温施工混凝土相同。

第三节　砌体工程质量检测评定

一、砌体材料

(一) 桥隧工程对砌体石料的技术要求

桥涵工程使用的石料主要用于砌体工程，如桥涵拱圈、墩台、基础、锥坡等。

1. 石料制品的物理、力学性质

(1) 石料应符合设计规定的类别和强度，石质应均匀、不易风化、无裂纹。石料强度、试件规格及换算应符合设计要求。桥梁结构物用石料强度技术标准见表2-38。

表2-38　　桥梁结构物用石料强度技术标准

序号	结构物类型	石料最低强度（MPa）
1	拱圈	30
2	大、中桥墩台及基础、梁式桥轻型桥台	25
3	小桥墩台及基础、挡土墙	25

表2-39　　石料及混凝土材料抗冻性指标

结构物类型	大、中桥	小桥及涵洞
镶面或表层	50	25

注　抗冻性指标系指材料在含水饱和状态下经-15℃的冻结与融化的循环次数。试验后的材料应无明显损伤（裂缝、脱层），其强度不低于试验前0.75倍。

(2) 1月份平均气温低于-10℃的地区，除干旱地区的不受冰冻部位或根据以往实践经验证明材料确有足够抗冻性者外，所用石料及混凝土材料须通过冻融试验证明符合表2-39的抗冻性指标时，方可使用。

2. 石料的规格和几何尺寸

(1) 片石：一般指用爆破或楔劈法开采的石块，

厚度不应小于 150mm（卵形和薄片者不得采用）。用做镶面的片石，应选择表面较平整、尺寸较大者，并应稍加修整。

（2）块石：形状应大致方正，上下面大致平整，厚度 200～300mm，宽度约为厚度的 1.0～1.5 倍，长度约为厚度的 1.5～3.0 倍。块石用做镶面时，应由外露面四周向内稍加修凿，后部可不修凿，但应略小于修凿部分。其加工形状如图 2－14 所示。

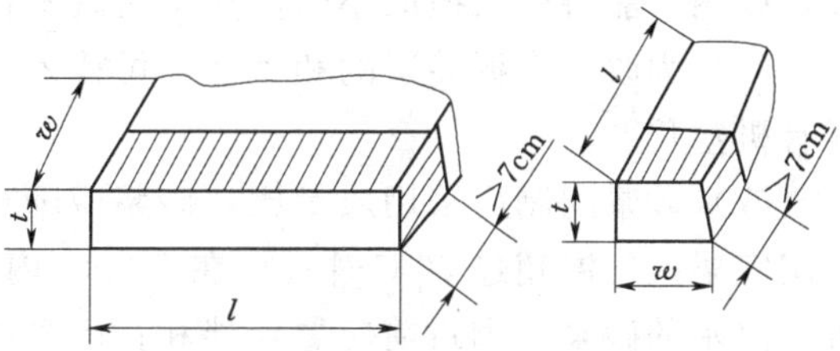

图 2－14　镶面块石

w—宽度；t—厚度；l—长度

（3）粗料石：是由岩层或大块石料开劈并经粗略修凿而成，外形应方正，成六面体，厚度 200～300mm，宽度为厚度的 1.0～1.5 倍，长度为厚度的 2.5～4.0 倍，表面凹陷深度不大于 20mm。加工精度如图 2－15 所示。镶面粗料石的外露面如带细凿边缘时，细凿边缘的宽度应为 30～50mm。

（4）拱石：可根据设计采用粗料石或块石，主要用于石拱桥的拱圈砌筑，如图 2－16 所示。

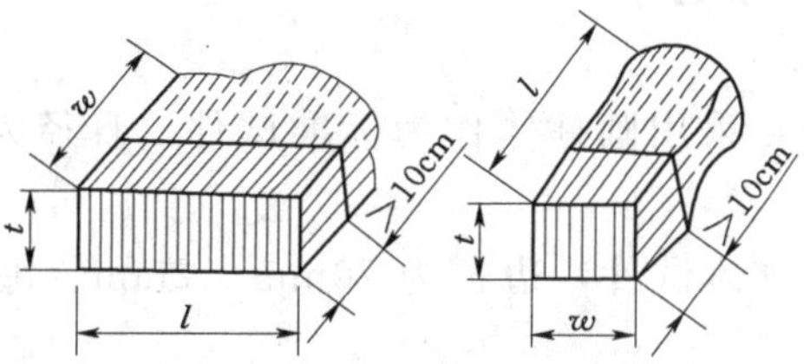

图 2－15　镶面粗料石

w—宽度；t—厚度；l—长度

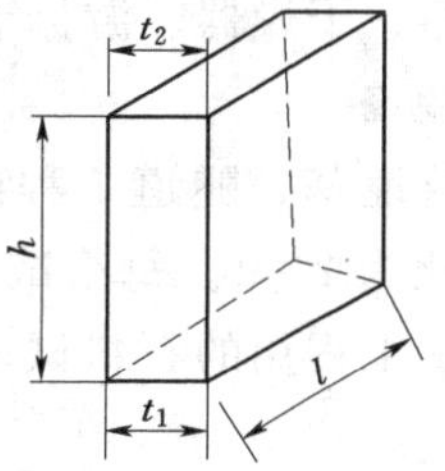

图 2－16　拱石

（二）桥隧工程对砌体砂浆的技术要求

（1）砌筑用砂浆的类别和强度等级应符合设计规定。

（2）砂浆中所用水泥、砂、水等材料的质量标准宜符合混凝土工程相应材料的质量标准，砂浆中所用砂，宜采用中砂或粗砂，当缺乏中砂及粗砂时，在适当增加水泥用量的基础上，也可采用细砂。砂的最大粒径，当用于砌筑片石时，不宜超过 5mm；当用砌筑块石、粗料石时，不宜超过 2.5mm。如砂的含泥量达不到混凝土用砂的标准，当砂浆强度等级不小于 M5 时，可不超过 5%，小于 M5 时可不超过 7%。

（3）石灰水泥砂浆所用生石灰，应成分纯正，煅烧均匀、透彻。一般宜熟化成消石灰粉或石灰膏使用，也可磨细成生石灰粉使用。消石灰粉和石灰膏应通过网筛过滤，并且石灰膏应在沉淀池内储存 14d 以上。磨细生石粉应经 4900 孔/cm^2 筛子过筛。

（4）砂浆的配合比可通过试验确定，并应满足该规范中技术条件的要求。当变更砂浆的组成材料时，其配合比应重新试验确定。

（5）砂浆必须具有良好的和易性，其稠度以标准圆锥体沉入度表示，用于石砌体时宜为 50～70mm，气温较高时应适当增大。零星工程用砂浆的稠度，也可用直观法进行检查，以用于能将砂浆捏成小团，松手后既不松散、又不由灰铲上流下为度。

(6) 为改善水泥砂浆的和易性，可掺入无机塑化剂或以皂化松香为主要成分的微沫剂等有机塑化剂。

(7) 砂浆配制应采用质量比，砂浆应随拌随用，保持适宜的稠度，一般宜在3～4h内使用完毕；气温超过30℃时，宜在2～3h内使用完毕。在运输过程或在贮存器中发生离析、泌水的砂浆，砌筑前应重新拌和；已凝结的砂浆，不得使用。

二、石料力学性能试验

(一) 岩石单轴抗压强度试验

1. 目的和适用范围

单轴抗压强度试验是测定规则形状（圆柱或立方体）岩石试件单轴抗压强度的方法，主要用于岩石的强度分级和岩性描述。

本法采用饱和状态下的岩石立方体（或圆柱体）试件的抗压强度来评定岩石强度。

2. 仪器设备

(1) 压力试验机或万能试验机。

(2) 钻石机、切石机、磨石机等岩石试件加工设备。

(3) 烘箱、干燥器、游标卡尺、角尺及水池等。

3. 试件制备

(1) 建筑地基、隧道工程的岩石试验，采用圆柱体作为标准试件，直径为50mm±2mm、高径比为2∶1。每组试件共6个。

(2) 桥梁工程用的石料试验，采用立方体试件，边长为70mm±2mm。每组试件共6个。

(3) 有显著层理的岩石，分别沿平行和垂直层理方向各取试件6个。试件上、下端面应平行和磨平，试件端面的平面度公差应小于0.05mm，端面对试件轴线垂直度偏差不应超过0.25°。对于非标准圆柱体试件，试验后抗压强度试验值按式（2－25）进行换算。

$$R_e = \frac{8R}{7 + 2D/H} \tag{2-25}$$

式中 R_e——换算成高径比为2∶1的标准抗压强度值；

R——任意高径比的抗压强度值；

D——试件直径；

H——试件高度。

4. 试验步骤

(1) 用游标卡尺量取试件尺寸（精确至0.1mm），对立方体试件在顶面和底面上各量取其边长，以各个面上相互平行的两个边长的算术平均值计算其承压面积；对于圆柱体试件在顶面和底面分别测量两个相互正交的直径，并以其各自的算术平均值分别计算底面和顶面的面积，取其顶面和底面面积的算术平均值作为计算抗压强度所用的截面积。

(2) 将编号后试件放入水槽中，对试件进行饱水处理。第一次注水至试件高度1/4处，隔2h后注水至试件高度1/2处，4h后将水加至试件高度3/4处，6h后将水加至高出试件顶面20mm以上。

(3) 按岩石强度性质，选定合适的压力机。试件自由浸水48h后取出，擦干表面，将试件置于压力机的承压板中央，对正上、下承压板，不得偏心。

(4) 以0.5～1.0MPa/s的速率进行加荷直至破坏，记录破坏荷载及加载过程中出现的现象。抗压试件试验的最大荷载记录以N为单位，精度1%。

5. 结果整理

(1) 岩石的抗压强度和软化系数分别按式(2-26)、式(2-27)计算。

$$R=\frac{R}{A} \tag{2-26}$$

式中　R——岩石的抗压强度，MPa；

P——试件破坏时的荷载，N；

A——试件的截面积，mm^2。

$$K_P=\frac{R_w}{R_d} \tag{2-27}$$

式中　K_P——软化系数；

R_w——岩石饱和状态下的单轴抗压强度，MPa；

R_d——岩石烘干状态下的单轴抗压强度，MPa。

(2) 单轴抗压强度试验结果应同时列出每个试件的试验值及同组岩石单轴抗压强度的平均值，如6个试件中的2个与其他4个试件抗压强度的算术平均值相差3倍以上时，则取试验结果相接近的4个试件的算术平均值作为抗压强度测定值。有显著层理的岩石，分别报告垂直与平行层理方向的试件强度的平均值。计算值精确至0.1MPa。

软化系数计算值精确至0.01，3个试件平行测定，取算术平均值；3个值中最大与最小之差不应超过平均值的20%，否则，应另取第4个试件，并在4个试件中取最接近的3个值的平均值作为试验结果，同时在报告中将4个值全部给出。

6. 试验中注意的问题

(1) 试件加工精度。试件尺寸应符合加工精度要求，尤其是端面(即上下受压面)的平整度必须满足误差要求。端面弧度(鼓肚)对试验结果影响较大，凡此类试件不得用于试验。

(2) 因为压力机上下压板的板面面积比较大，对试验结果有影响，试验时在试件上下端面分别加放圆形钢板。钢板的直径不小于试件直径，也不大于试件直径的两倍，且洛氏硬度不低于HRC58。

(3) 两压板之一应是球面座，球面座应放在试件的上端面，并用矿物油稍加润滑，以使在滑块自重作用下仍能闭锁。

(4) 试件、压板和球面座要精确的彼此对中，并与加载机器设备对中，球面座的曲率中心应与试件端面的中心相重合。

(5) 压力试验机测量精度为±1%，试件破坏荷载应大于压力试验机全程的20%且小于压力试验机全程的80%，同时应具有加荷速度指示装置或加荷速度控制装置，可以均匀地连续加荷卸荷，保持固定荷载，开机停机均灵活自如。

(6) 石料抗压强度试验结果评定满足规定要求。

(7) 本试验频率为每料场取2组。

7. 记录表格

岩石抗压强度试验记录见表 2-40。

表 2-40　岩石抗压强度试验记录表

工程项目					石料产地			
岩石名称					用途			
试样编号	试件处理情况	试件尺寸（mm）		试件截面积 A（mm^2）	破坏荷载 P（N）	抗压强度 $R=\frac{P}{A}$（MPa）	平均抗压强度（MPa）	备注
		直径（边长）	高					
1								
2								
3								
4								
5								
6								

试验者　　　　　计算者　　　　　校核者　　　　　试验日期　　　　年　　月　　日

（二）抗冻性试验（直接冻融法）

1. 目的和适用范围

本法用于测定石料在饱水状态下，抵抗反复冻结和融化的性能。

2. 仪器设备

试件加工设备：切石机、钻石机及磨平机。冰箱：温度能控制在－15～－20℃。天平：感量 0.01g。放大镜。烘箱：能使温度控制在（105±5）℃。

3. 试样

将石料试样制成直径和高均为 50mm 的圆柱体或边长为 50mm 的正立方体试件，石质均匀者至少需 6 个。此外再制备同样试件 6 个，用于做耐冻系数试验。石料抗冻性试验频率为每料场取 2 组。

4. 试验步骤

（1）对试件编号，用放大镜详细检验，并作外观描述，然后量出每个试件的尺寸，计算受压面积。将试件放入烘箱，在（105±5）℃下烘至恒量，烘干时间一般为 12～24h，待在干燥器内冷却至室温后取出，立即称其质量，精确至 0.01g（以下皆同此）。

（2）按饱水试验方法，让试件吸水饱和，然后取出擦去表面水分，放在铁盘中，试件与试件之间应留有一定间距。待冰箱温度下降到－15℃时，将铁盘连同试件一起放入冰箱，并立即开始计时。冻结 4h 后取出试件，放入（20±5）℃的水中融解 4h，如此反复冻融至规定次数为止（冻融循环的次数分为 15 次、25 次及 25 次以上）。

（3）每隔一定的冻融循环次数（如 10 次、15 次、25 次及 50 次），详细检查各试件有无剥落、裂缝、分层及掉角等现象，并记录检查情况。

（4）将冻融试验后之试件再烘至恒量，称其质量，并按上述抗压强度的试验方法测定其抗压强度，另取 6 个未经冻融试验的试件测定其抗压强度。

5. 质量损失率计算

试件冻融后的质量损失率按式（2-28）计算（精确至 0.01）。

$$Q_{冻}=\frac{m_1-m_2}{m_1}\times 100\% \qquad (2-28)$$

式中　$Q_{冻}$——冻融后的质量损失率，%；

m_1——试验前烘干试件的质量，g；

m_2——试验后烘干试件的质量，g。

冻融后的质量损失率取 6 个试件试验结果的算术平均值。

6. 耐冻系数计算

试件经冻融试验后的抗压强度与冻融试验前的抗压强度的比值称为耐冻系数。耐冻系数按式（2-29）计算（精确至 0.01）

$$K=\frac{R_1}{R_2} \qquad (2-29)$$

式中　K——耐冻系数；

R_1——若干次冻融试验后的试件饱水抗压强度，MPa；

R_2——未经冻融试验的试件饱水抗压强度，MPa。

7. 评定指标

评定指标有如下三个方面：

（1）一般要求冻融后的质量损失率 $Q_{冻}\leqslant 5\%$。

（2）耐冻系数 $K\geqslant 85\%$。

（3）试件外形无变化。

8. 记录表格

记录表格见表 2-41 和表 2-42。

表 2-41　　冻融试验记录

<table>
<tr><td colspan="2">试样编号</td><td></td><td>石料产地</td><td></td></tr>
<tr><td colspan="2">岩石名称</td><td></td><td>用途</td><td></td></tr>
<tr><td>试样编号</td><td>试验前烘干试件的质量 m_1
(g)</td><td>试验后烘干试件的质量 m_2
(g)</td><td>试验后的质量损失率 $Q_{冻}$
(%)</td><td>平均损失率
(%)</td></tr>
<tr><td></td><td></td><td></td><td></td><td></td></tr>
<tr><td></td><td></td><td></td><td></td><td></td></tr>
</table>

试验者　　　　计算者　　　　校核者　　　　试验日期　　　　年　　月　　日

表 2-42　　耐冻系数试验记录

<table>
<tr><td colspan="2">试样编号</td><td colspan="3"></td><td colspan="2">石料产地</td><td></td></tr>
<tr><td colspan="2">岩石名称</td><td colspan="3"></td><td colspan="2">用途</td><td></td></tr>
<tr><td>试样编号</td><td>试件处理情况</td><td>试件尺寸
(mm)</td><td colspan="2">试件截面积
(mm²)</td><td>极限荷载
(N)</td><td>抗压强度
(MPa)</td><td>平均抗压强度
(MPa)</td></tr>
<tr><td></td><td></td><td>立方体</td><td colspan="3">圆柱体</td><td></td><td></td></tr>
<tr><td></td><td></td><td>边长</td><td>直径</td><td colspan="2">高</td><td></td><td></td></tr>
<tr><td></td><td></td><td></td><td></td><td colspan="2"></td><td></td><td></td></tr>
</table>

试验者　　　　计算者　　　　校核者　　　　试验日期　　　　年　　月　　日

三、砌筑砂浆配合比设计

砂浆是由胶凝材料（水泥、石膏、石灰）、细骨料、水及外加剂拌制而成的，用于砌筑（将分散的块体材料凝结、黏结为整体，并使荷载均匀地传递）、抹面（主要作为装饰或饰面底层）、防水（主要用于防水层的砌筑、抹面防水材料）的建筑材料。

（一）砂浆组成材料要求

（1）砌筑砂浆用水泥的强度等级应根据设计要求进行选择。水泥砂浆采用的水泥，其强度等级不宜大于32.5级；水泥混合砂浆采用的水泥，其强度等级不宜大于42.5级。

（2）砌筑砂浆用砂宜选用中砂，其中毛石砌体宜选用粗砂。砂的含泥量不应超过5%。强度等级为M2.5的水泥混合砂浆，砂的含泥量不应超过10%。

（二）砂浆技术条件

（1）砌筑砂浆的强度等级宜采用M20、M15、M10、M7.5、M5、M2.5。

（2）水泥砂浆拌和物的密度不宜小于1900kg/m^3；水泥混合砂浆拌和物的密度不宜小于1800kg/m^3。

（3）砌筑砂浆的稠度、分层度、试配抗压强度必须同时符合要求。

（4）砌筑砂浆的稠度应按表2-43的规定选用。

表2-43　　砌筑砂浆的稠度

砌　体　种　类	砂浆稠度（mm）
烧结普通砖砌体	70～90
轻骨料混凝土小型空心砌体	60～90
烧结多孔砖、空心砖砌体	60～80
烧结普通砖平拱式过梁；混凝土小型空心砌体；加气混凝土砌体	50～70
石砌体	30～50

（5）砂浆的保水性用分层度表示，砌筑砂浆的分层度不得大于30mm。

（6）水泥砂浆中水泥用量不小于200kg/m^3；水泥混合砂浆中水泥和掺加料总量宜300～350kg/m^3。

（7）具有冻融循环次数要求的砌筑砂浆，经冻融试后，质量损失率不得大于5%，抗压强度损失率不得大于25%。

（8）砂浆试配时应采用机械搅拌。搅拌时间，应自投料结束算起，并应符合下列规定：

1）对水泥砂浆和水泥混合砂浆，不得小于120s。

2）对掺用粉煤灰和外加剂的砂浆，不得小于180s。

（三）砌筑砂浆配合比设计

1.砂浆配合比设计原则

（1）砂浆配合比首先要满足设计文件上所规定的抗压强度的要求。

（2）砂浆配合比应满足施工所需的流动性，即稠度的要求。

（3）应满足有关规范所规定的保水性，即分层度的要求。

（4）在满足上述要求的前提下，应尽量考虑到经济合理、节约水泥用量。

2. 水泥砂浆配合比设计

公路工程施工大都用水泥砂浆，工程实际表明，按《砌筑砂浆配合比设计规程》(JGJ 55—2000) 中的公式计算，水泥用量偏小，其原因主要是水泥强度太高，砂浆强度太低，造成通过计算出现不合理的情况，故建议水泥砂浆配合比可直接按规程中水泥砂浆配合比选用表所列数据，水泥砂浆材料用量可按表 2-44 选用。

砂浆配合比试配、调整与确定如下：

(1) 试配时应采用工程中实际使用的材料；搅拌要求应符合砂浆技术条件的规定。

(2) 根据砂浆的设计强度等级，按表 2-44 选用合适的单方水泥用量。

(3) $1m^3$ 砂浆的沙子用量，按沙子的堆积密度计算。

(4) $1m^3$ 砂浆的用水量，以满足稠度要求为准，在表 2-44 的范围内选用。

表 2-44　　每立方米水泥砂浆材料用量

强度等级	每立方米水泥砂浆用量 (kg)	每立方米沙子用量 (kg)	每立方米砂浆用水量 (kg)
M2.5～M5.0	200～230	$1m^3$ 沙子的堆积密度值	270～330
M7.5～M10	220～280		
M15	280～340		
M20	340～400		

注 1. 此表水泥强度等级为 32.5 级，大于 32.5 级水泥用量宜取下限。
2. 根据施工水平合理选择水泥用量。
3. 当采用细砂或粗砂时，用水量分别取上限或下限。
4. 稠度小于 70mm 时，用水量可小于下限。
5. 施工现场气候炎热或干燥季节，可酌量增加用水量。

(5) 按计算或查表所得配合比进行试拌时，应测定其拌和物的稠度和分层度，当不能满足要求时应调整材料用量，直到符合要求为止。然后确定为试配时的砂浆基准配合比。

(6) 试配时至少应采用三个不同的配合比，其中一个为按第 (2) 条的规定得出的基准配合比，其他配合比的水泥用量应按基准配合比分别增加及减少 10%。在保证稠度、分层度合格的条件下可将用水量或掺加料用量作相应调整。

(7) 对三个不同的配合比进行调整后，应按现行行业标准《建筑砂浆基本性能试验方法》(JGJ 70—2009) 的规定成型试件，测定砂浆强度；并选定符合试配强度要求的且水泥用量最低的配合比作为砂浆配合比。

四、砂浆试验及强度等级评定

(一) 砂浆稠度和分层度试验

1. 目的和适用条件

本方法适用于确定配合比或施工过程中控制砂浆的稠度和使用过程中的保水能力，是为了控制用水量，保证砂浆质量为目的。

2. 仪器设备

(1) 砂浆稠度仪：由试锥、容器和支座三部分组成（见图 2-17)；试锥由钢材或铜材制成，试锥高度为 145mm、锥底直径为 75mm、试锥连同滑杆的质量应为 300g；盛砂浆的容器由钢板制成，筒高为 180mm，锥底内径为 150mm；支座分底座、支架及稠度显示三个部分，由铸铁、钢及其他金属制成。

（2）钢制捣棒直径 10mm、长 350mm、端部磨圆。

（3）秒表、木锤等。

（4）砂浆分层度仪（见图 2－18），由金属制成，内径为 150mm，上节无底，高度为 200mm，下节带底，净高 100mm，由连接螺栓在两侧连接，上、下层连接处需加宽到 3～5mm，并设有橡胶垫圈。

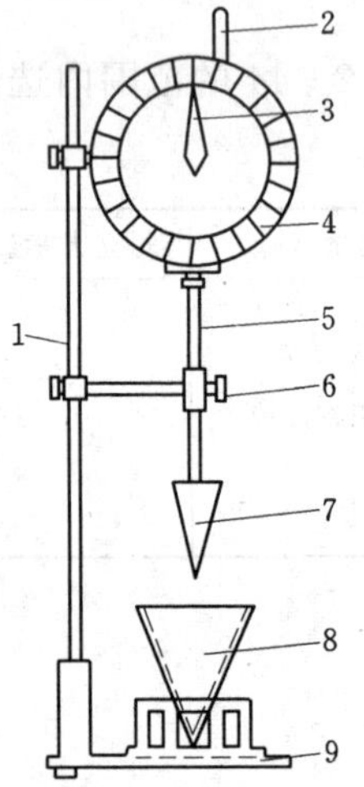

图 2－17　砂浆稠度测定仪

1—支架；2—齿条测杆；3—指针；4—刻度盘；5—滑杆；6—制动螺丝；7—试锥；8—盛浆容器；9—底座

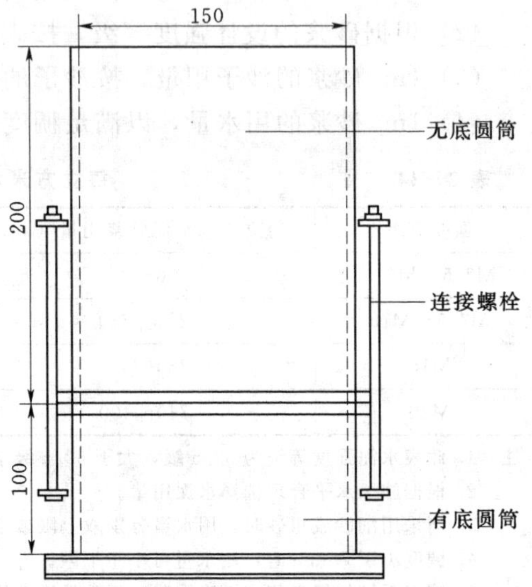

图 2－18　砂浆分层度测定仪

（单位：mm）

3. 砂浆的制备

试验室拌制砂浆进行试验时，拌和用的材料要求提前运入室内，试验室的温度应保持在（20±5）℃。试验用水泥和其他原材料应与现场使用材料一致。水泥应通过 0.9mm 方孔筛，细集料应采用干砂或饱和面干砂，能通过 5mm 筛，如砖砌体的砂浆用砂，须筛去大于 2.5mm 颗粒。

如为混合砂浆需按选好的砂浆配合比，称出各材料的用量，先在拌锅或拌盘上干拌均匀，在中间做一凹口，将称好的石灰膏或黏土膏倒入凹口中，再倒入一部分水，将石灰膏或黏土膏稀释，然后充分拌和，并逐步加水，直至混合料色泽一致，和易性凭观察符合要求为止，一般需拌和 5min。拌和好之后立即进行稠度测定。

4. 试验步骤

（1）盛浆容器和试锥表面用湿布擦干净，并用少量润滑油轻擦滑杆，后将滑杆上多余的油用吸油纸擦净，使滑杆能自由滑动。

（2）将砂浆拌和物一次装入容器，使砂浆表面低于容器口约 10mm 左右，用捣棒自容器中心向边缘插捣 25 次，然后轻轻地将容器摇动或敲击 5～6 下，使砂浆表面平整，随后将容器置于稠度测定仪的底座上。

（3）拧开试锥滑杆的制动螺丝，向下移动滑杆，当试锥尖端与砂浆表面刚接触时，拧紧制动螺丝，使齿条侧杆下端刚接触滑杆上端，并将指针对准零点上。

（4）拧开制动螺丝，同时计时间，待10s立即固定螺丝，将齿条测杆下端接触滑杆上端，从刻度盘上读出下沉深度（精确至1mm）即为砂浆的稠度值。

（5）圆锥形容器内的砂浆，只允许测定一次稠度，重复测定时，应重新取样测定之。

（6）将测完稠度的砂浆，重新翻拌后一次装入分层度筒内，用木锤在分层度试筒四周距离大致相等的四个不同地方轻击1～2次，如砂浆沉落到分层度筒口以下，应随时添加砂浆，然后刮去多余的砂浆，并用抹刀抹平表面。

（7）静置30min，去掉上面200mm砂浆，剩下100mm砂浆重新拌和后再测其稠度，前后两次稠度差值即为分层度（mm），取两次试验结果的算术平均值为砂浆的分层度值。

5. 试验记录

试验记录格式，见表2-45。

表2-45　砂浆稠度分和层度试验记录表

水泥品种强度等级		砂产地、细度模数		
砂浆配合比	水泥（kg/m^3）	砂（kg/m^3）	水（kg/m^3）	外掺料（kg/m^3）
试验次数	稠度（cm）		分层度（cm）	
	第一次	第二次	第一次	第二次
1				
2				

6. 结果评定

（1）取两次试验结果的算术平均值，计算值精确至1mm。

（2）两次试验值之差如大于20mm，则应另取砂浆搅拌后重新测定。

（二）砂浆抗压强度试验

1. 目的和适用条件

本方法测定砂浆立方体的抗压强度，作为评定砂浆质量的一项依据。

2. 仪器设备

（1）试模为70.7mm×70.7mm×70.7mm立方体，由铸铁或钢制成，应具有足够的刚度并拆装方便；试模的内表面应机械加工，其不平度应为每100mm不超过0.05mm；组装后各相邻面的不垂直度不应超过±0.5°。

（2）捣棒：直径10mm，长350mm的钢棒，端部应磨圆。

（3）压力试验机：采用精度（示值的相对误差）不大于±12%的试验机，其量程应能使试件的预期破坏荷载值不小于全量程的20%，也不大于全量程的80%。

（4）垫板：试验机上、下压板及试件之间可垫以钢垫板，垫板的尺寸应大于试件的承压面，其不平度应为每100mm不超过0.02mm。

3. 试验步骤

（1）制作砌筑砂浆试件时，将无底试模放在预先铺有吸水性较好的纸的普通黏土砖上（砖的吸水率不小于10%，含水率不大于20%），试模内壁事先涂刷薄层机油或脱模剂。

（2）放于砖上的湿纸，应为湿的新闻纸（或其他未粘过胶凝材料的纸），纸的大小要以能盖过砖的四边为准，砖的使用面要求平整，凡砖四个垂直面粘过水泥或其他胶结材料后，不允许再使用。

（3）向试模内一次注满砂浆，用捣棒均匀有外向里按螺旋方向插捣25次，为了防止低稠度砂浆插捣后，可能留下孔洞，允许用油灰刀沿模壁插数次，使砂浆高出试模顶面6～8mm。

（4）当砂浆表面开始出现麻斑状态时（约15～30min）将高出部分的砂浆沿试模顶面削去抹平。

（5）试件制作后应在20℃±5℃温度环境下停置一昼夜（24h±2h），当气温较低时，可适当延长时间，但不应超过两昼夜，然后对试件进行编号并拆模；试件拆模后，应在标准养护条件下，继续养护至28d，然后进行试压。

（6）标准养护的条件是：水泥混合砂浆应为温度20℃±3℃，相对湿度60%～80%；水泥砂浆和微沫砂浆应为温度20℃±3℃，相对湿度90%以上；养护期间，试件彼此间隔不少于10mm。

（7）试件从养护地点取出后，应尽快进行试验，以免试件内部的温湿度发生显著变化；试验前先将试件擦拭干净，测量尺寸，并检查其外观；试件尺寸测量精确至1mm，并据此计算试件的承压面积；如实测尺寸与公称尺寸之差不超过1mm，可按公称尺寸进行计算。

（8）将试件安放在试验机的下压板上（或下垫板上），试件的承压面应与成型时的顶面垂直，试件中心应与试验机下压板（或下垫板）中心对准；开动试验机，当上压板与试件（或上垫板）接近时，调整球座，使接触面均衡受压；承压试验应连续而均匀地加荷，加荷速度应为每秒钟0.5～1.5kN（砂浆强度5MPa及5MPa以下时，取下限为宜，砂浆强度5MPa以上时，取上限为宜），当试件接近破坏而开始迅速变形时，停止调整试验机油门，直至试件破坏，然后记录破坏荷载。

（9）砂浆立方体抗压强度应按式（2－30）计算

$$f_{m,cu}=\frac{N_u}{A} \tag{2-30}$$

式中　$f_{m,cu}$——砂浆立方体抗压强度，MPa；

N_u——立方体破坏压力，N；

A——试件承压面积，mm^2。

砂浆立方体抗压强度计算应精确至0.1MPa。

以6个试件测值的算术平均值作为该组试件的抗压强度值，平均值计算精确至0.1MPa。

当6个试件的最大值或最小值与平均值的差超过20%时，以中间四个试件的平均值作为该组试件的抗压强度值。

4. 试验记录

砂浆抗压强度试验记录格式，见表2-46。

表2-46　　砂浆抗压强度试验记录表

水泥品种强度等级		砂产地、细度模数		
砂浆配合比	水泥（kg/m³）	砂（kg/m³）	水（kg/m³）	外掺料（kg/m³）
试件龄期（d）	试件编号	破坏荷载（N）	受压面积（mm²）	抗压强度（MPa）
	1			
	2			
	3			
	4			
	5			
	6			

（三）水泥砂浆强度评定

水泥砂浆的抗压强度是按照《公路工程质量检验评定标准》（JTG F80—2004）中附录F的规定来评定。

（1）评定水泥砂浆的强度，应以标准养生28d的试件为准。试件为边长70.7mm的立方体。试件6件为1组，制取组数应符合下列规定：

1）不同强度等级及不同配合比的水泥砂浆应分别制取试件，试件应随机制取，不得挑选。

2）重要及主体砌筑物，每工作班制取2组。

3）一般及次要砌筑物，每工作班可制取1组。

4）拱圈砂浆应同时制取与砌体同条件养生试件，以检查各施工阶段强度。

（2）水泥砂浆强度的合格标准：

1）同强度等级试件的平均强度不低于设计强度等级。

2）任意一组试件的强度最低值不低于设计强度等级的75%。

（3）实测项目中，水泥砂浆强度评为不合格时相应分项工程为不合格。

五、砌体质量检测评定

1. 一般要求

（1）砌块在使用前必须浇水湿润，表面如有泥土、水锈，应清洗干净。

(2) 砌筑基础的第一层砌块时，如基底为岩层或混凝土基础，应先将基底表面清洗、湿润，再坐浆砌筑；如基底为土质，可直接坐浆砌筑。

(3) 砌体应分层砌筑，砌体较长时可分段分层砌筑，但两相邻工作段的砌筑差一般不宜超过 1.2m；分段位置宜尽量设在沉降缝或伸缩缝处，各段水平砌缝应一致。

(4) 各砌层应先砌外圈定位行列，然后砌筑里层，外圈砌块应与里层砌块交错连成一体。砌体外露面镶面种类应符合设计规定，位于流冰或有严重漂流物河中的墩台，宜选用较坚硬的石料或高强度混凝土预制块进行镶砌。砌体里层应砌筑整齐，分层应与外围一致，应先铺一层适当厚度的砂浆再安放砌块和填塞砌缝。砌体外露面应进行勾缝，并应在砌筑时靠外露面预留深约 20mm 的空缝备作勾缝之用。砌体隐蔽面砌缝可随砌随刮平，不另勾缝。

(5) 各砌层的砌块应安放稳固，砌块间应砂浆饱满，黏结牢固，不得直接贴靠或脱空。砌筑时，底浆应铺满，竖缝砂浆应先在已砌石块侧面铺放一部分，然后于石块放好后填满捣实。用小石子混凝土塞竖缝时，应以扁铁捣实。

(6) 砌筑上层块时，应避免振动下层砌块。砌筑工作中断后恢复砌筑时，已砌筑的砌层表面应加以清扫和湿润。

2. 浆砌片石的技术要求

(1) 片石应分层砌筑，宜以 2～3 层砌块组成一工作层，每一工作层的水平缝应大致找平。各工作层竖缝应相互错开，不得贯通。

(2) 外圈定位行列和转角石，应选择形状较为方正及尺寸较大的片石。并长短相间地与里层砌块咬接。砌缝宽度一般不应大 40mm，用小石子混凝土砌筑时，可为 30～70mm。

(3) 较大的砌块应使用于下层，安砌时应选取形状及尺寸较为合适的砌块，尖悦突出部分应敲除。竖缝较宽时，应在砂浆中填塞小石块，不得在石块下面用高于砂浆砌缝的小石片支垫。

3. 浆砌块石的技术要求

(1) 石块应平砌，每层石料高度应大致一致。外圈定位行和镶面石块，应丁顺相间或两顺一丁排列，砌缝宽度不大于 30mm，上下层竖缝错开距离不小于 80mm。

(2) 砌体里层平缝宽度不应大 30mm，竖缝宽度不应大于 40mm，用小石子混凝土砌筑时不应大于 50mm。

4. 浆砌粗料石及混凝土预制块的技术要求

砌筑前，应先计算层数，选好料，砌筑时应严格控制平面位置和高度。镶面石应一顺一丁排列，砌缝应横平竖直。砌缝宽度，当为粗料石时不应大于 20mm，当为混凝土砌块时不应大于 10mm；上下层竖缝错开距离不应小于 100mm，同时在丁石的上层或下层不宜有竖缝。砌体里层为浆砌块石时，其要求同 3.(2)。

5. 砌石工程的质量检测评定

砌石施工原始记录见表 2-47。

一般砌石工程的质量检测评定见表 2-48。

表 2－47　　　　　　　　**砌石施工原始记录**

项目名称：　　　　　　　　工程合同段：

施工里程：　　　　　　分项工程名称：　　　　　　　施工日期：

工作项目						
石料	规格		强度（MPa）			
砂浆	设计标号		配合比			
材料消耗	体积（m^3）		石料（m^2）		砂浆（m^3）	
	水泥（kg）		砂（kg）		水（kg）	
几何尺寸（m）	长度（或拱圈跨径）		拱圈矢高			
	宽度		高度（或拱圈厚度）			
	顶面标高					
砂垫层厚度（cm）						

结构简图（cm）：

施工负责人：　　　　　　质检员：　　　　　　记录员：

表 2-48　　砌石工程的质量检验评定表

项目名称：　　工程合同段：　　（子）分项工程名称：　　工程部位：

施工单位：　　监理单位：　　使用者类别：

项次	检查项目		规定值或允许偏差	检查方法和频率	权值	检查实测值	平均值代表值	合格率（%）	得分
基本要求	1. 石料质量、规格及砂浆所用材料的质量应符合设计要求，按规定的配合比施工；2. 砌块应错缝砌筑、相互咬紧；3. 浆砌时砌块应坐浆挤紧，嵌缝后砂浆饱满不松动、无叠砌和浮塞								
1△	砂浆强度（MPa）		在合格标准内	按 JTG F80/1—2004 附录 F 检查	3				
2	顶面高程（mm）	料、块石	±15	水准仪：每 20m 用检查 3 点	1				
		片石	±20						
3	竖直度或坡度	料、块石	0.3%	吊垂线：每 20m 用检查 3 点	2				
		片石	0.5%						
4△	断面尺寸（mm）	料石	±20	尺量：每 20m 用检查 2 处	2				
		块石	±30						
		片石	±50						
5	表面平整度（mm）	料石	10	20m 直尺：每 20m 用检查 5 处×3 尺	2				
		块石	20						
		片石	30						
6	（子）分项工程得分								
7	外观鉴定		砌体边缘直顺，外露表面平整。不符合要求时减 1～3 分		检查结果				
			勾缝平顺，缝宽均匀，无脱落现象。不符合要求时减 1～3 分						
8	质量保证资料		资料、图表残缺，缺乏最基本数据，有伪造涂改者，不予检验和评定，资料不全者，视情况每款减 1～3 分						
9	（子）分项工程评分值								
10	质量等级								

监理工程师：　　日期：　　检测人：　　日期：　　承包商：　　日期：

思考题与习题

1. 钢材的力学性能指标有哪些？如何分析和判定各种钢筋的力学性能试验结果是否满足要求？

2. 简述各种钢筋试验的取样频率和试件的长度规定？钢筋试验时的拉伸速度应该怎样控制？

3. 钢筋的接头长度区段是如何规定的？配置在接头长度区段内的受力钢筋，其接头的截面面积占总截面面积的百分率应符合哪些规定？

4. 如何检验闪光对焊和搭接电弧焊的焊接接头质量？

5. 钢筋加工及安装的质量评定应满足哪些要求？

6. 试述我国现行的普通水泥混凝土配合比设计方法及其内容和步骤。

7. 水泥混凝土抗压强度试验时，如何控制加荷速度？请对下面两组水泥混凝土抗压强度的试验结果进行评定（混凝土设计强度等级为C20）。A组：22.3MPa、24.6MPa、26.9MPa；B组：16.0MPa、22.0MPa、25.0MPa。

8. 试设计某桥预应力混凝土T形梁用混凝土的初步配合比。

设计资料：

(1) 按桥梁设计图纸：水泥混凝土设计强度 $f_{cu,k}=30$MPa；水泥混凝土强度标准差 $\sigma=5.0$MPa。

(2) 按预应力混凝土梁钢筋密集程度和现场施工机械设备，要求水泥混凝土拌和物的坍落度 $H=30\sim50$mm。

(3) 可供选择的组成材料及性质：水泥：硅酸盐水泥Ⅰ型，强度等级为42.5，实测28d抗压强度46.8MPa，密度 $\rho_c=3100\text{kg/m}^3$。碎石：一级石灰岩轧制的碎石；最大粒径 $d_{\max}=31.5$mm，表观密度 $\rho_g=2780\text{kg/m}^3$。砂：清洁河沙，粗度属于中砂，表观密度 $\rho_s=2680\text{kg/m}^3$。水：饮用水，符合混凝土拌和用水要求。

9. 某桥取混凝土试样共20组，其28d抗压强度分别为30MPa六组，32MPa四组，38MPa四组，40MPa六组，混凝土设计强度等级为C30，求该桥混凝土强度是否满足要求？

10. 砌体工程中片石、块石、料石的尺寸规格是怎样规定的？

11. 浆砌片石、料石有哪些技术要求？

12. 各种砌体砂浆稠度是怎样规定的？砂浆稠度和分层度试验的步骤是什么？稠度试验结果应如何处理？

13. 砂浆试模的尺寸是多少？砂浆试块标准养护的条件是什么？一组砂浆试件有几个？砂浆试块的取样频率是如何规定的？

14. 应如何评定一组砂浆试件的强度值？水泥砂浆强度的合格标准是什么？

第三章　桥梁基础及墩台检测与评定

学习目标

1. 知道桥梁基础及下部构造中的扩大基础、桩基础、墩、台身和盖梁的各项检测任务的目的和检测方法。

2. 熟悉与所检测项目相关的技术标准、技术规范和技术规程。

3. 正确填写原始记录和检验评定表，能够对基础及下部构造的施工质量作出正确评价。

第一节　扩大基础检测与评定

一、地基承载力检测

地基承载力是指地基土单位面积上所能承受荷载的能力，单位是 kPa。研究地基承载力的目的，是在工程设计中必须限制建筑物基础底面的压力，使其不得超过地基的允许承载力，以保证地基土不会发生剪切破坏而失去稳定，同时也使建筑物不致因基础产生过大的沉降和差异沉降，而影响其正常使用。

桥涵地基的容许承载力可根据地质勘测、原位测试、野外荷载试验以及邻近旧桥涵调查对比，由经验和理论公式计算综合分析确定。本节只介绍现场荷载试验和标准贯入试验确定地基承载力的方法。

（一）荷载板试验

现场荷载试验确定地基承载力的方法是更为精确的方法，但费时费力，故工地上不常采用。

荷载板试验是原位测试方法之一。原位测试是指在岩石土体原有的位置上，在保持土的天然结构、天然含水量以及天然应力状态下测定岩石性质。

1. 试验原理

荷载板试验就是在欲试验的土层表面放置一定规格的方形或圆形承压板，在其上逐级施加荷载，每级荷载增量持续时间相同或接近，测记每级荷载作用下荷载板沉降量的稳定值，加载至总沉降量为 25mm，或达到加载设备的最大容量为止，然后卸载，记录土的回弹值，持续时间应不小于一级荷载增量的持续时间。根据试验记录绘制荷载 P 和沉降量 S 的关系曲线，见图 3-1。分析研究地基土的强度与变形特性，求得地基土容许承载力与变形模量等力学数据。地基在荷载作用下达到破坏状态的过程可以分为三个阶段（图 3-2）。

（1）压密阶段（直线变形阶段）：相当于 $P—S$ 曲线上的 Oa 段，$P—S$ 曲线接近于直线，土中各点的剪应力均小于土的抗剪强度，土体处于弹性平衡状态，这一阶段荷载板的沉降主要是由于土中孔隙的减少引起，土颗粒主要是竖向变位，且随时间渐趋稳定而土体

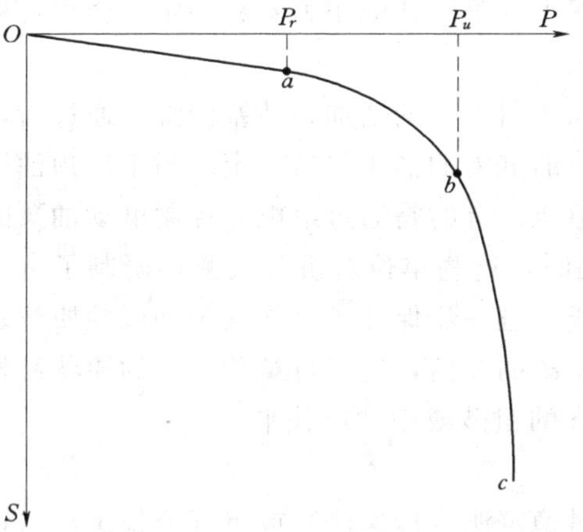

图 3-1　荷载与沉降量的关系

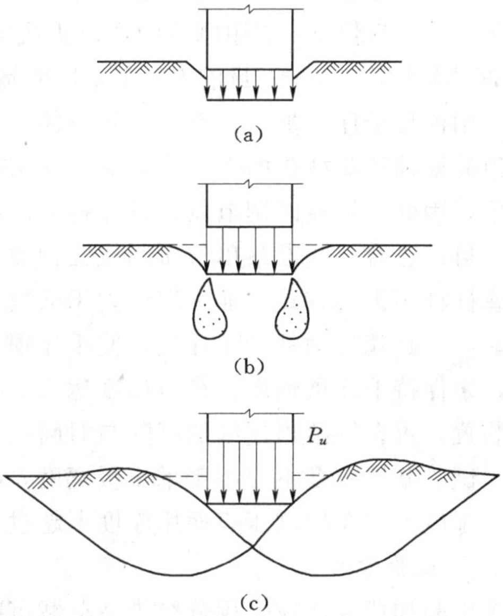

图 3-2　地基破坏过程 3 个阶段
(a) 压密阶段；(b) 剪切阶段；(c) 破坏阶段

压密，所以也称压密阶段。曲线上相应于 a 点的荷载称为比例界限 P_r。

(2) 剪切阶段：相当于 $P—S$ 曲线上的 ab 段。这一阶段 $P—S$ 曲线已不再保持线性关系，沉降的增长率 $\frac{\Delta S}{\Delta P}$ 先随荷载的增加而增大。在这个阶段，除土体的压密外，在承压板边缘已有小范围局部土体的剪应力达到或超过了土的抗剪强度，并开始向周围土体发生剪切破坏（产生塑性变形区）；土体的变形是由于土中孔隙的压缩和土颗粒剪切移动同时引起的，土粒同时发生竖向和侧向变位，且随时间不易稳定，故称之为局部剪切阶段。随着荷载的继续增加，土中塑性区的范围也逐步扩大，直到土中形成连续的滑动面，由荷载板两侧挤出而破坏。因此，剪切阶段也是地基中塑性区的发生及发展阶段。相应于 $P—S$ 曲线上 b 点的荷载称为极限荷载 P_u。

(3) 破坏阶段：相当于 $P—S$ 曲线上的段 bc。当荷载超过极限荷载后，荷载板急剧下沉，即使不增加荷载，沉降也不能稳定，同时土中形成连续的滑动面，土从承压板下挤出，在承压板周围土体发生隆起及环状或放射状裂隙，故称之为破坏阶段。该阶段，在滑动土体范围内各点的剪应力达到或超过土体的抗剪强度；土体变形主要由土颗粒剪切变位引起，土粒主要是侧向移动，且随时间不能达到稳定，地基土失稳而破坏。

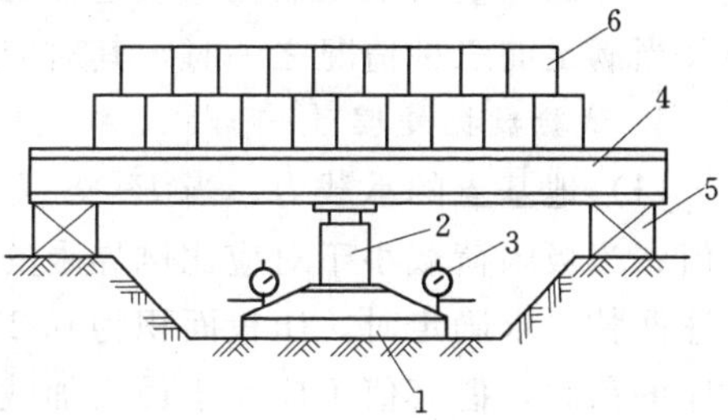

图 3-3　现场荷载试验
1—荷载板；2—千斤顶；3—百分表；4—反力架
5—枕木垛；6—压重

2. 试验设备

图 3-3 是目前常用的载荷板试验时加载方式之一。根据现场具体情况，还可采用地锚代替荷

重的方式，也可以两者兼用，但总的原则是：加荷、卸荷既简便又安全，同时对沉降量的观测无影响。荷载板一般用刚性的方形板或圆形板，承压板面积不应小于 $0.25m^2$，对于软土地基不应小于 $0.5m^2$，目前工程上常用的是 50cm×50cm 或 70.7cm×70.7cm 的方板。

用油压千斤顶加荷、卸荷虽然方便，但由于受力后地锚的上拔、设备本身的变形、千斤顶的漏油和荷载板的下沉等影响，在试验过程中，千斤顶的压力不易稳定，会出现松压现象，因此必须随时调节压力以保持一定的恒压。

目前已有一些勘察单位研制成几种类型的稳压器。有的增加一活塞油缸，通过齿轮齿条或杠杆等传动方式，加一定压力于活塞上，使油缸内的油压保持一定。当千斤顶油压松压时，油缸就自动补给千斤顶，使千斤顶保持恒压；有的是通过继电器控制电动油泵的启闭，来保持千斤顶恒压。稳压精度达 1.8%。同时，这些单位对沉降观测还研制了自动记录装置，可自行给出连续的沉降与时间关系曲线，进一步保证了操作安全和试验质量。

试验基坑宽度不应小于承压板宽度 b 或直径 d 的 3 倍，应保持试验土层的原状结构和天然湿度。宜在拟试压表面用厚度不超过 20mm 的粗砂或中砂层找平。

3. 试验方法

试验加荷方法应采用分级维持荷载沉降相对稳定法（慢速法）或沉降非稳定法（快速法）。试验的加荷标准如下：试验的第一级荷载（包括设备重量）应接近卸去土的自重。加荷分级不应少于 8 级。最大加载量不应小于设计要求的 2 倍。每级荷载增量（即加荷等级）一般取被试地基土层预估极限承载力的 1/8～1/10。荷载的量测精度应达到最大荷载的 1%，沉降值的量测精度应达到 0.01mm。

每级加载后，按间隔 10min、10min、10min、15min、15min，以后为每隔半小时测读一次沉降量，当在连续两小时内，每小时的沉降量小于 0.1mm 时，则认为已趋稳定，可加下一级荷载。

试验点附近应有取土孔提供土工试验指标，或其他原位测试资料，试验后，应在承压板中心向下开挖取土试验，并描述 2 倍承压板直径（或宽度）范围内土层的结构变化。

当出现下列情况之一时，即可终止加载：

(1) 承压板周围的土明显地侧向挤出。

(2) 沉降 S 急骤增大，荷载—沉降（P—S）曲线出现陡降段。

(3) 在某一级荷载下，24h 内沉降速率不能达到稳定。

(4) 沉降量与承压板宽度或直径之比大于或等于 0.06。

当满足前三种情况之一时，其对应的前一级荷载定为极限荷载。

4. 试验数据处理

(1) 地基土的承载力。当 P—S 关系曲线上有比例界限时，取该比例界限所对应的荷载值；当极限荷载小于对应比例界限的荷载值的 2 倍时，取极限荷载值的一半；当不能按上述两款要求确定时，压板面积为 $0.25\sim0.50m^2$，可取 S/b（或 S/d）$=0.01\sim0.015$ 所对应的荷载，但其值不应大于最大加载量的一半。

在饱和软土地基中，P—S 关系曲线拐点往往不明显，此时可用绘制 $\lg P$—$\lg S$ 曲线，利用 $\lg P$—$\lg S$ 曲线的良好线性关系很容易确定拐点；也可用相对沉降法确定地基土的承载力。

同一土层参加统计的试验点不应少于三点，当试验实测值的极差不超过其平均值的

30%时，取此平均值作为该土层的地基承载力基本容许值 [f_{a0}]。

(2) 地基土的变形模量 E_0。一般取 P—S 关系曲线的直线段，用下式计算

$$E_0=(1-\mu^2)\frac{\pi B}{4}\cdot\frac{\Delta P}{\Delta S} \tag{3-1}$$

$$当为方形板时, B=2\sqrt{\frac{A}{\pi}}$$

式中　B——承压板直径，m；

A——方形板面积，m^2；

$\frac{\Delta P}{\Delta S}$——$P$—$S$ 关系曲线直线段斜率，kPa/m；

μ——地基土的泊松比，对于砂土和粉土，$\mu=0.33$，可塑—硬塑黏性土，$\mu=0.38$，对于软塑—流塑黏性土和淤泥质黏性土 $\mu=0.41$。

当 P—S 曲线的直线段不明显时，可用前面讲述的确定地基土承载力的方法所确定地基承载力的基本值与相应的沉降量代入式（3-1）中计算 E_0，但此时，应与其他原位测试资料比较，综合确定 E_0 值。利用 P—S 曲线还可估算地基土的不排水抗剪强度和地基土基床反力系数等。

5. 注意问题

(1) 荷载板试验的受荷面积比较小，加荷后受影响的深度不会超过 2 倍承压板边长或直径，而且加荷时间也比较短，因此不能通过荷载板试验提供建筑物的长期沉降资料。

(2) 在沿海软黏土分布地区，地表往往有一层“硬壳层”，当用小尺寸的承压板时，常常受压范围还在地表“硬壳层”内，其下软弱土层还未受到承压板的影响，而对于实际建筑物的大尺寸基础，下部软弱土层对建筑物沉降起着主要的影响。因此，静力载荷试验资料的应用是有条件的，在进行载荷试验时，要充分估计到试验影响范围的局限性，注意分析试验成果与实际建筑地基之间可能存在的差异。

(3) 当地基压缩层范围内土层单一而且均匀时，可以直接在基础埋置标高处进行荷载板试验；如果地基压缩层范围内土层是成层变化的，或者是不均匀的，则要进行不同尺寸承压板或不同深度的荷载板试验。遇到这种情况时，可以采用其他原位测试和室内土工试验来确定荷载板试验影响不到的土层的工程力学性质。

(4) 如果地基土层起伏变化很大时，还应在不同地点做荷载板试验。

（二）标准贯入试验

标准贯入试验是确定地基承载力的常用方法。

标准贯入试验（SPT）是一种重型动力触探法，采用质量为 63.5kg 的穿心锤，以 76cm 的落距，将一定规格的标准贯入器先打入土中 15cm，然后开始记录锤击数目，将标准贯入器再打入土中 30cm，用此 30cm 的锤击数作为标准贯入试验的指标 N。标准贯入试验是国内外广泛应用的一种现场原位测试手段，该试验法方便经济，不仅用于砂土，亦可用于黏性土的测试。标准贯入锤击数 N，可用于判定砂土的密实度、黏性土的稠度、地基土的容许承载力、砂土的振动液化、桩基承载力等，是检验地基处理效果的重要手段。

1. 试验设备

标准贯入试验装置的重要部件有：落锤，质量为 63.5kg 的穿心锤；贯入器，形状和

尺寸见图 3-4；探杆，直径 42mm 的钻杆；锤垫和导向杆；自动落锤装置。

2. 试验方法

(1) 将贯入器打入土中，贯入速率为 15～30 击/min，并记录锤击数，包括先打 15cm 的预打击数，后 30cm 中每 10cm 的锤击数以及 30cm 的累计锤击数 N。

如锤击数超过 50，则锤击数 N 为

$$N=\frac{30n}{\Delta s} \tag{3-2}$$

式中　n——所选取的锤击数；

Δs——相应于的锤击量，cm。

(2) 旋转探杆，提出贯入器，并取出贯入器中的土样进行鉴别、描述、记录，必要时送试验室分析。

(3) 由于钻杆的弹性压缩会引起功能损耗，钻杆过长时传入贯入器的功能降低，因而减少每击的贯入深度，亦即提高了锤击数，所以需要根据杆长对锤击数修正为

$$N_{63.5}=\alpha_1 N_{s,63.5} \tag{3-3}$$

式中　$N_{63.5}$——修正后的重型圆锥动力触探锤击数；

α_1——修正系数，按表 3-1 取值；

$N_{s,63.5}$——实测重型圆锥动力触探锤击数。

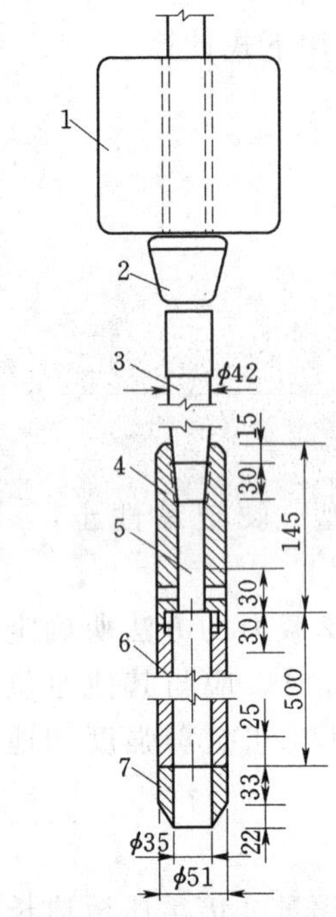

图 3-4　标准贯入试验设备

1—穿心锥；2—锤垫；3—触探杆；4—贯入器头；5—出水孔；6—由两半圆管合成的贯入器身；7—贯入器靴

表 3-1　　重型圆锥动力触探锤击数修正系数 α_1

L (m) \ $N_{s,63.5}$	5	10	15	20	25	30	35	40	≥50
2	1.00	1.00	1.00	1.00	1.00	1.00	1.00	1.00	—
4	0.96	0.95	0.93	0.92	0.90	0.89	0.87	0.86	0.84
6	0.93	0.90	0.88	0.85	0.83	0.81	0.79	0.78	0.75
8	0.90	0.86	0.83	0.80	0.77	0.75	0.73	0.71	0.67
10	0.88	0.83	0.79	0.75	0.72	0.69	0.67	0.64	0.61
12	0.85	0.79	0.75	0.70	0.67	0.64	0.61	0.59	0.55
14	0.82	0.76	0.71	0.66	0.62	0.58	0.56	0.53	0.50
16	0.79	0.73	0.67	0.62	0.57	0.54	0.51	0.48	0.45
18	0.77	0.70	0.63	0.57	0.53	0.49	0.46	0.43	0.40
20	0.75	0.67	0.59	0.53	0.48	0.44	0.41	0.39	0.36

注　表中 L 为杆长。

(4) 对于同一土层应进行多次试验，然后取锤击数的平均值。

3. 标准贯入试验的应用

标准贯入试验国内外已积累了大量的实践资料，给出了砂性土和黏性土一些物理性质和标准贯入试验锤击数的经验关系，可供工程中使用。

(1) 根据 N 估计砂土的密实度，见表 3-2。

（2）根据 N 估计天然地基的容许承载力 $[\sigma_0]$，见表 3－3 和表 3－4。

（3）根据 N 估计黏性土的状态，见表 3－5。

（4）根据 N 估计土的内摩擦角 φ，见表 3－6。

表 3－2　　砂土密实度表

分级	相对密度 D_r	实测平均锤击数 N	分级		相对密度 D_r	实测平均锤击数 N
密实	$D_r \geqslant 0.67$	30～50	松散	稍松	$0.67 > D_r \geqslant 0.33$	5～9
稍密	$0.67 > D_r \geqslant 0.33$	10～29		极松	$D_r < 0.20$	<5

表 3－3　　砂土容许承载力 $[\sigma_0]$

N	10～15	15～30	30～50
$[\sigma_0]$（kPa）	140～180	180～340	340～500

表 3－4　　一般黏性土和老黏性土的容许承载力 $[\sigma_0]$

N	3	5	7	9	11	13	15	17	19	21	23
$[\sigma_0]$（kPa）	120	160	200	240	280	320	360	420	500	580	660

表 3－5　　N 与黏性土稠度状态关系

N	<2	2～4	4～7	7～18	18～35	>35
液性指数	>1	1～0.75	0.75～0.5	0.5～0.25	0.25～0	<0
稠度状态	流塑	软塑	可塑	可塑～硬塑	硬塑	坚硬

表 3－6　　N 与土的内摩擦角 ϕ 的关系

研究者 \ N	<4	4～10	10～30	30～50	>50
Peck	<28.5°	28.5°～30°	30°～36°	36°～41°	>41°
Meyerhof	<30°	30°～35°	35°～40°	40°～45°	>45°

4．标准贯入试验记录

标准贯入试验记录表格见表 3－7。

表 3－7　　标准贯入试验记录表格

检测部位	贯入深度	锤击数	试验结果（kPa）	设计要求（kPa）
试验：	计算：	复核：		试验日期：

二、扩大基础质量检验评定

挖基施工原始记录见表 3－8，扩大基础质量检验评定见表 3－9，砌体基础质量检验评定见表 3－10。

表 3-8　　　　　　　　**挖基施工原始记录**

工程名称：　　　　　　工程合同段：

施工里程：　　　　　　分项工程名称：　　　　　　施工日期：

<table>
<tr><td>工程部位</td><td></td><td colspan="2">地下水位标高（m）</td><td></td></tr>
<tr><td>基坑编号</td><td></td><td colspan="2">挖方数量（m^3）</td><td></td></tr>
<tr><td>挖基方法</td><td></td><td colspan="2">砂垫层厚度（cm）</td><td></td></tr>
<tr><td rowspan="2">排水设备及维护措施</td><td rowspan="2"></td><td rowspan="4">基底尺寸（m）</td><td rowspan="2">长度</td><td>设计：</td></tr>
<tr><td>施工：</td></tr>
<tr><td rowspan="2">基底标高（m）</td><td>设计：</td><td rowspan="2">宽度</td><td>设计：</td></tr>
<tr><td>实测：</td><td>施工：</td></tr>
<tr><td>基底地质情况</td><td></td><td colspan="2">边坡稳定程度</td><td></td></tr>
<tr><td colspan="2">开挖简图：</td><td colspan="3">说明：（基底符合设计情况及处理措施）</td></tr>
<tr><td colspan="5">检查意见：

技术负责人：</td></tr>
</table>

施工负责人：　　　　　　质检员：　　　　　　记录员：

表 3-9　　**扩大基础质量检验评定表**

分项工程名称：扩大基础　　所属分部工程名称：　　所属建设项目：　　工程合同段：

工程部位：　　施工单位：　　监理单位：　　编号：

（桩号、墩台号、孔号）

基本要求	1. 所用的材料质量和规格必须符合有关规范的要求，按规定的配合比施工；2. 不得出现露筋和空洞现象；3. 基础的地基承载力必须满足设计要求；4. 严禁超挖回填虚土								
项次	检查项目		规定值或允许偏差	检查方法和频率	权值	检查实测值	平均值代表值	合格率（%）	得分
1△	混凝土强度（MPa）		在合格标准内	按 JTG F80—2004 附录 D 检查	3				
2	平面尺寸（mm）		±50	尺量：长、宽各检查 3 处	2				
3△	基础底面标高（mm）	土质	±50	水准仪：测量 5～8 点	2				
		石质	+50，−200						
4	基础顶面高程（mm）		±30	水准仪：测量 5～8 点	1				
5	轴线偏位（mm）		25	全站仪或经纬仪：纵、横各检查 2 点	2				
分项工程得分									
外观鉴定	混凝土表面应平整，无明显施工接缝。不符合要求时，减 1～3 分				减分		监理意见		
质量保证资料	资料、图表残缺，缺乏最基本数据，有伪造涂改者，不予检验和评定。资料不全者，视情况每款减 1～3 分				减分				
（子）分项工程评分值									
质量等级									

检测负责人：　　检测：　　记录：　　复核：　　年　　月　　日

表 3-10 **砌体基础质量检验评定表**

分项工程名称：砌体基础　　所属分部工程名称：　　所属建设项目：　　工程合同段：

工程部位：　　施工单位：　　监理单位：　　编号：

（桩号、墩台号、孔号）

项次	检查项目		规定值或允许偏差	检查方法和频率	权值	检查实测值	平均值代表值	合格率（%）	得分
基本要求	1. 石料和混凝土预制块的质量和规格必须符合有关规范的要求；2. 砂浆所用的材料质量必须符合有关规定的要求，按规定的配合比施工；3. 地基承载力应满足设计要求，严禁超挖回填虚方；4. 砌石应错缝、坐浆挤紧，嵌缝料和砂浆饱满，无空洞、宽缝、大堆砂浆填隙和假缝								
1△	砂浆强度（MPa）		在合格标准内	按 JTG F80—2004 附录 F 检查	3				
2	轴线偏位（mm）		25	经纬仪：纵、横各测量 2 点	2				
3	平面尺寸（mm）		±50	尺量：长、宽各 3 处	2				
4	顶面高程（mm）		±30	水准仪：测 5～8 点	1				
5△	基础底面标高（mm）	土质	±50	水准仪：测量 5～8 点	2				
		石质	+50，−200						
分项工程得分									
外观鉴定		砌体表面应平整，砌缝不应有裂隙。不符合要求时，减 1～3 分			减分		监理意见		
质量保证资料		资料、图表残缺，缺乏最基本数据，有伪造涂改者，不予检验和评定。资料不全者，视情况每款减 1～3 分			减分				
（子）分项工程评分值									
质量等级									

检测负责人：　　检测：　　记录：　　复核：　　年　月　日

第二节 桩基础检测与评定

灌注桩的成桩过程是在桩位处的地面下或水下完成，施工工序多，质量控制难度大，稍有不慎极易产生断桩等严重缺陷。据统计国内外钻孔灌注桩的事故率高达5%～10%。因此，灌注桩的质量检测就显得格外重要。

一、护筒检验

在钻孔前应先检验筑岛或护筒、泥浆。

检验筑岛：筑岛的面积应按钻孔方法、机具大小等要求决定，高度应高于最高施工水位0.5～1.0m，筑岛材料及岛面与地基承载力应满足设计要求，岛体应稳定。

检验护筒：应检验护筒内径、护筒中心竖直线、护筒高度、埋置深度及护筒的连接处。

护筒位置应埋设准确和稳定，旱地、筑岛处护筒与坑壁之间用黏土分层回填夯实，护筒与桩位中心线偏差不得大于50mm，倾斜度不大于1%，高度宜高出地面0.3m或水面1.0～2.0m，护筒埋置深度应根据设计要求或水文地质情况定，旱地、筑岛处一般超过杂填土埋藏深度0.2m，在黏性土中不宜小于1m，在砂土中不宜小于1.5m，同时应保持孔内泥浆面高出地下水位1m以上。有冲刷影响的河床，沉入冲刷线不小于1.0～1.5m。

二、泥浆性能指标检测

（一）泥浆性能指标检测

钻孔灌注桩调制的护壁泥浆一般由水、黏土（或膨润土）和添加剂按适当配合比配制而成，应根据钻孔方法和地层情况采用不同的性能指标，具体指标可参照表3-11选用。

表3-11　　泥浆性能指标

钻孔方法	地层情况	泥浆性能指标							
		相对密度	黏度(s)	含砂率(%)	胶体率(%)	失水率(mL/30min)	泥皮厚(mm/30min)	静切力(Pa)	酸碱度(pH)
正循环	一般地层	1.05～1.20	16～22	8～4	≥96	≤25	≤2	1.0～2.5	8～10
	易坍地层	1.20～1.45	19～28	8～4	≥96	≤15	≤2	3～5	8～10
反循环	一般地层	1.02～1.06	16～20	≤4	≥95	≤20	≤3	1.0～2.5	8～10
	易坍地层	1.06～1.10	18～28	≤4	≥95	≤20	≤3	1.0～2.5	8～10
	卵石土	1.10～1.15	20～35	≤4	≥95	≤20	≤3	1.0～2.5	8～10
推钻冲抓	一般地层	1.10～1.20	18～24	≤4	≥95	≤20	≤3	1.0～2.5	8～11
冲击	易坍地层	1.20～1.40	22～30	≤4	≥95	≤20	≤3	3～5	8～11

注 1. 地下水位高或其流速大时，指标取高限，反之取低限。
2. 地质状态较好，孔径或孔深较小的取低限，反之取高限。
3. 在不易坍塌的黏质土层中，使用推钻、冲抓、反循环回转钻进时，可用清水提高水头（≥2m）维护孔壁。
4. 若当地缺乏优良黏质土，远运膨润土亦很困难，调制不出合格泥浆时可掺用添加剂改善泥浆性能。
5. 直径大于2.5m的大直径钻孔灌注桩对泥浆的要求较高，泥浆的选择应根据钻孔的工程地质情况、孔位、钻机性能、泥浆材料条件等确定。在地质复杂，覆盖层较厚，护筒下沉不到岩层的情况下，宜使用丙烯酰胺即PHP泥浆，此泥浆的特点是不分散、低固相、高黏度。

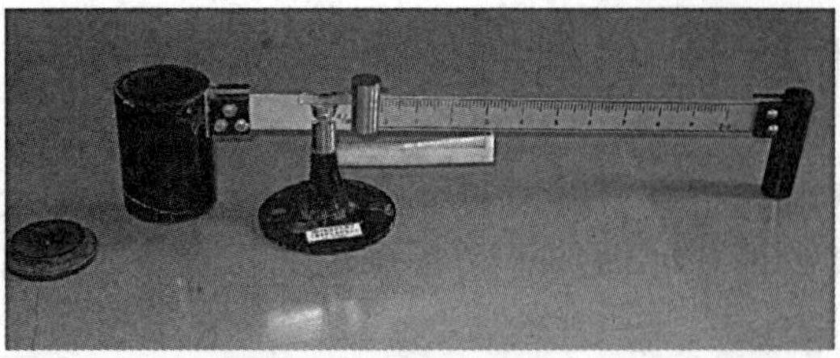

图 3-5　泥浆相对密度计

1. 相对密度

泥浆的相对密度可用泥浆相对密度计测定，如图 3-5 所示。将要量测的泥浆装满泥浆杯，加盖并洗净从小孔溢出的泥浆，然后置于支架上，移动游码，使杠杆呈水平状态（即水平泡位于中央），读出游码左侧所示刻度，即为泥浆的相对密度 γ_X。

若工地无以上仪器，可用一口杯先称其质量设为 m_1，再装满清水称其质量 m_2，再倒去清水，装满泥浆并擦去杯周溢出的泥浆，称其质量设为 m_3，则

$$\gamma_X = \frac{m_3 - m_1}{m_2 - m_1} \tag{3-4}$$

工地上有时用泥浆比重计这一简易方法测泥浆相对密度。

2. 黏度

泥浆的黏度用工地标准漏斗黏度计测定，黏度计如图 3-6 所示。用两端开口量杯分别量取 200mL 和 500mL 泥浆，通过滤网滤去大砂粒后，将泥浆 700mL 均注入漏斗，然后使泥浆从漏头流出，流满 500mL 量杯所需时间（s），即为所测泥浆的黏度。

校正方法：漏斗中注入 700mL 清水，流出 500mL，所需时间应是 15s，其偏差如超过±1s，测量泥浆黏度时应校正。

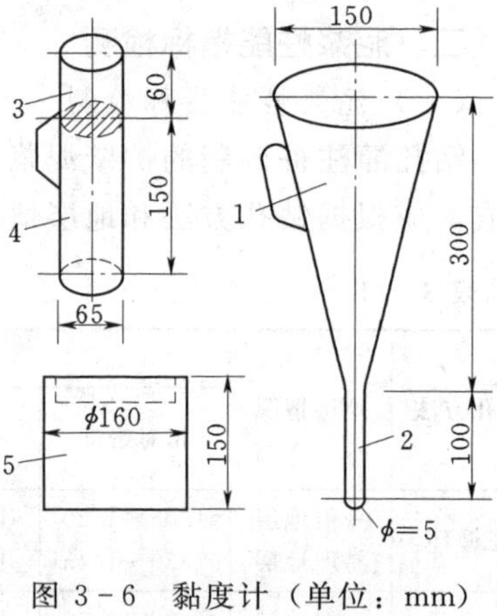

图 3-6　黏度计（单位：mm）

1—漏斗；2—管子；3—量杯，200mL；4—量杯，500mL；5—筛网及杯

3. 静切力 θ

静切力在工地可用浮筒切力计测定（图 3-7）。测量泥浆切力时，可用下式表示

$$\theta = \frac{G - \pi d\delta h\gamma}{2\pi dh + \pi d\delta} \tag{3-5}$$

式中　G——铝制浮筒质量，g；

d——浮筒的平均直径，cm；

h——浮筒的沉没深度，cm；

γ——泥浆密度，g/cm^3；

δ——浮筒壁厚，cm。

量测时，先将约 500mL 泥浆搅匀后，立即倒入切力计中，将切力筒沿刻度尺垂直向下移至与泥浆接触时，轻轻放下，当它自由下降到静止不动时，即静切力与浮筒重力平衡时，读出浮筒上泥浆面所对的刻度，即为泥浆的初切力。取出切力筒，按净黏着的泥浆，用棒搅动筒内泥浆后，静止 10min，用上述方法量测，所得即为泥浆的终切力。它们的单位均为 Pa，此切力计如买不到可自制。

4. 含砂率（%）

含砂率在工地可用含砂率计（图 3-8）测定。量测时，把调好的泥浆 50mL 倒进含砂率计，然后再倒进 450mL 清水，将仪器口塞紧摇动 1min，使泥浆与水混合均匀。再将仪

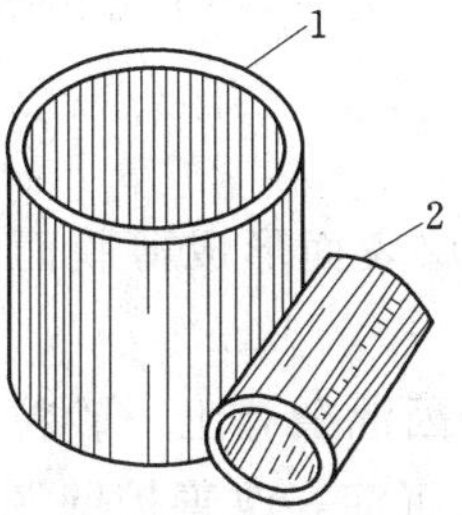

图 3-7　浮筒切力计

1—泥浆筒；2—切力浮筒

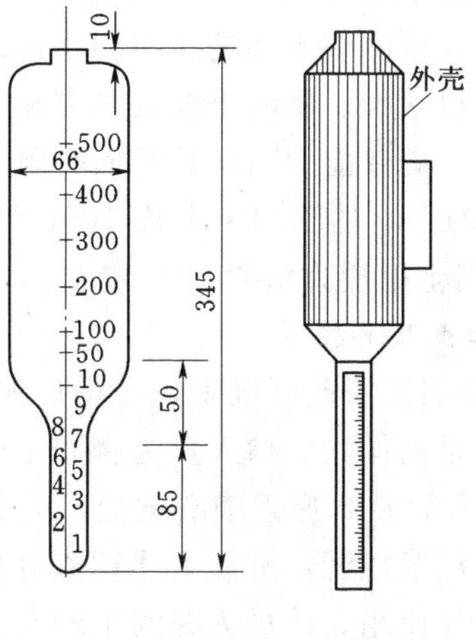

图 3-8　含砂率计（单位：mm）

器垂直静放 3min，仪器下端沉淀物的体积（由仪器刻度上读出）乘 2 就是含砂率（有一种大型的含砂率计，容积 1000mL，从刻度读出的数不乘 2 即为含砂率）。

5. 胶体率（%）

胶体率是泥浆中土粒保持悬浮状态的性能。测定方法可将 100mL 泥浆倒入 100mL 的量杯中，用玻璃片盖上，静置 24h 后，量杯上部泥浆可能澄清为水，测量时其体积如为 5mL，则胶体率为 100－5＝95，即 95%。

6. 失水率（mL/30min）

用一张 12cm×12cm 的滤纸，置于水平玻璃板上，中央画一直径 3cm 的圆，将 2mL 的泥浆滴入圆圈内，30min 后，测量湿圆圈的平均直径减去泥浆摊平的直径（mm），即为失水率。在滤纸上量出泥浆皮的厚度（mm）即为泥皮厚度。泥皮越平坦、越薄则泥浆质量越高，一般不宜厚于 2～3mm。

7. 酸碱度

酸碱度即酸和碱的强度简称，也有简称为酸碱值的。pH 值是常用的酸碱标度之一。pH 值等于 7 时为中性，大于 7 时为碱性，小于 7 时为酸性。工地测量 pH 值方法，可取一条 pH 试纸放在泥浆面上，0.5s 后拿出来与标准颜色对比，即可读出 pH 值。也可用 pH 酸碱计，将其探针插入泥浆，直接读出 pH 值。

（二）泥浆原料和外加剂的性能要求及计算方法

1. 泥浆原料黏质土的性能要求

一般可选用塑性指数大于 25，粒径小于 0.074mm 的黏粒含量大于 50%的黏质土制浆。当缺少上述性能的黏质土时，可用性能略差的黏质土，并掺入 30%的塑性指数大于 25 的黏质土。当采用性能较差的黏质土调制的泥浆性能指标不符合要求时，可在泥浆中掺入 Na_2CO_3（俗称碱粉或纯碱）、氢氧化钠（NaOH）或膨润土粉末，以提高泥浆性能指标。掺入量与原泥浆性能有关，宜经过试验决定。一般碳酸钠的掺入量约为孔中泥浆土量的 0.1%～0.4%。

2. 泥浆原料膨润土的性能和用量

膨润土分为钠质膨润土和钙质膨润土两种。前者质量较好，大量用于炼钢、铸造中，钻孔泥浆中用量也很大。膨润土泥浆具有相对密度低、黏度低、含砂量少、失水量少、泥皮薄、稳定性强、固壁能力高、钻具回转阻力小、钻进率高、造浆能力大等优点。一般用量为水的8%，即8kg的膨润土可掺100L的水。对于黏质土地层，用量可降低到3%～5%。较差的膨润土用量为水的12%左右。

3. 泥浆外加剂及其掺量

(1) CMC全名羧甲基纤维素，可增加泥浆黏性，使土层表面形成薄膜而防护孔壁剥落并有降低失水量的作用。掺入量为膨润土的0.05%～0.1%。

(2) FCI又称铬铁木质素磺酸钠盐，为分散剂，可改善因混杂有土、砂粒、碎卵石及盐分等而变质的泥浆性能，可使上述钻渣等颗粒聚集而加速沉淀，改善护壁泥浆的性能指标，使其继续循环使用。掺量为膨润土的0.1%～0.3%。

(3) 硝基腐殖碳酸钠（简称煤碱剂），其作用与FCI相似。它具有很强的吸附能力，在黏质土表面形成结构性溶剂水化膜，防止自由水渗透，能使失水量降低，使黏度增加，若掺入量少，可使黏度不上升，具有部分稀释作用，掺用量与FCI同。两种分散剂可任选一种。

(4) 碳酸钠（Na_2CO_3）又称碱粉或纯碱。它的作用可使pH值增大到10。泥浆中pH值过小时，黏土颗粒难于分解，黏度降低，失水量增加，流动性降低；小于7时，还会使钻具受到腐蚀；若pH值过大，则泥浆将渗透到孔壁的黏土中，使孔壁表面软化，黏土颗粒之间凝聚力减弱，造成裂解而使孔壁坍塌。pH值以8～10为宜，这时可增加水化膜厚度，提高泥浆的胶体率和稳定性，降低失水量。掺入量为膨润土的0.3%～0.5%。

(5) PHP即聚丙烯酰胺絮凝剂。它的作用为：在泥浆循环中能清除劣质钻屑，保存造浆的膨润土粒；它具有低固相、低相对密度、低失水、低矿化、泥浆触变性能强等特点。掺入量为孔内泥浆的0.003%。

(6) 重晶石细粉（$BaSO_4$），可将泥浆的相对密度增加到2.0～2.2，提高泥浆护壁作用。为提高掺入重晶粉后泥浆的稳定性，降低其失水性，可同时掺入0.1%～0.3%的氢氧化钠（NaOH）和0.2%～0.3%的橡胶粉。掺入上述两种外加剂后，最适用于膨胀的黏质塑性土层和泥质页岩土层。重晶石粉掺量根据原泥浆相对密度和土质情况检验决定。

(7) 纸浆、干锯末、石棉等纤维质物质，其掺量为水量的1%～2%，其作用是防止渗水并提高泥浆循环效果。

以上各种外加剂掺入量，宜先做试配，试验其掺入外加剂后的泥浆性能指标是否有所改善。

各种外加剂宜先制成小剂量溶剂，按循环周期均匀加入，并及时测定泥浆性能指标，防止掺入外加剂过量。每循环周期相对密度差不宜超过0.01。

4. 调制泥浆的原料用量计算

在黏质土层中钻孔，钻孔前只需调制不多的泥浆。以后可在钻进过程中，利用地层黏质土造浆、补浆。

在砂类土、砾石土和卵石土中钻孔时，钻孔前应备足造浆原料，其数量可按以下公式和原则计算

$$m = V\rho_1 = \frac{\rho_2 - \rho_3}{\rho_1 - \rho_3}\rho_1 \tag{3-6}$$

$$\rho_2 = V\rho_1 + (1-V)\rho_3 \tag{3-7}$$

式中 m——每立方米泥浆所需原料的质量，t；

V——每立方米泥浆所需原料的体积，m^3；

ρ_1——原料的密度，t/m^3；

ρ_2——要求的泥浆密度，t/m^3；

ρ_3——水的密度，取 $\rho_3=1t/m^3$。

若造成的泥浆的黏度为 20～22s 时，则各种原料造浆能力为：黄土胶泥 1～3m^3/t；白土、陶土、高岭土 3.5～8m^3/t；次膨润土为 9m^3/t；膨润土为 15m^3/t。

从以上资料得知，膨润土的造浆能力为黄土胶泥的 5～7 倍。

三、清孔的质量检测

1. 清孔的质量要求

摩擦桩：孔底沉淀土的厚度不大于设计规定，当无要求时，对于直径不大于 1.5m 的桩，沉淀厚度不大于 300mm；对桩径大于 1.5m 或桩长大于 40m 或土质较差的桩，沉淀厚度不大于 500mm。清孔后的泥浆性能指标应满足下列规定，相对密度为 1.03～1.10；黏度为 17～20s；含砂率大于 98%。

支承桩：灌注混凝土前，孔底沉淀土的厚度不大于设计规定。

2. 沉淀土厚度的检测方法

沉淀土厚度的测算基准面：用平底钻锥和冲击、冲抓锥时，沉淀土厚度从锥头或冲抓锥底部所到达的孔底平面算起；用底部带圆锥的笼式锥头时，沉淀土厚度从锥头下端的圆锥体高度的中点标高算起。

沉淀土厚度的检测方法有如下几种。

（1）取样盒检测法。这是较为通行的方法。具体做法是在清孔后用取样盒（即开口铁盒）吊到孔底，待到灌注混凝土前取出，测量沉淀在盒内的渣土厚度。

（2）测锤法。测锤法是惯用的简单方法。使用测量水下混凝土灌注高（深）度的测锤，慢慢地沉入孔内凭人的手感探测沉渣顶面的位置，其施工孔深和测量孔深之差，即为沉淀土厚度。

比较先进的检测方法还有声纳法、电阻率法和电容法等。

四、成孔质量检验

钻、挖孔在终孔和清孔后，应进行孔位、孔深、孔径、孔形和倾斜度等检查。

1. 孔径与孔形检测

孔径检测是在桩孔成孔后、下钢筋笼前进行的，是根据设计桩径制作笼式井径器入孔检测。笼式井径器用中 ϕ8～12mm 的钢筋制作，其外径等于钻孔的设计孔径，

长度等于孔径的3～4倍（如正、反循环回转钻成孔法）或4～6倍（如冲击钻成孔法）。检测时，将井径器吊起，使笼的中心、孔的中心与起吊钢绳保持一致，慢慢放入孔内，上下通畅无阻表明孔径大于给定的笼径；遇阻则有可能在遇阻部位有缩径或孔斜现象。

孔形检测目前常采用的方法是开挖检查和超声波检测。开挖检测一般在工程试桩结束，直接观察桩身形状在相应土层中的变化，为工程桩施工控制孔形提供直观依据。

2. 孔深和孔底沉渣检测

孔深和孔底沉渣普遍采用标准测锤检测，测锤一般采用锥形锤，锤底直径13～15cm，高20～22cm，质量4～6kg。

3. 桩孔竖直度检测

竖直度检测方法常用钻杆测斜法，将带有钻头的钻杆放入孔内到底，在孔口处的钻杆上装一个与孔径或护筒内径一致的导向环，使钻杆柱保持在桩孔中心线位置上。然后将带有扶正圈的钻孔测斜仪下入钻杆内，分点测斜，并将各点数值在坐标纸上描点作图，检查桩孔偏斜情况。也可以用圆球检测法和电子水平仪测斜法。

4. 桩位检测

复测桩位时，桩位测点选在新鲜桩头面的中心点，然后测量该点偏移设计桩位的距离，并按坐标位置，分别标明在桩位复测平面图上。测量仪器选用精密经纬仪或红外测距仪。

钻、挖孔成孔的质量标准见表3-12。

桩基成孔检测记录见表3-13，钻孔施工原始记录（冲击钻）见表3-14。

钻孔施工原始记录（回旋钻）见表3-15。

挖孔施工原始记录见表3-16。

水下混凝土灌注原始记录见表3-17。

表3-12　　钻、挖孔成孔质量标准

项　目	允 许 偏 差
孔的中心位置（mm）	群桩：100；单排桩：50
孔径	不小于设计桩径
倾斜度	钻孔：小于1%；挖孔：小于0.5%
孔深	摩擦桩：不小于设计规定 支承桩：比设计深度超深不小于50mm
沉淀厚度	摩擦桩：符合设计要求，当设计无要求时，对于直径≤1.5m的桩，≤300mm；对桩径>1.5m或桩长>40m或土质较差的桩，≤500mm 支承桩：不大于设计规定
清孔后泥浆指标	相对密度：1.03～1.10；黏度：17～20s；含砂率：<2%；胶体率：>98%

注　清孔后的泥浆指标，是从桩孔的顶、中、底部分别取样检验的平均值。本项指标的测定，限指大直径桩或有特定要求的钻孔桩。

表 3－13　　**桩基成孔检测记录表**

项目名称：　　工程合同段：　　施工日期：

施工里程：　　分项工程名称：

桥梁名称：　　孔位编号：

检验项目		设计	实际		误差（mm）	
					允许	实际
桩基类型						
钻孔中心位置（cm）			纵向			
			横向			
孔径（cm）						
倾斜度（%）						
终孔后孔底高程（m）						
灌注前孔底标高（m）						
灌注前孔深（m）						
沉淀厚度（cm）						
泥浆指标			相对密度			
			含砂率			
钢筋笼骨架	骨架长（cm）					
	骨架底面高程（m）					

检查意见：

技术负责人：

施工负责人：　　质检员：　　记录员：

表 3-14　　钻孔施工原始记录（冲击钻）

项目名称：　　　　　　工程合同段：

施工里程：　　　　　　分项工程名称：　　　　　　施工日期：

墩号		桩号		桩径		地面标高		设计桩尖标高	
护筒长度		护筒顶标高		护筒埋置深度		钻头型式和直径		钻头重量	
上班交班时进尺		本班进尺		累计进尺		自　年　月　日　时　分 至　年　月　日　时　分			

时间 起 日期	时间 起 时间	时间 止 日期	时间 止 时间	共计（h）	工作项目	冲程（m）	冲击次数（次/min）	钻进深度（m） 本次	钻进深度（m） 累计	检孔深度（m）	孔底标高（m）	孔内水位（m）	备注

时间统计	纯钻时间	辅助生产时间（h） 取石渣	检孔	检查钻具	接换钢丝绳	投石	投土	小计	非生产停钻时间（h） 孔内事故	机械事故	待料	停电	小计	合计

施工负责人：　　　　质检员：　　　　记录员：　　　　第　页　共　页

表 3-15

钻孔施工原始记录（回旋钻）

项目名称：　　　　　　工程合同段：

施工里程：　　　　　　分项工程名称：　　　　　　施工日期：

工程部位		桩径（m）		地面标高		设计孔底标高		护筒直径、长度	
钻头长度、直径		方钻杆长度		护筒顶标高		钻盘顶标高		护筒中心偏差	

时间						共计（h）	工作项目	接原钻杆		方钻杆读数	检孔深度(m)		孔底标高（m）	孔内水位（m）	泥浆			钻渣情况
起			止															
日期	时	分	日期	时	分			节数	长度		本次	累计			比重	黏度	含砂率	

注　表中时间起止应填入钻进时间，检孔、检查钻具、接换钻杆、等辅助生产时间及孔内事故、机械事故、待料、停电等为非生产时间。

施工负责人：　　　　　　质检员：　　　　　　记录员：　　　　共　　页　第　　页

表 3-16

挖孔施工原始记录表

项目名称：　　　　工程合同段：

施工里程：　　　　分项工程名称：　　　　施工日期：

墩号		桩号		桩径		地面标高		设计桩尖标高	
孔壁支护型式		护壁顶标高		护壁埋置深度		护壁混凝土标号		护壁混凝土养生时间	
上班交班时进尺		本班进尺		累计进尺		自　年　月　日　时　分 至　年　月　日　时　分			

时间				共计（h）累计	工作项目	设计地质	实际地质	挖进深度（m）		检孔深度（m）	孔底标高（m）	孔内水位（m）	备注
起		止											
日期	时间	日期	时间					本次	累计				

检查意见：

技术负责人：

施工负责人：　　　　质检员：　　　　记录员：　　　　第　　页共　　页

表 3-17 **水下混凝土灌注原始记录**

项目名称：　　　　工程合同段：
施工里程：　　　　分项工程名称：　　　　施工日期：
桥梁名称：　　　　桩编号：　　　　桩设计直径（m）：
设计桩顶标高（m）：　灌注前孔底标高（m）：　灌注后桩顶标高（m）：　混凝土标号：　坍落度（cm）：　每盘混凝土方数（m^3）：

日期	时间	混凝土深度（m）	导管长度（m）	导管拆除数量		实灌混凝土数量			钢筋位置情况，孔内情况、停灌时间、事故原因和处理情况等重要记事
				节数	长度（m）	盘数	数量（m^3）	累计数量（m^3）	

检查意见：

技术负责人：

施工负责人：　　　　质检员：　　　　记录员：　　　　第　　页共　　页

五、基桩检测

（一）基本规定

评价基桩质量的主要指标是桩身完整性和单桩承载力，基桩动力检测是通过对桩的应力波传播特征的测定和分析来评价桩的完整性，推算桩的承载力、桩侧和桩端岩土阻力及打桩应力的检测方法。

1. 检测方法及选定原则

《公路工程基桩动测技术规程》（JTG/T F81—2004）的检测方法包括低应变反射波法、高应变动测法、超声波法。检测方法应根据工程的需要和检测的目的按表 3-18 规定的检测内容确定。

表 3-18　　检测方法一览表

检测方法		检测内容
低应变反射波法		检测桩身缺陷位置及影响程度，判定桩身完整性类别
高应变动测法		分析桩侧和桩端土阻力，推算单桩轴向抗压极限承载力；检测桩身缺陷位置、类型及影响程度，判定桩身完整性类别；试打桩及打桩应力监测
超声法	透射法	检测灌注桩中声测管之间混凝土的缺陷位置及影响程度，判定桩身完整性类别
	折射法	检测灌注桩钻芯孔周围混凝土的缺陷位置及影响程度

桩身完整性是反映桩身长度和截面尺寸、桩身材料密实性和连续性的综合状况。桩身缺陷指桩身断裂、裂缝、缩颈、夹泥、离析、蜂窝、松散等现象。

为保证检测结论的可靠性，可根据不同被检对象和检测要求，选用多种测试方法进行综合分析判断。

桩的检测数量应符合下列规定：

（1）公路工程基桩应进行 100％的完整性检测，各种方法的选定应具有代表性和满足工程检测的特定要求。

（2）重要工程的钻孔灌注桩应埋设声测管，检测的桩数不应少于 50％。

（3）高应变动测法的抽检率可由工程设计或监理单位酌情决定，但不宜少于相近条件下总桩数的 5％且不少于 5 根。

2. 检测仪器与设备

（1）基桩检测所用仪器设备的主要技术性能和工作环境条件应符合《基桩动测仪》（JG/T 3055—1999）中的规定，并具有良好的波形现场显示、记录和储存功能。

（2）检测仪器设备必须由法定计量单位定期进行标定和年检，合格后方能使用。

（3）所有仪器设备在检测前后必须进行自检，确认仪器工作正常。

3. 检测前的准备

（1）被检工程应进行现场调查，搜集其工程地质资料、基桩设计图纸和施工记录、监理日志等，了解施工工艺及施工过程中出现的异常情况。

（2）检测方法和制定检测方案应根据调查结果和检测目的合理选用。

（3）检测时间应满足拟用检测方法对混凝土强度（或龄期）和地基土休止期的规定。

4. 检测报告及桩身完整性类别评定

（1）检测报告应用词规范，结论明确。其内容应包括工程概况、岩土工程勘察、检测技术及方法、桩位平面布置图、测试曲线、检测结果汇总表、结论及评价等。

（2）桩身完整性类别应按表 3－19 划分。

表 3－19　　桩身完整性类别划分

桩身完整性类别	特　征
Ⅰ类桩	桩身完整，可正常使用
Ⅱ类桩	桩身基本完整，有轻度缺陷，不影响正常使用
Ⅲ类桩	桩身有明显缺陷，对桩身结构承载力有影响
Ⅳ类桩	桩身有严重缺陷，对桩身结构承载力有严重影响

（二）低应变反射波法

低应变反射波法是在桩顶施加低能量冲击荷载，实测加速度（或速度）响应时程曲线，运用一维线性波动理论的时域和频域分析，对被检桩的完整性进行评判的检测方法。该方法适用于检测桩身混凝土的完整性，推定缺陷类型及其在桩身中的位置。

1. 基本原理

反射波法源于应力波理论，基本原理是在桩顶进行竖向激振，弹性波沿着桩身向下传播，在桩身存在明显波阻抗界面（如桩底、断桩或严重离析等部位）或桩身截面积变化（如缩径或扩径）部位，将产生反射波。经接收、放大滤波和数据处理，可识别来自桩身不同部位的反射信息。据此计算桩身波速、判断桩身完整性和混凝土强度等级。反射波法现场测试见图 3－9 所示。

2. 仪器设备

仪器设备由主机系统、敲击设备、接收传感器、分析处理软件四部分组成，如图 3－10 所示。

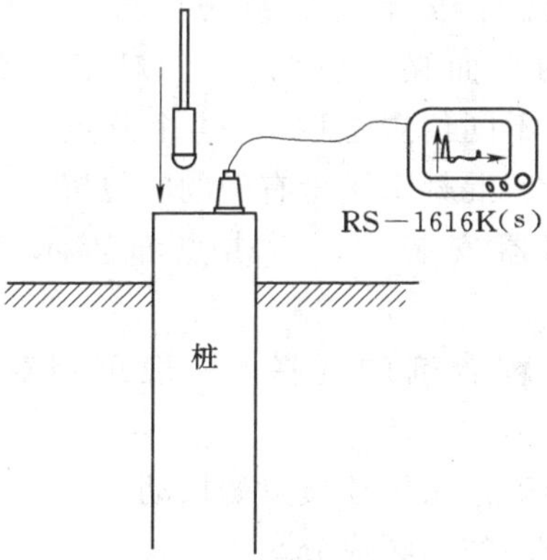

图 3－9　反射波现场测试示意图

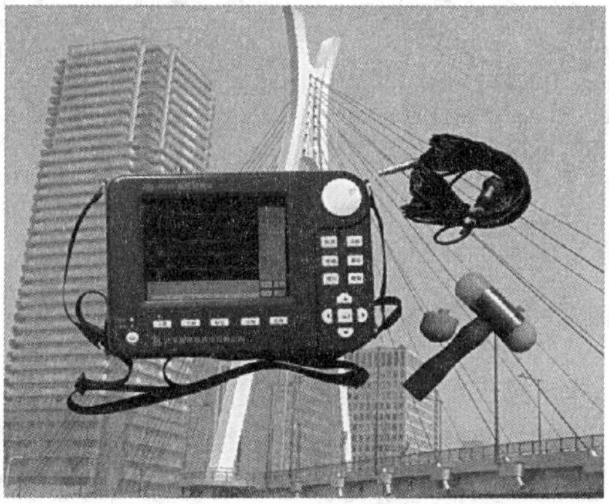

图 3－10　低应变反射波仪器

3. 现场检测及注意事项

（1）应收集的资料有：工程名称、地点，建设、勘察、设计、监理、施工单位名称；桩基础施工平面图；桩的成孔工艺；成桩机具及工艺；工程桩设计资料和施工记录；岩土工程地质勘察报告。

（2）安装传感器。低应变反射波法基桩完整性检测可选用的传感器有恒流源加速度计

(图 3-11) 和高阻尼速度计 (图 3-12)。两者可以单独使用，也可以同时使用。

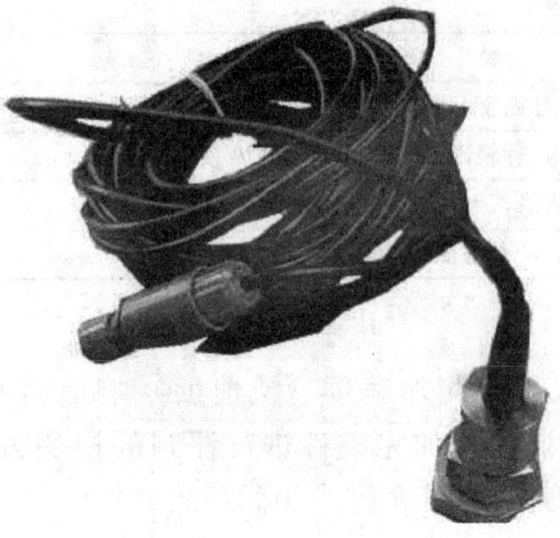

图 3-11　恒流源加速度计

图 3-12　高阻尼速度计

传感器的耦合点及锤的敲击点都必须干净、平整、坚硬、无积水，所以在测试前应对桩头进行必要的处理——清除桩头表面的浮浆及其他杂物、在桩头打磨出两小块平整表面分别用以安放传感器、手锤敲击。妨碍正常测试的外露主筋应割掉。

安装完毕后的传感器必须与桩顶面保持垂直，且紧贴桩顶面，在信号采集过程中不得产生滑移或松动。传感器安装点及其附近不得有缺损或裂缝。

当锤击点在桩顶中心时，传感器安装点与桩中心的距离宜为桩半径的 2/3；当锤击点不在桩顶中心时，传感器安装点与锤击点的距离不宜小于桩半径的 1/2；对于预应力管桩，传感器安装点、锤击点与桩顶面圆心构成的平面夹角宜为 90°。对于大直径桩，宜在不同位置选取 2～4 个测点。尽量避开钢筋、混凝土质量有问题的位置。

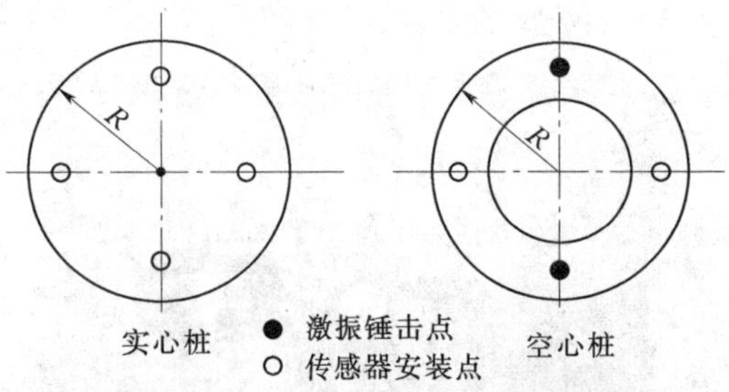

图 3-13　传感器安装点、锤击点布置示意图

传感器安装点、锤击点布置示意见图3-13。

(3) 耦合剂的选择。一般可用黄油、凡士林、橡皮泥等作耦合剂。

原则：使传感器与桩紧密结合在一起，传感器能准确记录桩顶质点的振动。

作用：类似一个滤波器，可滤除一部分桩顶质点振动的高频成分。

选择：耦合时耦合剂要尽量薄，黏性要大，黏结性最好不要受水等的影响。

(4) 现场检测要点。

1) 充分了解仪器及场地和桩型特点，进行细致的测前准备：选择合适的锤，一般中小桩备好专用手锤和小尺寸力棒，长大桩则应带好足够重量的力棒。根据桩型、桩头状况，选择合理的传感器。根据天气状况，桩头准备情况和所选用传感器，选择合适的耦合剂和安装方式。

2) 认真测试头几根桩，注意波形是否合理，桩底和浅部缺陷的反映是否正常。

3) 传感器、振源、安装方式、参数设置等在头几根桩上调试结束后，即可迅速在余下桩中展开，过程中应记下疑难桩（或在疑难桩上多花时间详测）、注意各桩的桩底反射情况和浅部缺陷情况，同时还应注意信号的一致性，每条桩上应确保三条以上一致性较好的信号。

4）详测疑难桩，换用传感器和激振锤及激振点，仔细推敲该桩可能存在的问题。

4. 实测曲线判读解释的基本方法

完整桩的反射波形见图 3-14；变截面反射波形见图 3-15；对于缩颈类缺陷（缩径、空洞、离析、裂缝等），反射波与入射波同相（见图 3-16）；对于扩颈类缺陷，反射波与入射波反相。

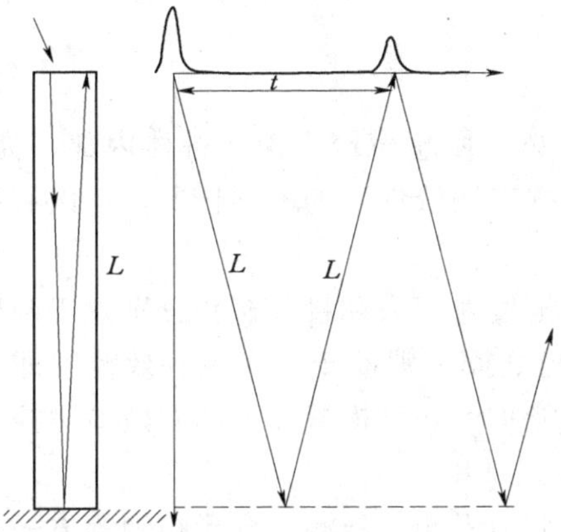

图 3-14　完整桩

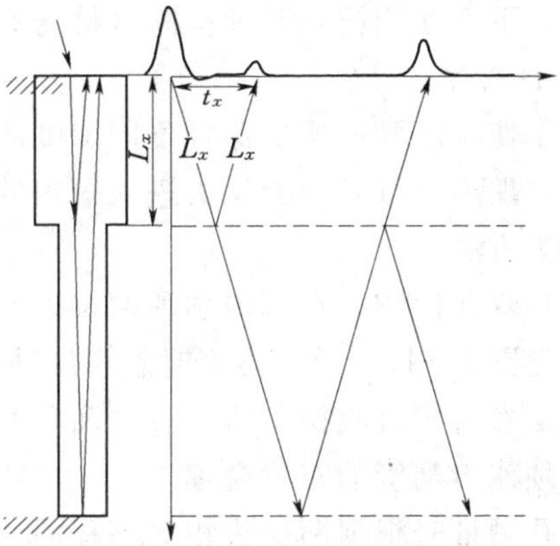

图 3-15　变截面

当桩长和桩径一定时，桩身强度越大、桩侧土强度越小，桩底反射信号越强；反之，桩身强度越低、桩侧土强度越大，桩底反射信号越弱。

5. 检测结果评价

Ⅰ类桩：桩身混凝土结构完整。

桩底反射合理，实测波速在合理范围内，桩底反射波到达前，无同相反射信号出现。

Ⅱ类桩：桩身混凝土结构基本完整，存在轻微缺陷。

桩底反射基本合理，实测波速在合理范围之内，缺陷反射波幅值相对较弱。

Ⅲ类桩：桩身混凝土结构完整性介于Ⅱ类和Ⅳ类之间，一般存在明显缺陷，宜采用钻芯法或声波透射法等其他方法进一步判断或直接进行处理。

记录到多个同相反射信号，形成复杂波列，且无合理的桩底反射信号。依反射信号和提供桩长计算的波速明显偏离同类完整桩平均波速；时域信号存在较强的异常同相反射；嵌岩端承型桩的桩底反射波与入射波相位相同。

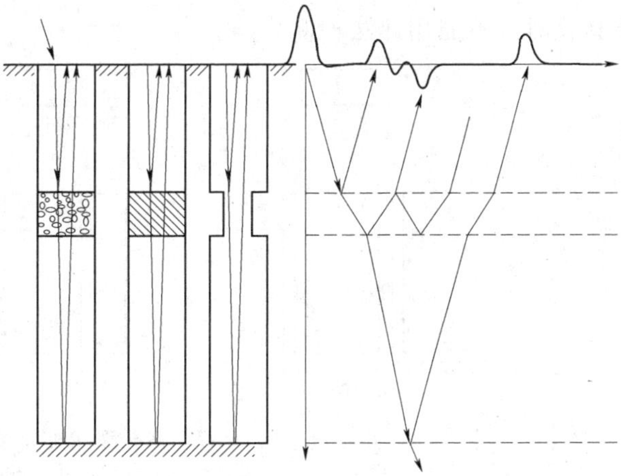

图 3-16　缩颈类缺陷

Ⅳ类桩：桩身混凝土结构存在严重缺陷，就其结构完整性而言不能使用。

未见桩底反射。出现多次幅值较强的同相、等间距反射信号；信号幅值明显较强并以大低频形式出现，当振源脉冲宽度极窄时，同时伴有连续的时间间隔很小的同相反射（频域为双峰），此为典型的浅部断桩特征（原则上浅部缺陷应在现场予以处理，这类缺陷一般无须出现在结果表中，但可加以说明）。

（三）超声脉冲检验法

超声波法根据超声波透射或折射原理，在桩身混凝土内发射并接收超声波，通过实测超声波在混凝土介质中传播的历时、波幅和频率等参数的相对变化来判定桩身完整性的检测方法。下面介绍超声脉冲检验基桩的完整性。

1. 检测方式

为了使超声脉冲能横穿各不同深度的横截面，必须使超声探头深入桩体内部，为此，需事先预埋声测管，作为探头进入桩内的通道。根据声测管埋置的不同情况，可以有如下三种检测方法。

（1）双孔检测。在桩内预埋两根以上的管道，把发射探头和接收探头分别置于两根管道中，见图 3-17（a）。检测时超声脉冲穿过两管道之间的混凝土，实际有效范围即为超声脉冲从发射到接收探头所扫过的面积。为了尽可能扩大在桩横截面上的有效检测控制面积，必须使声测管的布置合理。

双孔测量时根据两探头相对高程的变化，又可分为平测、斜测、扇形扫测等方式，在检测时视实际需要灵活运用。

（2）单孔检测。在某些特殊情况下，只有一个孔道可供检测使用，例如在钻孔取芯后需进一步了解芯样周围混凝土的质量，以扩大取芯检测后的观察范围，这时可采用单孔测量方式，见图 3-17（b）。换能器放置在一个孔中，探头之间用隔声材料隔离。这时声波从水中及混凝土中分别绕射到接收换能器，接收信号为从水及混凝土等不同声通路传播而来的信号的叠加，分析这一叠加信号，并测出不同声通路的声时及波高等物理量，即可分析孔道周围混凝土的质量。

运用这一检测方式时，必须运用信号分析技术，排除管中的混响干扰。当孔道内有钢质套管时，不能用此法检测。

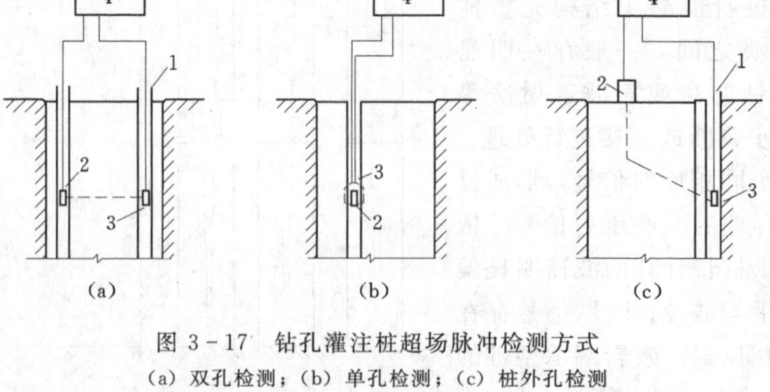

图 3-17　钻孔灌注桩超场脉冲检测方式

（a）双孔检测；（b）单孔检测；（c）桩外孔检测

1—声测管；2—发射探头；3—接收探头；4—超声波检测仪

(3) 桩外孔检测。当桩的上部结构已施工，或桩内未预埋管道时，可在桩外的土基中钻一孔作为检测通道。检测时在桩顶上放置一较强功率的低频平探头，向下沿桩身发射超声脉冲，接收探头从桩外孔中慢慢放下。超声脉冲沿桩身混凝土并穿过桩与测孔之间的土进入接收探头，逐点测出声时波高等参数，作为判断依据，见图 3－17 (c)。这种方式的可测深度受仪器发射功率的限制，一般只能测到 10m 左右。

以上三种方式中，双孔检测是桩基超声脉冲检测的基本形式，其他两种方式在检测和结果分析上都比较困难，只能作为特殊情况下的补救措施。

2. 判断桩内缺陷的基本物理量

(1) 声时值。由于钻孔桩的混凝土缺陷主要是由于灌注时混入泥浆或混入自孔壁坍落的泥、砂所造成的。缺陷区的夹杂物声速较低，或声阻抗明显低于混凝土的声阻抗。因此，超声脉冲穿过缺陷或绕过缺陷时，声时值增大。增大的数值与缺陷尺度大小有关，所以声时值是判断缺陷有无和计算缺陷大小的基本物理量。

(2) 波幅（或衰减）。当波束穿过缺陷区时，部分声能被缺陷内含物所吸收，部分声能被缺陷的不规则表面反射和散射，到达接收探头的声能明显减少，反映为波幅降低。实践证明，波幅对缺陷的存在非常敏感，是在桩内判断缺陷有无的重要参数。

(3) 接收信号的频率变化。当超声脉冲穿过缺陷区时，声脉冲中的高频部分首先被衰减，导致接收信号主频下降，即所谓频漂，其下降百分率与缺陷的严重程度有关。接收频率的变化实质上是缺陷区声能衰减作用的反映，它对缺陷也较敏感，而且测量值比较稳定，因此，也可作为桩内缺陷判断的重要依据。

(4) 接收波形的畸变。接收波形产生畸变的原因较复杂，一般认为是由于缺陷区的干扰，部分超声脉冲波被多次反射而滞后到达接收探头。这些波束的前锋到达接收探头的时间参差不齐，相位也不尽一致，叠加后造成接收波形的畸变。因此，接收波形上带有混凝土内部的丰富信息。如能对波形进行信息处理，搞清波束在混凝土内部反射和叠加机理，则可确切地进行缺陷定量分析。但目前，波形信息处理方法未能解决，一般只能将波形畸变作为缺陷定性分析依据以及判断缺陷的参考指标。

在检测时，探头在声测管中逐点测量各深度的声时、波幅（或衰减）、接收频率及波形畸变位置等。然后，可绘成声时—深度曲线、波幅—深度曲线及接收频率变化率—深度曲线等，供分析使用。

3. 钻孔灌注桩超声脉冲检测法主要设备

目前常用的检测装置有两种。

(1) 用一般超声检测仪和发射及接收探头所组成。探头在声测管内的移动由人工操作，数据读出后再输入计算机处理。这套装置与一般超声检测装置通用，但检测速度慢、效率较低。

(2) 全自动智能化测桩专用的检测装置，见图 3－18。它由超声发射及接收装置、探头

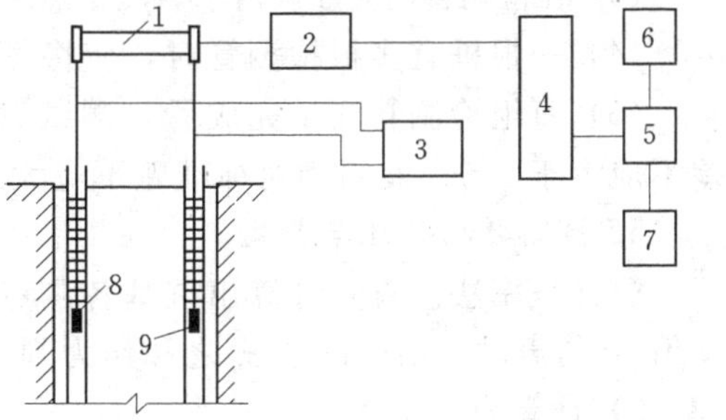

图 3－18 全自动智能化测桩专用检测装置原理框图

1—探头升降机构；2—步进电机驱动电源；3—超声发射与接收装置；4—测控接口；5—计算机；6—磁带机；7—打印机；8、9—发射、接收控头

自动升降装置、测量控制装置、数据处理计算机系统等四大部分所组成。

数据处理计算机系统是测控装置的主控部件，具有人机对话、发布各类指令，进行数据处理等功能。它通过总线接口与测量控制装置连接，发出测量的控制命令，以及进行信息交换；升降机构根据指令通过步进电机进行上升、下降及定位等动作，移动探头至各测量点；超声发射和接收装置发射并接收超声波，取得测量数据，传送到数据处理计算机，进行数据处理、存储、显示和打印。由于测试系统由计算机控制，测量过程无需人工干预，因此可自动、迅速地完成全桩测量工作。

4. 现场检测

（1）预埋检测管应符合下列规定：桩径小于1.0m时应埋设双管；桩径在1.0～2.5m应埋设三根管；桩径2.5m以上应埋设四根管，见图3-19。

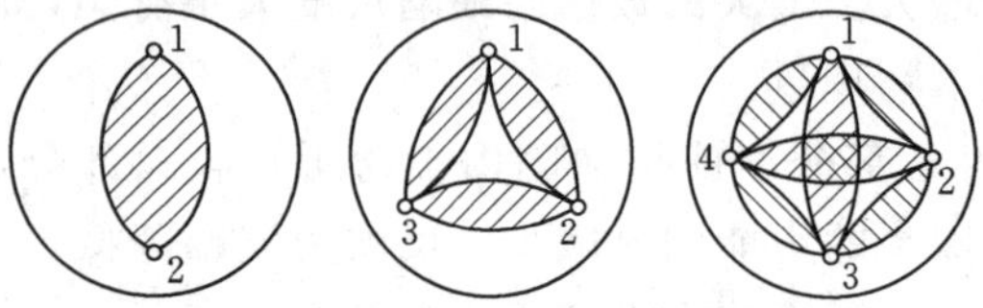

图3-19 声波透射埋管编组
（图中数字为检测管埋设位置）

声波检测管宜采用钢管、塑料管或钢质波纹管，其内径宜为50～60mm。钢管宜用螺纹连接，管的下端应封闭，上端应加盖。根据计算和试验，采用钢管时，双孔测量的声能透过率只有0.5%，塑料管则为42%，可见采用塑料管时接收信号比采用钢管时强，但由于在地下水泥水化热不易发散，而塑料温度变形系数较大，当混凝土硬化后塑料管因温度下降而产生纵向和径向收缩，致使混凝土与塑料管局部脱开，容易造成误判。试验证明，钢管的界面损失虽然较大，但仍有足够大的接收信号，而且安装方便，可代替部分钢筋截面，还可作为以后桩底压浆的通道，所以采用钢管作测管是合适的。塑料管的声能透过率较高，当能保证它与混凝土良好黏结的前提下，也可使用。

检测管可焊接或绑扎在钢筋笼的内侧，检测管之间应相互平行。但在实际施工中，由于钢筋骨架刚度不足，对平行度提出过高的要求是不现实的。在检测内部缺陷时，不平行的影响，可在数据处理中予以鉴别和消除，所以对平行度不必苛求，但必须严格控制。

（2）现场检测前测定声波检测仪发射至接收系统的延迟时间 t。

（3）在检测管内应注满清水。测量点距20～40cm，当发现读数异常时，应加密测量点距。

（4）一根桩有多根检测管时，应将每两根检测管编为一组，分组进行测试。

（5）每组检测管测试完成后，测试点应随机重复抽测10%～20%。其声时相对标准差不应大于5%；波幅相对标准差不应大于10%。对声时及波幅异常的部位应重复抽测。

5. 检测数据处理与判定

（1）概率法。首先计算出桩基各测点声时的平均值 μ_t 及标准差 σ_t，然后采用声时平均值 μ_t 与声时2倍标准差 σ_t 之和作为判定桩身有无缺陷的临界值，并按式（3-8）和式（3-9）计算为

$$\mu_t = \sum_{i=1}^{n} t_i / n \tag{3-8}$$

$$\sigma_t = \sqrt{\frac{\sum_{i=1}^{n} (t_i - \mu_t)^2}{n-1}} \tag{3-9}$$

式中 n——测点数；

t_i——混凝土中第 i 测点声波传播时间，μs；

μ_t——声时平均值；

σ_t——声时标准差。

（2）相邻测点间声时的斜率和差值乘积判据（简称 PSD 判据）。设测点的深度为 H，相应的声时值为 t，则声时值因混凝土中存在缺陷或其他因素的影响，而随深度变化的关系，可用式（3－10）表达为

$$t = f(H) \tag{3-10}$$

当桩内存在缺陷时，由于在缺陷与完好混凝土界面处声时值的突变，从理论上说，该函数应是不连续函数。在缺陷的界面上，当深度增量（即测点间距）$\Delta H \to 0$，而且由于缺陷表面的凹凸不平以及孔洞等缺陷是由于波线曲折而引起声时变化的，所以在 $t=f(H)$的实测曲线中，在缺陷处只表现为斜率的变化，该斜率可用相邻测点的声时差值与测点间距离之比求得，即

$$S_i = \frac{t_i - t_{i-1}}{H_i - H_{i-1}} \tag{3-11}$$

式中 下标 i——测点位置或序号；

S_i——第 $i-1$ 至 i 测点之间的斜率；

t_i、t_{i-1}——相邻两测点的声时值；

H_i、H_{i-1}——相邻两测点的深度。

但是，斜率只反映了相邻两测点声时值的变化速率。实测时往往采用不同的测点间距，因此，虽然所求出的 S_i 相同，但所对应的声时差值可能是不同的。正如图 3－20 中所示的两条 t—H 曲线，在 M 和 M' 点的 S_i 相同，但声时差值不同，而声时差值是与缺陷大小有关的参数。

为了使判据进一步反映缺陷的大小，就必须加大声时差值在判据中的权数。因此判据可写成

$$K_i = S_i(t_i - t_{i-1}) = \frac{(t_i - t_{i-1})^2}{H_i - H_{i-1}} \tag{3-12}$$

式中 K_i——i 点的 PSD 判据值，其余各项同前。

（3）多因素概率分析法。以上两种判据多是采用声时或波幅等单一指标作为判别的基本依据，但检测时可同时读出声时、波幅、接收波频率等参数，若能综合运用这些参数作为判断依据，则可提高判断的可靠性。多因素的概率法就是运用声时、频率、波幅或声速、频率、波幅等参数，通过其总体的概率分布特征，获得一个综合判断值 NFP，来判断缺陷的一种方法。

各测点的综合判据值 NFP 按式（3－12）计算

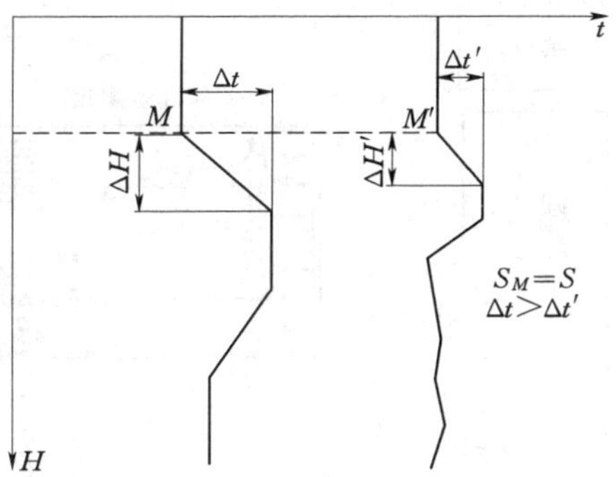

图 3－20 t—H 曲线

$$NPF_i = \frac{v'_i F'_i A'_i}{\frac{1}{n}\sum_{i=1}^{n}(v'_i F'_i A'_i) - ZS} \tag{3-13}$$

式中 NFP_i——第 i 测点的综合判据；

v'_i、F'_i、A'_i——第 i 点的声速、频率、波幅的相对值，即分别除以该桩各测点中最大声速、频率、波幅后所得的值；

S——上述三个参数相对值之积为样本的标准差；

Z——概率保证系数，它是根据与样本相拟合的夏里埃（Charliar）分布率幂函数及样本的偏移系数、峰凸系数及其保证率所决定的。

根据 NFP 判据的性质可知，当 NFP_i 越大，则混凝土质量越好，当 $NFP_i<1$ 时，该点应判为缺陷，同时根据实践经验所得的表 3-20 可作为判断缺陷性质的参考。

表 3-20　　　　NFP 法判断缺陷性质的参考表

判断依据				缺陷性质	判断依据				缺陷性质
NFP	v	f	a		NFP	v	f	a	
≥1				无缺陷	0.35～0.5	正常低	正常低	较低	较严重的夹泥、夹沙较严重的低强区或缩径
0.5～1	正常	正常	略低	局部夹泥（局部缺陷）	0～0.35	低	低	较低	砂、石堆积断层
	低	低	正常	一般低强区（局部缺陷）		很低	很低	很低	夹泥、砂断层

（四）高应变动力检测法

高应变动测法是在桩顶施加高能量冲击荷载，实测力和速度信号，运用波动理论反演来推算被检桩的完整性、轴向抗压极限承载力或选择桩型和桩长、监控桩锤工作效率和打入桩桩身承受的最大锤击应力。

传统的静荷试验方法，由于其费用高，时间长，通常检测数量只能达到总桩数的 1% 左右；而且随着桩径、桩长的增大，静载试验从其实施规模、消耗资金和需要时间来看，均已到了难以接受的程度。而高应变动力检测法以其技术相对先进，操作较为简便，占用时间较短，所需费用较低等优点，近年来得到了广泛的推广和应用。

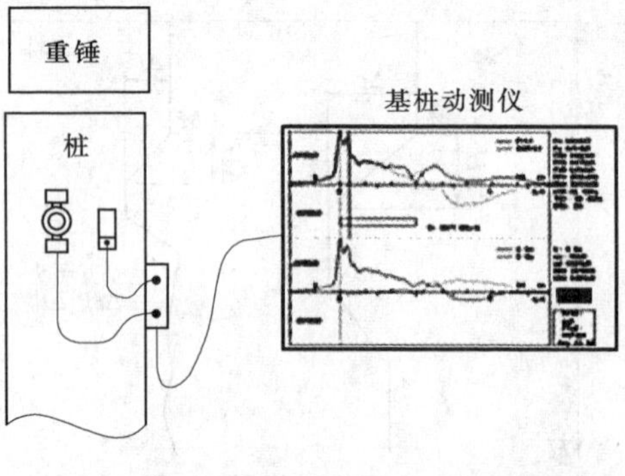

图 3-21　高应变动力试桩现象测试示意图

1. 检测基本原理、目的及要求

（1）基本原理。用重锤冲击桩顶，使桩土产生足够的相对位移，以充分激发桩周土阻力和桩端支承力，通过安装在桩顶以下桩身两侧的力和加速度传感器接收桩的应力波信号，应用应力波理论分析处理力和速度时程曲线，从而判定桩的承载力和评价桩身质量完整性。高应变动力试桩现场测试示意见图 3-21。

（2）高应变动力检测的结果可用于下列

工作：

1）监测预制桩打入时的桩身应力与桩锤效率，选择沉桩设备与工艺参数。

2）选择预制桩合理的桩型和桩长。

3）采用实测曲线拟合法估计桩侧与桩端土阻力分布，模拟静载荷试验 Q—S 曲线等。

（3）采用高应变动力检测时，委托单位应提供下列资料：

1）工程名称及建设、设计、施工单位名称。

2）试桩区域内建筑场地的工程地质勘察报告。

3）桩基础施工图。

4）工程桩施工记录。

5）试桩桩身混凝土强度试验报告。

6）试桩桩顶处理前、后的标高。

（4）进行单桩承载力检测时，对工程地质条件、桩型、成桩机具和工艺相同、同一单位施工的基桩，检测桩数不宜少于总桩数的 2%，并不得少于 5 根。

一般高应变动力检测属非破损检验，检测可选用工程桩进行。

2. *检测仪器及设备*

试验仪器应具有现场显示、记录、保存实测力与加速度信号的功能，并能进行数据处理、打印和绘图，其性能应符合下列规定：

（1）数据采集装置的模数转换精度不应小于 10 位，通道之间的相位差应小于 50μs。

（2）力传感器宜采用工具式应变传感器，应变传感器安装谐振频率应大于 2kHz，在 1000μs 测量范围内的非线性误差不应大于±1%，由于导线电阻引起的灵敏度降低不应大于 1%。

（3）安装后的加速度计在 2～3000Hz 范围内灵敏度变化不应大于±5%，冲击加速度在 10000m/s^2 范围内其幅值非线性误差不应大于±5%。

传感器应每一年标定一次。

打桩机械或类似的装置都可作为锤击设备。重锤应质量均匀，形状对称，锤底平整，宜用铸钢或铸铁制作。当采用自由落锤时，锤的重量应大于预估的单桩极限承载力的 1%。例如预估的单桩极限承载力为 1000kN，则锤的重量宜大于 10kN。

桩的贯入度一般采用精密水准仪、激光变形仪等光学仪器测定。

3. *现场检测参数设定*

（1）桩的参数设定。现场检测时桩头测点处的桩截面积、桩身波速、桩材质量密度和弹性模量应按测点处桩的实际情况确定。

1）测点下桩长和截面积的设定值应符合下列规定：①测点下桩长应取传感器安装点至桩底的距离；②对于预制桩，可采用建设或施工单位提供的实际桩长和桩截面积作为设定值；③对于混凝土灌注桩，测点下桩长和截面积设定值宜按建设或施工单位提供的施工记录确定。

2）桩身波速设定：①对于普通钢桩，波速值可设定为 5120m/s；②对于混凝土预制桩，宜在打入前实测无缺陷桩的桩身平均波速作为设定值；③对于混凝土灌注桩，在桩长已知的情况下，可用反射波法按桩底反射信号计算桩的平均波速作为设定值；如桩底反射信号不清晰，可根据桩身混凝土强度等级等参数综合设定。

3）桩身质量密度设定：①对于普通钢桩，质量密度应设定为 7.85t/m³；②对于普通混凝土预制桩，质量密度可设定为 2.45～2.55t/m³；③对于普通混凝土灌注桩，质量密度可设定为 2.4t/m³。

桩材的弹性模量设定值应按式（3－13）计算为

$$E = \rho c^2 \tag{3-14}$$

式中　E——桩材弹性模量，MPa；

c——桩身内应力波传播速度，m/s；

ρ——桩材质量密度，t/m³。

（2）采样频率和采样数据长度的设定。采样频率宜为 5～10kHz；每个信号的采样点数不宜少于 1024 点。

（3）力传感器和加速度传感器标定系数的设定。力传感器和加速度传感器标定系数应由国家法定计量单位开具的标定系数或传感器出厂标定系数作为设定值。

4. 检测要求

当检测承载力时，从设桩至检测（或复打）的休止时间应符合下列规定：

（1）预制桩不应少于表 3－21 中规定的时间。

（2）混凝土灌注桩应在混凝土达到设计强度等级，并不应少于表 3－21 中规定的时间。

表 3－21　　**休　止　时　间**　　单位：d

土的类别	休止时间	土的类别		休止时间
砂土	7	黏性土	非饱和	15
粉土	10		饱和	25

表 3－22　　**有 效 锤 击 次 数**

检测目的	桩　　型	有效锤击次数
基桩检测	灌注桩	2～3 击
	预制桩（复打）	2～3 击
施工监控	预制桩（初打）	收锤前 3 阵
	预制桩（复打）	1 阵

注　每阵为 10 击。

（3）每根桩应记录的有效锤击次数，应根据贯入度及信号质量参照表 3－22 取定。

（4）采用自由落锤为锤击设备时，宜重锤低击，最大锤击落距不宜大于 2.50m。

（5）如果试验目的是为了确定监测预制桩打入时的桩身应力与桩锤效率，选择沉桩设备与工艺参数或是为了选择预制桩合理的桩型和桩长，应进行打桩全过程检测。

5. 现场检测前的准备工作

（1）基桩开挖方法：基桩两侧对称开挖两个土坑（其深度为不小于两倍桩径，大小为要足以让人下去打冲击钻）。

（2）重量为桩极限承载力的1～1.5%的大锤。

（3）桩顶要剔除浮浆及露头钢筋，保证桩顶面平整。

（4）冲击钻（不是电钻）钻头 ϕ8mm。

（5）膨胀螺丝 ϕ6mm。

（6）拧 ϕ6mm 膨胀螺丝小固定扳手 2 把。

（7）老虎钳1把，家用铁锤2把。

（8）打磨机（切割片为金刚片，不能用砂轮的）。

（9）3cm左右厚的三合板（作为锤垫使用）。

（10）桩周围有积水涌出时要准备水泵抽水（一般施工方配合）。

（11）吊车（布置好吊车进场环境）或其他吊锤机械。

（12）力传感器的两孔距为7.6cm。

6. 注意事项

为确保检测时锤击力的正常传递，对混凝土灌注桩、桩头严重破损的混凝土预制桩和桩头已出现屈服变形的钢桩，检测前应对桩头进行修复或加固处理。

（1）桩头顶面应水平、平整，桩头中轴线与桩身中轴线应重合，桩头截面积应与原桩身截面积相同。

（2）桩头主筋应全部直通至桩顶混凝土保护层之下，各主筋应在同一高度上。

（3）距桩顶1倍桩径范围内，宜用厚度为3～5mm的钢板围裹或距桩顶1.5倍桩径范围内设置箍筋，间距不宜大于150mm。桩顶应设置钢筋网片2～3层，间距60～100mm。

（4）桩头混凝土强度等级宜比桩身混凝土提高1～2级，且不得低于C30。

桩顶应设置桩垫，并根据使用情况及时更换。桩垫采用胶合板、木板和纤维板等材质均匀的材料。

为监视和减少可能出现的偏心锤击的影响，检测时应安装应变传感器和加速度传感器各两只。传感器的安装应符合下列规定：

（1）传感器应分别对称安装在桩顶以下桩身两侧，见图3-22，传感器与桩顶之间的垂直距离，对于一般桩型，不宜小于2倍桩的直径或边长。对于大直径桩，不得小于1倍桩的直径或边长。

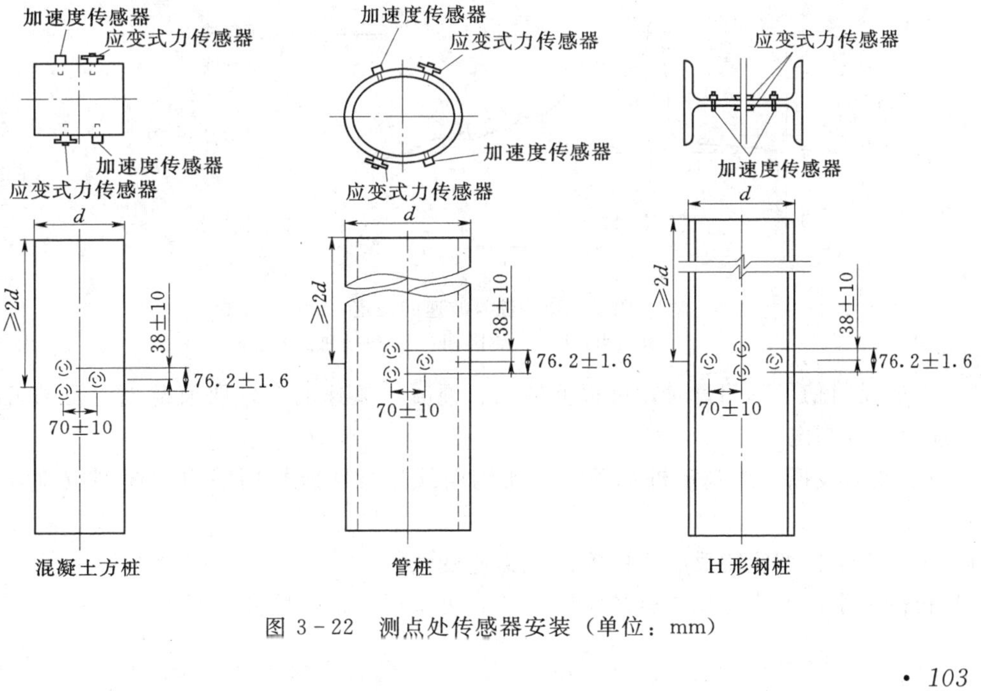

图3-22　测点处传感器安装（单位：mm）

(2) 安装传感器的桩身表面应平整，且其周围不得有缺损或断面突变，安装面范围内的材况截面尺寸应与原桩身等同。

(3) 应变传感器的中心与加速度传感器中心应位于同一水平线上，两者之间的水平距离不宜大于10cm。

(4) 当采用膨胀螺栓固定传感器时，安装时应符合下列规定：

1) 螺栓孔应与桩身中轴线垂直，其孔径应与采用的膨胀螺栓尺寸相匹配。

2) 安装完毕后的应变传感器固定面应紧贴桩身表面，初始变形值不得超过规定值，检测过程中不得产生相对滑动。

当进行连续锤击检测时，应先将传感器引线与桩身固定可靠，防止引线振动受损。

7. 基桩承载力判定

(1) 信号选取。信号选取锤击后出现下列情况之一时，其信号不得作为分析计算依据。

1) 力的时程曲线最终未归零。

2) 严重偏心锤击，一侧力信号呈现受拉。

3) 传感器出现故障。

4) 传感器安装处混凝土开裂或出现塑性变形。

(2) 检测承载力时选取锤击信号，宜符合下列规定：

1) 预制桩初打，宜取最后一阵中锤击能量较大的击次。

2) 预制桩复打和灌注桩检测，宜取其中锤击能量较大的击次。

(3) 分析计算前，应根据实测信号按下列方法确定桩身波速的平均值：

1) 桩底反射信号明显时，可根据下行渡波形起升沿的起点到上行波下降沿的起点之间的时差与已知桩长值确定，见图 3-23。

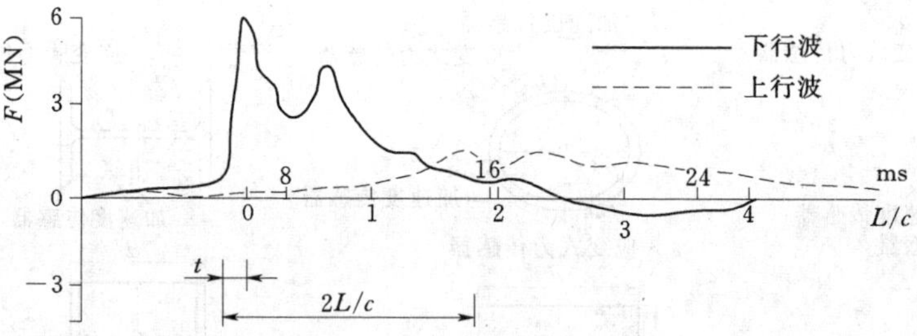

图 3-23　桩身波速的确定

F—锤击力；L—测点下桩长；c—桩身波速

2) 桩底反射信号不明显时，可根据桩长、混凝土渡速的合理取值范围以及邻近桩的桩身波速值综合判定。

(4) 实测曲线拟合法判定桩承载力。实测曲线拟合法所采用的力学模型应符合下列规定：

1) 土的力学模型应能反映土的实际应力应变性状。

2) 桩的力学模型应能反映桩的实际性状，可采用一维弹性杆模型。

采用实测曲线拟合法分析计算时应符合下列规定：

1）可用实测的速度或力或上行波作为边界条件进行拟合。

2）曲线拟合时间段长度，不应少于 $5L/c$，并在 $2L/c$ 时刻后延续时间不应小于 20ms。

3）拟合分析选定的参数，应在岩土工程的合理范围之内。各单元所选用的土的最大弹性位移 S_q 值不得超过相应桩单元的最大计算位移值。

4）拟合完成时计算曲线应与实测曲线吻合。

5）贯入度的计算值应与实测值吻合。

（5）凯司法判定桩承载力。采用凯司法判定单桩极限承载力，应符合下列规定：

1）只限于中、小直径桩。

2）在无静载试验情况下，应采用实测曲线拟合法确定 J_c 值，拟合计算的桩数不应少于检测总桩数的 30%，并不应少于 3 根。

3）用于混凝土灌注桩时，桩身材质应均匀，截面应基本均匀，且有可靠经验。

4）在同一场地，桩型、尺寸相同情况下，阻尼系数极值与平均值之差应小于 0.1。

凯司法判定的单桩极限承载力可按下式计算

$$R_c = (1-J_c)[F(t_1)+Zv(t_1)]/2+(1+J_c)[F(t_1+2F/c)-Zv(t_1+2L_/c)]/2 \tag{3-15}$$

$$Z = AE/c \tag{3-16}$$

式中　R_c——由凯司法判定的单桩极限承载力，kN；

J_c——凯司法阻尼系数；

t_1——速度峰值对应的时刻，ms；

F（t_1）——t_1 时刻的锤击力，kN；

v（t_1）——t_1 时刻的质点运动速度，m/s；

Z——桩身截面力学阻抗，kN·s/m；

A——桩截面积，m^2；

L——测点下桩长，m。

利用式（3－14）判定单桩承载力的关键是选取合理的阻尼系数 J_c。我国目前采用的阻尼系数值基本上是参照美国 PID 公司给出的取值范围，其取值的规律为：随着土中细粒含量的增加，阻尼系数值也随之增加。而且只给出了砂、粉砂、粉土、粉质黏土和黏土五种土质条件下的取值范围，常见的以风化岩作为桩端持力层的情况未能包括在内。此外，考虑到 PID 公司所建议的取值范围是基于打入式桩提出的，而我国灌注桩高应变动力检测的数量又很大，应用时难以满足公式推导中关于等截面的假定。加上灌注桩施工工艺不同所造成的桩端持力层的差异对阻尼系数取值的影响，使采用凯斯法判定承载力带有较大的经验性和不确定性。为防止凯斯法的不合理应用，应采用动静对比试验或实测曲线拟合法确定阻尼系数值。

还应指出，尽管 PID 公司给出的阻尼系数值的范围（见表 3－23）是通过静载荷试验校核后得到的，但其静载荷试验确定极限承载方的准则与我国现行规范的规定有差异。此外，某些以端承为主的大直径桩、嵌岩桩，高应变动力检测所产生的动位移通常比静载荷试验时所产生的沉降要小得多，因此对于由动静对比试验得到的阻尼系数值，也应通过认真分析后取定。表 3-24 为上海地区凯斯阻尼系数建议值。

表 3-23　　瑞典 PID 公司的凯斯阻尼系数建议值

土的类型	取值范围	土的类型	取值范围
砂	0～0.15	粉质黏土	0.45～0.70
砂质粉土	0.15～0.25	黏土	0.9～1.20

表 3-24　　上海地区凯斯阻尼系数建议值

土的类型	取值范围	土的类型	取值范围
污泥质灰色黏土，灰色黏土	0.6～0.9	灰色砂质粉土，黄绿色砂质粉土	0.15～0.45
褐黄色表土，污泥质灰色粉质黏土 灰色粉质黏土，暗绿色粉质黏土	0.4～0.7	粉砂，细砂，砂	0.05～0.20

8. 凯斯法适用范围和优点

（1）适用范围。凯斯法判定单桩极限承载力只限于中、小直径桩；用于混凝土灌注桩时，桩身材质应均匀，且有可靠经验。在无静载试验情况下，应采用实测曲线拟合法确定 J_c 值，拟合计算的桩数不应小于检测总数的 30%，并不少于 3 根，在同一场地，桩型、尺寸相同情况下，阻尼系数极值与平均值之差不应大于 0.1。

采用高应变动力检测法检验桩身结构的完整性，一般来说是不经济的。检验桩身结构的完整性一般采用低应变动力检测方法。

（2）优点。凯斯法有较完整的理论体系，测试较简单，尤其对打入桩，可在沉桩过程中同步进行测试。传感器为工具式的，装卸方便，能重复使用和进行实时分析。可对施工进行监测，并可作为确定打入桩的停打标准手段，也可随机抽样检查。功能较多，能提供的数据也多，例如：能确定单桩极限承载力，能对桩身的缺损、裂缝和桩材整体质量作检测，能给出打桩时桩身的最大动压应力和最大动拉应力值，还能给出桩锤的有效锤击能量。

（3）精度。动、静试验资料对比的精度不仅取决于动测方法本身，还依赖于静载试验所采用的破坏判别标准，世界各地大量的动静对比资料表明，凯斯法预估的单桩极限承载力值与静载荷试验相比其误差一般不超过±20%。根据上海地区近两年来的试验资料统计，其误差也在这一范围之内。

总的来说，现场实验、桩身处理、传感器安装、锤击系统的安装、桩垫的选用、干扰防治以及实验参数的选择与信号质量的判断，每个环节都必须加倍注意，只有细心的工作，才能得到正确的数据，给出合理的解释。

（五）基桩静载试验

静载试验是确定单桩承载力方法中最基本、最可靠的方法，其他各种测定方法（如静力触探、动测法等）的成果都必须与静压试验相比较，才能判明其准确性。国内外规范一致规定，对重要工程都应通过静载试验。

1. 试验前的准备工作

（1）试桩的桩顶如有破损或强度不足时，应将破损和强度不足段凿除后，修补平整。

（2）做静推试验的桩，如系空心桩，则应在直接受力部位填充混凝土。

（3）做静压、静拔的试桩，为便于在原地面处施加荷载，在承台底面以上部分或局部冲刷线以上部分设计不能考虑的摩擦力应予扣除。

（4）做静压、静拔的试桩，桩身需通过尚未固结新近沉积的土层或湿陷性黄土、软土等土层对桩侧产生向上的负摩擦力部分，应在桩表面涂设涂层，或设置套管等方法予以消除。

（5）在冰冻季节试桩时，应将桩周围的冻土全部融化，其融化范围：静压、静拔试验时，离试桩周围不小于1m；静推试验时，不小于2m。融化状态应保持到试验结束。

（6）在结冰的水域做试验时，桩与冰层间应保持不小于100mm的间隙。

2. 静压试验

（1）试验目的。通常用来确定单桩承载力和荷载与位移的关系，以及校核动力公式的准确程度。

（2）试验方法。采用慢速维持荷载法，若设计无特殊要求时，用单循环加载试验。

（3）试验时间。静压试验应在冲击试验后立即进行。对于钻（挖）孔灌注桩，须待混凝土达到能承受设计要求荷载后，才可进行试验。

（4）试验加载装置。一般采用油压千斤顶加载。

（5）测量位移装置。测量仪表必须精确，一般使用1/20mm光学仪器或力学仪表，如水平仪、挠度仪、位移计等。支承仪表的基准架应有足够的刚度和稳定性。基准梁的一端在其支承上可以自由移动，不受温度影响引起上拱或下挠。基准桩应埋入地基表面以下一定深度，不受气候条件等影响。基准桩中心与试桩、锚桩中心（或压重平台支承边缘）之间的距离应符合表3-25的规定。

表3-25 基准桩中心至试桩、锚桩中心（或压重平台支承边缘）的距离

反力系统	基准桩与试桩	基准桩与锚桩（或压重平台支承边）
锚桩承载梁反力装置	$\geqslant 4d$	$\geqslant 4d$
压重平台反力装置	$\geqslant$2.0m	$\geqslant$2.0m

注 表中为试桩的直径或边长 $d \leqslant$ 800mm的情况；若试桩直径 $d>$ 8mm时，基准桩中心至试桩中心（或压重平台支承边缘）的距离不宜小于4.0mm。

（6）加载方法。加载重心应与试桩轴线相一致。加载时应分级进行，使荷载传递均匀，无冲击。加载过程中，荷载不能超过每级的规定值。

加载分级：每级加载量为预估最大荷载的1/10～1/15。当桩的下端埋入巨粒土、粗粒土以及坚硬的黏质土时，第一级可按2倍的分级荷载加载。

预估最大荷载：对施工检验性试验，一般可采用设计荷载的2.0倍。

（7）沉降观测。下沉未达到稳定状态不得进行下一级加载；每级加载的观测时间规定为：每级加载完毕后，每隔15min观测一次；累计1h后，每隔30min观测一次。

（8）稳定标准。每级加载下沉量，在下列时间内如不大于0.1mm即可认为稳定：

桩端下为巨粒土、砂类土、坚硬黏质土，最后 30min；桩端下为半坚硬和细粒土，最后 1h。

（9）加载终止及极限荷载取值。总位移量大于或等于加 40mm，本级荷载的下沉量大于或等于前一级荷载下沉量的 5 倍时，加载即可终止。取此终止时荷载小一级的荷载为极限荷载。

总位移量大于或等于 40mm，本级荷载加上后 24h 未达稳定，加载即可终止。取此终止时荷载小一级的荷载为极限荷载。

巨粒土、密实砂类土以及坚硬的黏质土中，总下沉量小于 40mm，但荷载已不小于设计荷载设计规定的安全系数，加载即可终止。取此时的荷载为极限荷载。

施工过程中的检验性试验，一般加载应继续到桩的 2 倍的设计荷载为止。如果桩的总沉降量不超过 40mm，及最后一级加载引起的沉降不超过前一级加载引起的沉降的 5 倍，则该桩可以停止试验。

极限荷载的确定有时比较困难，应绘制荷载—沉降曲线（P—S 曲线）、沉降—时间曲线（S—t 曲线）确定，必要时还应绘制 S—$\lg t$ 曲线、S—$\lg P$ 曲线（单对数法）、S—$[1-P/P_{max}]$ 曲线（百分率法）等综合比较，确定比较合理的极限荷载值。

（10）桩的卸载和回弹量观测。卸载应分级进行，每级卸载量为两个加载级的荷载值。每级荷载卸载后，应观测桩顶的回弹量，观测办法与沉降相同，直到回弹稳定后，再卸下一级荷载。回弹稳定标准与下沉稳定标准相同。

卸载到零后，至少在 2h 内每 30min 观测一次，如果桩尖下为砂类土，则开始 30min 内，每 15min 观测一次；如果桩尖下为黏质土，第一小时内，每 15min 观测一次。

（11）试验记录。所有试验数据应按表 3-26 及时填写记录，绘制静压试验曲线，如图 3-24 所示，并编写试验报告。

表 3-26　　　　静压试验记录表

________线________桥________号试桩　　　　地质情况________

沉桩方法及设备型号________　　　　桥的类型、截面尺寸及长度________

桩的入土深度________（m）设计荷载________（kN）　　　　最终贯入度________（mm/击）

加载方法________　　　　加载顺序________

荷载编号	起止时间			间歇时间（min）	每级荷载	各表读数（mm）		平均读数（min）	位移（mm）			温度（℃）	备注
	日	时	分			1号	2号		下沉	上拔	水平		

其他记录：

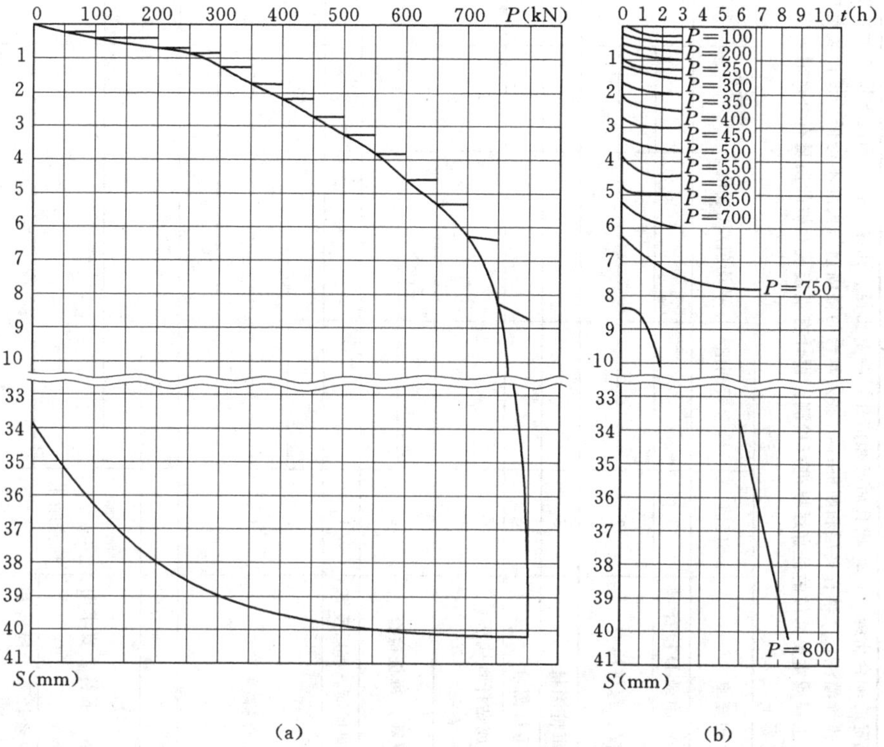

图 3-24　静压试验曲线

(a) P—S 曲线；(b) S—t 曲线

3. 注意问题

(1) 加载装置要安全可靠，保证有足够的加载量，不能发生加载量达不到要求而中途停止试验的事故。

(2) 设置基准点时应满足以下条件：基准点本身不变动，没有被接触或遭破损的危险，附近没有振源，不受直射阳光与风雨等干扰，不受试桩下沉的影响。

(3) 当量测桩位移用的基准梁采用钢梁时，为保证测试精度需采取下述措施：基准梁的一端固定，另一端必须自由支承，防止基准梁受日光直接照射；基准梁附近不设照明及取暖炉，必要时基准梁可用聚苯乙烯等隔热材料包裹起来，以消除温度影响。

(4) 测量仪器安装前应予校验，擦干润滑。

六、桩基础质量检验评定

钻孔灌注桩质量检验评定见表 3-27。

挖孔桩质量检验评定见表 3-28。

预制桩质量检验评定见表 3-29。

沉桩质量检验评定见表 3-30。

表 3-27

钻孔灌注桩质量检验评定表

项目名称： 工程合同段： （子）分项工程名称： 工程部位：
施工单位： 监理单位： 使用者类别：

基本要求	1. 桩身混凝土所用的材料的质量和规格必须符合有关规范的要求，按规定的配合比施工；2. 成孔后必须清孔，测量孔径、孔深、孔位和沉淀层厚度，确认满足设计或施工技术规范要求后，方可灌注水下混凝土；3. 水下混凝土应连续灌注，严禁有夹层和断桩；4. 嵌入承台的锚固钢筋长度不得低于设计规范规定的最小锚固长度要求；5. 应选择有代表性的桩用无破损法进行检测，重要工程或重要部位的桩宜逐根进行检测。设计有规定或对桩的质量有怀疑时，应采取芯样法对桩进行检测；6. 凿除桩头预留混凝土后，桩顶应无残余的松散混凝土

项目	检查项目		规定值或允许偏差	检查方法和频率	权值	检查实测值	平均值/代表值	合格率（%）	得分
1△	混凝土强度（MPa）		在合格标准内	按 JTG F80—2004 附录 D 检查	3				
2△	桩位（mm）	群柱	100	全站仪或经纬仪：每桩检查	2				
		排架桩	50						
3△	孔深（m）		不小于设计	测绳量：每桩测量	3				
4△	孔径（mm）		不小于设计	探孔器：每桩测量	3				
5	钻孔倾斜度（mm）		1%桩长，且不大于 500	用测壁（斜）仪或钻杆垂线法：每桩检查	1				
6△	沉淀厚度（mm）	摩擦桩	符合规范要求	沉淀盒或标准测锤：每桩检查	2				
		支承桩	不大于设计规定						
7	钢筋骨架底面高程（mm）		±50	水准仪：测每桩骨架顶面高程后反算	1				
8	清孔后泥浆指标	相对密度	1.03～1.10	查清孔资料	1				
		黏度	17～20s						
		含砂率	<2%						
		胶体率	>98%						
9	（子）分项工程得分								
10	外观鉴定	桩的质量有缺陷，但经设计单位确认仍可用，减 3 分。桩顶面应平整，桩柱连接处应平顺且无局部修补。不符合要求时减 1～3 分			检查结果				
11	质量保证资料	资料、图表残缺，缺乏最基本数据，有伪造涂改者，不予检验和评定。资料不全者，视情况每款减 1～3 分							
12	（子）分项工程评分值								
13	质量等级								

监理工程师： 日期： 检测人： 日期： 承包商：

表 3-28

挖孔桩质量检验评定表

项目名称： 工程合同段： （子）分项工程名称： 工程部位：

施工单位： 监理单位： 使用者类别：

基本要求	1. 桩身混凝土所用材料的质量和规格必须符合有关规范的要求，按规定的配合比施工；2. 挖孔达到设计深度后，应及时进行孔底处理，必须做到无松渣、淤泥等扰动软土层，使孔底情况满足设计要求；3. 嵌入承台的锚固钢筋长度不得小于设计规范规定的最小锚固长度要求							
项次	检查项目	规定值或允许偏差	检查方法和频率	权值	检查实测值	平均值代表值	合格率（%）	得分
1△	混凝土强度（MPa）	在合格标准内	按 JTG F80—2004 附录 D 检查	3				
2△	桩位（mm） 群 柱	100	全站仪或经纬仪：每桩检查	2				
	桩位（mm） 排架桩 允许	50						
	桩位（mm） 排架桩 极值	100						
3△	孔深（m）	不小于设计值	测绳量：每桩测量	3				
4△	孔径（mm）	不小于设计值	探孔器：每桩测量	3				
5	孔的倾斜度（mm）	0.5%桩长，且不大于 200	垂线法：每桩检查	1				
6	钢筋骨架底面高程（mm）	±50	水准仪测骨架顶面高程后反算：每桩检查	1				
7	（子）分项工程得分							
8	外观鉴定	无破损检测桩的质量有缺陷，但经设计单位确认仍可用，减 3 分		检查结果				
		桩顶面应平整，桩柱连接处应平顺且无局部修补。不符合要求时，减 1～3 分						
9	质量保证资料	资料、图表残缺，缺乏最基本数据，有伪造涂改者，不予检验和评定资料不全者，视情况每款减 1～3 分						
10	（子）分项工程评分值							
11	质量等级							

监理工程师： 日期： 检测人： 日期： 承包商： 日期：

表 3－29 **预制桩质量检验评定表**

项目名称：　　工程合同段：　　（子）分项工程名称：　　工程部位：

施工单位：　　监理单位：　　使用者类别：

项次	检查项目		规定值或允许偏差	检查方法和频率	权值	检查实测值	平均值代表值	合格率（%）	得分
基本要求	1. 混凝土桩所用的水泥、砂、石、水、外掺剂及混合材料的质量和规格必须符合有关规范的要求，按规定的配合比施工；2. 钢管桩的材料规格、外形尺寸和防护应符合设计和施工技术规范的要求								
1△	混凝土强度（MPa）		在合格标准内	按 JTG F80—2004 附录 D 检查	3				
2	长度（mm）		±50	尺量：每桩检查	1				
3	横截面（mm）	桩的边长	±5	尺量：每预制件检查 2 个断面，检查 10%	2				
		空心桩空心（管芯）直径	±5						
		空心中心与桩中心偏差	±5						
4	桩尖对桩的纵轴线（mm）		10	尺量：抽查 10%	1				
5	桩纵轴线弯曲矢高（mm）		0.1%桩长，且不大于 20	沿桩长拉线量，取最大矢高：抽查 10%	1				
6	桩顶面与桩纵轴线倾斜偏差（mm）		1%桩径或边长，且不大于 3	角尺：抽检 10%	1				
7	接桩的接头平面与桩轴平面垂直度		0.5%	角尺：抽检 20%	1				
8	（子）分项工程得分								
9	外观鉴定		预制桩的桩顶和桩尖不得有蜂窝、麻面现象。不符要求减 1～3 分		检查结果				
10	质量保证资料		资料、图表残缺，缺乏最基本数据，有伪造涂改者，不予检验和评定。资料不全者，视情况每款减 1～3 分						
11	（子）分项工程评分值								
12	质量等级								

监理工程师：　　日期：　　检测人：　　日期：　　承包商：　　日期：

表 3-30

沉桩质量检验评定表

项目名称：　　　　工程合同段：　　　　（子）分项工程名称：　　　　工程部位：

施工单位：　　　　监理单位：　　　　使用者类别：

项次	检查项目			规定值或允许偏差	检查方法和频率	权值	检查实测值	平均值代表值	合格率（%）	得分
基本要求	1. 混凝土预制桩必须按预制桩质量检验评定表检查合格后，方可沉桩；2. 钢管桩的材料规格、外形尺寸和防护应符合设计和施工技术规范的要求；3. 用射水法沉桩，当桩尖接近设计高程时，应停止射水，用锤击或振动使桩达到设计高程；4. 桩的接头质量应符合设计要求									
1△	桩位（mm）	群桩	中间桩	$d/2$ 且不大于 250	全站仪或经纬仪：检查 20%	2				
			外缘桩	$d/4$						
		排架桩	顺桥方向	40						
			垂直桥轴方向	50						
2	桩尖高程（mm）			不高于设计规定	水准仪测桩顶面高程后反算：每桩检查	3				
	贯入度（mm）			小于设计规定	与控制贯入度比较：每桩检查					
3	倾斜度	直桩		1%	垂线法：每桩检查	2				
		斜桩		15%$\tan\theta$						
4	（子）分项工程得分									
5	外观鉴定	桩头无劈裂，如有劈裂时应进行处理，并减 1～3 分				检查结果				
6	质量保证资料	资料、图表残缺，缺乏最基本数据，有伪造涂改者，不予检验和评定。资料不全者，视情况每款减 1～3 分								
7	（子）分项工程评分值									
8	质量等级									

注　1. d 为桩径或短边长度。

2. θ 为斜桩轴线与垂线间的夹角。

3. 深水中采用打桩船沉桩时，其允许偏差应符合设计规定。

4. 当贯入度符合设计规定但桩尖高程未达到设计高程，应按施工技术规范的规定进行检验，并得到设计认可时，桩尖高程为合格。

监理工程师：　　　　日期：　　　　检测人：　　　　日期：　　　　承包商：　　　　日期：

第三节　墩（台）身检测与评定

当基础施工完成后，接下来应该进行承台、系梁、墩（台）身、锥坡和盖梁施工。客观、准确、规范、及时的试验检测数据，是指导、控制和评定工程质量的科学依据。承台的质量检验标准见表 3-31，墩、台砌体位置及外形尺寸允许偏差见表 3-32，墩、台安装允许偏差见表 3-33。

表 3-31　　承台的质量检验标准

项　目	允许偏差（mm）	项　目	允许偏差（mm）
混凝土强度（MPa）	符合设计要求	平面尺寸	±30
轴线偏位	15	顶面高程	±20

表 3-32　　墩、台砌体位置及外形尺寸允许偏差

项　目		允 许 偏 差（mm）
名　称	类　别	
轴线偏位		10
墩台宽度与长度	片石	+40，−10
	块石	+30，−10
	粗料石	+20，−10
大面积平整度（2m 直尺检查）	片石	30
	块石	20
	粗料石	10
竖直度或坡度	片石	0.5%H
	块石、粗料石	0.3%H
墩台顶面高程		±10

注　1. H 为墩台高度。
2. 混凝土预制砌体允许偏差可按粗料石标准执行。

表 3-33　　墩、台安装允许偏差

检查项目	允许偏差（mm）	检查项目	允许偏差（mm）
轴线平面位置	10	倾斜度	0.3%墩、台高，且不大于 20
顶面高程	±10	相邻墩、台柱间距	±5

承台质量检验评定见表 3-34，墩、台身砌体质量检验评定见表 3-35，混凝土墩、台身质量检验评定见表 3-36，柱或双壁墩身质量检验评定见表 3-37，系梁质量检验评定见表 3-38，支撑梁质量检验评定见表 3-39，墩、台帽或盖梁质量检验评定见表 3-40。

表 3-34 **承台质量检验评定表**

项目名称：　　　　工程合同段：　　　　（子）分项工程名称：　　　　工程部位：

施工单位：　　　　监理单位：　　　　使用者类别：

项次	检查项目	规定值或允许偏差	检查方法和频率	权值	检查实测值	平均值代表值	合格率（%）	得分
基本要求	1. 所用材料的质量和规格必须符合有关技术规范的要求，按规定的配合比施工；2. 必须采取措施控制水化热引起的混凝土内最高温度及内外温差在允许范围内，防止出现温度裂缝；3. 不得出现露筋和空洞现象							
1△	混凝土强度（MPa）	在合格标准内	按 JTG F80—2004 附录 D 检查	3				
2	尺寸（mm）	±30	尺量：长、宽、高检查各 2 点	1				
3	顶面高程（mm）	±20	水准仪：检查 5～8 处	2				
4	轴线偏位（mm）	15	全站仪或经纬仪：纵、横各测量 2 点	2				
5	（子）分项工程得分							
6	外观鉴定	混凝土表面平整，棱角平直，无明显施工接缝。不符合要求时，每处减 1～3 分		检查结果				
		混凝土蜂窝、麻面面积不超过该面总面积的 0.5%；深度超过 1cm 必须处理，不符合要求时，每超过 0.5%减 3 分						
		混凝土表面无非受力裂缝，混凝土表面出现非受力裂缝减 1～3 分，裂缝宽度超过设计规定或设计未规定时超过 0.15mm 必须处理						
7	质量保证资料	资料、图表残缺，缺乏最基本数据，有伪造涂改者，不予检验和评定。资料不全者，视情况每款减 1～3 分						
8	（子）分项工程评分值							
9	质量等级							

监理工程师：　　　　日期：　　　　检测人：　　　　日期：　　　　承包商：　　　　日期：

表 3-35　　**墩、台身砌体质量检验评定表**

项目名称：　　工程合同段：　　（子）分项工程名称：　　工程部位：

施工单位：　　监理单位：　　使用者类别：

项次	检查项目		规定值或允许偏差	检查方法和频率	权值	检查实测值	平均值代表值	合格率（%）	得分
基本要求	1. 石料或混凝土预制块的质量和规格必须符合有关规范的要求；2. 砂浆所用的水泥、砂和水的质量必须符合有关规范的要求，按规定的配合比施工；3. 砌块应错缝、坐浆挤紧，嵌缝料和砂浆饱满，无空洞、宽缝、大堆砂浆填隙和假缝								
1△	砂浆强度（MPa）		在合格标准内	按 JTG F80—2004 附录 F 检查	3				
2	轴线偏位（mm）		20	全站仪或经纬仪：纵、横各测量 2 点	1				
3	墩台长、宽（mm）	料石	+20，−10	尺量：检查 3 个断面	1				
		块石	+30，−10						
		片石	+40，−10						
4	竖直度或坡度（%）	料、块石	0.3	垂线或经纬仪：纵、横各测量 2 处	1				
		片石	0.5						
5△	墩、台顶面高程（mm）		±10	水准仪：测量 3 点	2				
6	大面积平整度（mm）	料石	10	2m 直尺：检查竖直、水平两个方向，每 $20m^2$ 测 1 处	1				
		块石	20						
		片石	30						
7	（子）分项工程得分								
8	外观鉴定		砌体直顺，表面平整。不符合要求时，减 1～3 分		检查结果				
			勾缝平顺，无开裂、脱落现象。不符合要求时，减 1～3 分						
			砌缝不应有裂隙。裂隙宽度超过 0.5mm 时必须处理。不符合要求时，减 1～3 分						
9	质量保证资料		资料、图表残缺，缺乏最基本数据，有伪造涂改者，不予检验和评定。资料不全者，视情况每款减 1～3 分						
10	（子）分项工程评分值								
11	质量等级								

监理工程师：　　日期：　　检测人：　　日期：　　承包商：　　日期：

表 3-36　　**混凝土墩、台身质量检验评定表**

项目名称：　　工程合同段：　　（子）分项工程名称：　　工程部位：

施工单位：　　监理单位：　　使用者类别：

基本要求	1. 混凝土所用材料的质量和规格必须符合有关技术规范的要求，按规定的配合比施工；2. 不得出现空洞和露筋现象							
项次	检查项目	规定值或允许偏差	检查方法和频率	权值	检查实测值	平均值代表值	合格率（%）	得分
1△	混凝土强度（MPa）	在合格标准内	按 JTG F80—2004 附录 D 检查	3				
2	断面尺寸（mm）	±20	尺量：检查 3 个断面	2				
3	竖直度或斜度（mm）	0.3%H 且不大于 20	吊垂线或经纬仪：测量 2 点	2				
4	顶面高程（mm）	±10	水准仪：测量 3 处	2				
5△	轴线偏位（mm）	10	全站仪或经纬仪：纵、横各测量 2 点	2				
6	节段间错台	5	尺量：每节检查 4 处	1				
7	大面积平整度（mm）	5	2m 直尺：检查竖直、水平两个方向，每 $20m^2$ 测 1 处	1				
8	预埋件位置（mm）	符合设计规定，未规定时：10	尺量：每件	1				
9	（子）分项工程得分							
10	外观鉴定	混凝土表面平整，施工缝平顺，棱角线平直，外露色泽一致。不符合要求时每处减 1～3 分		检查结果				
		混凝土蜂窝麻面面积不得超过该面面积 0.5%，深度超过 10mm 必须处理。不符合要求时，每超过 0.5%减 3 分						
		混凝土表面无非受力裂缝，混凝土表面出现非受力裂缝减 1—3 分，裂缝宽度超过设计规定或设计未规定时超过 0.15mm 者必须处理						
		施工临时预埋件或其他临时设施未清除处理，减 1～2 分						
11	质量保证资料	资料、图表残缺，缺乏最基本数据，有伪造涂改者，不予检验和评定。资料不全者，视情况每款减 1～3 分						
12	（子）分项工程评分值							
13	质量等级							

监理工程师：　　日期：　　检测人：　　日期：　　承包商：　　日期：

表 3-37　**柱或双壁墩身质量检验评定表**

项目名称：　工程合同段：　（子）分项工程名称：　工程部位：

施工单位：　监理单位：　使用者类别：

项次	检查项目	规定值或允许偏差	检查方法和频率	权值	检查实测值	平均值代表值	合格率（%）	得分
基本要求	1. 混凝土所用的水泥、砂、石、水、外掺剂及混合材料的质量和规格，必须符合有关技术规范的要求，按规定的配合比施工；2. 不得出现空洞和露筋现象							
1△	混凝土强度（MPa）	在合格标准内	按 JTG F80—2004 附录 D 检查	3				
2	相邻间距（mm）	±20	尺或全站仪测量：检查顶、中、底 3 处	1				
3	竖直度（mm）	0.3%H 且不大于 20	吊垂线或经纬仪：测量 2 点	2				
4	柱（墩）顶高程（mm）	±10	水准仪：测量 3 处	2				
5△	轴线偏位（mm）	10	全站仪或经纬仪：纵、横各测量 2 点	2				
6	断面尺寸（mm）	±15	尺量：检查 3 个断面	1				
7	节段间错台（mm）	3	尺量：各节检查 2～4 处	1				
8	分项工程得分							
9	外观质量	混凝土表面平整，施工缝平顺，棱角线平直，外露色泽一致。不符合要求减 1～3 分		检查结果				
		混凝土蜂窝、麻面面积不得超过该面面积的 0.5%，不符合要求时，每超过 0.5%减 3 分，深度超过 10mm 必须处理						
		混凝土表面无非受力裂缝，混凝土表面出现非受力裂缝减 1～3 分，裂缝宽度超过设计规定或设计未规定时超过 0.15 mm 者必须处理						
		施工临时预埋件或其他临时设施未清除处理，减 1～2 分						
10	内业资料	资料、图表残缺，缺乏最基本数据，有伪造涂改者，不予检验和评定。资料不全者，视情况每款减 1～3 分						
11	分项工程评分							
12	质量等级							

监理工程师：　日期：　检测人：　日期：　承包商：　日期：

表 3－38

系梁质量检验评定表

项目名称：　　　　工程合同段：　　　　（子）分项工程名称：　　　　工程部位：

施工单位：　　　　监理单位：　　　　使用者类别：

项次	检查项目		规定值或允许偏差	检查方法和频率	权值	检查实测值	平均值代表值	合格率（%）	得分
基本要求	1. 混凝土所用的水泥、砂、石、水、外掺剂及混合材料的质量和规格，必须符合有关技术规范的要求，按规定的配合比施工；2. 不得出现空洞和露筋现象								
1△	混凝土强度（MPa）		在合格标准内	按 JTG F80—2004 附录 D 检查	3				
2△	轴线偏位（mm）		10	全站仪或经纬仪：测量 3 处	2				
3	顶面高程（mm）		±10	水准仪：检查 3～5 处	1				
4△	断面尺寸（mm）	高度	+5，－10	尺量：检查 2～3 个断面	2				
		顶宽	±30						
5	长度（mm）		+5，－10	尺量	1				
6	表面平整度（mm）		8	尺量：每件	1				
7	分项工程得分								
8	外观质量		混凝土表面平整，颜色一致，无明显施工接缝，不符合要求时减 1～3 分		检查结果				
			混凝土蜂窝，麻面面积不超过该面总面积的 0.5%；深度超过 1cm 必须处理。不符合要求时，每超过 0.5%减 3 分						
			混凝土表面无非受力裂缝，出现非受力裂缝减 1～3 分。裂缝宽超过设计或设计未规定时超过 0.15mm 者必须处理						
9	内业资料		资料、图表残缺，缺乏最基本数据，有伪造涂改者，不予检验和评定。资料不全者，视情况每款减 1～3 分						
10	分项工程评分								
11	质量等级								

监理工程师：　　　　日期：　　　　检测人：　　　　日期：　　　　承包商：　　　　日期：

表 3-39　　支撑梁质量检验评定表

项目名称：　　工程合同段：　　（子）分项工程名称：　　工程部位：

施工单位：　　监理单位：　　使用者类别：

基本要求	1. 混凝土所用的水泥、砂、石、水、外掺剂及混合材料的质量和规格，必须符合有关技术规范的要求，按规定的配合比施工；2. 不得出现空洞和露筋现象								
项次	检查项目		规定值或允许偏差	检查方法和频率	权值	检查实测值	平均值代表值	合格率（%）	得分
1△	混凝土强度（MPa）		在合格标准内	按 JTG F80—2004 附录 D 检查	3				
2	平面偏位（mm）		10	经纬仪、钢尺拉线检查：每 100m 检查 3 处	2				
3△	断面尺寸（mm）	高度	+5，−10	尺量：每桥检查 3～5 个断面	2				
		宽度	±10						
4	长度（mm）		4	吊垂线：每 100m 每侧检查 3 处	1				
5	分项工程得分								
6	外观质量		混凝土表面平整，颜色一致，无明显施工接缝。不符合要求时减 1～3 分		检查结果				
			混凝土蜂窝麻面面积不超过该面积的 0.5%。不符合要求时每超过 0.5%减 3 分						
			混凝土表面无非受力裂缝，出现非受力裂缝减 1～3 分。裂缝宽超过设计或设计未规定时超过 0.15mm 必须处理						
7	内业资料		资料、图表残缺，缺乏最基本数据，有伪造涂改者，不予检验和评定。资料不全者，视情况每款减 1～3 分						
8	分项工程评分								
9	质量等级								

监理工程师：　　日期：　　检测人：　　日期：　　承包商：　　日期：

表 3-40

墩、台帽或盖梁质量检验评定表

项目名称： 工程合同段： （子）分项工程名称： 工程部位：

施工单位： 监理单位： 使用者类别：

基本要求	1. 混凝土所用的材料的质量和规格必须符合有关技术规范的要求，按规定的配合比施工；2. 不得出现空洞和露筋现象							
项次	检查项目	规定值或允许偏差	检查方法和频率	权值	检查实测值	平均值代表值	合格率（%）	得分
1△	混凝土强度（MPa）	在合格标准内	按 JTG F80—2004 附录 D 检查	3				
2	断面尺寸（mm）	±20	尺量：检查 3 个断面	2				
3△	轴线偏位（mm）	10	全站仪或经纬仪：纵、横各测量 2 点	2				
4△	顶面高程（mm）	±10	水准仪：检查 3～5 点	2				
5	支座垫石预留位置（mm）	10	尺量：每个	1				
6	预埋件位置（mm）	5	用尺量	1				
7	（子）分项工程得分			11				
8	外观鉴定	混凝土表面平整、光洁，棱角线平直。不符合要求时减 1～3 分		检查结果				
		不得出现蜂窝、麻面混凝土蜂窝、麻面必须进行修整并减 1～4 分						
		混凝土表面无非受力裂缝，混凝土表面出现非受力裂缝减 1～3 分，裂缝宽度超过设计规定或设计未规定时超过 0.15mm 必须处理						
9	质量保证资料	资料、图表残缺，缺乏最基本数据，有伪造涂改者，不予检验和评定。资料不全者，视情况每款减 1～3 分						
10	（子）分项工程评分值							
11	质量等级							

监理工程师： 日期： 检测人： 日期： 承包商： 日期：

思考题与习题

1. 地基破坏分为几个阶段，现场荷载试验需要什么设备？如何进行现场荷载试验并根据其结果评定地基承载力？

2. 静力载荷试验出现什么现象时应终止试验？

3. 什么是标准贯入试验，如何根据标准贯入试验锤击数确定砂类土地基承载力？

4. 钻孔灌注桩成孔质量检测项目有哪些？

5. 泥浆性能指标及检测方法有哪些？

6. 泥浆各种外加剂各有什么作用？

7. 各种地基与基础质量评定的实测项目有哪些？

8. 常用桩基质量检测方法有哪些？

9. 反射波法检测桩基的注意事项有哪些？

10. 如何根据反射波法检测的波形判定基桩质量？

11. 预埋声测管时应注意哪些问题？

12. 基桩静压试验时，怎样确定极限荷载值？

13. 简述凯斯法判定单桩极限承载力的适用范围。

第四章　桥梁上部构造检测与评定

学习目标

1. 了解预应力锚具、夹具、连接器和张拉设备的检测。
2. 掌握预应力张拉控制的技术要求。
3. 熟悉水泥浆技术要求及其试验方法。
4. 掌握桥梁支座和伸缩缝的检测内容和方法。
5. 正确填写原始记录和检验评定表，能正确评定上部构件施工质量。

第一节　预应力锚具、夹具和连接器检测

预应力混凝土结构在土木工程中应用十分广泛。在施加预应力的过程中，无论是先张法对预应力钢筋的临时固定，还是后张法对预应力钢筋的永久性锚固，都需要有锚具或夹具。因此锚夹具是保证预应力混凝土结构安全可靠的关键之一，必须满足受力安全可靠、预应力损失小、张拉锚固方便迅速等要求。

一、基本常识

1. 定义

（1）预应力：在结构和构件承受其他作用前，预先施加的作用力所产生的应力。

（2）后张预应力：先浇注混凝土的构件，待达到规定强度后，再施加的预应力。

（3）锚具：在后张法结构或构件中，为保持预应力筋的拉力并将其传递到混凝土上所用的永久性锚固装置。锚具可分为两类。

1）张拉端锚具：安装在预应力筋端部且可用于张拉的锚具。

2）固定端锚具：安装在预应力筋端部，通常埋入混凝土中且不用于张拉的锚具。

（4）夹具：在先张法构件施工时，为保持预应力筋的拉力并将其固定在生产台座（或设备）上的临时性锚固装置；在后张法结构或构件施工时，在张拉千斤顶或设备上夹持预应力筋的临时性锚固装置（又称工具锚）。

（5）连接器：用于连接预应力筋的装置。

（6）预应力钢材：各种预应力混凝土用的钢丝、钢绞线或钢筋的统称。

（7）预应力筋：在预应力结构中用于建立预加应力的单根或成束的预应力钢丝、钢绞线或钢筋。有黏结预应力筋是和混凝土直接黏结的或是在张拉后通过灌浆使之与混凝土黏结的预应力筋；无黏结预应力筋是用塑料、油脂等涂包的预应力筋，可以布置在混凝土结构体内或体外，且不能与混凝土黏结，这种预应力筋的拉力永远只能通过锚具和变向装置传递给混凝土。

（8）预应力筋—锚具组装件：单根或成束预应力筋和安装在端部的锚具组合装配而成

的受力单元。

(9) 预应力筋—夹具组装件：单根或成束预应力筋和安装在端部的夹具组合装配而成的受力单元。

(10) 预应力筋—连接器组装件：单根或成束预应力筋和连接器组合装配而成的受力单元。

(11) 内缩：预应力筋在锚固过程中，由于锚具各零件之间、锚具与预应力筋之间的相对位移和局部塑性变形所产生的预应力筋的回缩现象。回缩长度与锚具构造和张拉锚固工艺有关。

(12) 预应力筋—锚具组装件的实测极限拉力：预应力筋—锚具组装件在静载试验过程中达到的最大拉力。

(13) 预应力筋—夹具组装件的实测极限拉力：预应力筋—夹具组装件在静载试验过程中达到的最大拉力。

(14) 受力长度：锚具、夹具或连接器试验时，预应力筋两端的锚具、夹具之间或锚具与连接器之间的净距离。

(15) 预应力筋的效率系数：受预应力钢材根数、孔道状况及试验装置等因素的影响，考虑预应力筋拉应力不均匀的系数。

2. 符号定义

F_{aPu}——预应力筋—锚具组装件的实测极限拉力。

F_{pm}——按预应力钢材试件实测破断荷载平均值计算的预应力筋的实际平均极限抗拉力，也可表示 $F_{pm}=f_{pm}A_p$。

F_{gpu}——预应力筋—夹具组装件的实测极限拉力。

ε_{apu}——预应力筋—锚具组装件达到实测极限拉力时的总应变。

A_p——预应力筋—锚具、夹具组装件中各根预应力钢材特征（公称）截面面积之和；$A_p=nA_{pk}$，n 为预应力钢材根数。

f_{ptk}——预应力钢材的抗拉强度标准值。

f_{pm}——试验所用预应力钢材（截面以 A_{pk} 计）的实测极限抗拉强度平均值。

A_{pk}——预应力钢材单根试件的特征（公称）截面面积。

η_a——预应力筋—锚具组装件静载试验测得的锚具效率系数。

η_g——预应力筋—夹具组装件静载试验测得的夹具效率系数。

η_p——预应力筋的效率系数。

3. 分类与代号

(1) 锚具、夹具和连接器按锚固方式不同，可分为夹片式、支承式、锥塞式和握裹式四种。

(2) 锚具、夹具或连接器的代号可以用两个汉语拼音字母表示。第一位字母为预应力体系代号，由研制单位选定，无研制单位者可省略不写。第二位字母为锚具（M）、夹具（J）或连接器（L）代号。锚具、夹具或连接器的标记由代号、预应力钢材直径、预应力钢材根数三部分组成。

例：锚固 9 根直径 15.2mm 预应力混凝土用钢绞线的 QM 型群锚锚具，标记为 QM15－9。

4. 常规检测项目及抽样方法

(1) 常规检测项目有外观、硬度和静载锚固性能试验。

(2) 同一类产品，同一批原材料，用同一种工艺一次投料生产的产品为一组批。每个抽检组批不得超过1000套。外观检查抽取10%，且不少于10套。对其中有硬度要求的零件做硬度检验，硬度检验抽取5%。静载锚固性能检验抽取3套试件的锚具、夹具或连接器。

(3) 疲劳试验、周期荷载试验及辅助性试验各抽取3套试件。

二、技术要求

锚具、夹具和连接器应具有可靠的锚固性能、足够的承载能力和良好的适用性，以保证充分发挥预应力筋的强度，并安全地实现预应力张拉作业。

1. 锚具

(1) 锚具的静载锚固性能，应由预应力筋—锚具组装件静载试验测定的锚具效率系数 η_a 和达到实测极限拉力时组装件受力长度的总应变 ε_{apu} 确定。

锚具效率系数 η_a 按式 (4-1) 计算为

$$\eta_a = \frac{F_{apu}}{\eta_p F_{pm}} \tag{4-1}$$

η_p 的取用：预应力筋—锚具组装件中预应力钢材为1～5根时，$\eta_p=1$；6～12根时，$\eta_p=0.99$；13～19根时，$\eta_p=0.98$；20根以上时，$\eta_p=0.97$。

锚具的静载锚固性能应同时满足下列两项要求

$$\eta_a \geqslant 0.95 \tag{4-2}$$

$$\varepsilon_{apu} \geqslant 2.0\% \tag{4-3}$$

(2) 在预应力筋—锚具组装件达到实测极限拉力时，应当是由于预应力筋的断裂，而不应当是由于夹具的破坏所导致。试验后锚具部件会有残余变形，但应能确认锚具的可靠性。

(3) 预应力筋—锚具组装件，除必须满足静载锚固性能外，尚须满足循环次数为200万次的疲劳性能试验。即试件经受200万次循环荷载后，锚具零件不应疲劳破坏。预应力筋在锚具夹持区域发生疲劳破坏的截面面积不应大于试件总截面面积的5%。

(4) 用于有抗震要求结构中的锚具，预应力筋—锚具组装件还应满足循环次数为50次的周期荷载试验。即试件经50次循环荷载后预应力筋在锚具夹持区域不应发生破断、滑移和夹片松脱现象。

(5) 锚具应满足分级张拉及补张拉预应力筋的要求，并宜具有放松预应力筋的性能。

(6) 锚具或其附件上宜设置灌浆孔或排气孔（见图4-1）。灌浆孔应有保证浆液畅通的截面面积，排气孔应设在锚具垫板空腔的上部。

(7) 锚固过程中预应力筋的内缩量不大于6mm。

(8) 锚口摩阻损失不大于2.5%。

2. 夹具

(1) 夹具的静载锚固性能，应由预应力筋—夹具组装件静载锚固试验测定的夹具效率系数 η_g 确定。

图 4-1 灌浆孔、排气孔

$$\eta_g = \frac{F_{gpu}}{F_{pm}} \tag{4-4}$$

夹具的静载锚固性能应符合 $\eta_g \geqslant 0.92$。

(2) 在预应力筋—夹具组装件达到实测极限拉力时，应当是由于预应力筋的断裂，而不应当是由于夹具的破坏所导致。而夹具的全部零件均不应出现肉眼可见的裂缝或破坏；夹具应有良好的自锚性能、松锚性能和重复使用性能。需敲击才能松开的夹具，必须保证其对预应力筋的锚固没有影响，且对操作人员安全不造成危险。

3. 连接器

在先张法或后张法施工中，在张拉预应力后永久留在混凝土结构或构件中的连接器，都必须符合锚具的性能要求；如在张拉后还须放张和拆卸的连接器，则必须符合夹具的性能要求。

三、静载锚固性能试验

(一) 试验要求

静载锚固性能试验仪器照片见图 4-2。

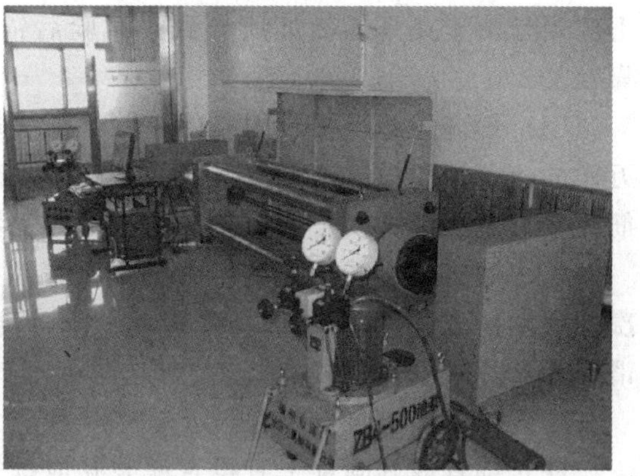

图 4-2 静载锚固性能试验仪器

(1) 试验用的预应力筋—锚具、夹具或连接器组装件应由全部零件和预应力筋组装而成。组装时锚固零件必须擦拭干净，不得在锚固零件上添加影响锚固性能的物质，如金刚砂、石墨、润滑剂等（设计规定的除外）。束中各根预应力筋应等长平行，其受力长度不应小于 3m。

(2) 对于预应力筋在锚具夹持部位不弯折的组装件（全部锚筋孔均与锚板底面垂直），可以不安装束口状的锚下垫板（参见图 4-3）；如预应力筋在锚具夹持部位有偏转角度（部分锚筋孔与锚板底面有倾斜角）而必须使预应力钢材在某个位置弯折时，可以在此处安装轴向可移动的偏转装置（如钢环或多孔梳子板等参见图 4-4）。当对组装件施加拉力时该偏转装置不应与预应力筋之间产生滑动磨擦。

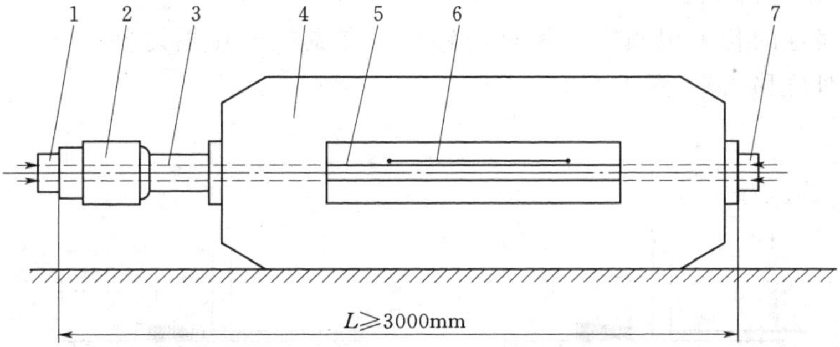

图 4-3　先锚固后张拉式预应力筋—锚具组装件静载试验装置

1—试验锚具；2—加载用千斤顶；3—荷载传感器；4—承力台座；5—预应力筋；6—测量总应变的装置；7—试验锚具

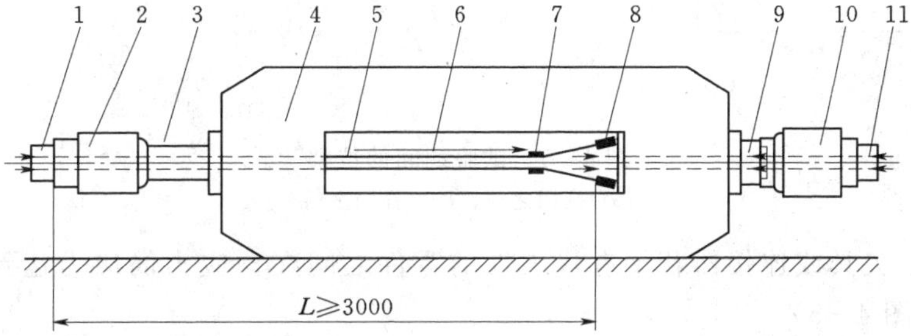

图 4-4　预应力筋—连接器组装件静载试验装置

1—试验锚具；2—1 号加荷载用千斤顶；3—荷载传感器；4—承力台座；5—预应力筋；6—测量总应变的装置；7—转向钢环；8—连接器；9—试验锚具；10—2 号千斤顶（预紧锚固后卸去）；11—工具锚

（3）单根钢绞线的组装件试件，不包括夹持部位的受力长度不应小于 0.8m，并参照试验设备确定。

（4）试验用预应力钢材应经过选择，全部力学性能必须严格符合该产品的国家标准或行业标准；同时，所选用的预应力钢材其直径公差应在锚具、夹具或连接器产品设计的允许范围之内。对符合要求的预应力钢材应先进行母材性能试验，试件不应少于三根，证明其符合国家或行业产品标准后才可用于组装件试验。

（5）在锚具确定适用于某一等级的预应力钢材后，试验用的预应力钢材实测极限抗拉强度平均值 f_{pm} 不应高于产品系列中高一个等级的抗拉强度标准值 f_{ptk}。

（6）试验用的测力系统，其不确定度不得大于 2%；测量总应变用的量具，其标距的不确定度不得大于标距的 0.2%，指示应变的不确定度不得大于 0.1%。

（二）试验方法

对于先安装锚具、夹具或连接器再张拉预应力筋的预应力体系，可直接用试验机或试验台座加载。加载之前必须先将各根预应力钢材的初应力调匀，初应力可取钢材抗拉强度标准值 f_{ptk} 的 5%～10%。正式加载步骤为：按预应力钢材抗拉强度标准值的 20%、40%、60%、80%分 4 级等速加载，加载速度每分钟宜为 100MPa，达到 80%后，持荷 1h，再逐步加载至破坏。

1. 在试验过程中测量以下项目

(1) 有代表性的若干根预应力钢材与锚具、夹具或连接器之间在预应力筋应力达到 $0.8f_{ptk}$ 时的相对位移 Δa（图 4－5）。

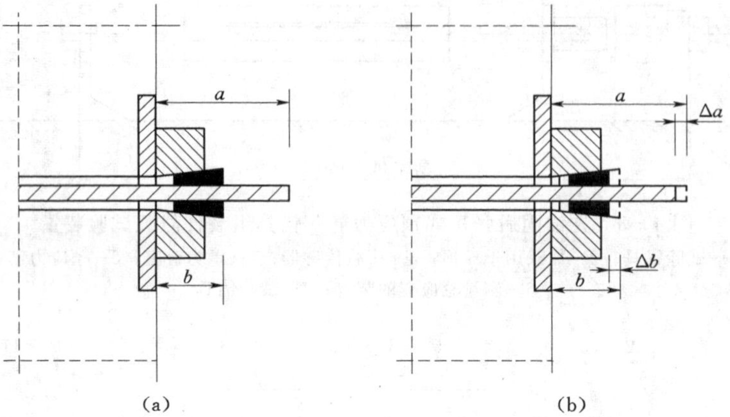

图 4－5 试验期间的位移

(a) 锚固之前；(b) 锚固之后

(2) 锚具、夹具或连接器若干有代表性的零件之间在预应力筋应力达到 $0.8f_{ptk}$ 时的相对位移 Δb（图 4－5）。

(3) 试件的实测极限拉力 F_{apu}，将其代入式（4－4）可得静载锚固效率系数 η_g。

(4) 达到实测极限拉力时的总应变 ε_{apu}，其值由下式确定

$$\varepsilon_{apu}=\frac{L_2-L_1-\Delta a}{L_0}\times 100\% \tag{4-5}$$

式中 L_1——千斤顶活塞初始行程读数；

L_2——试件破坏时活塞终了行程读数；

L_0——预应力筋受力长度；

Δa——预应力钢材与锚具、夹具或连接器之间在预应力筋应力达到极限力 F_{apu} 时的相对位移。

2. 试验过程中应观察以下项目（参见图 4－5）

(1) 在预应力筋达到 $0.8f_{ptk}$ 时，持荷 1h，观察锚具、夹具或连接器的变形。

(2) 试件的破坏部位与形式。用试验机进行单根预应力筋—锚具组装件静载试验时，在应力达到 $0.8f_{ptk}$ 时，持荷时间可以缩短，但不少于 10min。

对于预应力筋在锚具夹持部位不弯折的组装件（全部锚筋孔均与锚板底面垂直），可以不安装束口状的锚下垫板（参见图 4－3）；如预应力筋在锚具夹持部位有偏转角度（部分锚筋孔与锚板底面有倾斜角）而必须使预应力钢材在某个位置弯折时，可以在此处安装轴向可移动的偏转装置（如钢环或多孔梳子板等参见图 4－4）。当对组装件施加拉力时该偏转装置不应与预应力筋之间产生滑动磨擦。

对于先张拉预应力筋再锚固的预应力体系，试验装置如图 4－6 所示。在不安装 2 号千斤顶的情况下，加载之前必须先将各根预应力钢材的初应力调匀，初应力可取钢材抗拉

强度标准值 f_{ptk} 的 5%～10%；然后用 2 号千斤顶（即施工用的张拉设备）按预应力钢材抗拉强度标准值 f_{ptk} 的 20%、40%、60%、80%分 4 级等速张拉达到 80%后，松开 2 号千斤顶，完成试验锚具 7 的锚固，持荷 1h，再用 1 号千斤顶逐步加载至破坏。在试验过程中测量和观察项目同前。

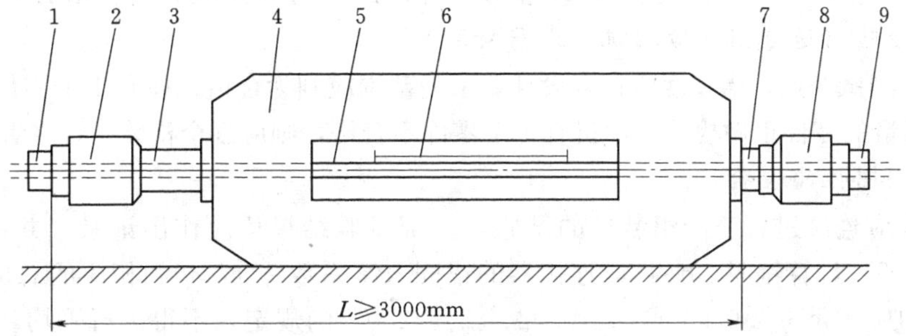

图 4-6　先张拉后锚固式预应力筋—锚具组装件静载试验装置

1—试验锚具；2—1 号加荷载用千斤顶；3—荷载传感器；4—承力台座；5—预应力筋；6—测量总应变的装置；7—试验锚具；8—2 号施荷载用千斤顶（施工用型号）；9—工具锚

（三）试验记录和结果

静载试验结果表见表 4-1，静锚试验记录表见表 4-2。

表 4-1　　**静载试验结果表**

试件编号	锚具型号	钢绞线根数	钢绞线计算极限拉力之和（kN）	钢绞线锚具组装件实测极限拉力（kN）	锚具效率系数	总应变（%）	破坏情况			
							破断丝数	颈缩丝数	斜切口断丝数	其他

试验者：　　　　计算者：　　　　委托单位：　　　　备注：

校对者：　　　　审核者：　　　　生产厂家：

试验单位：　　　试验日期：　　　监检单位：

表 4-2　　**静载试验记录表**

<table>
<tr><td colspan="2">锚具型号</td><td colspan="2"></td><td rowspan="2">钢绞线</td><td colspan="2">规　格</td><td></td><td>计算极限拉力之和（kN）</td><td colspan="3"></td></tr>
<tr><td colspan="2">千斤顶型号</td><td colspan="2"></td><td colspan="2">强度级别（MPa）</td><td></td><td>实测极限拉力（kN）</td><td colspan="3"></td></tr>
<tr><td colspan="2">传感器型号</td><td colspan="5">L_0（mm）</td><td></td><td>破断情况</td><td colspan="3"></td></tr>
<tr><td rowspan="2">序号</td><td rowspan="2">加载量（kN）</td><td colspan="2">夹片位移 Δb（m）</td><td colspan="3">内缩量 Δa（m）</td><td colspan="2">千斤顶活塞行程（mm）</td><td rowspan="2">破断时</td><td>Δa（mm）</td><td></td></tr>
<tr><td>固定端</td><td>张拉端</td><td colspan="2">固定端</td><td>张拉端</td><td></td><td></td><td>Δb（mm）</td><td></td></tr>
<tr><td></td><td></td><td></td><td></td><td colspan="2"></td><td></td><td></td><td></td><td colspan="3"></td></tr>
<tr><td></td><td></td><td></td><td></td><td colspan="2"></td><td></td><td></td><td></td><td colspan="3"></td></tr>
<tr><td colspan="12">持荷时间：</td></tr>
<tr><td>持荷后</td><td></td><td></td><td></td><td colspan="2"></td><td></td><td></td><td></td><td colspan="3"></td></tr>
<tr><td>断裂时</td><td></td><td></td><td></td><td colspan="2"></td><td></td><td></td><td></td><td colspan="3"></td></tr>
</table>

参加人：　　　　　　　　日期：

（四）检测结果判定

1. 外观检验

如表面无裂缝，影响锚固能力的尺寸符合设计要求，应判为合格；如此项尺寸有 1 套超过允许偏差，则应另取双倍数量重做检验；如仍有 1 套不符合要求，则应逐套检查，合格者方可使用。如发现一套有裂纹，即应对全部产品进行逐件检验，合格者方可使用。

2. 硬度检验（送专门的检测机构进行检验）

每个零件测试 3 点，当硬度值符合设计要求的范围应判为合格；如有 1 个零件不合格，则应另取双倍数量的零件重做检验；如仍有 1 个零件不合格，则应逐个检验，合格者方可使用。

3. 静载锚固性能检验

静载试验应连续进行三个组装件的试验，全部试验结果均应作出记录，并据此按式（4－4）、式（4－5）计算锚具、夹具或连接器的锚固效率系数 η_a 或 η_g 和相应的总应变 ε_{apu}。三个试验结果均应满足 $\eta_a \geqslant 0.95$ 或 $\eta_g \geqslant 0.92$、$\varepsilon_{apu} \geqslant 2.0\%$ 的规定，不得进行平均。若有 1 个试件不符合要求，则另取双倍数量重做检验；如仍有 1 个试件不合格，则该批为不合格品。

第二节　张拉设备校验及张拉力控制

桥梁工程中施加预应力所用的机具设备通常称为张拉设备。常用的张拉设备由油压千斤顶和配套的高压油泵、压力表及外接油管等组成。液压千斤顶按其构造可分为台座式（普通油压千斤顶）、穿心式、锥锚式和拉杆式。由于每台千斤顶液压配合面实际尺寸和表面粗糙度不同，密封圈和防尘圈松紧程度不同，造成千斤顶内摩擦阻力不同，而且摩阻要随油压高低和使用时间的变化而改变。所以，千斤顶、油压表、油泵及油管一起要定期进行配套校验，以减少累积误差，提高施加预应力时张拉力的控制精度。

一、张拉设备校验

（一）校验条件

（1）新千斤顶初次使用前。

（2）油压表指针不能退回零点时。

（3）千斤顶、油压表和油管进行过更换或维修后。

（4）当千斤顶使用超过 6 个月或张拉超过 200 次以上。

（5）在使用过程中出现其他不正常现象。

（二）校验方法

校验应在经主管部门授权的法定计量技术机构进行。校验时，应将千斤顶、油泵及油压表一起配套进行。校验用的标准仪器可选用材料试验机，或压力（拉力）传感器。该标准仪器的精度不得低于±2%，压力表的精度不宜低于 1.5 级，最大量程不宜小于设备额定张拉力的 1.3 倍。校验时，千斤顶活塞的运行方向应与实际张拉工作状态一致。

1. 用长柱压力试验机校验

校验时，应采取被动校验法，即在校验时用千斤顶顶试验机，这样活塞运行方向、摩阻力的方向与实际工作时相同，校验比较准确。

在进行被动校验时，压力试验机本身也有摩阻力，且与正常使用时相反，故试验机表盘读数反映的也不是千斤顶的实际作用力。因此，用被动法校验千斤顶时，必须事先用具有足够吨位的标准测力计对试验机进行被动标定，以确定试验机的度盘读数值。标定后在校验千斤顶时，就可以从试验机度盘上直接读出千斤顶的实际作用力以及相应的油压表的准确读数。用压力试验机校验的步骤如下。

（1）千斤顶就位。当校验穿心式千斤顶时（见图 4-7），将千斤顶放在试验机台面上，千斤顶活塞面或撑套与试验机压板紧密接触，并使千斤顶与试验机的受力中心线重合。

当校验拉杆式千斤顶时（见图 4-7），先把千斤顶的活塞杆推出，取下封尾板，在缸体内放入一根厚壁无缝钢管，然后将千斤顶两脚向下立于试验机的中心线部位。放好后，调整试验机，使钢管的上端与试验机上压板接紧，下端与缸体内活塞面接紧，并对准缸体中心。

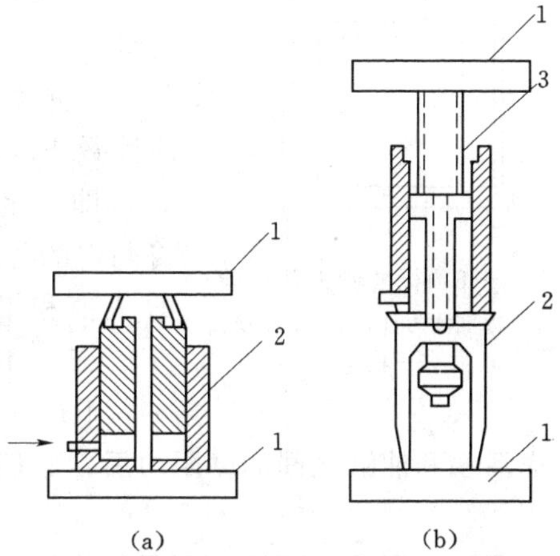

图 4-7　用压力试验机校验拉伸机

(a) 校验穿心式千斤顶；(b) 校验拉杆式千斤顶

1—试验机上下压板；2—拉伸机；3—无缝钢管

（2）校验千斤顶。开动油泵，千斤顶进油，使活塞杆上升，顶试验机上压板。在千斤顶顶试验机且使荷载平缓增加的过程中（此时不得用试验机压千斤顶），自零位到最大吨位，将试验机被动标定的结果逐点标记到千斤顶的油压表上。标定点应均匀地分布在整个测量范围内，且不少于 5 点。当采用最小二乘法回归分析千斤顶的标定经验公式时需 10～20 点。各标定点重复标定 3 次，取平均值，并且只测读进程，不得读回程。

（3）对千斤顶校验数值采用表 4-3 记录，并可根据校验结果绘制千斤顶校验曲线供预应力筋钢材张拉时使用；亦可采用最小二乘法求出千斤顶校验的经验公式，供预应力筋张拉时使用。

表 4-3　　张拉设备校验记录表

		名称	型号规格	精度等级	制造厂	出厂编号
张拉设备	油压千斤顶					
	高压油泵					
	油压表					
检定吨位（kN）		油压表校验读数				
		（一）	（二）	（三）	平均	
试验机	型号规格					
	精度等级					
	制造厂					
	出厂编号					
备注						

送检单位：　　　　　　　　　　检定日期：

检定地点：　　　　　　　　　　有效期至：

检定时室温：　　　　　　　　　检定单位（盖章）：

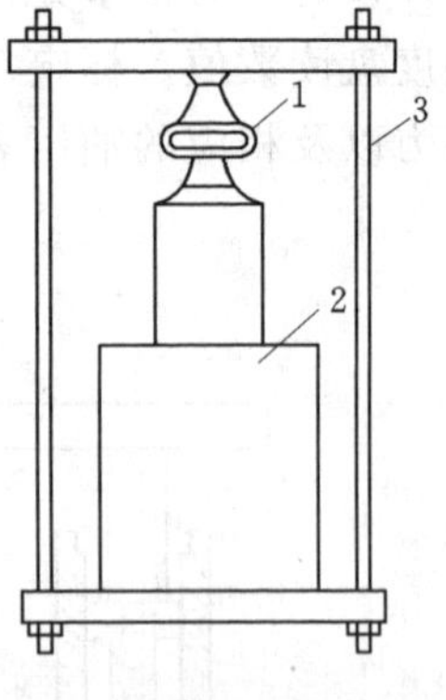

图 4-8　标准测力计校验
1—标准测力计；2—千斤顶；3—框架

2. 用标准测力计校验

用水银压力计、测力环、弹簧拉力计等标准测力计校验千斤顶，是一种简单可靠的方法。校验穿心式千斤顶时的装置见图 4-8（校验拉杆式千斤顶的附加装置与压力试验机校验时相同）。校验时，开动油泵，千斤顶进油，活塞杆推出，顶压测力计。

当测力计达到一定吨位 T_1 时，立即读出千斤顶油压表相应读数 P_1，同样方法可得 T_2、P_2、T_3、P_3，…此时 T_1、T_2、T_3…即为相应于油压表读数为 P_1、P_2、P_3…时的实际作用力。将测得的各值绘成曲线。实际使用时，即可由此曲线找出要求的 T 值和相应的 P 值。

（三）校验结果的回归计算

千斤顶的作用力 T 和油缸的油压 P 的关系是线性关系。考虑活塞和油缸之间的摩阻力后，它们的关系可以表示为

$$T = AP + B \tag{4-6}$$

可以利用千斤顶检验测得的作用力和油压（T_1，P_1）、（T_2，P_2）、（T_3，P_3）、…、（T_n、P_n），对式（4-6）进行线性回归，利用最小二乘原理求式（4-6）的回归值为

$$\hat{T} = \hat{A}P + \hat{B} \tag{4-7}$$

式中

$$\hat{A} = L_{PT}/L_{PP}$$

$$\hat{B} = \bar{T} - \hat{A}\bar{P}$$

$$\bar{P} = \frac{1}{n}\sum_{i=1}^{n} P_i$$

$$\bar{T} = \frac{1}{n}\sum_{i=1}^{n} T_i$$

$$L_{PP} = \sum_{i=1}^{n} P_i^2 - \frac{1}{n}\left(\sum_{i=1}^{n} P_i\right)^2$$

$$L_{PT} = \sum_{i=1}^{n} P_i T_i - \frac{1}{n}\left(\sum_{i=1}^{n} P_i\right)\left(\sum_{i=1}^{n} T_i\right)$$

（四）注意事项

（1）施加预应力所用的张拉设备及仪表应由专人使用和管理，并应定期维护和校验，以提高施加预应力时张拉力的控制精度。

（2）千斤顶与压力表应配套校验，配套使用。即在使用时严格按照标定报告上注明的油泵号、油表号和千斤顶号配套安装成张拉系统使用。

二、张拉力控制

预应力钢材的张拉力控制一般采用“双控”的方法，即采用预应力钢材张拉控制应力乘以预应力筋截面积得到张拉控制力 F，再根据千斤顶校验公式求出相应的油表压力 P，进行张拉时实测预应力钢材伸长量进行校验。

1. 预应力筋的张拉控制应力

预应力钢筋的张拉控制应力（σ_{con}），是指张拉钢筋进行锚固前，张拉千斤顶所指示的总拉力除以预应力钢筋截面积所求得的钢筋应力值。对于钢制锥形锚具等有锚圈口摩阻力的锚具，σ_{con}应为扣除锚圈口摩擦损失后的锚下拉应力值，故σ_{con}为张拉钢筋时锚下的控制应力。

从经济方面来说，张拉控制应力越高越好，这样，在构件抗裂性相同的情况下，可以减少用钢量；在预应力筋数量相同的情况下，可使混凝土中的预压应力增大。但是，σ_{con}值过高也将存在以下问题：

（1）可能引起钢丝束断丝。因为同一束中各根钢丝的应力不可能完全相同，其中少数钢丝的应力必然超过σ_{con}，如果σ_{con}值本身定得过高，个别钢丝就可能破断。另外，如果需要进行超张拉（即全束平均拉应力要比σ_{con}高5%～10%），这种个别钢丝先被拉断的现象就可能更多一些。此外由于气温的降低，也可能使张拉后的预应力钢筋在与混凝土黏结之前突然断裂。

（2）σ_{con}值越高，钢筋的应力松弛也越增大。

（3）σ_{con}值过高，预应力混凝土构件就没有足够的安全系数来防止混凝土的脆裂。

因此，预应力钢筋的张拉控制应力，σ_{con}不能定得过高，应留有适当的余地，一般宜在钢筋的比例极限之下。钢筋张拉控制应力的确定，还需要根据钢筋的不同品质而定，因此，《公桥规》（JTG D62—2004）第6.1.3条的规定，预应力混凝土构件预应力钢筋的张拉控制应力值σ_{con}，应符合下列规定。

$$\text{钢丝、钢绞线}\ \sigma_{con} \leqslant 0.75 f_{pk}$$

$$\text{精轧螺纹钢筋}\ \sigma_{con} \leqslant 0.90 f_{pk}$$

式中　f_{pk}——预应力钢筋抗拉强度标准值。

上述张拉控制应力，对后张法构件系指体内锚下钢筋应力。先张法和后张法构件在进行超张拉或计入锚圈口摩擦损失等任何情况下，钢筋中的最大控制应力（千斤顶油泵上反映的数值）对钢丝和钢绞线不应超过$0.80 f_{pk}$，对精轧螺纹钢筋不应超过f_{pk}。

2. 施加预应力的准备工作

（1）对力筋施加预应力之前，必须完成或检验以下工作：

1）施工现场应具备经批准的张拉程序和现场施工说明书。

2）现场已有具备预应力施工知识和正确操作的施工人员。

3）锚具安装正确，对后张构件，混凝土已达到要求的强度。

4）施工现场已具备确保全体操作人员和设备安全的必要的预防措施。

（2）实施张拉时，应使千斤顶的张拉力作用线与预应力筋的轴线重合一致。

3. 预应力的张拉控制

当混凝土的强度达到设计要求，且高于设计标号70%时，即可进行预应力张拉。预应力钢筋的张拉控制应力及张拉程序应首先满足设计要求。当设计无具体要求时，可参考《公路钢筋混凝土及预应力混凝土桥涵设计规范》（JTG D62—2004）进行。

需要注意的是设计中的张拉控制应力包括预计的预应力损失值，但不包括锚头摩阻损失（其值可通过试验测定）。因此，在进行预应力钢筋张拉时，钢筋中的实际张拉控制应力必须加上锚头摩阻引起的应力损失。当施工中预应力筋需要超张拉或计入锚圈口预应力损失时，可比设计要求提高5%。

在对钢绞线预应力钢筋进行张拉时发现，由于现在普遍采用低松弛钢绞线，预应力钢筋的应力松弛损失都较小，加上施加预应力时多数采用自锚式千斤顶，如采用超张拉方法进行张拉时，一旦张拉应力达到105%σ_{con}后就很难再回到σ_{con}，即使能回到σ_{con}，夹片已开始工作，经回缩损失后锚固，实际上钢绞线是在105%σ_{con}和σ_{con}之间时开始锚固的。因此，在张拉低松弛钢绞线预应力钢筋时，若采用自锚式千斤顶，其张拉程序可参照下面《公路桥涵施工技术规范》(JTJ—2000) 的第12.9.2条和第12.10.3条进行。

4. 预应力钢筋伸长值的计算与量测

《公路桥涵施工技术规范》(JTJ—2000) 第12.8.3条2规定：预应力筋采用应力控制方法张拉时，应以伸长值进行校核，实际伸长值与理论伸长值的差值应符合设计要求，设计无规定时，实际伸长值与理论伸长值的差值应控制在±6%以内，否则应暂停张拉，待查明原因并采取措施予以调整后，方可继续张拉。

(1) 预应力筋理论伸长值的计算公式。

先张法

$$\Delta L = \frac{PL}{A_P E_P} \tag{4-8}$$

式中　P——预应力筋的张拉力，N；

L——预应力筋的长度，mm；

A_P——预应力筋的截面面积，mm²；

E_P——预应力筋的弹性模量，N/mm²。

后张法

$$\Delta L = \frac{P_P L}{A_P E_P} \tag{4-9}$$

式中　P_P——预应力筋的平均张拉力。

直线筋取张拉端的张拉力；两端张拉的曲线筋按下式计算

$$P_P = \frac{P\left[1 - e^{-(kx+\mu\theta)}\right]}{kx + \mu\theta} \tag{4-10}$$

式中　P——预应力筋张拉端的张拉力，N；

x——从张拉端至计算截面的孔道长度，m；

θ——从张拉端至计算截面曲线孔道部分切线的夹角之和，rad；

μ——孔道每米局部偏差对摩擦的影响系数，参见表4-4；

k——预应力筋与孔道壁的摩擦系数，参见表4-4。

表4-4　　系数 k 及 μ 值表

孔道成型方式	k	μ值		
		钢丝束、钢绞线、光面钢筋	带肋钢筋	精轧螺纹钢厢
预埋铁皮管道	0.0030	0.35	0.40	—
抽芯成型孔道	0.0015	0.55	0.60	—
预埋金属螺旋管道	0.0015	0.20—0.25	—	0.50

（2）实际伸长量的测量。预应力筋张拉时，应先调整到初应力 σ_0。该初应力宜为张拉控制应力 σ_{con} 的 10%～15%，伸长值应从初应力时开始量测。力筋的实际伸长量为量测的伸长值与初应力时的推算伸长值之和。对后张法构件，在张拉过程中产生的弹性压缩值一般可省略。

预应力筋张拉的实际伸长值 ΔL（mm），可按式（4－11）计算

$$\Delta L = \Delta L_1 + \Delta L_2 \tag{4-11}$$

式中 ΔL_1——从初应力至最大张拉应力间的实测伸长值，mm；

ΔL_2——初应力以下的推算伸长值，mm，可采用相邻级的伸长值。

关于初应力以下的推算伸长值，由于在最初张拉时各根预应力钢筋的松紧弯曲程度不一致，在初应力以下拉伸过程中，既有弹性伸长，也有非弹性伸长，所以不宜采用量测的方法，而宜采用推算的方法。推算时，应以实际伸长值与实测应力之间的关系线为依据，也可采用相邻级的伸长值。

预应力钢筋的实际伸长值与理论计算伸长值之间有一定的误差，究其原因，主要有：预应力钢筋的实际弹性模量与计算时的取值不一致，千斤顶的拉力不准确，孔道的摩擦损失计算与实际不符，量测误差等。特别是弹性模量的取值是否正确，对伸长值的计算影响较大。必要时，预应力钢筋的弹性模量、锚圈口及孔道摩阻损失应通过试验测定，计算时予以调整。

5. 锚圈口及孔道摩阻损失测定

必要时，应对锚圈口及孔道摩阻损失进行测定，张拉时予以调整。

（1）锚圈口摩阻损失的测定方法。用油压千斤顶测定时，可在张拉台上或用一根直孔道钢筋混凝土柱进行。两端均用锥形锚时，其测定步骤如下。

1）两端同时充油，油表数值均保持 4MPa，然后将甲端封闭作为被动端，乙端作为主动端，张拉至控制吨位。设乙端控制吨位为 N_a 时，甲端相应吨位为 N_b，则锚圈口摩阻力为

$$N_0 = N_a - N_b \tag{4-12}$$

克服锚圈口摩阻力的超张拉系数为

$$n_0 = \sqrt{\frac{N_a}{N_b}}$$

测试反复进行三次，取平均值。

2）乙端封闭，甲端张拉，同样按上述方法进行三次，取平均值。

3）两次的 N_0 和 n_0 平均值，再予以平均，即为测定值。

（2）孔道摩阻损失的测定。用千斤顶测定曲线孔道摩阻时，测试步骤如下。

1）梁的两端装千斤顶后同时充油，保持一定数值（约 4MPa）。

2）甲端封闭，乙端张拉。张拉时分级升压，直至张拉控制应力。如此反复进行三次，取两端压力差的平均值。

3）按上述方法，但乙端封闭，甲端张拉，取两端三次压力差的平均值。

4）将上述两次压力差平均值再次平均，即为孔道摩阻力的测定值。如两端为锥形锚，上述测定值应扣除锚圈口摩阻力。

(3) 预应力筋的锚固，应在张拉控制应力处于稳定状态下进行。锚固阶段张拉端预应力筋的内缩量，应不大于设计规定或不大于表4-5所列容许值。对夹片式锚具（用于预应力钢绞线），如预应力筋锚固时的夹片回缩不均匀，夹片间的相对高差超过回缩容许值的1/3，应认为不满足要求。

表4-5　锚具变形、预应力筋回缩和接缝压缩容许值　单位：mm

锚具、接缝类型		变形型式	容许值
钢制锥形锚具		力筋回缩、锚具变形	6
夹片式锚具（用于预应力钢绞线）		力筋回缩、锚具变形	6
镦头锚具		缝隙压密	1
JM15锚具	用于预应力钢丝时	力筋回缩、锚具变形	3
	用于预应力钢绞线时		6
粗钢筋锚具（用于精轧螺纹钢筋）		力筋回缩、锚具变形	1
每块后加垫板的缝隙		缝隙压密	1
水泥砂浆接缝		封隙压密	1
环氧树脂砂浆接缝		缝隙压缩	1

6. 注意事项

(1) 后张预应力筋当两端同时张拉时，两端千斤顶升降压、画线、测伸长、插垫等工作应基本一致。

(2) 先张预应力筋当同时张拉多根时，应预先调整其初应力，使相互之间的应力一致；张拉过程中，应使活动横梁与固定横梁始终保持平行，并应抽查力筋的预应力值，其偏差的绝对值不得超过按一个构件全部力筋预应力总值的5%。

第三节　预应力构件检测与评定

一、先张法预应力构件质量检测评定

(一) 张拉台座质量检测

先张法墩式台座结构应符合下列规定。

(1) 承力台座须具有足够的强度和刚度，其抗倾覆安全系数应不小于1.5，抗滑移系数应不小于1.3。

(2) 横梁须有足够的刚度，受力后挠度应不大于2mm。

(3) 在台座上铺放预应力筋时，应采取措施防止弄脏预应力筋。

(4) 张拉前，应对台座、横梁及各项张拉设备进行详细检查，符合要求后方可进行操作。

(二) 先张法预应力钢筋质量控制

1. 先张法预应力筋制作安装

先张预应力筋制作安装的允许偏差见表4-6。

表 4-6　　先张预应力筋制作安装允许偏差

项　　目		允许偏差（mm）
镦头钢丝同束长度相对差	束长＞20m	$L/5000$ 及 5
	束长 6～20m	$L/3000$
	束长＜6m	2
冷拉钢筋接头在同一平面的轴线偏位		2 及 1/10 直径
力筋张拉后的位置与设计位置之间偏位		4%构件最短边长及 5

2. 张拉

（1）同时张拉多根预应力筋时，应预先调整其初应力，使相互之间的应力一致；张拉过程中，应使活动横梁与固定横梁始终保持平行，并应抽查力筋的预应力值，其偏差的绝对值不得超过按一个构件全部力筋预应力总值的 5%。

（2）预应力筋张拉完毕后，与设计位置的偏差不得大于 5mm，同时不得大于构件最短边长的 4%。

（3）预应力筋的张拉应符合设计要求，设计无规定时，其张拉程序可按表 4-7 的规定进行。

表 4-7　　先张法预应力筋的张拉程序

预应力筋种类	张　拉　程　序
钢筋	0→初应力→1.05σ_{con}（持荷 2min）→0.9σ_{con}→σ_{con}（锚固）
钢丝、钢绞线	0→初应力→1.05σ_{con}（持荷 2min）→0→σ_{con}（锚固）
	对于夹片式等具有自锚性能的锚具 普通松弛力筋：0→初应力→1.03σ_{con}（锚固） 低松弛力筋：0→初应力→σ_{con}（持荷 2min 锚固）

注　1. 表中 σ_{con} 为张拉时的控制应力值，包括预应力损失值。
2. 超张拉数值超过规定的最大超张拉应力限值时，应按《公路桥涵施工设计规范》（JTJ 41—2000）第 12.8.3 条规定的限制张拉应力进行张拉。
3. 张拉钢筋时，为保证施工安全，应在超张拉放张至 0.9σ_{con} 时安装模板、普通钢筋及预埋件等。

（4）张拉时，预应力筋的断丝数量不得超过表 4-8 的规定。

表 4-8　　先张法预应力筋断丝限制

类　别	检查项目	控制值
钢丝、钢绞线	同一构件内断丝数不得超过钢丝总数的	1%
钢筋	断筋	不允许

3. 放张

（1）预应力筋放张时的混凝土强度须符合设计规定，设计未规定时，不得低于设计的混凝土强度等级值的 75%。

（2）预应力筋的放张顺序应符合设计要求，设计未规定时，应分阶段、对称、相互交错地放张。在力筋放张之前，应将限制位移的侧模、翼缘模板或内模拆除。

（3）多根整批预应力筋的放张，可采用砂箱法或千斤顶法。用砂箱放张时，放砂速度应均匀一致；用千斤顶放张时，放张宜分数次完成。单根钢筋采用拧松螺母的方法放张时，宜先两侧后中间，并不得一次将一根力筋松完。

表 4－9　　**预应力张拉检测记录表（先张法）**

项目名称：　　工程合同段：

施工里程：　　分项工程名称：　　施工日期：

桥梁名称：　　梁　　号：　　钢绞线规格：

工　作　项　目		钢绞线编号								责任人
气　　温（℃）										
钢　丝　根　数										指　　挥：
设计张拉力（t）	张拉力									
	顶锚塞力									
使用机具编　号	拉伸机									油表读数：
	油　　表									
10%张拉	张拉力（t）									量　　尺：
	油表读数									
20%张拉	张拉力（t）									
	油表读数									
超张拉	张拉力（t）									
	油表读数									
锚固张拉	张拉力（t）									注：无超张拉时 $L_3=L_2$
	油表读数									
顶锚塞	顶　力（t）									
	油表读数									
钢绞线理论伸长值（mm）										
钢绞线伸长值 $\Delta_1=L_2-L_1$（mm）	L_1									
	L_2									张拉（或放张）后梁板拱度值（mm）
	Δ_1									
钢绞线回缩量 $\Delta_2=L_3-L_4$（mm）	L_3									
	L_4									
	Δ_2									
钢绞线实际伸长值（mm）	系端 $\Delta=\Delta_1-\Delta_2$									
	他端 $\Delta=\Delta_1-\Delta_2$									
	初应力推算伸长值 Δ_3									
	合计 $\Delta+\Delta_3$									
滑　丝	根　数									测量人：
	总滑缩量（mm）									
断　丝　根　数										日　期：

检察意见：

技术负责人：

施工负责人：　　质检员：　　记录员：　　共　页第　页

表 4-10

钢丝、钢绞线先张法质量检验评定表

项目名称：　　　　工程合同段：　　　　（子）分项工程名称：　　　　工程部位：

施工单位：　　　　监理单位：　　　　使用者类别：

基本要求	1. 预应力筋的各项技术性能必须符合国家现行标准规定和设计要求；2. 预应力束中的钢丝、钢绞线应梳理顺直，不得有缠绞、扭麻花现象，表面不应有损伤；3. 单根钢绞线不允许断丝、单根钢筋不允许断筋或滑移；4. 同一截面预应力筋接头面积不超过预应力筋面积的 25%，接头质量应满足施工技术规范的要求								
项次	检查项目		规定值或允许偏差	检查方法和频率	权值	检查实测值	平均值代表值	合格率（%）	得分
1	镦头钢丝同束长度相对差（mm）	$L>20m$	$L/5000$ 及≯5	尺量：每批抽查 2 束	2				
		$6m\leqslant L\leqslant 20m$	$L/3000$ 及≯4						
		$L<6m$	2						
2△	张拉应力值		符合设计要求	查油压表读数，每束	3				
3△	张拉伸长率		符合设计规定，设计未规定时±6%	尺量：每束	3				
4	同一构件内断丝根数不超过钢丝总数的百分数		1%	目测：每根（束）检查	3				
5	（子）分项工程得分								
6	外观鉴定		预应力筋表面应保持清洁，不应有明显的锈迹。不符合要求时，减 1～3 分		检查结果				
7	质量保证资料		资料、图表残缺，缺乏最基本数据，有伪造涂改者，不予检验和评定。资料不全者，视情况每款减 1～3 分						
8	（子）分项工程评分值								
9	质量等级								

监理工程师：　　　　日期：　　　　检测人：　　　　日期：　　　　承包商：　　　　日期：

表 4-11

粗钢筋先张法质量检验评定表

项目名称：　　　　工程合同段：　　　　（子）分项工程名称：　　　　工程部位：

施工单位：　　　　监理单位：　　　　使用者类别：

项次	检查项目	规定值或允许偏差	检查方法和频率	权值	检查实测值	平均值代表值	合格率（%）	得分
基本要求	1. 预应力筋的各项技术性能必须符合国家现行标准规定和设计要求；2. 预应力束中的钢丝、钢绞线应梳理顺直，不得有缠绞、扭麻花现象，表面不应有损伤；3. 单根钢绞线不允许断丝、单根钢筋不允许断筋或滑移；4. 同一截面预应力筋接头面积不超过预应力筋面积的 25%，接头质量应满足施工技术规范的要求							
1	冷拉钢筋接头在同一平面内的轴线偏位（mm）	2 及 1/10 直径	拉线用尺量：抽查 30%	3				
2	中心偏位（mm）	4%短边及 5	尺量：全部	1				
3△	张拉应力值	符合设计要求	查油压表读数：全部	3				
4△	张拉伸长率	符合设计规定，设计未规定时±6%	尺量：全部	3				
5	（子）分项工程得分							
6	外观鉴定	预应力筋表面应保持清洁，不应有明显的锈迹，不符合要求时减 1～3 分		检查结果				
7	质量保证资料	资料、图表残缺，缺乏最基本数据，有伪造涂改者，不予检验和评定，资料不全者，视情况每款减 1～3 分		检查结果				
8	（子）分项工程评分值							
9	质量等级							

监理工程师：　　　　日期：　　　　检测人：　　　　日期：　　　　承包商：　　　　日期：

表 4－12

先张法预制梁（板）质量检验评定表

项目名称：　　　工程合同段：　　　（子）分项工程名称：　　　工程部位：

施工单位：　　　监理单位：　　　使用者类别：

项次	检查项目			规定值或允许偏差	检查方法和频率	权值	检查实测值	平均值代表值	合格率（%）	得分
基本要求	1. 所用的材料质量和规格必须符合有关规范的要求，按规定的配合比施工；2. 梁（板）不得出现露筋和空洞现象；3. 空心板采用胶囊施工时，应采取有效措施防止胶囊上浮；4. 梁（板）在吊移出预制底座时，混凝土的强度不得低于设计所要求的吊装强度									
1△	混凝土强度（MPa）			在合格标准内	按 JTG F80/1—2004 附录 D 检查	3				
2	梁（板）长度（mm）			＋5，－10	尺量：每梁（板）	1				
3	宽度（mm）	干接缝（梁翼缘、板）		±10	尺量：检查 3 处	1				
	宽度（mm）	湿接缝（梁翼缘、板）		±20						
4△	高度（mm）	梁、板		±5	尺量：检查 2 个断面	1				
5△	断面尺（mm）	顶板厚		＋5，－0	尺量：检查 2 个断面	2				
	断面尺（mm）	底板厚								
6	平整度（mm）			5	2m 直尺：每侧面每 10m 梁长测 1 处	1				
7	横系梁及预埋件位置（mm）			5	尺量：每件	1				
8	（子）分项工程得分									
9	外观鉴定	混凝土表面平整，颜色一致，无明显施工接缝。不符合要求时，减 1～3 分				检查结果				
		混凝土表面不得出现蜂窝、麻面，出现必须修整并减 1～2 分								
		混凝土表面无非受力裂缝，出现非受力裂缝减 1～3 分。缝宽超过设计或未规定时超过 0.15mm 者必须处理								
		梁体内不应遗留建筑垃圾、杂物、临时预埋件等不符合要求时，减 1～2 分并清理干净								
10	质量保证资料	资料、图表残缺，最基本数据缺乏、伪造涂改，不予检验和评定。资料不全者，视情况每款减 1～3 分								
11	（子）分项工程评分值									
12	质量等级									

监理工程师：　　　日期：　　　检测人：　　　日期：　　　承包商：　　　日期：

(4) 钢筋放张后，可用乙炔—氧气切割，但应采取措施防止烧坏钢筋端部。钢丝放张后，可用切割、锯断或剪断的方法切断；钢绞线放张后，可用砂轮锯切断。

长线台座上预应力筋的切断顺序，应由放张端开始，逐次切向另一端。

(三) 先张法预应力构件质量评定

先张法预应力张拉检测记录见表 4-9。

钢丝、钢绞线先张法质量检验评定见表 4-10。

粗钢筋先张法质量检验评定见表 4-11。

先张法预制梁（板）质量检验评定见表 4-12。

二、后张法预应力构件质量检测评定

(一) 预留孔道质量检测

(1) 预应力筋预留孔道的尺寸与位置应正确，孔道应平顺，端部的预埋钢垫板应垂直于孔道中心线。

(2) 管道应采用定位钢筋固定安装，使其能牢固地置于模板内的设计位置，并在混凝土浇筑期间不产生位移。固定各种成孔管道用的定位钢筋的间距，对于钢管不宜大于 lm；对于波纹管不宜大于 0.8m；对于胶管不宜大于 0.5mm；对于曲线管道宜适当加密。

(3) 金属管道接头处的连接管宜采用大一个直径级别的同类管道，其长度宜为被连接管道内径的 5～7 倍。连接时应不使接头处产生角度变化及在混凝土浇筑期间发生管道的转动或移位，并应缠裹紧密防止水泥浆的渗入。

(4) 所有管道均应设压浆孔，还应在最高点设排气孔及需要时在最低点设排水孔。压浆管、排气管和排水管应是最小内径为 20mm 的标准管或适宜的塑性管，与管道之间的连接应采用金属或塑料结构扣件，长度应足以从管道引出结构物以外。

(5) 管道在模板内安装完毕后，应将其端部盖好，防止水或其他杂物进入。

(6) 浇筑在混凝土中的管道应不允许有漏浆现象。管道应具有足够的强度，以使其在混凝土的重量作用下能保持原有的形状，且能按要求传递黏结应力。

(7) 对管道材料规定如下：

1) 除本规范规定之外，刚性或半刚性管道应是金属的。刚性管道应具有光滑的内壁并可被弯曲成适当的形状而不出现卷曲或被压扁；半刚性管道应是波纹状的金属螺旋管。金属管道宜尽量采用镀锌材料制作。

2) 制作半刚性波纹状金属螺旋管的钢带应符合现行《铠装电缆冷轧钢带》（GB 4175.1—1984）和现行《铠装电缆镀锌钢带》（GB 4175.2—1984）的有关规定，并附有合格证书。钢带厚度应根据管道直径、设置时间（在浇筑混凝土前或后设置钢束）及是否有特殊用途而定，一般情况厚度不宜小于 0.3mm。

注意：近几年塑料波纹管已在工程中使用，这种完全密封和水密封的系统提供超卓的防腐蚀保护，并消除钢绞线束与塑料壁之间疲劳磨损；同时也减少了摩擦。关于其技术要求及检验详见有关企业标准。

(8) 金属螺旋管的检验规定如下：

1) 金属螺旋管进场时，除应按出厂合格证和质量保证书核对其类别、型号、规格及数量外，还应对其外观、尺寸、集中荷载下的径向刚度、荷载作用后的抗渗漏及抗弯曲渗漏等进行检验。工地自行加工制作的管道亦应进行上述检验。要求外观应清洁，内外表面无油污，无引起锈蚀的附着物，无孔洞和不规则的折皱，咬口无开裂、无脱扣。在规定的集中荷载和均布荷载作用后，或在弯曲情况下，不得渗出水泥浆，但允许渗水。

2）金属螺旋管应按批进行检验。每批应由同一钢带生产厂生产的同一批钢带所制造的金属螺旋管组成，累计半年或50000m生产量为一批，不足半年产量或50000m也作为一批的，则取产量最多的规格。

3）当按本条第1款规定的项目检验结果有不合格项目时，应以双倍数量的试件对该不合格项目进行复验，复验仍不合格时，则该批产品为不合格。

4）在桥梁的某些特殊部位，当设计规定时，可采用符合要求的平滑钢管和高密度聚乙烯管。

5）用做管道的平滑钢管和聚乙烯管，其壁厚不得小于2mm。

6）一般情况下，管道的内横截面积至少应是预应力筋净截面积的2.0～2.5倍。如果由于某种原因，管道与预应力筋的面积比低于给定的极限，则应通过试验验证其可以进行正常压浆作业。对于超长钢束的管道，亦应通过试验来确定其面积比。

7）制孔采用胶管抽芯法时，胶管内应插入芯棒或充以压力水，以增加刚度；采用钢管抽芯法时，钢管表面应光滑，焊接接头应平顺。抽芯时间应通过试验确定，以混凝土抗压强度达到0.4～0.8MPa时为宜，抽拔时不应损伤结构混凝土。抽芯后，应用通孔器或压气、压水等方法对孔道进行检查，如发现孔道堵塞或有残留物或与邻孔有串通，应及时处理。

（二）后张法预应力筋安装质量检测

（1）预应力筋可在浇筑混凝土之前或之后穿入管道。对钢绞线，可将一根钢束中的全部钢绞线编束后整体装入管道中，也可逐根将钢绞线穿人管道。穿束前应检查锚垫板和孔道。锚垫板应位置准确孔道内应畅通，无水和其他杂物。

（2）预应力筋安装后的保护。

1）对在混凝土浇筑及养生之前安装在管道中，但在下列规定时限内没有压浆的预应力筋，应采取防止锈蚀或其他防腐蚀的措施，直至压浆。

不同暴露条件下，未采取防腐蚀措施的力筋在安装后至压浆时的容许间隔时间为：空气湿度大于70%或盐分过大时，7d；空气湿度40%～70%时，15d；空气湿度小于40%时，20d。

2）在力筋安装在管道中后，管道端部开口应密封以防止湿气进入。采用蒸汽养生时，在养生完成之前不应安装力筋。

3）在任何情况下，当在安装有预应力筋的构件附近进行电焊时，对全部预应力筋和金属件均应进行保护，防止溅上焊渣或造成其他损坏。

（3）对在混凝土浇筑之前穿束的管道，力筋安装完成后，应进行全面检查，以查出可能被损坏的管道。在混凝土浇筑之前，必须将管道上一切非有意留的孔、开口或损坏之处修复，并应检查力筋能否在管道内自由滑动。

（三）后张法预应力筋张拉质量控制

（1）对力筋施加预应力之前，应对构件进行检验，外观和尺寸应符合质量标准要求。张拉时，构件的混凝土强度应符合设计要求，设计未规定时，不应低于设计强度等级值的 75%。

（2）预应力筋的张拉顺序应符合设计要求，当设计未规定时，可采取分批、分阶段对称张拉。

（3）应使用能张拉多根钢绞线或钢丝的千斤顶同时对每一钢束中的全部力筋施加应力，但对扁平管道中不多于 4 根的钢绞线除外。

（4）预应力筋张拉端的设置应符合设计要求，当设计无具体要求时，应符合下列规定：

1）对曲线预应力筋或长度大于等于 25m 的直线预应力筋，宜在两端张拉；对长度小于 25m 的直线预应力筋，可在一端张拉。

2）曲线配筋的精轧螺纹钢筋应在两端张拉，直线配筋的可在一端张拉。

3）当同一截面中有多束一端张拉的预应力筋时，张拉端宜分别设置在构件的两端。预应力筋采用两端张拉时，可先在一端张拉锚固后，再在另一端补足预应力值进行锚固。

（5）后张预应力筋的张拉应符合设计要求，设计无规定时，其张拉程序可参照表 4－13 进行。

（6）后张预应力筋断丝及滑移不得超过表 4－14 的控制数。

（7）预应力筋在张拉控制应力达到稳定后方可锚固。预应力筋锚固后的外露长度不宜小于 30mm，锚具应用封端混凝土保护，当需长期外露时，应采取防止锈蚀的措施。一般情况下，锚固完毕并经检验合格后即可切割端头多余的预应力筋，严禁用电弧焊切割，强调用砂轮机切割。

表 4－13　　后张预应力筋的张拉程序

预应力筋		张　拉　程　序
钢筋、钢筋束		0→初应力→1.05σ_{con}（持荷 2min）→σ_{con}（锚固）
钢绞线束	对于夹片式等具有自锚性能的锚具	普通松弛力筋：0→初应力→1.03σ_{con}（锚固） 低松弛力筋：0→初应力→σ_{con}（持荷 2min 锚固）
	其他锚具	0→初应力→σ_{con}（持荷 2min）→σ_{con}（锚固）
钢丝束	对于夹片式等具有自锚性能的锚具	普通松弛力筋：0→初应力→1.03σ_{con}（锚固） 低松弛力筋：0→初应力→σ_{con}（持荷 2min 锚固）
	其他锚具	0→初应力→1.05σ_{con}（持荷 2min）→0→σ_{con}（锚固）
精扎螺纹钢筋	直线配筋时	0→初应力→σ_{con}（持荷 2min 锚固）
	曲线配筋时	0→σ_{con}（持荷 2min）→0（上述程序反复几次）→初应力→σ_{con}（持荷 2min 锚固）

注　1. 表中 σ_{con} 为张拉时的控制应力，包括预应力损失值。

2. 两端同时张拉时，两端千斤顶升降压、画线、测伸长、插垫等工作应基本一致。

3. 梁的竖向预应力筋可一次张拉到控制应力，然后于持荷 5mm 后测伸长和锚固。

4. 超张拉数值超过规定的最大超张拉应力限值时，应按规定的限值进行张拉。

表 4-14　　后张法预应力筋断丝、滑移限制

类别	检查项目	控制值
钢丝束、钢绞线束	每束钢丝断丝或滑丝	1根
	每束钢绞线断丝或滑丝	1丝
	每个断面断丝之和不超过该断面钢丝总数的	1%
单根钢筋	断筋和滑移	不容许

注　1. 钢绞线断丝系指单根钢绞线内钢丝的断丝。
2. 超过表列控制数时，原则上应更换，当不能更换时，在许可的条件下，可采取补救措施，如提高其他束预应力值，但须满足设计上各阶段极限状态的要求。

后张法预应力张拉检测记录见表 4-15。

表 4-15　　后张法预应力张拉检测记录表

项目名称：　　工程合同段：

施工里程：　　分项工程名称：　　张拉日期：

桥梁名称：　　梁　号：　　钢绞线规格：

张拉端面号：　　张拉端锚固型式：　　拉伸机编号：　　钢丝束长度：

锚固端断面号：　　锚固端锚固型式：　　油压表编号：　　摩阻系数：

钢丝强度：　　设计控制应力：　　计算伸长值：　　超张拉油表读数：

钢丝束规格：　　超张拉应力：　　安装油表读数：

钢丝束编号	初读数	超张拉（%）			安装		滑丝、断丝情况	墩头检查情况	备注
		读数	伸长值	持压时间	读数	伸长值			

编号示意图　顶腹底板

施工负责人：　　质检员：　　记录员：　　第　页共　页

（四）预应力孔道压浆质量检测

1. 水泥浆的技术条件

在后张法预应力混凝土构件施工中，当预应力钢筋张拉完毕后，应尽早向预应力筋孔道压注水泥浆，以保证预应力筋不锈蚀，并与构件混凝土牢固黏结为整体。一般采用水泥净浆作为孔道压浆材料。

水泥浆的技术条件应符合下列规定。

(1) 水泥浆的强度应符合设计规定，设计无具体规定时，一般不应低于构件混凝土强度的80%，且不低于30MPa。

(2) 水泥浆原材料的技术要求如下。

1) 水泥。宜采用硅酸盐水泥或普通水泥。采用矿渣水泥时，应加强检验，防止材性不稳定。水泥的强度等级不宜低于42.5级。水泥不得含有任何团块。

2) 水。应不含有对预应力筋或水泥有害的成分，每升水不得含500mg以上的氯化物离子或任何一种其他有机物。可采用清洁的饮用水。

3) 外加剂。宜采用具有低含水量、流动性好、最小渗出及膨胀性等特性的外加剂，它们应不得含有对预应力筋或水泥有害的化学物质。

水泥浆可通过试验掺入适量膨胀剂（如铝粉等），以利于水泥浆与构件的良好接触。铝粉的掺量约为水泥用量的0.01%。但水泥浆掺入膨胀剂后的自由膨胀率应小于10%。铝粉的纯度应在99%以上，有效细度在50μm以下，由于铝粉易浮于水面，拌和水泥浆时，在加水拌和前，最好先将铝粉掺入水泥中拌和均匀后，再加水拌和。

4) 对截面较大的孔道，水泥浆中可掺入适量的细砂，其细度模数以1.3～2.2为宜，砂的掺量不应大于水泥用量的50%，并通过试验确定，一定要保证水泥浆的强度。

(3) 水泥浆应有良好的和易性，其水灰比宜为0.40～0.45，掺入适量减水剂时，水灰比可减到0.35。

(4) 水泥浆的泌水率最大不得超过3%，拌和后3h泌水率宜控制在2%，泌水应在24h内重新全部被水泥浆吸回。

(5) 水泥浆稠度宜控制在14～18s之间。

(6) 水泥浆调制后，应经常搅动，并应在30～45min的时间内用完。

2. 水泥浆施工技术要求

(1) 孔道的准备。压浆前，应对孔道进行清洁处理。对抽芯成型的混凝土空心孔道应冲洗干净并使孔壁完全湿润；金属管道必要时亦应冲洗以清除有害材料；对孔道内可能发生的油污等，可采用已知对预应力筋和管道无腐蚀作用的中性洗涤剂或皂液，用水稀释后进行冲洗。冲洗后，应使用不含油的压缩空气将孔道内的所有积水吹出。

(2) 水泥浆自拌制至压入孔道的延续时间，视气温情况而定，一般在30～45min范围内。水泥浆在使用前和压注过程中应连续搅拌。对于因延迟使用所致的流动度降低的水泥浆，不得通过加水来增加其流动度。

(3) 压浆时，对曲线孔道和竖向孔道应从最低点的压浆孔压入，由最高点的排气孔排气和泌水。压浆顺序宜先压注下层孔道。

(4) 压浆应缓慢、均匀地进行，不得中断，并应将所有最高点的排气孔依次一一放开和关闭，使孔道内排气通畅。较集中和邻近的孔道，宜尽量先连续压浆完成，不能连续压浆时，后压浆的孔道应在压浆前用压力水冲洗通畅。

(5) 对掺加外加剂泌水率较小的水泥浆，通过试验证明能达到孔道内饱满时，可采用一次压浆的方法；不掺外加剂的水泥浆，可采用二次压浆法，两次压浆的间隔时间宜为30～45min。

(6) 压浆应使用活塞式压浆泵，不得使用压缩空气。压浆的最大压力宜为0.5～

0.7MPa；当孔道较长或采用一次压浆时，最大压力宜为 1.0MPa。梁体竖向预应力筋孔道的压浆最大压力可控制在 0.3～0.4MPa。压浆应达到孔道另一端饱满和出浆，并应达到排气孔排出与规定稠度相同的水泥浆为止。为保证管道中充满灰浆，关闭出浆口后，应保持不小于 0.5MPa 的一个稳压期，该稳压期不宜少于 2min。

（7）压浆过程中及压浆后 48h 内，结构混凝土的温度不得低于 5℃，否则应采取保温措施。当气温高于 35℃时，压浆宜在夜间进行。

（8）压浆后应从检查孔抽查压浆的密实情况，如有不实，应及时处理和纠正。压浆时，每一工作班应留取不少于 3 组的 70.7mm×70.7mm×70.7mm 立方体试件，标准养护 28d，检查其抗压强度，作为评定水泥浆质量的依据。

（9）对需封锚的锚具，压浆后应先将其周围冲洗干净并对梁端混凝土凿毛，然后设置钢筋网浇筑封锚混凝土。封锚混凝土的强度应符合设计规定，一般不宜低于构件混凝土强度等级值的 80%。必须严格控制封锚后的梁体长度。长期外露的锚具，应采取防锈措施。

（10）对后张预制构件，在管道压浆前不得安装就位，在压浆强度达到设计要求后方可移运和吊装。

（11）孔道压浆应填写施工记录（见表 4-16）。

表 4-16　　**构件压浆原始记录**

项目名称：　　工程合同段：

施工里程：　　分项工程名称：　　施工日期：

<table>
<tr><td colspan="2">构件编号</td><td colspan="4"></td><td colspan="3">压浆断面编号</td><td colspan="3"></td></tr>
<tr><td rowspan="2">孔道编号</td><td colspan="5">第一次压浆</td><td rowspan="2">停冒时间（min）</td><td colspan="5">第二次压浆</td></tr>
<tr><td>压浆方向</td><td>时间起止</td><td>压力（MN）</td><td>通过</td><td>冒浆情况</td><td>压浆方向</td><td>时间起止</td><td>压力（MN）</td><td>通过</td><td>冒浆情况</td></tr>
<tr><td></td><td></td><td></td><td></td><td></td><td></td><td></td><td></td><td></td><td></td><td></td><td></td></tr>
<tr><td></td><td></td><td></td><td></td><td></td><td></td><td></td><td></td><td></td><td></td><td></td><td></td></tr>
<tr><td></td><td></td><td></td><td></td><td></td><td></td><td></td><td></td><td></td><td></td><td></td><td></td></tr>
<tr><td></td><td></td><td></td><td></td><td></td><td></td><td></td><td></td><td></td><td></td><td></td><td></td></tr>
<tr><td></td><td></td><td></td><td></td><td></td><td></td><td></td><td></td><td></td><td></td><td></td><td></td></tr>
<tr><td colspan="2">水泥名称及标号</td><td colspan="2"></td><td colspan="2">空气温度</td><td colspan="2"></td><td colspan="4" rowspan="2">压浆顺序草图：</td></tr>
<tr><td colspan="2">剂量名称及剂量</td><td colspan="2"></td><td colspan="2">水灰比</td><td colspan="2"></td></tr>
<tr><td colspan="2">水泥浆流动度</td><td colspan="2"></td><td colspan="2">水　温</td><td></td><td>水率</td><td colspan="4"></td></tr>
<tr><td colspan="2">压浆温度</td><td colspan="2"></td><td colspan="2">构件水泥（压浆）用量（t）</td><td colspan="2"></td><td colspan="4"></td></tr>
</table>

施工负责人：　　质检员：　　记录员：　　共　页　第　页

（五）水泥浆试验及配合比

有黏结预应力筋的后张法预应力混凝土构件，在预应力筋张拉完毕后，均须向孔道内压满水泥浆，以保证预应力筋不锈蚀并与构件混凝土联成整体。压浆工作宜在张拉完毕后尽早进行，一般预应力混凝土构件，在张拉完毕 10h 左右，观察预应力筋和锚具稳定后，即可进行孔道压浆。

1. 水泥浆的配合比试验

水泥浆配合比组成材料有水泥和水两种材料组成，适当掺加膨胀剂和减水剂。水泥浆配合比试验，一般应选 2～3 种水泥，用 2～3 个不同的水灰比分别配制，检测其技术指标，选择各项技术指标均满足要求的配合比用于施工。水泥浆配合比实例见表 4-17。

表 4-17　　水泥浆试验记录

设计强度 (MPa)	水泥品种及强度	外加剂掺量 (%)		$1m^3$ 水泥用量 (kg)	水灰比	稠度 (s)	抗压强度 (MPa)		密度 (kg/m^3)
		铝粉	高效减水剂				R_7	R_{28}	
C40	P. O42.5	0.01	0.3	1420	0.38	18	34.3	42.8	1960
C40	P. O42.5	0.01	0.3	1381	0.40	17	25.2	35.5	1934

注　以上两配合比的泌水率和膨胀率均符合要求，最后选用 $R_{28}=42.8$MPa 的配合比用于施工。

2. 泌水率和膨胀率试验

试验容器如图 4-9 所示，容器用有机玻璃制成，带有密封盖，高 120mm，置放于水平面上。往容器内填灌水泥浆约 100mm 深，测填灌面高度并记录下来，然后盖严。置放 3h 和 24h 后量测其离析水水面和水泥浆膨胀面，然后按下式计算泌水率及膨胀率

$$泌水率=\frac{100(a_2-a_3)}{a_1}(\%) \tag{4-13}$$

$$膨胀率=\frac{100(a_3-a_1)}{a_1}(\%) \tag{4-14}$$

3. 水泥浆稠度试验

水泥浆稠度测定容器见图 4-10。测定时，先将漏斗调整放平，关上底口活门，将搅拌均匀的水泥浆倾入漏斗内，直至表面触及点测规下端。打开活门，让水泥浆自由流出，水泥浆全部流完时间 (s)，称为水泥浆的稠度。

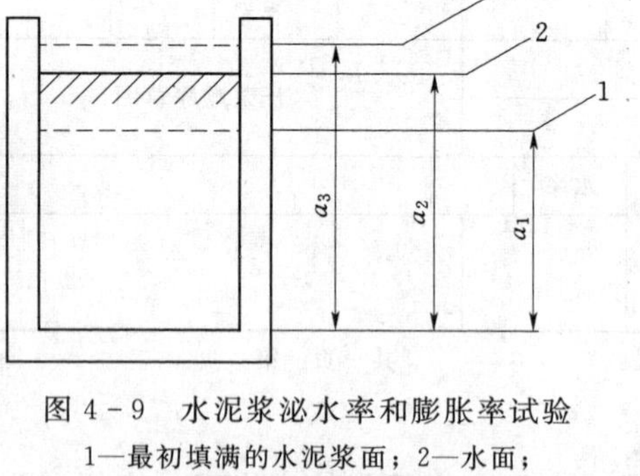

图 4-9　水泥浆泌水率和膨胀率试验

1—最初填满的水泥浆面；2—水面；3—膨胀后的水泥浆面

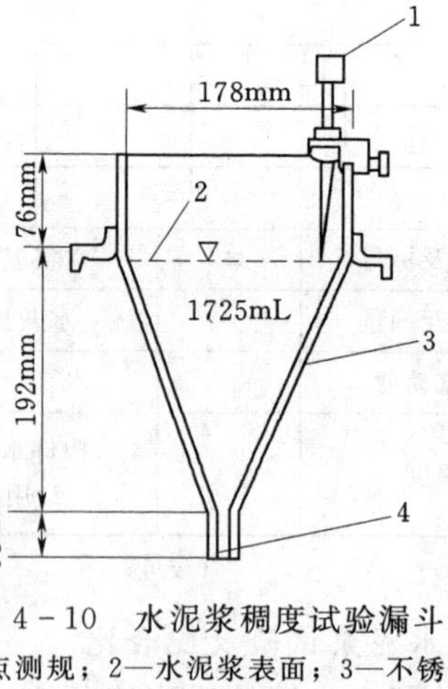

图 4-10　水泥浆稠度试验漏斗

1—点测规；2—水泥浆表面；3—不锈钢 3mm 厚；4—流出口（内径 13mm）

4. 水泥浆抗压强度试验

水泥浆的强度应制成 70.7mm×70.7mm×70.7mm 立方体试件，标准养护 28d 测得

表 4-18　　**后张法质量检验评定表**

项目名称：　　工程合同段：　　（子）分项工程名称：　　工程部位：

施工单位：　　监理单位：　　使用者类别：

基本要求	1. 预应力筋的各项技术性能必须符合国家现行标准规定和设计要求；2. 预应力束中的钢丝、钢绞线应梳理顺直，不得有缠绞、扭麻花现象，表面不应有损伤；3. 单根钢绞线不允许断丝、单根钢筋不允许断筋或滑移；4. 同一截面预应力筋接头面积不超过预应力筋面积的 25%，接头质量应满足施工技术规范的要求								
项次	检查项目		规定值或允许偏差	检查方法和频率	权值	检查实测值	平均值代表值	合格率（%）	得分
1	管道坐标（mm）	梁长方向	±30	尺量：抽查 30%，每根检查 10 个点	1				
		梁高方向	±10						
2	管道间距（mm）	同　排	10	尺量：抽查 30%，每根检查 5 个点	1				
		上下层	10						
3△	张拉应力值		符合设计要求	查油压表读数：全部	4				
4△	张拉伸长率		符合设计规定，设计未规定时±6%	尺量：全部	3				
5	断丝滑丝数	钢束	每束 1 根，且每断面不超过钢丝总数的 1%	目测：每根（束）	3				
		钢筋	不允许						
6	（子）分项工程得分								
7	外观鉴定		预应力筋表面应保持清洁，不应有明显的锈迹。不符合要求时，减 1～3 分		检查结果				
8	质量保证资料		资料、图表残缺，缺乏最基本数据，有伪造涂改者，不予检验和评定。资料不全者，视情况每款减 1～3 分						
9	（子）分项工程评分值								
10	质量等级								

监理工程师：　　日期：　　检测人：　　日期：　　承包商：　　日期：

表 4-19　　预制 T 梁质量检验评定表

项目名称：　　工程合同段：　　（子）分项工程名称：　　工程部位：

施工单位：　　监理单位：　　使用者类别：

项次	检查项目		规定值或允许偏差	检查方法和频率	权值	检查实测值	平均值 代表值	合格率 （%）	得分
基本要求	1. 所用的材料质量和规格必须符合有关规范的要求，按规定的配合比施工；2. T 梁不得出现露筋和空洞现象；3. 预制 T 梁混凝土必须达到设计要求强度和混凝土龄期方可施加预应力；4. 张拉过程中应随时注意上拱度的变化，张拉完毕后及时作封锚处理								
1△	混凝土强度（MPa）		在合格标准内	按 JTG F80/1—2004 附录 D 检查	3				
2	长度（mm）		+0，−10	尺量：每梁（板）	1				
3	断面尺寸（mm）	高　度	+5，−10	查施工纪录 每跨 5 个断面钢尺量，各 3 处	2				
		顶板宽	±30						
		顶翼板、底腹板厚	±10，−10						
4	轴线偏位（mm）		10	用经纬仪量 3 处	1				
5	平整度（mm）		7	用 2m 直尺检查	1				
6	预埋件位置		5	用尺量	1				
7	支座板平面高差（mm）		2	查混凝土浇筑前纪录	1				
8	（子）分项工程得分								
9	外观鉴定		混凝土表面平整，颜色一致，无明显施工接缝。不符合要求时，减 1～3 分		检查结果				
			混凝土表面不得出现蜂窝、麻面。出现必须修整并减 1～2 分						
			混凝土表面无非受力裂缝，出现非受力裂缝减 1～3 分。缝宽超过设计或未规定时超过 0.15mm 者必须处理						
			封锚混凝土应密实、平整。不符合要求时，减 2～4 分						
10	质量保证资料		资料、图表残缺，最基本数据缺乏、伪造涂改，不予检验和评定。资料不全者，视情况每款减 1～3 分						
11	（子）分项工程评分值								
12	质量等级								

监理工程师：　　日期：　　检测人：　　日期：　　承包商：　　日期：

抗压强度，以强度等级表示。压浆时每一工作班应制取不少于 3 组抗压试件，作为水泥浆质量评定的依据。

（六）封锚端检测

对于封锚端，检测内容包括三方面：

（1）封锚端混凝土的强度，要求不低于主梁混凝土强度。

（2）封锚端的端模板的尺寸及安装时是否紧紧地固定住，防止浇筑混凝土时发生位移、变形。

（3）封锚端的钢筋安装质量检测。

（4）对需封锚的锚具，压浆后应先将其周围冲洗干净并对梁端混凝土凿毛，然后设置钢筋网浇筑封锚混凝土。封锚混凝土的强度应符合设计规定，一般不宜低于构件混凝土强度等级值的 80%。必须严格控制封锚后的梁体长度。长期外露的锚具，应采取防锈措施。

（七）后张法预应力构件质量评定

后张法质量检验评定见表 4-18，预制 T 梁质量检验评定见表 4-19。

第四节　桥梁支座试验检测

一、支座的检测

桥梁支座设置在梁板式体系中主梁与墩台之间，其主要功能是将上部结构的各种荷载传递给墩台，并能适应上部结构的荷载、温度变化、混凝土收缩等各种因素所产生的变形（水平位移及转角），使上部结构的实际受力情况符合设计计算图式。

下面介绍目前使用极为广泛的是板式橡胶支座、盆式橡胶支座和球型支座的试验检测。

板式橡胶支座应符合现行《公路桥梁板式橡胶支座》（JT/T 4—2004）标准的规定。安装是相当重要的环节，对水平面应仔细校核，支座不得发生偏歪，不能脱空。盆式橡胶支座应符合现行《公路桥梁盆式橡胶支座》（JT 391—1999）标准的规定。支座安装位置应准确，并注意安装平整，且盆式橡胶支座应注意使其滑动方向符合设计要求。橡胶伸缩装置应符合现行《公路桥梁橡胶伸缩装置》（JT/T 327—2004）标准的规定。

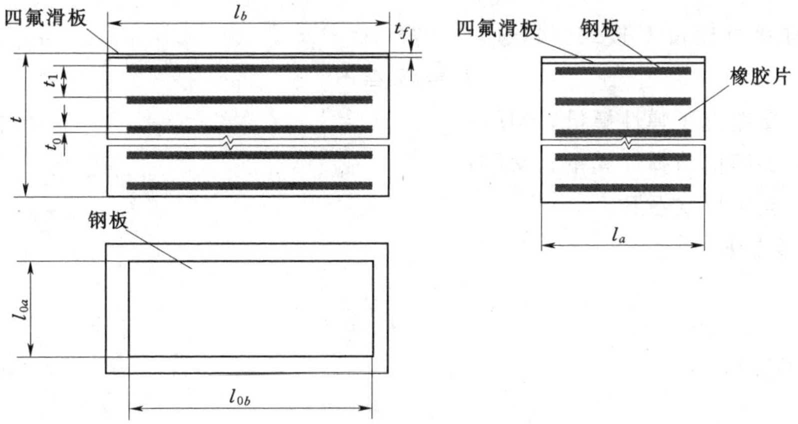

图 4-11　矩形四氟滑板橡胶支座

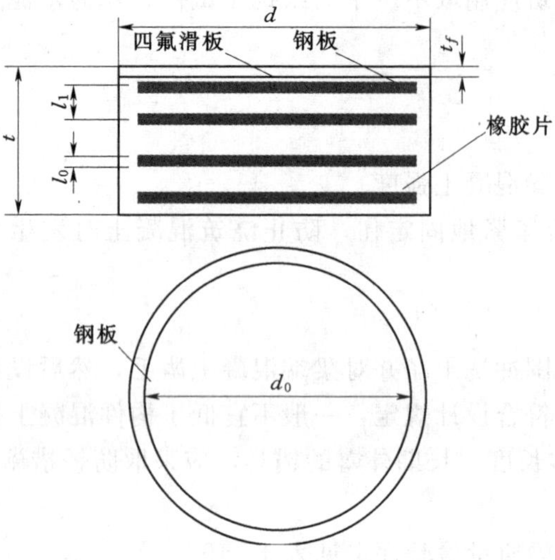

图 4-12　圆形四氟滑板橡胶支座

（一）板式橡胶支座检测

板式橡胶支座构造简单，成本低，目前已实现了产品的标准化、系列化，是大中桥使用较为广泛的桥梁支座。

板式桥梁橡胶支座构造如图 4-11 和图 4-12 所示，通常由若干层橡胶片与薄钢板为刚性加劲物组合而成，各层橡胶与上下钢板经加压硫化牢固的粘接成为一体。支座在竖向荷载作用下，具有足够的刚度，主要是由于嵌入橡胶片之间的钢板限制橡胶的侧向膨胀。在水平力作用下，支座的水平位移量取决于橡胶片的净厚度。在运营期间为防止嵌入钢板的锈蚀，支座的上下面及四边都有橡胶保护层。

交通部行业标准《公路桥梁板式橡胶支座》（JT/T 4—2004）规定了桥梁板式橡胶支座标准系列规格，其支座成品力学性能指标应符合表 4-20 的规定。

表 4-20　　成品支座力学性能指标

项　目		指　标
极限抗压强度 R_a（MPa）		≥70
实测抗压弹性模量 E_1（MPa）		$E \pm E \times 20\%$
实测抗剪弹性模量 G_1（MPa）		$G \pm G \times 15\%$
实测老化后抗剪弹性模量 G_2（MPa）		$G \pm G \times 15\%$
实测转角正切值 $\tan\theta$	混凝土桥	≥1/300
	钢桥	≥1/500
实测四氟板与不锈钢板表面摩擦系数 μ_f（加硅脂时）		≤0.03

支座抗压弹性模量 E 按式（4-15）计算

$$E = 5.4GS^2 \tag{4-15}$$

式中　E——支座抗压弹性模量，MPa；

G——支座抗剪弹性模量，MPa；

S——支座形状系数。

对于矩形支座

$$S = \frac{l_{0a} l_{0b}}{2t_1(l_{0a} + l_{0b})} \tag{4-16}$$

对于圆形支座

$$S = \frac{d_0}{4t_1} \tag{4-17}$$

式中 l_{0a}——矩形支座加劲钢板短边尺寸，mm；

l_{0b}——矩形支座加劲钢板长边尺寸，mm；

t_1——支座中间单层橡胶片厚度，mm；

d_0——圆形支座加劲钢板直径，mm。

（二）支座外形尺寸、外观质量和解剖检测

支座外形尺寸应用钢直尺量测，厚度应用游标卡尺或量规量测。对矩形支座，除应在四边上量测长短边尺寸外，还应量测平面与侧面对角线尺寸，厚度应在四边中点及对角线中心处量测；对圆形支座，其直径、厚度应至少量测四次，测点应垂直交叉，并量测圆心处厚度。外形尺寸和厚度取其实测值的平均值，其尺寸偏差应符合表 4－21 和表 4－22 的规定。

支座用钢锯锯开后应满足表 4－23 中的要求。

支座外观质量用目测方法或量具逐块进行检查。每块支座不允许有表 4－24 规定的两项以上缺陷存在。

表 4－21　　成品支座平面尺寸偏差范围　　单位：mm

矩形支座		圆形支座	
长边范围 l_b	偏差	直径范围 d	偏差
$l_b \leqslant 300$	＋2，0	$d \leqslant 300$	＋2，0
$300 < l_b \leqslant 500$	＋4，0	$300 < d \leqslant 500$	＋4，0
$l_b > 500$	＋5，0	$d > 500$	＋5，0

表 4－22　　成品支座厚度偏差范围　　单位：mm

矩形支座		圆形支座	
厚度范围 t	偏差	直径范围 t	偏差
$t \leqslant 49$	＋1，0	$t \leqslant 49$	＋1，0
$49 < t \leqslant 100$	＋2，0	$49 < t \leqslant 100$	＋2，0
$100 < t \leqslant 150$	＋3，0	$100 < t \leqslant 150$	＋3，0
$t > 150$	＋4，0	$t > 150$	＋4，0

表 4－23　　成品支座解剖检验要求

名　称	解剖检验标准
锯开后胶层厚度	胶层厚度应均匀，t_1 为 5mm 或 8mm 时，其偏差为±0.4mm；t_1 为 11mm 时，其偏差不得大于±0.7mm；t_1 为 15m 时，其偏差不得大于±1.0mm
钢板与橡胶黏结	钢板与橡胶黏结应牢固，且无离层现象，其平面尺寸偏差为±lmm；保护层偏差为（＋0.5，0）mm
剥离胶层（应按 HG/T 2198 规定制成试样）	剥离胶层后，测定的橡胶性能，其拉伸强度的下降不应大于 15％，扯断伸长率的下降不应大于 20％

表 4-24　　成品支座解剖检验要求

名　　称	成品质量标准
气泡、杂质	气泡、杂质总面积不得超过支座平面面积的 0.1%，且每一处气泡、杂质面积不能大于 50mm²，最大深度不超过 2mm
凹凸不平	当支座平面面积小于 0.15m² 时，不多于两处；大于 0.15m² 时，不多于四处，且每处凹凸高度不超过 0.5mm，面积不超过 6mm²
四侧面裂纹、钢板外露	不允许
掉块、崩裂、机械损伤	不允许
钢板与橡胶黏结处开裂或剥离	不允许
支座表面平整度	1. 橡胶支座：表面不平整度不大于平面最大长度的 0.4%； 2. 四氟滑板支座：表面不平整度不大于四氟滑板平面最大长度的 0.2%
四氟滑板表面划痕、碰伤、敲击	不允许
四氟滑板与橡胶支座粘贴错位	不得超过橡胶支座矩边或直径尺寸的 0.5%

（三）支座力学性能检测方法

1. 试样、试验条件和试验设备要求

（1）试样。试样应随机抽取实样，每种规格试样数量为三对，各种试验试样通用。凡与油及其他化学药品接触过的支座不得用作试样。试样试验前应暴露在标准温度 23℃±5℃下，停放 24h 以使试样内外温度一致。

（2）试验条件。试验室的标准温度为 23℃±5℃，且不能有腐蚀性气体及影响检测的振动源。

（3）仪器设备。试验机宜具备下列功能：微机控制，能自动、平稳连续加载、卸载，且无冲击和颤动现象，自动持荷（试验机满负荷保持时间可不少于 4h，且试验荷载的示值变动不应大于 0.5%），自动采集数据，自动绘制应力—应变图，自动储存试验原始记录及曲线图和自动打印结果的功能。试验用承载板应具有足够的刚度，其厚度应大于其平面最大尺寸的 1/2，且不能用分层垫板代替。平面尺寸必须大于被测试试样的平面尺寸，在最大荷载下不应发生挠曲。

进行剪切试验时，其剪切试验机构的水平油缸、负荷传感器的轴线应和中间钢拉板的对称轴相重合，确保被测试样水平轴向受力。

试验机的级别为Ⅰ级，示值相对误差最大允许值为 1.0%，试验机正压力使用可在最大力值的 0.4%～90%范围内，水平力的使用可在最大力值的 1%～90%范围内，其示值的准确度和相关的技术要求应满足《测试电容传声器》（JJG 175—1998）的规定。

测量支座试样变形量的仪表量程应满足测量支座试样变形量的需要，测量转角变形量的分度值为 0.001mm，测量竖向压缩变形量和水平位移变形量的分度值为 0.01mm。

2. 抗压弹性模量试验

（1）抗压弹性模量试验步骤（试验设备见图 4-13）。

1）将试样置于试验机的承载板上，上下承载与支座接触面不得有油渍；对准中心，精度应小于 1%的试件短边尺寸或直径。缓缓加载至压应力为 1.0MPa 且稳压后，核对承载板四角对称安置的四只，位移传感器，确认无误后，开始预压。

2）预压。将压应力以 0.03～0.04MPa/s 速率连续地增至平均压应力 σ=10MPa，持荷 2min，然后以连续均匀的速度将压应力卸至 1.0MPa，持荷 5min，记录初始值，绘制应力—应变图，预压三次。

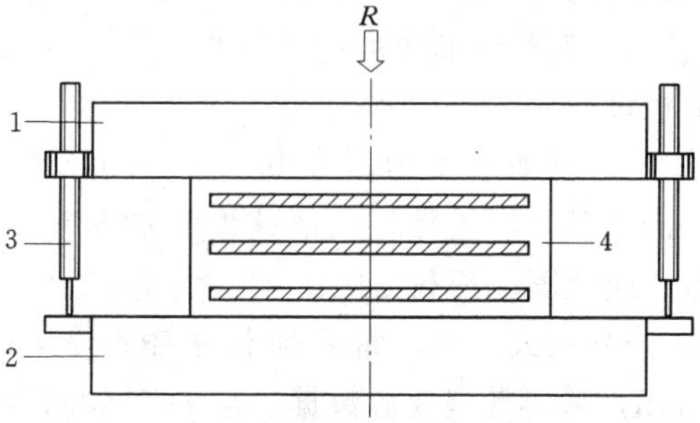

图 4-13　压缩试验设备图

1—上承载板；2—下承载板；3—位移传感器；4—支座试样

3）正式加载。每一加载循环自 1.0MPa 开始，将压应力以 0.03～0.04MPa/s 速率均匀加载至 4MPa，持荷 2min 后，采集支座变形值，然后以同样速率每 2MPa 为一级逐级加载，每级持荷 2min 后，采集支座变形数据直至平均压应力 σ 为止，绘制的应力—应变图应呈线性关系。然后以连续均匀的速度卸载至压应力为 1.0MPa。10min 后进行下一加载循环。加载过程应连续进行三次。

4）以承载板四角所测得的变化值的平均值，作为各级荷载下试样的累计竖向压缩变形 Δ_c，按试样橡胶层的总厚度 t_e 求出在各级试验荷载作用下，试样的累计压缩应变 $\varepsilon_i=\Delta_c/t_e$。

（2）试样实测抗压弹性模量应按式（4-18）计算

$$E_1=\frac{\sigma_{10}-\sigma_4}{\varepsilon_{10}-\varepsilon_4} \tag{4-18}$$

式中　E_1——试样实测的抗压弹性模量计算值，精确至 1MPa；

σ_4、ε_4——第 4MPa 级试验荷载下的压应力和累积压缩应变值；

σ_{10}、ε_{10}——第 10MPa 级试验荷载下的压应力和累积压缩应变值。

（3）结果。每一块试样的抗压弹性模量 E_1 为三次加载过程所得的三个实测结果的算术平均值。但单项结果和算术平均值之间的偏差不应大于算术平均值的 3%，否则应对该试样重新复核试验一次，如果仍超过 3%，应由试验机生产厂专业人员对试验机进行检修和检定，合格后再重新进行试验。

3. 抗剪弹性模量试验

（1）抗剪弹性模量试验步骤（试验设备见图 4-14）。

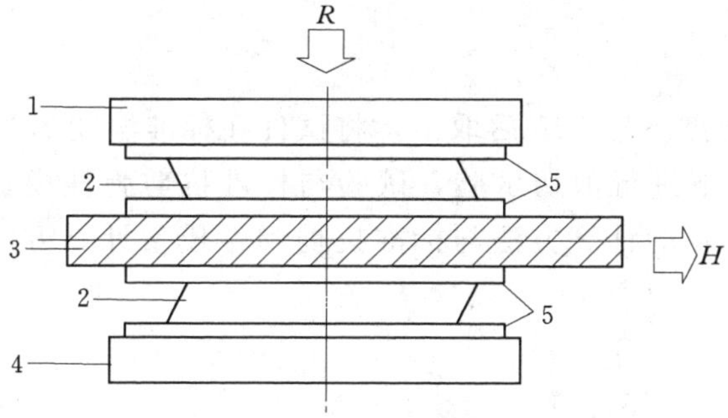

图 4-14　剪切试验设备图

1—上承载板；2—支座试样；3—中间钢拉板；4—下承载板；5—防滑摩擦板

1）在试验机的承载板上，应使支座顺其短边方向受剪，将试样及中间钢拉板按双剪组合配置好，使试样和中间钢拉板的对称轴和试验机承载板中心轴处在同一垂下面上，精度应小于 1% 的试件短边尺寸。为防止出现打滑现象，应在上下承载板和中间钢拉板上粘贴高摩擦板，以确保试验的准确性。

2）将压应力以 0.03～0.04MPa/s 的速率连续地增至平均压应力 σ，绘制应力一时间图，并在整个抗剪试验过程中保持不变。

3）调整试验机的剪机试验机构，使水平油缸、负荷传感器的轴线和中间钢拉板的对称轴重合。

4）预加水平力。以0.02～0.03MPa/s的速率连续施加剪应力$\tau=1.0$MPa，持荷5min，然后以连续均匀的速度卸载至剪应力为0.1MPa，持荷5min，记录始值，绘制应力—应变图。预载三次。

5）正式加载。每一加载循环自$\tau=1.0$MPa开始，每级剪应力增加0.1MPa，持荷1min，采集支座变形数据，至$\tau=1.0$MPa为止，绘制的应力—应变图应呈线性关系。然后以连续均匀的速度卸载到剪应力为0.1MPa，10min后进行下一循环试验。加载过程应连续进行三次。

6）将各级水平荷载作用下位移传感器所测得的试样累计水平剪切变形Δ_s，按试样橡胶层的总厚度t_e求出在各级试验荷载作用下，试样的累积剪切应变$\gamma_i=\Delta_s/t_e$。

（2）试样的实测抗剪弹性模量应按式（4-19）计算

$$G_1=\frac{\tau_{1.0}-\tau_{0.3}}{\gamma_{1.0}-\gamma_{0.3}} \tag{4-19}$$

式中 G_1——试样的实测抗剪弹性模量计算值，精确至1%，MPa；

$\tau_{1.0}$、$\gamma_{1.0}$——第1.0MPa级试验荷载下的剪应力和累计剪切应变值，MPa；

$\tau_{0.3}$、$\gamma_{0.3}$——第0.3MPa级试验荷载下的剪应力和累计剪切应变值，MPa。

（3）结果。每对检验支座所组成的综合抗剪弹性模量G_1，为该对试件三次加载所得到的三个结果的算术平均值。但各单项结果与算术平均值之间的偏差应不大于算术平均值的3%，否则应对该试件重新复核试验一次，如果仍超过3%，应请试验机生产厂专业人员对试验机进行检修和检定，合格后再重新进行试验。

4. 抗剪黏结性能试验

整体支座抗剪黏结性能试验方法与抗剪弹性模量试验方法相同，将压应力以0.03～0.04MPa/s速度连续地增至平均压应力σ，绘制应力—时间图，并在整个试验过程中保持不变。然后以0.02～0.03MPa/s速度连续施加水平力，当剪应力达到2MPa，持荷5min后，水平力以连续均匀的速度连续卸载，在加、卸载过程中绘制应力—应变图。试验中随时观察试件受力状态及变化情况，水平力卸载后试样是否完好无损。

5. 抗剪老化试验

将试样置于老化箱内，在70℃±2℃温度下经72h后取出，将试件在标准温度23℃±5℃下，停放48h，再在标准试验室温度下进行剪切试验，试验与标准抗剪弹性模量试验方法步骤相同。老化后抗剪弹性模量G_2的计算方法与标准抗剪弹性模量计算方法相同。

6. 摩擦系数试验

（1）摩擦系数试验步骤（试验设备见图4-15）。

1）将四氟板支座与不锈钢板试样按规定摆放，对准试验机承载板中心位置，精度应小于1%的试件短边尺寸。试验时应将四氟滑板试样的储油槽内注满5201-2硅脂油。

2）将压应力以 0.03～0.04MPa/s 速度连续地增至平均压应力 σ，绘制应力—时间图，并在整个试验过程中保持不变。其预压时间为 1h。

3）以 0.02～0.03MPa/s 速度连续施加水平力，直至不锈钢板与四氟滑板试样接触面间发生滑动为止，记录此时的水平剪应力作为初始值。试验过程应连续进行三次。

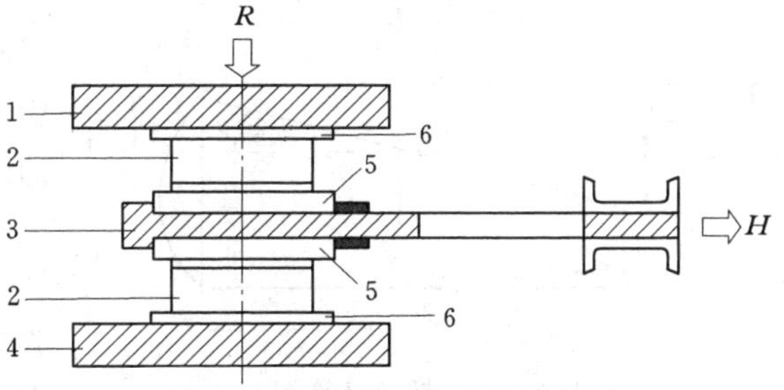

图 4-15　摩擦系数试验设备图

1—试验机上承载板；2—四氟滑板支座试样；3—中间钢拉板；4—试验机上承载板；5—不锈钢板试样；6—防滑摩擦板

（2）摩擦系数应按下列公式计算

$$\mu_f = \frac{\tau}{\sigma} \tag{4-20}$$

$$\tau = \frac{H}{A_0} \tag{4-21}$$

$$\sigma = \frac{R}{A_0} \tag{4-22}$$

式中　μ_f——四氟滑板与不锈钢板表面的摩擦系数，精确至 0.01；

τ——接触面发生滑动时的平均剪应力，MPa；

σ——支座的平均压应力，MPa；

H——支座承受的最大不平力，kN；

R——支座最大承压力，kN；

A_0——支座有效承压面积，mm^2。

（3）结果。每对试样的摩擦系数为三次试验结果的算术平均值。

7. 转角试验

（1）试验原理。施加压应力至平均压应力 σ，则试样产生垂直压缩变形；用千斤顶对中间工字梁施加一个向上的力 P，工字梁产生转动，上下试样边缘产生压缩及回弹两个相反变形。由转动产生的支座边缘的变形必须小于由垂直荷载和强制转动共同影响下产生的压缩变形（见图 4-16 和图 4-17）。

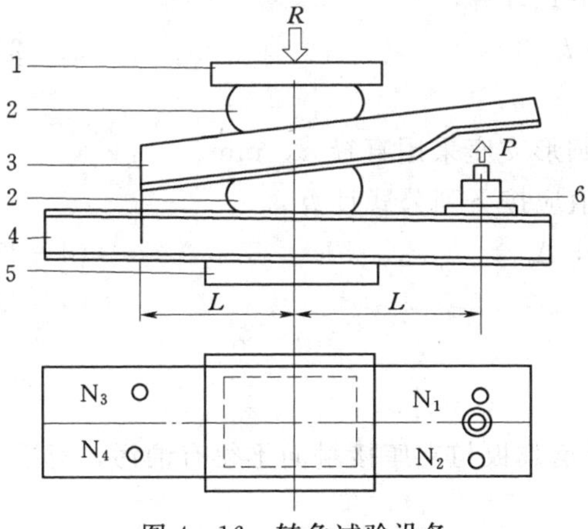

图 4-16　转角试验设备

1—压力机上承载板；2—试样；3—中间工字梁；4—承载梁；5—压力机下承载板；6—千字顶

（2）试验步骤。转角试验应按下列步骤进行：

1）将试样按图 4-16 规定摆放，对准中心位置，精度应小于 1% 的试件短边尺寸。在距试样中心 L 处，安装使梁产生转动用的千斤顶和测力计，并在承载梁（或板）四角对称安置四只高精度位移传感器（精度 0.001mm）。

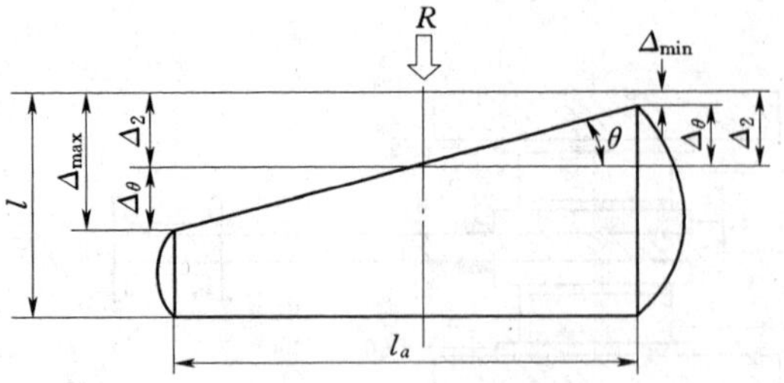

图 4-17 转角计算图

2）预压。将压应力以 0.03～0.04MPa/s的速率连续地增至平均压应力σ，绘制应力—时间图，维持5min，然后以连续均匀的速率卸载至压应力为1.0MPa，如此反复三遍。检查传感器是否灵敏准确。

3）加载。将压应力按照抗压弹性模量试验要求增至σ，采集支座变形数据，绘制应力—应变图，并在整个试验过程中维持σ不变。用千斤顶对中间工字梁施加一个向上的力P，使其达到预期转角的正切值（偏差不大于5%），停5min后，记录千斤顶力P及传感器的数值。

（3）计算。

1）实测转角的正切值应按下列公式计算

$$\tan\theta = \frac{\Delta_1^2 + \Delta_3^4}{2L} \tag{4-23}$$

式中 $\tan\theta$——试样实测转角的正切值；

Δ_1^2——传感器N_1、N_2处的变形平均值，mm；

Δ_3^4——传感器N_3、N_4处的变形平均值，mm；

L——转动力臂。

2）各种转角下，由于垂直承压力和转动共同影响产生的压缩变形值应按下式计算

$$\Delta_2 = \Delta_c - \Delta_1 \tag{4-24}$$

$$\Delta_1 = (\Delta_1^2 - \Delta_3^4)/2 \tag{4-25}$$

式中 Δ_c——支座最大承压力P时试样累积压缩变形值，mm；

Δ_1——转动试验时，试样中心平均回弹变形值，mm；

Δ_2——垂直承压力和转动共同影响下试样中心处产生的压缩变形值，mm。

3）各种转角下，试样边缘换算变形值应按下式计算

$$\Delta_\theta = \tan\theta \cdot l_a/2 \tag{4-26}$$

式中 Δ_θ——实测转角产生的变形值，mm；

l_a——矩形支座试样的短边尺寸，mm，圆形支座采用直径d，mm。

4）各种转角下，支座边缘最大、最小变形值应按下列公式计算

$$\Delta_{max} = \Delta_2 + \Delta_\theta \tag{4-27}$$

$$\Delta_{min} = \Delta_2 - \Delta_\theta \tag{4-28}$$

8. 极限抗压强度试验

极限抗压强度试验步骤如下：

（1）将试样放置在试检机的承载板上，上下承载板与支座接触面不得有油污，对准中心位置，精度应小于1%的试件短边尺寸。

（2）以0.1MPa/s的速率连续地加载至试样极限抗压强度R_u不小于70MPa为止，绘制应力—时间图，并随时观察试样受力状态及应变情况，试样是否完好无损。

（四）判定规则

（1）实测抗压弹性模量 E_1、抗剪弹性模量 G_1、试样老化后的抗剪弹性模量 G_2 和四氟滑板试样与不锈钢板的摩擦系数应满足表 4-20 中的要求。

（2）支座在不小于 70MPa 压应力时，橡胶层未被挤坏，中间层钢板未断裂，四氟滑板与橡胶未发生剥离，则试样的抗压强度满足要求。

（3）支座在两倍剪应力作用下，橡胶层未被剪坏，中间层钢板未断裂错位，卸载后，支座变形恢复正常，认为试样抗剪黏结性能满足要求。

（4）试样的容许转角正切值，混凝土、钢筋混凝土桥在 1/300，钢桥在 1/500 时，试样边缘最小变形值大于或等于零时，则试样容许转角满足要求。

（5）三块（或三对）试样中，有两块（或两对）不能满足要求时，则认为该批产品不合格。若有一块（或一对）试样不能满足要求时，则应从该批产品中随机再取双倍试样对不合格项目进行复验，若仍有一项不合格，则判定该批产品不合格。

二、盆式橡胶支座检测

盆式橡胶支座具有结构紧凑、摩擦系数小、承载能力大、质量小、结构高度小、转动及滑动灵活、成本较低等特点，是一种有发展前途的大中型桥梁支座。

（一）基本常识

1. 分类

（1）按使用性能分类。

1）双向活动支座（多向活动支座）：具有竖向承载、竖向转动和多向滑移性能，代号为 SX。

2）单向活动支座：具有竖向承载、竖向转动和单一方向滑移性能，代号为 DX。

3）固定支座：具有竖向承载和竖向转动性能，代号为 GD。

（2）按适用温度范围分类

1）常温型支座：适用于－25～＋60℃使用。

2）耐寒型支座：适用于－40～＋60℃使用，代号为 F。

2. 支座型号表示方法

例 1：GPZ15SXF 表示 GPZ 系列中设计承载力为 15MN 的多向活动的耐寒型盆式支座。

例 2：GPZ35DX 表示 GPZ 系列中设计承载力为 35MN 的单向活动常温型盆式支座。

例 3：GPZ50GD 表示 GPZ 系列中设计承载力为 50MN 的固定的常温型盆式支座。

3. 结构形式及规格系列

交通部行业标准《公路桥梁盆式橡胶支座》（JT 391—1999）中规定了桥梁盆式橡胶支座的标准系列规格、成品支座力学性能指标及有关设计指标要求。

（1）结构形式及规格系列。双向（多向）活动支座和单向活动支座由上座板（包括顶板和不锈钢滑板）、聚四氟乙烯滑板、中间钢板、密封圈、橡胶板、底盆、地脚螺栓和防尘罩等组成。单向活动支座沿活动方向还设有导向挡块。

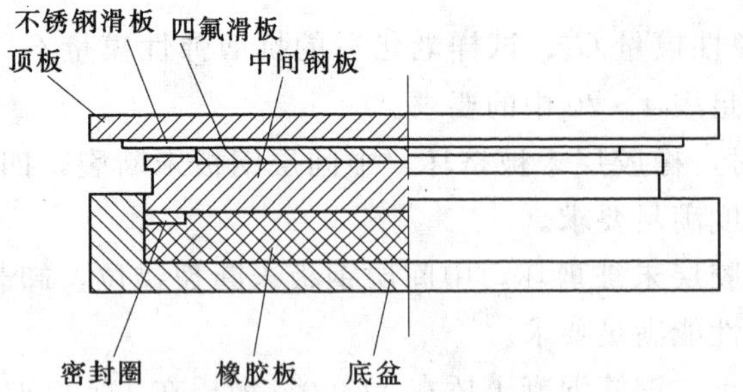

图 4－18　双向活动支座结构示意图

固定支座由上座板、密封圈、橡胶板、底盆、地脚螺栓和防尘罩等组成。减振型支座还应有消能和阻尼件。

双向活动支座结构示意见图 4－18，规格系列见表 4－25。

单向活动支座结构示意见图 4－19，规格系列见表 4－26。

固定支座结构示意见图 4－20，规格系列见表 4－27。

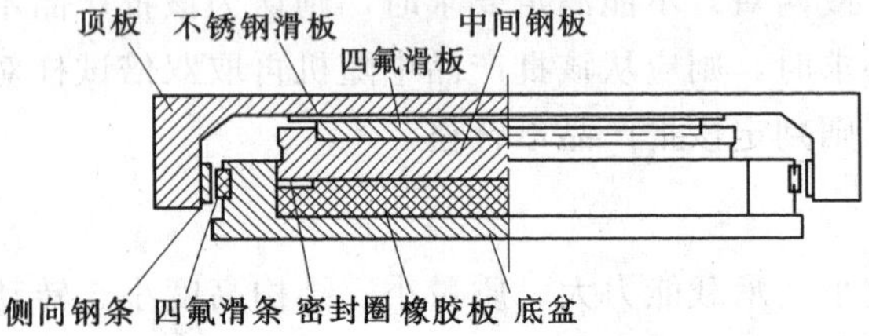

图 4－19　单向活动支座结构示意

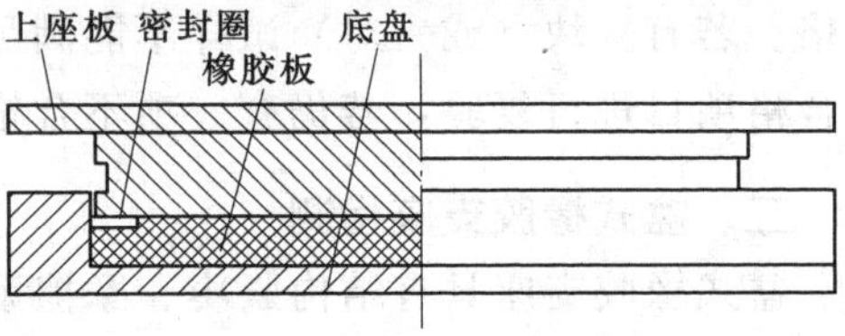

图 4－20　固定支座结构示意图

表 4－25　　**双向活动支座规格系列表**

支座规格		GPZ0.8SX	GPZ1SX	GPZ1.25SX	GPZ1.55SX
设计承载力/允许最大承载力(MN)		0.8/0.88	1/1.1	1.25/1.375	1.5/1.65
位移(mm)	顺桥向	±50；±100；±150	±50；±100；±150	±50；±100；±150	±50；±100；±150
	横桥向	±40	±40	±40	±40
支座规格		GPZ2SX	GPZ2.5SX	GPZ3SX	GPZ3.5SX
设计承载力/允许最大承载力(MN)		2/2.2	2.5/2.75	3/3.3	3.5/3.85
位移(mm)	顺桥向	±50；±100；±150	±50；±100；±150	±50；±100；±150	±50；±150；±200
	横桥向	±40	±40	±40	±40
支座规格		GPZ4SX	GPZ5SX	GPZ6SX	GPZ7SX
设计承载力/允许最大承载力(MN)		4/4.4	5/5.5	6/6.6	7/7.7
位移(mm)	顺桥向	±100；±150；±200	±100；±150；±200	±100；±150；±200	±100；±150；±200
	横桥向	±40	±40	±40	±40
支座规格		GPZ8SX	GPZ9SX	GPZ10SX	GPZ12.5SX
设计承载力/允许最大承载力(MN)		8/8.8	9/9.9	10/11	12.5/13.75
位移(mm)	顺桥向	±100；±150；±200	±100；±150；±200	±150；±200；±250	±150；±200；±250
	横桥向	±40	±40	±40	±40

续表

支座规格		GPZ15SX	GPZ17.5SX	GPZ20SX	GPZ22.5SX
设计承载力/允许最大承载力(MN)		15/16.5	17.5/19.25	20/22	22.5/24.75
位移(mm)	顺桥向	±150;±200;±250	±150;±200;±250	±150;±200;±250	±150;±200;±250
	横桥向	±40	±40	±40	±40
支座规格		GPZ25SX	GPZ27.5SX	GPZ30SX	GPZ32.5SX
设计承载力/允许最大承载力(MN)		25/27.5	27.5/30.25	30/33	32.5/35.75
位移(mm)	顺桥向	±150;±200;±250	±150;±200;±250	±150;±200;±250	±200;±250;±300
	横桥向	±40	±40	±40	±50
支座规格		GPZ35SX	GPZ37.5SX	GPZ40SX	GPZ45SX
设计承载力/允许最大承载力(MN)		35/38.5	37.5/41.25	40/44	45/49.5
位移(mm)	顺桥向	±200;±250;±300	±200;±250;±300	±200;±250;±300	±200;±250;±300
	横桥向	±50	±50	±50	±50
支座规格		GPZ50SX	GPZ55SX	GPZ60SX	
设计承载力/允许最大承载力(MN)		50/55	55/60.5	60/66	
位移(mm)	顺桥向	±200;±250;±300	±200;±250;±300	±200;±250;±300	
	横桥向	±50	±50	±50	

表 4-26　　单向活动支座规格系列

支座规格		GPZ0.8DX	GPZ1DX	GPZ1.25DX	GPZ1.5DX
设计承载力/允许最大承载力(MN)		0.8/0.88	1/1.1	1.25/1.375	1.5/1.65
位移(mm)	顺桥向	±50;±100;±150	±50;±100;±150	±50;±100;±150	±50;±100;±150
	横桥向	±3	±3	±3	±3
支座规格		GPZ2DX	GPZ2.5DX	GPZ3DX	GPZ3.5DX
设计承载力/允许最大承载力(MN)		2/2.2	2.5/2.75	3/3.3	3.5/3.85
位移(mm)	顺桥向	±50;±100;±150	±50;±100;±150	±50;±100;±150	±50;±150;±200
	横桥向	±3	±3	±3	±3
支座规格		GPZ4DX	GPZ5DX	GPZ6DX	GPZ7DX
设计承载力/允许最大承载力(MN)		4/4.4	5/5.5	6/6.6	7/7.7
位移(mm)	顺桥向	±100;±150;±200	±100;±150;±200	±100;±150;±200	±100;±150;±200
	横桥向	±3	±3	±3	±3

续表

支座规格		GPZ8DX	GPZ9DX	GPZ10DX	GPZ12.5DX
设计承载力/允许最大承载力（MN）		8/8.8	9/9.9	10/11	12.5/13.75
位移(mm)	顺桥向	±100;±150;±200	±100;±150;±200	±100;±150;±200	±150;±200;±250
	横桥向	±3	±3	±3	±3
支座规格		GPZ15DX	GPZ17.5DX	GPZ20DX	GPZ22.5DX
设计承载力/允许最大承载力（MN）		15/16.5	17.5/19.25	20/22	22.5/24.75
位移(mm)	顺桥向	±150;±200;±250	±150;±200;±250	±150;±200;±250	±150;±200;±250
	横桥向	±3	±3	±3	±3
支座规格		GPZ25DX	GPZ27.5DX	GPZ30DX	GPZ32.5DX
设计承载力/允许最大承载力（MN）		25/27.5	27.5/30.25	30/33	32.5/35.75
位移(mm)	顺桥向	±150;±200;±250	±150;±200;±250	±150;±200;±250	±200;±250;±300
	横桥向	±3	±3	±3	±3
支座规格		GPZ35DX	GPZ37.5DX	GPZ40DX	GPZ45DX
设计承载力/允许最大承载力（MN）		35/38.5	37.5/41.25	40/44	45/49.5
位移(mm)	顺桥向	±200;±250;±300	±200;±250;±300	±200;±250;±300	±200;±250;±300
	横桥向	±3	±3	±3	±3
支座规格		GPZ50DX	GPZ55DX	GPZ60DX	
设计承载力/允许最大承载力（MN）		50/55	55/60.5	60/66	
位移(mm)	顺桥向	±200;±250;±300	±200;±250;±300	±200;±250;±300	
	横桥向	±3	±3	±3	

表 4-27　　固定支座规格系列

支座规格		GPZ0.8GD	GPZ1GD	GPZ1.25GD	GPZ1.5GD
设计承载力/允许最大承载力（MN）		0.8/0.88	1/1.1	1.25/1.375	1.5/1.65
位移（mm）	顺桥向	0	0	0	0
	横桥向	0	0	0	0
支座规格		GPZ2GD	GPZ2.5GD	GPZ3GD	GPZ3.5GD
设计承载力/允许最大承载力（MN）		2/2.2	2.5/2.75	3/3.3	3.5/3.85
位移（mm）	顺桥向	0	0	0	0
	横桥向	0	0	0	0

续表

支座规格		GPZ4GD	GPZ5GD	GPZ6GD	GPZ7GD
设计承载力/允许最大承载力（MN）		4/4.4	5/5.5	6/6.6	7/7.7
位移（mm）	顺桥向	0	0	0	0
	横桥向	0	0	0	0
支座规格		GPZ8GD	GPZ9GD	GPZ10GD	GPZ12.5GD
设计承载力/允许最大承载力（MN）		8/8.8	9/9.9	10/11	12.5/13.75
位移（mm）	顺桥向	0	0	0	0
	横桥向	0	0	0	0
支座规格		GPZ15GD	GPZ17.5GD	GPZ20GD	GPZ22.5GD
设计承载力/允许最大承载力（MN）		15/16.5	17.5/19.25	20/22	22.5/24.75
位移（mm）	顺桥向	0	0	0	0
	横桥向	0	0	0	0
支座规格		GPZ25GD	GPZ27.5GD	GPZ30GD	GPZ32.5GD
设计承载力/允许最大承载力（MN）		25/27.5	27.5/30.25	30/33	32.5/35.75
位移（mm）	顺桥向	0	0	0	0
	横桥向	0	0	0	0

（2）成品支座力学性能要求。

1）竖向承载力。标准系列支座的竖向承载力（即支座反力，单位 MN）分 31 级，即 0.8、1.0、1.25、1.5、2.0、2.5、3.0、3.5、4.0、5.0、6.0、7.0、8.0、9.0、10.0、12.5、15.0、17.5、20.0、22.5、25.0、27.5、30.0、32.5、35.0、37.5、40.0、45.0、50.0、55.0 和 60.0。

在竖向设计荷载作用下，支座压缩变形值不得大于支座总高度的 2%，盆环上口径向变形不得大于盆环外径的 0.5‰，支座残余变形不得超过总变形量的 5%。

2）水平承载力。标准系列中，固定支座在各方向和单向活动支座非滑移方向的水平承载力均不得小于支座竖向承载力的 10%。抗震型支座水平承载力不得小于支座竖向承载力的 20%。

3）转角。支座转动角度不得小于 0.02rad。

4）摩阻系数。加 5201 硅脂润滑后，常温型活动支座设计摩阻系数最小取 0.03。加 5201 硅脂润滑后，耐寒型活动支座没计摩阻系数最小取 0.06。

（二）支座力学性能检测方法

整体支座力学性能测试应在专门试验机构中进行。

1. 荷载试验

荷载试验的检验荷载应是支座设计承载力的1.5倍，并以10个相等的增量加载。在支座顶底板间均匀安装4只百分表，测试支座竖向压缩变形；在盆环上口相互垂直的直径方向安装4只千分表，测试盆环径向变形。加载前应对试验支座预压3次，预压荷载为支座设计承载力。试验时检验荷载以10个相等的增量加载。加载前先给支座一个较小的初始压力，初始压力的大小可视试验机精度具体确定，然后逐级加载。每级加载稳压后即可读数，并在支座设计荷载时加测读数，直至加载到检验荷载后，卸载至初始压力，测定残余变形，此时一个加载程序完毕。一个支座需往复加载3次。

2. 支座（或试件）摩阻系数测定

支座（或试件）摩阻系数测定采用双剪试验方法。试验时支座（或试件）储脂坑内均应涂满硅脂。对磨件不锈钢板选用0Cr19Ni13$M_0$3、0Cr17Ni12$M_0$2或1Cr18Ni9Ti牌号精轧不锈钢板，表面粗糙度为1μm。试验温度常温为21℃±1℃，低温为－35℃±1℃。预压时间为1h，支座预压荷载为设计承载力（试件按30MPa压应力计算）。试验时先给支座（或试件）施加垂直设计承载力，然后施加水平力并记录其大小。当支座（或试件）一发生滑动，即停止水平力加载，由此计算初始摩阻系数。重复上述加载至第五次，测出各次的滑动摩阻系数。

一般情况下只做常温试验，当有低温要求时再进行低温试验。试件数量为3组。

3. 试验数据整理

（1）支座压缩变形和盆环径向变形量分别取相应各测点实测数据的算术平均值。

（2）根据实测各级加载的变形量分别绘制荷载一竖向压缩变形曲线和荷载一盆环径向变形曲线，两变形曲线均应呈线性关系，卸载后支座复原不能低于95%。

（3）支座（或试件）滑动摩阻系数取第2次～第5次实测平均值。3组试件摩阻系数的平均值作为该批聚四氟乙烯板的摩阻系数。实测支座摩阻系数应小于等于0.01，试件摩阻系数应低于整体支座实测值。

（4）试验结果判定。

1）试验支座的竖向压缩变形值不得大于支座总高度的2%；盆环上口径向变形不得大于盆环外径的0.5‰；支座残余变形不得超过总变形量的5%；满足以上条件的支座为合格，表明该试验支座可以继续使用。

2）实测荷载一竖向压缩变形曲线或荷载一盆环径向变形曲线呈非线性关系，支座为不合格。

3）支座卸载后，如残余变形超过总变形量的5%，应重复上述试验；若残余变形不消失或有增长趋势，则认为该支座不合格。

4）支座在加载中出现损坏，则该支座为不合格。

5）实测支座摩阻系数大于0.01时，应检查材质后重复进行试验；若重复试验后的摩阻系数仍大于0.01，则认为该支座摩阻系数不合格。

6）支座外露面应平整、美观、焊缝均匀。喷漆表面应光滑，不得有漏漆、流痕、褶皱等现象。

（5）注意问题。

1）试验样品原则上应选实体支座，如试验设备不允许对大型支座进行试验，经协商可选用小型支座代替。

2）测试支座摩阻系数可选用支座承载力不大于 2MN 的双向活动支座或用聚四氟乙烯板试件代替，试件厚 7mm，直径 80～100mm，试件工况与支座相同。

3）在预压过程中注意 4 只百分表的读数增量，当其相差较大时支座位置应予以调整，直到四只百分表读数增量基本相同时为止。

4）测量支座（或试件）摩阻系数时要重复加载五次，计算支座（或试件）滑动摩阻系数取第 2 次～第 5 次实测结果的平均值。

三、球型支座检测

球型支座通过球面传力，因此作用到支承混凝土上的反力比较均匀；转动力矩小，设计转角可达 0.06rad；各向转动性能一致，适用于曲线桥和宽桥；不使用橡胶，因此不存在橡胶老化、变硬等缺陷对支座转动的影响，特别适用于低温地区。球型支座也是一种极有发展前途桥梁支座。

（一）基本常识

1. 分类

球型支座具有承受竖向荷载和各向转动功能，按其水平向位移特性分类为：

（1）双向活动支座：具有双向位移性能，代号 SX。

（2）单向活动支座：承受单向水平荷载，具有单向位移性能，代号 DX。

（3）固定支座：承受各向水平荷载，各向均无位移，代号 GD。

2. 支座型号表示方法

例 1：QZ20000SX，表示设计竖向承载力 20000kN 的双向活动球型支座。

例 2：QZ30000DX，表示设计竖向承载力 30000kN 的单向活动球型支座。

3. 结构形式

球型支座由上支座板（含不锈钢板）、球冠衬板、下支座板、平面聚四氟乙烯板、球面聚四氟乙烯板和防尘结构等组成。双向活动支座结构示意见图 4－21。单向活动支座结构示意见图 4－22。固定支座结构示意见图 4－23。

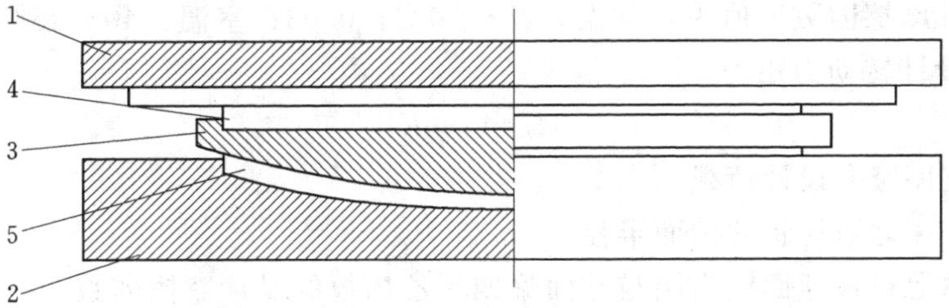

图 4－21 双向活动支座

1—上支座板；2—下支座板；3—球冠衬板；4—平面聚四氟乙烯板；5—球面聚四氟乙烯板

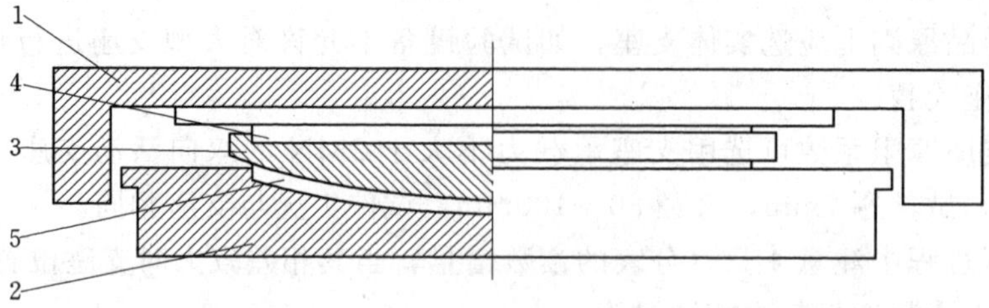

图 4-22　单向活动支座

1—上支座板；2—下支座板；3—球冠衬板；

4—平面聚四氟乙烯板；5—球面聚四氟乙烯板

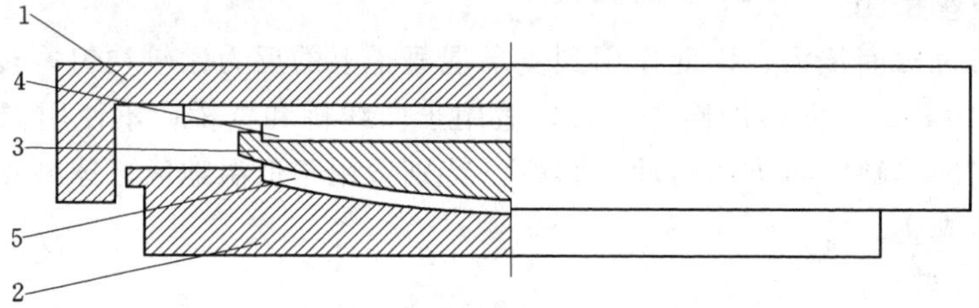

图 4-23　固定支座

1—上支座板；2—下支座板；3—球冠衬板；

4—平面聚四氟乙烯板；5—球面聚四氟乙烯板

4. 规格系列

(1) 支座竖向承载力系列分 21 级：1500～30000kN。

(2) 活动支座（双向和单向）顺结构主位移方向的位移分 5 级：±50mm、±100mm、±150mm、±200mm 和±250mm，双向活动支座的横向位移为±40mm。位移量可根据实际需要调整。

(3) 支座的转角分 3 级为：0.02rad、0.04rad 和 0.06rad。

5. 成品支座力学性能要求

(1) 在竖向设计荷载作用下，支座竖向压缩变形不得大于支座总高度的 1%。

(2) 固定支座和单向活动支座约束向所承受的水平力为支座竖向设计荷载的 10%。

(3) 活动支座的设计摩擦因数。在支座竖向设计荷载作用下，聚四氟乙烯板有硅脂润滑条件下的设计摩擦因数取值为：常温－25～60℃，0.03；室温－40～25℃，0.05。

(4) 支座设计转动力矩为

$$M_\theta = N\mu R \tag{4-29}$$

式中　N——支座竖向设计荷载；

R——支座球冠衬板的球面半径；

μ——球冠衬板球面镀铬层与球面聚四氟乙烯板的设计摩擦因数。

（二）支座力学性能检测方法

1. 竖向承载力试验

支座竖向承载力试验应测定竖向荷载作用下的荷载—竖向压缩变形曲线。检验荷载为支座竖向设计承载力的 1.5 倍。在试验支座四角均匀放置 4 个百分表测定竖向压缩变形。

试验时先预压3遍。试验荷载由零至检验荷载均分10级，试验时以支座竖向设计承载力的1%作为初始压力，然后逐级加压，每级荷载稳压2min后读取百分表数据，直至加至检验荷载，稳压3min后卸载，往复加载3次。变形取4个百分表读数的算术平均值，绘制荷载—竖向压缩变形曲线。

2. 支座摩擦因数测定

支座摩擦因数测定应在专用的双剪摩擦试验装置上进行，试验时先对支座施加竖向设计荷载，然后用千斤顶施加水平力，由压力传感器记录水平力大小，支座一发生滑动，即停止施加水平力，由此计算出支座的初始静摩擦因数，然后再次对支座施加水平力，使支座连续滑动，由连续滑动过程中的水平力可计算出支座的动摩擦因数。

3. 支座转动力矩测定

支座转动试验采取双支座转动方式，试验装置构造示意如图4-24所示。试验在常温23℃±2℃条件下进行。试验时先按图4-24将试验支座及试验装置组装好，用试验机对试验支座施加竖向荷载，直至加至支座竖向设计荷载F，然后用千斤顶以5kN/min的速率施加转动力矩，直至支座克服静摩擦发生转动，此时千斤顶会卸载，记录支座发生转动瞬间的千斤顶最大荷载P_{max}，则试验支座的实测转动力矩为$P_{max} \cdot L/2$。

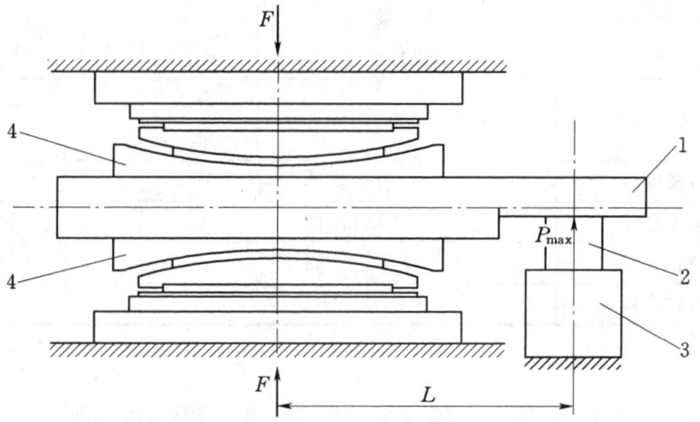

图4-24 转动试验装置构造图

1—转动力臂；2—传感器；3—千斤顶；4—试验支座

4. 试验结果判定

(1) 荷载—竖向压缩变形曲线呈线性关系，且支座竖向压缩变形不大于支座总高的1%。

(2) 支座摩擦因数应满足：在试验温度21℃下，初始静摩擦因数$\mu_0 \leqslant 0.03$；动摩擦因数$\mu \leqslant 0.005$；在试验温度-35℃下，初始静摩擦因数$\mu_0 \leqslant 0.005$；动摩擦因数$\mu \leqslant 0.025$。

(3) 支座实测转动力矩应小于按式(4-29)计算所得值。

(4) 试验报告。试验报告应包括以下内容：

1) 试验支座概况描述，如支座设计竖向承载力、转角、位移，并附支座简图。

2) 试验装置简图及所用设备（试验机、千斤顶、传感器等）名称及性能简述。

3) 描述试验过程概况，重点记录试验过程中出现的异常现象。

4) 记录竖向荷载、压缩变形（水平推力或千斤顶荷载及转动力臂）等数值。

5）计算竖向压缩变形（静摩擦因数或动摩擦因数和转动力矩），并评定试验结果。

6）试验照片。

5. 注意问题

(1) 试验试样一般应采用实体支座。受试验设备能力限制时，可选用有代表性的小型支座进行试验，小型支座的竖向承载力不宜小于 2000kN。

(2) 在预压过程中注意 4 只百分表的读数增量，当其相差较大时支座位置应予以调整，直到 4 只百分表读数增量比较接近。

(3) 转动试验装置所用的转动力臂应具有较大的刚度；测力传感器应具有记录最大力功能。

四、支座质量检测与评定

桥梁支座安装施工原始记录见表 4-28。

表 4-28　　桥梁支座安装施工原始记录

序号	检查项目	规定值或允许偏差		检查结果	处理情况
1	支座垫石平整度（mm）	表面水平			
2	支座顶面标高（mm）	简支梁	±10		
		连续梁	±5		
		双支座梁	±2		
3	支座中心偏位（mm）	梁 5mm、板 10mm	纵		
			横		
4	支座材料及型号	符合设计			
5	粘贴材料配合比	符合设计			
6	支座安装粘贴情况	牢　固			
7	支座与梁板结合程度	密合、牢固			

第五节　桥梁伸缩装置检测

为使车辆平稳通过桥面并满足桥梁上部结构变形的需要，在桥梁伸缩缝处设置的由橡胶和钢材等组成的各种装置总称为桥梁伸缩装置。

伸缩装置的位置、构造应按设计规定办理。安装各种伸缩装置时，定位值均应通过计算决定。梁体温度应测量准确，伸缩体横向高度应符合桥面线形。装设伸缩装置的缝槽应清洁干净，如有顶头现象或缝宽不符合设计要求时，应凿剔平整。现浇混凝土时宜在接缝伸缩开放状态下浇筑，应防止已定位的构件变位。伸缩缝两边的组件及桥面应平顺，无扭曲。梳形钢板伸缩装置、板式橡胶伸缩装置，施工前必须认真做好伸缩装置部位的清理工作。施工中应加强锚固系统的锚固，防止锚固螺栓松动，螺帽脱落，注意养护。

一、基本常识

(一) 常用名词术语

伸缩缝：为适应材料胀缩变形的需要而在桥梁上部结构中设置的间隙。

伸缩量：伸缩装置拉伸、压缩值的总和。并以负号（一）表示拉伸，以正号（十）表示压缩。

伸缩体：伸缩装置中能够完成拉伸、压缩变形的部分。

伸缩装置横向错位：伸缩装置发生的与桥梁中线垂直或接近垂直方向的错位。

伸缩装置竖向错位：伸缩装置发生的与桥面垂直或接近垂直方向的错位。

伸缩装置纵向错位：伸缩装置发生的沿桥梁中线或接近中线方向的错位。

（二）伸缩装置的分类

伸缩装置按照伸缩体结构的不同分为模数式伸缩装置、梳齿板式伸缩装置、橡胶式伸缩装置、异型板式伸缩装置四类。

1. 模数式伸缩装置

其伸缩体是由中钢梁和 80mm 的单元橡胶密封带组合而成的伸缩装置，适用于伸缩量为 160～2000mm 的公路桥梁工程。

2. 梳齿板式伸缩装置

其稀缩体由钢制梳齿板组合而成的伸缩装置，一般适用于伸缩量不大于 300mm 的公路桥梁工程。

3. 橡胶式伸缩装置

橡胶式伸缩装置分板式橡胶伸缩装置和组合式橡胶伸缩装置两种。

（1）板式橡胶伸缩装置：伸缩体由橡胶、钢板或角钢硫化为一体的板式橡胶伸缩装置，适用于伸缩量小于 60mm 的公路桥梁工程。

（2）组合式橡胶伸缩装置：伸缩体中橡胶板和钢托板组合而成的组合式伸缩装置，适用于伸缩量不大于 120mm 的公路桥梁工程。

橡胶式伸缩装置不宜用于高速公路、一级公路上的桥梁工程。

4. 异型钢单缝式伸缩装置

其伸缩体完全是由橡胶密封带组成的伸缩装置。由单缝钢和橡胶密封带组成的单缝式伸缩装置，适用于伸缩量不大于 60mm 的公路桥梁工程；由边梁钢和橡胶密封带组成的单缝式伸缩装置，适用于伸缩量不大于 80mm 的公路桥梁工程。

（三）产品代号表示示例

例 1：采用交通行业标准，产品名称代号为 GQF－C 型、伸缩量为 50mm 的三元乙丙橡胶伸缩装置表示为 GQF－C50（EPDM）。

例 2：采用交通行业标准，产品名称代号为 GQF－MZL 型、伸缩量为 400mm 的天然橡胶伸缩装置表示为 GQF－MZL400（NR）。

例 3：采用交通行业标准，产品名称代号为 J－75 型、伸缩量为 480mm 的氯丁橡胶伸缩装置表示为 J－75480（CR）。

二、伸缩装置的技术要求

伸缩装置所使用的材料、加工工艺和成品的整体性能、外观质量及解剖检验等均应符合交通部颁布的现行标准《公路桥梁伸缩装置》（JT/T 327—2004），其中部分指标见表 4－21～表 4－25。

1. 整体性能要求

伸缩装置整体性能要求见表 4－29。

2. 尺寸偏差要求

（1）橡胶伸缩装置的尺寸偏差应满足表 4－30 要求。

（2）密封橡胶带的尺寸偏差。在自然状态下，伸缩装置中使用的单元密封橡胶带尺寸（不包括锚固部分）的公差应满足表 4－31 的要求。

（3）其他偏差要求。伸缩装置中使用的钢构件应按设计图纸要求加工制造，其偏差应满足设计要求。未注公差尺寸的加工件其极限偏差应符合《一般公差线性尺寸和未注公差》（CB/T 1804—2000）的Ⅴ级规定；未注形状和位置的公差应符合《形状和位置公差示注公差值》（GB/T 1184—1996）中的 L 级规定。

表 4－29　伸缩装置整体性能要求

序号	项目		模数式		梳齿板式		橡胶式		异型钢单缝式
							板式	组合式	
1	拉伸、压缩时最大水平摩阻力（kN/m）		≤4		≤5		<18	≤8	
2	拉伸、压缩时变位均匀性（mm）	每单元最大偏差值	−2～2						
		总变位最大偏差值	e≤480	−5～5	e≤80	±1.5			
			480<e≤800	−10～10	e>80	±2.0			
			e>800	−15～15					
3	拉伸、压缩时最大竖向偏差或变形（mm）		1～2		0.3～0.5		−3～3	−2～2	
4	相对错位后拉伸、压缩试验（满足1、2项要求前提下）	纵向错位	支承横梁倾斜角度不小于2.5°						
		竖向错位	相当顺桥向产生5%坡度						
		横向错位	两支承横梁3.6m范围内两端相差80mm						
5	最大荷载时中梁应力、横梁应力、应变测定、水平力（模拟制动力）		满足设计要求						
6	防水性能		注满水24h无渗漏						注满水24h无渗漏

表 4－30　橡胶伸缩装置的尺寸偏差　　单位：mm

长度范围	偏差	宽度范围	偏差	厚度范围	偏差	螺孔中距 l_1 偏差
l=1000	−1，2	a≤80	−2.0，+1.0	t≤80	−1.0，+1.8	<1.5
		80<a≤240	−1.5，+2.0	t>80	−1.5，+2.3	
		a>240	−2.0，+2.0			

注　宽度范围正偏差用于伸缩体顶面，负偏差用于伸缩体底面。

表 4-31 单元密封橡胶带尺寸（不包括锚固部分）公差 单位：mm

图　示	宽度范围	偏差	厚度范围	偏　差
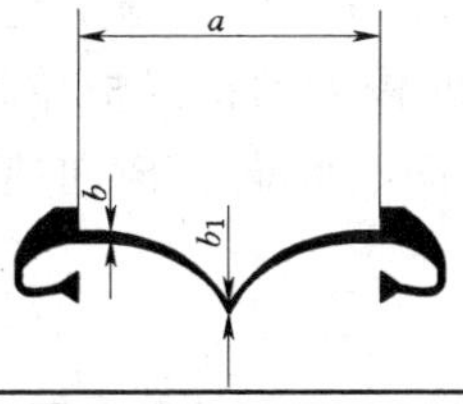	$a=80$	+3 0	$b\geqslant7$	0，+1.0
			$b_1\geqslant4$	0，+0.3
	$a<80$	+2 0	$b\geqslant6$	0，+0.5
			$b_1\geqslant3$	0，+0.2

3. 外观质量

（1）橡胶伸缩装置、密封橡胶带的外观质量应满足表 4-32 的要求。

表 4-32 橡胶伸缩装置、密封橡胶带的外观质量要求

缺陷名称	质量标准	缺陷名称	质量标准
骨架钢板外露	不允许	气泡、杂质	不超过成品表面面积的 0.5%，且每处不大于 $25mm^2$，深度不超过 2mm
钢板与黏结处开裂或剥离	不允许	螺栓定位孔歪斜及开裂	不允许
喷霜、发脆、裂纹	不允许	连接榫槽开裂、闭合不准	不允许
明疤缺胶	面积不超过 30mm×5mm，深度不超过 2mm 缺陷，每延米不超过 4 处		

（2）伸缩装置的异型钢、型钢、钢板等外观应光洁、平整。表面不得有大于 0.3mm 的凹坑、麻点、裂纹、结疤、气泡和夹杂，不得有机械损伤。上下表面应平行，端面应平整，长度大于 0.5mm 的毛刺应清除。

4. 内在质量

板式橡胶伸缩装置解剖后，其内在质量应满足表 4-33 的要求。

表 4-33 解剖检验结果要求

名　称	质量要求	名　称	质量要求
锯开后钢板、角钢位置	钢板、角钢位置要求准确，其平面位置偏差为±3mm，高度位置偏差应在−1～2mm 之间	钢板与橡胶黏结	钢板与橡胶黏结应牢固且无离层现象

三、整体性能试验

1. 试样

试验设备应能对整体组装后的伸缩装置进行力学性能试验。如果受试验设备限制，不能对整体伸缩装置进行试验时，则对模数式伸缩装置的新产品或老产品转厂生产的试制定型鉴定可取不小于 4m 长并具有 4 个单元变位、支承横梁间距等于 1.8m 的组装试样进行试验；梳齿板式伸缩装置应取单元加工长度不小于 2m 组装试样进行试验；橡胶伸缩装置应取 1m 长的试样进行试验；异型钢单缝伸缩装置应取组装试样进行试验。

2. 试验设备

成品力学性能试验需在专用的试验台架上进行，试验台可边固定边移动。伸缩装置试样用定位螺栓或其他有效方法与锚固板连接。试验的拉伸和压缩，可用千斤顶施加荷载，荷载大小通过荷载传感器进行控制。试验台座设导向装置，并用刚度较大的钢梁把位移控制箱连成整体。在加载台架上可以模拟伸缩装置的拉伸、压缩与纵向、竖向、横向错位，实测拉压过程中的水平摩阻力和变位均匀性。

3. 检测项目

（1）模数式伸缩装置应进行拉伸、压缩与纵向、竖向、横向错位试验，测定水平摩阻力、变位均匀性。应按实际受力荷载测定中梁、支承横梁及其连接部件应力、应变值。并应对试样进行振动冲击试验，对橡胶密封带进行防水试验。

（2）梳齿板式伸缩装置应进行拉伸、压缩试验，测定水平摩阻力、变位均匀性。

（3）橡胶伸缩装置应进行拉伸、压缩试验，测定水平摩阻力及垂直变形；且试验应在15～28℃温度下进行。

（4）异型钢单缝伸缩装置应进行橡胶密封带防水试验。

（5）尺寸偏差。伸缩装置的尺寸偏差，应采用标定的钢直尺、游标卡尺、平整度仪、水准仪等量测。橡胶伸缩装置平面尺寸除量测四边长度外，还应量测对角线尺寸，厚度应在四边量测 8 点取其平均值。模数式和梳齿板式伸缩装置应每 2m 取其断面量测后，取其平均值。

（6）外观质量。产品外观质量，应用目测方法和相应精度的量具逐步进行检测，不合格产品可进行一次修补。

（7）内在质量。橡胶板式伸缩装置解剖检验应每 100 块取 1 块，沿中横向锯开进行规定项目检验。

（8）原材料。伸缩装置中使用的钢材、橡胶、不锈钢板、聚四氟乙烯板、硅脂等应按《公路桥梁伸缩装置》（JT/T 327—2004）中规定的方法进行试验。

4. 判定规则

（1）进厂原材料检验应全部项目合格后方可使用，不合格材料不能应用于生产。

（2）出厂检验时，若有一项指标不合格，则应从该批产品中再随机抽取双倍数目的试样，对不合格项目进行复检，若仍有一项不合格则判定该批产品不合格。

（3）形式检验时，整体性能试验全部项目满足表 4-21 中的要求为合格。若检验项目中有一项不合格，则应从该批产品中再随机抽取双倍数目的试样，对不合格项目进行复检，若复检仍有一项不合格则判定该批产品不合格。

第六节 桥梁上部构造质量检验评定

支座垫石质量检验评定见表 4-34，支座安装质量检验评定见表 4-35，伸缩缝安装质量检验评定见表 4-36，桥面防水层质量检验评定见表 4-37，桥面铺装质量检验评定见表 4-38，复合桥面水泥混凝土铺装质量检验评定见表 4-39，挡块质量检验评定见表 4-40，桥头搭板质量检验评定见表 4-41，防撞护栏质量检验评定见表 4-42，导流工

表 4-34 **支座垫石质量检验评定表**

项目名称： 工程合同段： （子）分项工程名称： 工程部位：

施工单位： 监理单位： 使用者类别：

项次	检查项目	规定值或允许偏差	检查方法和频率	权值	检查实测值	平均值代表值	合格率（%）	得分
基本要求	1. 混凝土所用的水泥、砂、石、水、外掺剂及混合材料的质量和规格必须符合有关技术规范的要求，按规定的配合比施工；2. 支座垫石不得出现露筋、空洞、蜂窝、麻面现象及任何裂缝							
1△	混凝土强度（MPa）	在合格标准内	按 JTG F80/1—2004 附录 D 检查	3				
2△	轴线偏位（mm）	5	全站仪或经纬仪：支座垫石纵横方向检查	2				
3	断面尺寸（mm）	±5	尺量：检查 1 个断面	2				
4△	顶面高程（mm）	±2	水准仪：检查中心及四角	2				
	顶面四角高差（mm）	1						
5	预埋件位置（mm）	5	尺量：每件	1				
6	（子）分项工程得分							
7	外观鉴定	混凝土表面平整、光洁，棱角线平直。不符合要求时，减 1～3 分		检查结果				
8	质量保证资料	资料、图表残缺，缺乏最基本数据，有伪造涂改者，不予检验和评定。资料不全者，视情况每款减 1～3 分						
9	（子）分项工程评分值							
10	质量等级							

监理工程师： 日期： 检测人： 日期： 承包商： 日期：

表 4-35

支座安装质量检验评定表

项目名称：　　　　工程合同段：　　　　（子）分项工程名称：　　　　工程部位：

施工单位：　　　　监理单位：　　　　使用者类别：

项次	检查项目		规定值或允许偏差	检查方法和频率	权值	检查实测值	平均值代表值	合格率（%）	得分
基本要求	1. 支座的材料、质量和规格必须满足设计和有关规范的要求，经验收合格后方可安装；2. 支座底板调平砂浆性能应符合设计要求，灌注密实，不得留有空洞；3. 支座上下各部件纵轴线必须对正，当安装时温度与设计要求不同时，应通过计算设置支座顺桥向预偏量；4. 支座不得发生偏歪、不均匀受力和脱空现象。滑动面上的四氟滑板和不锈钢板不得有划痕、碰伤等，位置正确，安装前必须涂上硅脂油								
1△	支座中心与主梁中心偏位(mm)		2	经纬仪、钢尺：每支座	3				
2	支座顺桥向偏位（mm）		10	经纬仪或拉线检查：每支座	2				
3△	支座高程（mm）		符合设计规定； 设计未规定时，±5	水准仪：每支座	3				
4	支座四角高差（mm）	承压力≤500kN	1	水准仪：每支座	2				
		承压力＞500kN	2						
5	（子）分项工程得分								
6	外观鉴定		支座表面应保持清洁，支座附近的杂物及灰尘应清除。不符合要求时必须进行处理，并减 1～3 分		检查结果				
7	质量保证资料		资料、图表残缺，缺乏最基本数据，有伪造涂改者，不予检验和评定。资料不全者，视情况每款减 1～3 分						
8	（子）分项工程评分值								
9	质量等级								

监理工程师：　　　　日期：　　　　检测人：　　　　日期：　　　　承包商：　　　　日期：

表 4－36

伸缩缝安装质量检验评定表

项目名称： 工程合同段： （子）分项工程名称： 工程部位：

施工单位： 监理单位： 使用者类别：

基本要求	1. 伸缩缝必须满足设计和有关技术要求，须有合格证，并经验收合格后方可安装；2. 伸缩缝必须锚固牢靠，伸缩性能必须有效；3. 伸缩缝两侧混凝土的类型和强度，必须符合设计要求；4. 大型伸缩缝与钢梁连接处的焊缝应做超声检测，检测结果须合格；5. 伸缩缝处不得积水								
项次	检查项目	规定值或允许偏差		检查方法和频率	权值	检查实测值	平均值代表值	合格率（%）	得分
1	长度（mm）	符合设计要求		尺量：每道	2				
2△	缝宽（mm）	符合设计要求		尺量，每道 2 处	3				
3△	与桥面高差（mm）	2		尺量：每侧 3～7 处	3				
4	纵坡（%）	一般	±0.5	水准仪：测量纵向锚固混凝土端部 3 处	2				
		大型	±0.2	水准仪：沿纵向测伸缩缝两侧 3 处					
5	横向平整度（mm）	3		3m 直尺：每道	1				
6	（子）分项工程得								
7	外观鉴定	伸缩缝无阻塞、渗漏、变形、开裂现象。不符合要求时，必须进行整修，并减 1～3 分			检查结果				
8	质量保证资料	资料、图表残缺，缺乏最基本数据，有伪造涂改者，不予检验和评定。资料不全者，视情况每款减 1～3 分							
9	（子）分项工程评分值								
10	质量等级								

监理工程师： 日期： 检测人： 日期： 承包商： 日期：

表 4-37　**桥面防水层质量检验评定表**

项目名称：　　工程合同段：　　（子）分项工程名称：　　工程部位：

施工单位：　　监理单位：　　使用者类别：

项次	检查项目	规定值或允许偏差	检查方法和频率	权值	检查实测值	平均值代表值	合格率（%）	得分
基本要求	1. 防水层铺设材料的规格和性能，以及防水层的不透水性应符合设计要求，并至少应有不低于桥面沥青混凝土铺装层使用年限的寿命，能适应动荷载及混凝土桥面开裂时不损坏的特点；2. 防水层施工前，混凝土表面应清除垃圾、杂物、油污与浮浆，并保持干净和干燥；3. 应严格按规定的工艺施工；4. 预计涂料表面在干燥前会下雨，则不应施工。施工过程中，严禁踩踏未干的防水层。防水层养护结束后、桥面铺装完成前，行使车辆不得在其上急转弯或紧急制动							
1△	防水层涂膜厚度（mm）	符合设计规定，设计未规定时，±0.1	测厚仪：每 200m² 测 4 点或按材料用量推算	1				
2△	黏结强度（MPa）	不小于设计要求，且≥0.3（常温），≥0.2（气温≥35℃>）	拉拔仪：每 200m² 测 4 点（拉拔速度：10mm/min）	1				
3△	抗剪强度（MPa）	不小于设计要求，且≥0.4（常温），≥0.3（气温≥35℃>）	剪切仪：1 组 3 个（剪切速度：10mm/min）	1				
4△	剥离强度（N/mm）	不小于设计要求，且≥0.3≥（常温），≥0.2（气温≥35℃>）	90°剥离仪：1 组 3 个（剥离速度：100mm/min）	1				
5	（子）分项工程得分							
6	外观鉴定	防水涂料应覆盖整个混凝土表面。如有遗漏，必须处理，并减 1～3 分		检查结果				
		防水层表面平整，无空鼓、脱落、翘边等缺陷。不符合要求时必须进行处理，并减 3～5 分						
7	质量保证资料	资料、图表残缺，缺乏最基本数据，有伪造涂改者，不予检验和评定。资料不全者，视情况每款减 1～3 分						
8	（子）分项工程评分值							
9	质量等级							

注　剥离强度仅适用于卷材类或加胎体涂膜类防水层。

监理工程师：　　日期：　　检测人：　　日期：　　承包商：　　日期：

表 4-38 **桥面铺装质量检验评定表**

项目名称： 工程合同段： （子）分项工程名称： 工程部位：

施工单位： 监理单位： 使用者类别：

<table>
<tr><td>基本要求</td><td colspan="11">1. 水泥混凝土桥面的基本要求同水泥混凝土路面，沥青混凝土桥面的基本要求同沥青混凝土路面；2. 桥面泄水孔进水口的布置应有利于桥面和渗入水的排除，其数量不得少于设计要求，出水口不得使水直接冲刷桥体</td></tr>
<tr><td>项次</td><td colspan="3">检查项目</td><td colspan="2">规定值或允许偏差</td><td>检查方法和频率</td><td>权值</td><td>检查实测值</td><td>平均值
代表值</td><td>合格率
（%）</td><td>得分</td></tr>
<tr><td>1△</td><td colspan="3">强度或压实度</td><td colspan="2">在合格标准内</td><td>按 JTG F80/1—2004 附录 B 或附录 D 检查</td><td>3</td><td></td><td></td><td></td><td></td></tr>
<tr><td>2△</td><td colspan="3">厚度（mm）</td><td colspan="2">＋10，－5</td><td>以同梁体产生相同下挠变形的点为基准点，测量桥面浇筑前后相对高差：每 100m 测 5 处</td><td>2</td><td></td><td></td><td></td><td></td></tr>
<tr><td rowspan="6">3△</td><td rowspan="6">平整度</td><td rowspan="3">高速、一级公路</td><td></td><td>沥青混凝土</td><td>水泥混凝土</td><td rowspan="5">平整度仪：全桥每车道连续检测，每 100m 计算 IRI 或 σ</td><td rowspan="6">2</td><td></td><td></td><td></td><td rowspan="6"></td></tr>
<tr><td>IRI（m/km）</td><td>2.5</td><td>3.0</td><td></td><td></td><td></td></tr>
<tr><td>σ（mm）</td><td>1.5</td><td>1.8</td><td></td><td></td><td></td></tr>
<tr><td rowspan="3">其他公路</td><td>IRI（m/km）</td><td colspan="2">4.2</td><td></td><td></td><td></td></tr>
<tr><td>σ（mm）</td><td colspan="2">2.5</td><td></td><td></td><td></td></tr>
<tr><td>最大间隙 h（mm）</td><td colspan="2">5</td><td>3m 直尺，每 100m 检查 3 处×3 尺</td><td></td><td></td><td></td></tr>
<tr><td rowspan="2">4</td><td colspan="2" rowspan="2">横坡（%）</td><td>水泥混凝土</td><td colspan="2">±0.15</td><td rowspan="2">水准仪：每 100m 检查 3 个断面</td><td rowspan="2">1</td><td></td><td rowspan="2"></td><td rowspan="2"></td><td rowspan="2"></td></tr>
<tr><td>沥青面层</td><td colspan="2">±0.3</td><td></td></tr>
<tr><td>5</td><td colspan="3">抗滑构造深度</td><td colspan="2">符合设计要求</td><td>砂铺法：每 200m 查 3 处</td><td>1</td><td></td><td></td><td></td><td></td></tr>
<tr><td>6</td><td colspan="6">（子）分项工程得分</td><td></td><td colspan="4"></td></tr>
<tr><td>7</td><td colspan="3">外观鉴定</td><td colspan="3">桥面排水良好，不符合要求时，每处减 3～5 分</td><td rowspan="2">检查结果</td><td colspan="3"></td><td></td></tr>
<tr><td>8</td><td colspan="3">质量保证资料</td><td colspan="3">资料、图表残缺，缺乏最基本数据，有伪造涂改者，不予检验和评定。资料不全者，视情况每款减 1～3 分</td><td colspan="3"></td><td></td></tr>
<tr><td>9</td><td colspan="3">（子）分项工程评分值</td><td colspan="8"></td></tr>
<tr><td>10</td><td colspan="3">质量等级</td><td colspan="8"></td></tr>
</table>

监理工程师： 日期： 检测人： 日期： 承包商： 日期：

表 4－39　**复合桥面水泥混凝土铺装质量检验评定表**

项目名称：　　工程合同段：　　（子）分项工程名称：　　工程部位：

施工单位：　　监理单位：　　使用者类别：

项次	检查项目	规定值或允许偏差	检查方法和频率	权值	检查实测值	平均值代表值	合格率（%）	得分
基本要求	1. 水泥混凝土桥面的基本要求同水泥混凝土路面，沥青混凝土桥面的基本要求同沥青混凝土路面；2. 桥面泄水孔进水口的布置应有利于桥面和渗入水的排除，其数量不得少于设计要求，出水口不得使水直接冲刷桥体							
1△	混凝土强度（MPa）	在合格标准内	按 JTG F80/1—2004 附录 D 检查	3				
2△	厚度（mm）	+10，－5	对比桥面浇筑前后标高检查：每 100m 查 5 处	2				
3△	平整度（mm）	5	3m 直尺：每 100m 测 3 处×3 尺	2				
4	横坡（%）	±0.15	水准仪：每 100m 检查 3 个断面	1				
5	（子）分项工程得分							
6	外观鉴定	桥面排水良好。不符合要求时，减 3～5 分		检查结果				
7	质量保证资料	资料、图表残缺，缺乏最基本数据，有伪造涂改者，不予检验和评定。资料不全者，视情况每款减 1～3 分						
8	（子）分项工程评分值							
9	质量等级							

监理工程师：　　日期：　　检测人：　　日期：　　承包商：　　日期：

表 4-40

挡块质量检验评定表

项目名称：　　　工程合同段：　　　（子）分项工程名称：　　　工程部位：

施工单位：　　　监理单位：　　　使用者类别：

基本要求	1. 混凝土所用的水泥、砂、石、水、外掺剂及混合材料的质量和规格必须符合有关技术规范的要求，按规定的配合比施工；2. 支座垫石不得出现露筋、空洞、蜂窝、麻面现象及任何裂缝							
项次	检查项目	规定值或允许偏差	检查方法和频率	权值	检查实测值	平均值代表值	合格率（%）	得分
1△	混凝土强度（MPa）	在合格标准内	按 JTG F80/1—2004 附录 D 检查	3				
2	平面位置（mm）	5	全站仪或经纬仪或：每块检查	2				
3	断面尺寸（mm）	±10	尺量：每块检查 1 个断面	2				
4	顶面高程（mm）	±10	水准仪：每块检查 1 处	1				
5	与梁体间隙（mm）	±5	尺量：每块检查	1				
6	（子）分项工程得分							
7	外观鉴定	混凝土表面平整、光洁，棱角线平直。不符合要求时，减 1～3 分		检查结果				
		挡块无蜂窝、麻面。如出现，必须进行处理，并减 1～4 分						
		挡块无非受力裂缝。出现非受力裂缝时减 1～3 分，裂缝宽度超过设计规定或设计未规定时超过 0.15mm 必须处理						
8	质量保证资料	资料、图表残缺，缺乏最基本数据，有伪造涂改者，不予检验和评定。资料不全者，视情况每款减 1～3 分						
9	（子）分项工程评分值							
10	质量等级							

监理工程师：　　　日期：　　　检测人：　　　日期：　　　承包商：　　　日期：

表 4-41

桥头搭板质量检验评定表

项目名称： 工程合同段： （子）分项工程名称： 工程部位：

施工单位： 监理单位： 使用者类别：

项次	检查项目		规定值或允许偏差	检查方法和频率	权值	检查实测值	平均值代表值	合格率（%）	得分
基本要求	1. 所用的水泥、砂、石、水和外掺剂的质量和规格必须符合有关技术规范的要求，按规定的配合比施工；2. 桥头搭板下的地基及垫层或路面基层的强度和压实度必须满足设计要求；3. 不得出现露筋和空洞现象								
1△	混凝土强度（MPa）		在合格标准内	按 JTG F80/1—2004 附录 D 检查	3				
2	枕梁尺寸（mm）	宽、高	±20	尺量：每梁检查 2 个断面	1				
		长	±30	尺量：检查每梁					
3	板尺寸（mm）	长、宽	±30	尺量：各检查 2～4 处	1				
		厚	±10	尺量：检查 4～8 处	2				
4	顶面高程（mm）		±2	水准仪：测量 5 处	2				
5	板顶纵坡（%）		0.3	水准仪：测量 3～5 处	1				
6	（子）分项工程得分								
7	外观鉴定		板的表面应平整，不符合要求时，减 1～3 分		检查结果				
			板的边缘应顺直，不符合要求时，减 1～2 分						
8	质量保证资料		资料、图表残缺，缺乏最基本数据，有伪造涂改者，不予检验和评定。资料不全者，视情况每款减 1～3 分						
9	（子）分项工程评分值								
10	质量等级								

监理工程师： 日期： 检测人： 日期： 承包商： 日期：

表 4－42　**混凝土防撞护栏浇筑质量检验评定表**

项目名称：　　工程合同段：　　（子）分项工程名称：　　工程部位：

施工单位：　　监理单位：　　使用者类别：

项次	检查项目	规定值或允许偏差	检查方法和频率	权值	检查实测值	平均值代表值	合格率（%）	得分
基本要求	1. 所用的水泥、砂、石、水和外掺剂的质量和规格必须符合有关技术规范的要求，按规定的配合比施工；2. 不得出现漏筋和空洞现象；3. 防撞护栏上的钢构件应焊接牢固，焊缝应满足设计和有关规范的要求，并按设计要求进行防护							
1△	混凝土强度（MPa）	在合格标准内	按 JTG F80/1—2004 附录 D 检查	3				
2	平面偏位（mm）	4	经纬仪、钢尺拉线检查：每 100m 检查 3 处	2				
3△	断面尺寸（mm）	±5	尺量：每 100m 每侧检查 3 处	2				
4	竖直度（mm）	4	吊垂线：每 100m 每侧检查 3 处	1				
5	预埋件位置（mm）	5	尺量：每件	1				
6	（子）分项工程得分							
7	外观鉴定	护栏线形直顺美观，不符合要求时，减 1～3 分		检查结果				
		混凝土表面应平整，不应出现蜂窝、麻面，如出现必须修整完好，并减 1～4 分						
		护栏浇筑节段间应平滑顺接，不符合要求时，减 1～3 分						
8	质量保证资料	资料、图表残缺，缺乏最基本数据，有伪造涂改者，不予检验和评定。资料不全者，视情况每款减 1～3 分						
9	（子）分项工程评分值							
10	质量等级							

监理工程师：　　日期：　　检测人：　　日期：　　承包商：　　日期：

表 4-43

导流工程质量检验评定表

项目名称：　　工程合同段：　　（子）分项工程名称：　　工程部位：

施工单位：　　监理单位：　　使用者类别：

项次	检查项目		规定值或允许偏差	检查方法和频率	权值	检查实测值	平均值代表值	合格率（%）	得分
基本要求	1. 所用材料的质量和规格应符合有关规定；2. 导流堤（坝）的基础埋置深度及地基承载力应符合设计要求								
1△	砂浆强度（MPa）		不小于设计强度	每1工作台班2组试件	3				
2	平面位置（mm）		30	经纬仪：按设计图控制坐标检查	2				
3	长度（mm）		不小于设计长度－100	尺量：每个检查	1				
4△	断面尺寸（mm）		不小于设计	尺量：检查8处	2				
5	高程（mm）	基底	不大于设计	用水准仪检查8点	2				
		顶面	±30						
6	（子）分项工程得分								
7	外观鉴定		表面规整，线条直顺，曲线圆滑。不符合要求时，减1～3分		检查结果				
8	质量保证资料		施工资料和图表必须齐全，不缺乏最基本数据，不得伪造涂改。不符合要求时，不予检查和评定。资料不全者，视情况每款减1～3分						
9	（子）分项工程评分值								
10	质量等级								

监理工程师：　　日期：　　检测人：　　日期：　　承包商：

表 4-44　　**桥梁总体质量检验评定表**

项目名称：　　工程合同段：　　（子）分项工程名称：　　工程部位：

施工单位：　　监理单位：　　使用者类别：

项次	检查项目		规定值或允许偏差	检查方法和频率	权值	检查实测值	平均值代表值	合格率（%）	得分
基本要求	1. 桥梁施工应严格按照设计图纸、施工技术规范和有关技术操作规程要求进行；2. 桥下净空不得小于设计要求；3. 特大跨径桥梁或结构复杂的桥梁，必要时应进行荷载试验								
1	桥面中线偏位（mm）		20	全站仪或经纬仪：检查 3～8 处	2				
2	桥宽（mm）	车行道	±10	尺量：每孔 3～5 处	2				
		人行道	±10						
3	桥长（mm）		+300，-100	全站仪或经纬仪、钢尺：检查中心线	1				
4	引道中心线与桥梁中心线的衔接（mm）		20	尺量：将引道中心线和桥梁中心线延长至两岸桥长端部，比较其平面位置	2				
5	桥头高程衔接（mm）		±3	水准仪：在桥头搭板范围内顺延桥面纵坡，每米 1 点测量标高	2				
6	（子）分项工程得分								
7	外观鉴定		桥梁的内外轮廓线条应顺滑清晰，无突变、明显折变或反复现象。不符合要求时，减 1～3 分		检查结果				
			栏杆、防护栏、灯柱和缘石的线形顺滑流畅，无折弯现象。不符合要求时，减 1～3 分						
			踏步顺直，与边坡一致。不符合要求时，减 1～2 分						
8	质量保证资料		资料、图表残缺，缺乏最基本数据，有伪造涂改者，不予检验和评定。资料不全者，视情况每款减 1～3 分						
9	（子）分项工程评分值								
10	质量等级								

监理工程师：　　日期：　　检测人：　　日期：　　承包商：　　日期：

表 4-45 锥、护坡质量检验评定表

项目名称： 工程合同段： （子）分项工程名称： 工程部位：

施工单位： 监理单位： 使用者类别：

基本要求	1. 石料的质量和规格应符合有关规定。砂浆所用的水泥、砂、水的质量应符合有关规范的要求，按规定的配合比施工；2. 锥、护坡基础埋置深度及地基承载力应符合设计要求；3. 砌体应咬扣紧密，嵌缝饱满密实；锥、护坡填土密实度应达到设计要求，对坡面刷坡整平后方可铺砌							
项次	检查项目	规定值或允许偏差	检查方法和频率	权值	检查实测值	平均值 代表值	合格率 （%）	得分
1△	砂浆强度（MPa）	在合格标准内	按 JTG F80/1—2004 附录 F 检查	3				
2	顶面高程（mm）	±50	水准仪：每 50m 检查 3 点，不足 50m 时至少 2 点	1				
3	表面平整度（mm）	30	2m 直尺：锥坡检查 3 处，护坡每 50m 检查 3 处	1				
4	坡　度	不陡于设计	坡度尺量：每 50m 量 3 处	1				
5△	厚　度（mm）	不小于设计	尺量：每 100m 检查 3 处	2				
6	底面高程（mm）	±50	水准仪：每 50m 检查 3 处	1				
7	（子）分项工程得分							
8	外观鉴定	表面平整，无垂直通缝。不符合要求时，减 1～3 分		检查结果				
		勾缝平顺，无脱落现象。不符合要求时，减 1～3 分						
9	质量保证资料	施工资料和图表必须齐全，不缺乏最基本数据，不得伪造涂改。不符合要求时，不予检查和评定。资料不全者，视情况每款减 1～3 分						
10	（子）分项工程评分值							
11	质量等级							

监理工程师： 日期： 检测人： 日期： 承包商： 日期：

程质量检验评定见表4－43，桥梁总体质量检验评定见表4－44，锥、护坡质量检验评定见表4－45。

沥青混凝土桥面铺装的施工应符合现行《公路沥青路面施工技术规范》（JTJ 032—1994）的有关规定。桥面防护的防撞护栏的施工应符合现行《高速公路交通安全设施设计及施工技术规范》（JTJ 074—1994）的有关规定。

思考题与习题

1. 锚、夹具检验测试哪些项目？
2. 采用压力机标定千斤顶和采用测力计标定千斤顶有何不同？
3. 预应力构件张拉时，如何对张拉效果进行控制？
4. 在后张有黏结预应力混凝土结构中，力筋孔道的形成有哪几种方法？
5. 后张预应力孔道水泥浆的技术条件有哪些？
6. 对金属螺旋管的质量有哪些要求？
7. 板式橡胶支座需检测哪些力学性能指标？如何测试？
8. 桥梁伸缩缝装置检验需测试哪些技术指标？

第五章 旧桥检测与评定

学习目标

1. 熟悉旧桥的外观普查项目。
2. 能熟练运用各种检测仪器进行旧桥的病害检测。
3. 掌握桥梁荷载试验方法。
4. 能够对结构物的质量做出科学正确的判断。

20世纪70年代以前修建的大量低标准公路桥梁已接近或达到设计年限。在风、雨等自然因素影响下，许多桥梁已出现不同程度的损伤，承载能力大大降低而逐渐演变成危桥。为了对这类桥梁进行综合评定，为相应的技术改造或拆除改建的决策提供依据，对桥梁进行包括荷载试验在内的检测是必不可少的工作。

第一节 旧桥普查

一、桥梁调查

1. 桥梁调查内容

(1) 对需要鉴定的桥梁应进行实地考察，以初步了解桥梁的技术状况和主要存在的问题。

(2) 应全面搜集有关桥梁设计、施工、监理和运营、养护、试验检测以及维修加固等方面的技术资料。

(3) 应向相关人员调查了解桥梁病害史、使用中的特别事件、限重限速原因、交通状况、今后改扩建计划、水文、气候、环境等方面情况。

2. 桥梁有关技术资料的搜集

(1) 设计资料：设计计算书及有关设计图纸、修改设计计算书及有关图纸、桥位地质钻探资料及图纸。

(2) 竣工资料：竣工图纸及其说明书、材料试验资料及施工记录、地基与基础试验资料、竣工验收有关资料。

(3) 维修、养护及加固资料：历史上通过重车的车型、载重及桥梁工作状况资料、经常通过车辆的车型、载重及交通量、历次桥梁调查、维修、加固等有关资料、图纸、照片、过去所做桥梁加载试验报告。

二、桥梁一般检查

桥梁一般检查是对结构及其附属设施的所有构件或部位进行彻底、视觉和系统的检查，记录所有缺损的部位、范围和程度。

（一）桥梁一般检查的目的

桥梁一般检查以目测观察为主，辅以测量仪器，必须按照规范程序接近各部件，仔细检查其缺损情况，并完成以下工作：

(1) 现场校核桥梁基本数据。

(2) 记录各部件缺损状况并作出技术状况评分。

(3) 实地判断缺损原因，估定维修范围及方式。

(4) 对难以判断损坏原因和程度的部件，提出详细检查（特殊检查）的要求。

(5) 对损坏严重、危机安全运行的桥梁，提出限制交通或改建的建议。

(6) 根据桥梁的技术状况，确定下次检查时间。

在进行大中型桥梁的一般检查时，应设立永久性观测点进行控制检测。大中型桥梁控制检测的项目及永久性观测点见表5-1。

表5-1　桥梁永久性控制点和检测项目

检测项目		检测点	备注
1	墩、台身索塔锚碇的高程	墩、台身（距地面或常水位0.5～2m）、桥台侧墙尾部顶面和锚碇的上、下游各1～2点	
2	墩、台身、索塔倾斜度	墩、台身（距地面或常水位0.5～2m内）上、下游两侧各1～2点	
3	桥面高程	沿行车道两边（靠缘石处），按每孔跨中、L/4、支点等不少于5个位置（10个点）。测点应固着于桥面板上	
4	拱桥桥台、吊桥锚碇水平位移	在拱座、锚碇的上、下游两侧各一点	
5	吊桥索卡滑移	在索卡处设1点	
说明	1. 上下行分离式桥按两座桥分别设点；2. 倾斜度测点应用上下相距0.5～1m的两点标记检测；3. 永久性测点宜用统一规格的圆头锚钉和在铝板上用钢印编号，或靠地固着于被测部位上；4. 所有测点的位置和编号，以及检测数据必须在桥梁总体图和数据表中注明，并归档		

（二）桥梁一般检查的主要内容

1. 桥面系构造的检查

(1) 桥面铺装层纵横坡是否顺适，有无严重的裂缝（龟裂、纵横裂缝）、坑槽、波浪、桥头跳车、防水层漏水。

(2) 伸缩缝是否有异常变形、破损、脱落、漏水，是否造成明显的跳车。

(3) 人行道构件、栏杆、护栏有无撞坏、断裂、错位、缺件、剥落、锈蚀等。

(4) 桥面排水是否顺畅，泄水管是否完好、畅通，桥头排水沟功能是否完好，锥坡有无冲蚀、塌陷。

(5) 桥上交通信号、标志、标线、照明设施是否腐蚀、老化、失效是否需要更换，是否适用。

(6) 检查桥上避雷装置是否完善，检测避雷系统性能是否良好。

(7) 桥上航空灯、航道灯是否完好，能否保证经常照明。结构物内供养护检修的照明系统是否完好。

(8) 桥上的通信、供电线线路及设备是否完好。

2. 钢筋混凝土和预应力混凝土桥的检查

(1) 梁端头、底面是否清洁，是否生长苔藓、杂草等植物，箱型梁的腹腔内是否有积水，通风是否良好。

(2) 混凝土有无裂缝、挂白、表面风化、剥落、露筋和钢筋锈蚀，有无活性集料硅碱反应引起的整体龟裂现象。

(3) 预应力钢束锚固区段混凝土有无开裂，沿预应力筋的混凝土表面有无纵向裂缝，有无严重碳化。

(4) 梁（板）式结构主要检查梁（板）跨中、支点、变截面处、悬臂端牛腿或中间铰部位，刚构和桁架结构主要检查刚构固结处和桁架节点部位的混凝土开裂和钢筋锈蚀等缺损状况。

(5) 装配式梁桥应注意联结部位的缺损状况。组合梁的桥面板与梁的结合部位，以及桥面板之间的接头处混凝土有无开裂、渗水。梁（板）接缝、跨中、支点、变截面处、悬臂端牛腿或中间铰部混凝土有无开裂和钢筋锈蚀。横向联结构件是否开裂，连接钢板的焊缝有无锈蚀、断裂，边梁有否横移或向外倾斜。

3. 拱桥的检查

(1) 主拱圈的拱板或拱肋是否开裂。钢筋混凝土拱有无露筋、钢筋锈蚀等缺损状况。拱桥砌块有无压碎，局部掉块，砌缝有无脱离或脱落、渗水，表面有无苔藓、草木滋生，拱铰工作是否正常。空腹拱的小拱有无变形、开裂、错位，立墙或立柱有无倾斜、开裂。

(2) 拱上立柱（或立墙）上下端、盖梁和横系梁的混凝土有无开裂、剥落、露筋和锈蚀。中、下承式拱桥的吊杆上下锚固区的混凝土有无开裂、渗水，吊杆锚头附近有无锈蚀现象，外罩是否有裂纹，锚头夹片、楔头是否发生滑移，吊杆钢索有无断丝。用型钢或钢管混凝土芯的劲性骨架拱桥还要检查混凝土是否沿骨架出现纵向或横向裂缝。

(3) 拱的侧墙与主拱圈间有无脱落，侧墙有无鼓突变形、开裂，实腹拱拱上填料有无沉陷。肋拱桥的肋间横向联结是否开裂、表面剥落、钢筋外露、锈蚀等缺损。

(4) 双曲拱桥还应注意检查拱肋间横向联结拉杆是否松动或断裂，拱波与拱肋结合处是否开裂、脱开，拱波之间砂浆是否松散脱落，拱波顶是否开裂、渗水等。

(5) 薄壳拱桥应检查壳体纵、横向及斜向裂缝、系杆裂缝等。

(6) 系杆拱还应检查系杆是否开裂，无混凝土包裹的系杆是否有锈蚀。

(7) 钢管混凝土拱桥裸露部分的钢管及构件检查参见钢桥检查有关内容，同时还应检查混凝土是否填充密实，通常可用敲击法，以手锤敲击四周依次延及全拱，判断管内混凝土是否填充密实、黏附良好。

4. 钢桥的检查

(1) 构件（特别是受压构件）是否扭曲变形、局部损伤。

(2) 铆钉和螺栓有无松动、脱落或断裂，节点是否滑动错裂。

(3) 焊缝边缘（热影响区）有无裂纹或脱开。

(4) 油漆层有否裂纹、起皮、脱落，构件有无腐蚀生锈。

(5) 钢箱梁腹腔等封闭环境的湿度是否符合要求，除湿设施是否正常工作。

5. 跨线桥与高架桥的检查

跨线桥、高架桥的结构检查同其他一般公路桥梁。跨线桥还应检查通道内有无积水，机械排水的泵站是否完好，排水系统是否畅通，高架桥还应检查防抛网、隔音墙是否完好。跨线桥和高架桥下的道路面是否完好，有无非法占用情况等。

6. 支座的检查

(1) 支座组件是否完好、清洁、断裂、错位、脱空。

(2) 活动支座是否灵活，实际位移量是否正常，固定支座的锚销是否完好。

(3) 支承垫石是否有裂缝。

(4) 简易支座的油毡是否老化、破裂或失效，垫层厚度是否满足位移要求。

(5) 橡胶支座是否老化、开裂，有无过大的剪切变形和压缩变形，各层加力钢板之间的丰胶层外凸是否均匀。

(6) 四氟板支座是否脏污、老化，四氟乙烯板是否完好，橡胶块是否滑出钢板。

(7) 盆式橡胶支座的固定螺栓是否剪断，螺母是否松动，钢盆外露部分是否锈蚀，防尘罩是否完好。

(8) 组合式钢支座是否干涩、锈蚀，固定支座板的锚栓是否紧固，销板或销钉是否完好。

(9) 摆柱支座各组件相对位置是否准确，受力是否均匀；辊轴支座的辊轴是否出现不允许的爬动、歪斜；摇轴支座的辊轴是否倾斜。

(10) 钢筋混凝土摆柱支座的柱体有无混凝土脱皮、开裂、露筋、钢筋及钢板有无锈蚀。

7. 墩台与基础的检查

(1) 有否滑动、倾斜、下沉或冻拔。

(2) 台背填土有无沉降、裂缝或挤压隆起。

(3) 混凝土墩台及帽梁有无冻胀、风化、腐蚀、开裂、剥落、露筋等。

(4) 石砌墩台有无砌块断裂、通缝脱开、变形，砌体泄水孔是否堵塞，防水层是否损坏。

(5) 墩台顶面是否清洁，有无泥土杂物堆积、滋生草木，伸缩缝处是否漏水。

(6) 基础下是否发生不许可的冲刷或掏空现象。扩大基础的地基有无侵蚀；桩基顶段在水位涨落、干湿交替变化处有无冲刷磨损、颈缩、露筋，有无环状冻裂现象，有无受到污水、咸水或生物的腐蚀。必要时，对大桥、特大桥的深水基础应派潜水员潜水检查。

8. 调治构造物的检查

调治构造物的检查包括结构是否完好，功能是否适用，桥位段河床是否有明显的冲淤及漂浮物堵塞现象。

桥梁检查中常见的各种缺损均应在现场用油漆等将其范围及日期标记清楚。发现三类以上桥梁和有严重缺损和难以判断损坏原因和程度的桥梁，应做影像记录，并附病害状况说明。

(三) 桥梁一般检查后应提交的文件

(1) 典型缺损和病害的影像记录及说明。缺损状况的描述应采用专业标准术语，说明缺损的部位、类型、性质、范围、数量和程度等。

（2）两张总体照片。一张桥面正面照片，一张桥梁上游侧立面照片。桥梁改建后应重新照一次。如果桥梁拓宽改造后，上下游桥梁结构不一致，还要有下游侧立面照片。

（3）桥梁一般检查报告应包括下列内容：

1）桥梁的小修保养情况。

2）桥梁的表观缺损情况与主要存在问题。

3）需要大中修或改建的桥梁计划，说明修理的项目，拟用的修理方案，估计费用和实施时间。

4）详细检查（特殊检查）的需求，说明检验的项目和理由。

5）需限制桥梁交通的建议报告。

三、一般评定

全桥总体技术状况等级评定，可采用考虑桥梁各部件权重的综合评定方法。亦可按重要部件最差的缺损状况评定，或对照桥梁技术状况评定标准进行评定。

1. 桥梁各部件技术状况的评定方法

根据缺损程度（多少或轻重）、缺损对结构使用功能的影响程度（无、小、大）和缺损发展变化状况（趋向稳定、发展缓慢、发展较快）等三个方面，以累加评分方法对各部件缺损状况做出等级评定。评定方法见表 5-2 和表 5-3。

表 5-2　桥梁部件缺损状况评定方法

缺损状况及标度			组合评定标准
缺损程度及标度		程度	小→大
			少→多
			轻度→严重
		标度	0 1 2
缺损对结构使用功能的影响程度	无，不重要	0	0 1 2
	小，次要	+1	1 2 3
	大，重要	+2	2 3 4
以上两项评定组合标度			0 1 2 3 4
缺损发展变化状况的修正	趋势稳定	−1	0 1 2 3
	发展缓慢	0	1 2 3 4
	发展较快	+1	1 2 3 4 5
最终评定结果			0 1 2 3 4 5
桥梁技术状况及分类			完好 良好 较好 较差 差的 危险
			一类 二类 三类 四类 五类

注　“0”表示完好状态，或表示没有设置的构件部位，当缺损程度标度为“0”时，不再进行叠加；“5”表示危险状态，或表示原未设置，而调查表明需要补设的部件。

表 5-3　　推荐的桥梁各部件权重及综合评定方法

<table>
<tr><th>部件</th><th>部件名称</th><th>权重</th><th>桥梁技术状况评定方法</th></tr>
<tr><td>1</td><td>翼墙、环墙</td><td>1</td><td rowspan="17">1. 综合评定采用下列计算式
$$D_r=100-\sum_{i=1} R_iW_i/5$$
式中　R_i—按表 5-2 方法对各部件确定的评定标度（0～5）；
W_i—各部件权重，$\sum W_i=100$；
D_r—全桥结构技术状况评分（0～100），评分高表示结构状况好，缺损少。
2. 评定分类采用下列界限
$D_r \geqslant 88$　一类
$88 > D_r \geqslant 60$　二类
$60 > D_r \geqslant 40$　三类
$40 > D_r$　四类，五类
$D_r \geqslant 60$ 的桥梁，并不排除其中有评定标度 $R_i \geqslant 3$ 的部件，仍有维修的需要</td></tr>
<tr><td>2</td><td>锥坡、护坡</td><td>1</td></tr>
<tr><td>3</td><td>桥台及基础</td><td>23</td></tr>
<tr><td>4</td><td>桥墩及基础</td><td>24</td></tr>
<tr><td>5</td><td>地基冲刷</td><td>8</td></tr>
<tr><td>6</td><td>支座</td><td>3</td></tr>
<tr><td>7</td><td>上部主要承重构件</td><td>20</td></tr>
<tr><td>8</td><td>上部一般承重构件</td><td>5</td></tr>
<tr><td>9</td><td>桥面铺装</td><td>1</td></tr>
<tr><td>10</td><td>桥头与路基连接部</td><td>3</td></tr>
<tr><td>11</td><td>伸缩缝</td><td>3</td></tr>
<tr><td>12</td><td>人行道</td><td>1</td></tr>
<tr><td>13</td><td>栏杆、护栏</td><td>1</td></tr>
<tr><td>14</td><td>灯具、标志</td><td>1</td></tr>
<tr><td>15</td><td>排水设施</td><td>1</td></tr>
<tr><td>16</td><td>调治构造物</td><td>3</td></tr>
<tr><td>17</td><td>其他</td><td>1</td></tr>
</table>

2. 桥梁技术状况评定等级

桥梁技术状况评定等级分为一类、二类、三类、四类、五类。桥梁总体及部件技术状况评定标准见《公路桥涵养护规范》(JTG H11—2004) 中“桥梁技术状况评定标准”。

四、混凝土旧桥常见病害

各种桥梁在制造及运营期间都可能产生不同的缺损（亦称缺陷）。普通钢筋混凝土及预应力钢筋混凝土是桥梁结构中常用的材料，在制造和运营期间可能产生裂缝、保护层剥落、露筋、蜂窝、麻面、防水层及伸缩缝失效等。它们的危害程度与缺损的类型、发展性质及出现的部位有关，有时对结构的耐久性及载重等级影响较大。了解混凝土的病害特征，加强日常养护、维修，有利于提高桥梁耐久性。现将混凝土旧桥的常见病害归纳如下。

（一）裂缝

裂缝是钢筋混凝土桥梁及圬工拱桥中普遍存在的一种缺陷和主要病害。一般裂缝有两种类型：一种是由于桥梁结构承载力或刚度不足，在荷载作用下产生的裂缝，通常有纵向裂缝和横向裂缝两种；另一种是施工时由于质量缺陷而出现的裂缝，这种裂缝通常产生在钢筋混凝土桥梁中及石拱桥的灰缝部位。不管是哪一种裂缝，只要裂缝的宽度和数量超出规范允许的范围和限度，都会导致结构恶化，影响到桥梁的承载能力和使用寿命，应该引起高度重视，及时进行修补。

1. 梁式桥的常见裂缝

桥梁裂缝是桥梁缺陷的集中表现，也是桥梁中最常见的病害。大量的工程实践和理论分析表明，钢筋混凝土构件基本上都是带缝工作的。在桥梁结构中，当受拉区的应力超过混凝土或砂浆的实际抗拉强度时，必然会出现裂缝。只是一般的裂缝很细很短，对结构的使用没有大的危害，混凝土有了细小裂缝，钢筋才能发挥作用。裂缝宽度的限值应按照《公路桥涵养护规范》(JTGH 11—2004) 的相关要求，裂缝限值见表 5-4。

表 5-4　　　　裂缝限值表

<table>
<tr><th>结构类型</th><th colspan="3">裂缝部位</th><th>允许最大缝宽 (mm)</th><th>原因</th></tr>
<tr><td rowspan="5">钢筋混凝土梁</td><td colspan="3">主筋附近竖向裂缝</td><td>0.25</td><td></td></tr>
<tr><td colspan="3">腹板斜向裂缝</td><td>0.30</td><td></td></tr>
<tr><td colspan="3">组合梁结合面</td><td>0.50</td><td>不允许贯通结合面</td></tr>
<tr><td colspan="3">横隔板与梁体端部</td><td>0.30</td><td></td></tr>
<tr><td colspan="3">支座垫石</td><td>0.50</td><td></td></tr>
<tr><td rowspan="2">预应力混凝土梁</td><td colspan="3">梁体竖向裂缝</td><td>不允许</td><td></td></tr>
<tr><td colspan="3">梁体纵向裂缝</td><td>0.20</td><td></td></tr>
<tr><td rowspan="3">砖、石、混凝土拱</td><td colspan="3">拱圈横向</td><td>0.30</td><td>裂缝高小于截面高一半</td></tr>
<tr><td colspan="3">拱圈纵向</td><td>0.50</td><td>裂缝长小于 1/8 跨长</td></tr>
<tr><td colspan="3">拱波与拱肋结合处</td><td>0.20</td><td></td></tr>
<tr><td rowspan="8">墩台</td><td colspan="3">墩台帽</td><td>0.30</td><td></td></tr>
<tr><td rowspan="6">墩台</td><td rowspan="2">0.20
0.30</td><td></td><td>0.20</td><td></td></tr>
<tr><td></td><td>0.30</td><td></td></tr>
<tr><td rowspan="2">0.25
0.35</td><td></td><td>0.25</td><td></td></tr>
<tr><td></td><td>0.35</td><td></td></tr>
<tr><td colspan="2">0.40</td><td>0.40</td><td></td></tr>
<tr><td colspan="2"></td><td></td><td></td></tr>
<tr><td colspan="3">有冻结作用部分</td><td>0.20</td><td></td></tr>
</table>

当裂缝宽度在限定值以内时，大气中的湿气，水分一般是难于大量渗透到钢筋上，因而钢筋不会遭到严重锈蚀，结构的耐久性也不会因此而受到明显影响。当裂缝超过规范要求时应进行修补，以保证结构的耐久性。

在预应力混凝土梁中，裂缝的危害性更大，湿气、水分渗透到钢丝上，引起钢丝锈蚀。由于钢丝的直径比钢筋的直径小得多，因而锈蚀对钢丝的影响比钢筋厉害得多。因而在预应力混凝土梁中，对裂缝控制更加严格。对于潮湿的空气中含有较多腐蚀性气体时，缝宽的限制亦应要求严格一些。由于裂缝的影响而降低结构的承载能力，在桥梁实践中是司空见惯的事。

梁式桥中可能出现的裂缝很多，下面主要通过钢筋混凝土简支梁（板）桥，介绍梁式桥常见的裂缝。

(1) 梁（板）受拉区的竖向裂缝。简支梁（板）的竖向裂缝，是由正弯矩引起的，一般在梁（板）的跨中附近，从梁（板）的受拉区边缘，大致与主筋垂直的方向向上延伸。裂缝宽度一般在 0.03～0.2mm 之间，裂缝之间的最小间距为 0.05～0.2mm。

对于连续梁，除了跨中附近有自下而上的竖向裂缝外，中间支点附近会出现自上而下的由负弯矩引起的竖向裂缝。

上述裂缝主要是梁（板）受荷载作用产生的弯曲裂缝。根据桥梁荷载试验的实际观察，在较大的加载下，原来延伸较长的裂缝，长度和宽度都有缓慢的增加。卸载之后，这些裂缝的宽度基本上可以恢复到原来的状态。

一般认为，只要这类裂缝在梁（板）侧面的延伸长度达不到计算截面的中性轴，而其最大宽度又在 0.2mm 的范围内，当属正常裂缝。对于图 5－1 中的正弯矩裂缝，一般可不进行处理，但对负弯矩裂缝，因易受雨水的影响，即使裂缝小于 0.2mm，亦应采取防水措施，避免因雨水侵蚀而加速钢筋锈蚀。当桥台沉陷时，连续梁中墩顶部的负弯矩裂缝，应给予足够的重视。

（2）斜裂缝

梁式桥中的斜裂缝有两种：一种是由主拉应力引起的梁腹板上的斜裂缝［图 5－1（a)］；另一种是由于斜截面抗弯能力较弱所引起的斜裂缝［图 5－1（b)］。

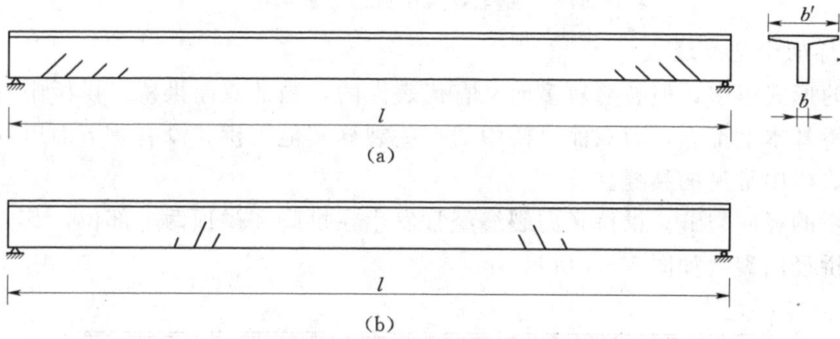

图 5－1　梁式桥的斜裂缝

（a）主拉应力引起的斜裂缝；（b）弯剪斜裂缝

第一种斜裂缝多发生在梁支点附近的腹板上，主要是由主拉应力过大而产生的。裂缝一般从端横隔板内侧开始，沿 45°～60°方向的斜线向上攀升。裂缝的宽度是两头小而中间大，在到达梁的上下缘之前就消失了。因为梁的上下缘一般都有较多的纵向主筋（或纵向钢束），它有抑制斜裂缝的作用，因而斜裂缝在到达这些主筋或钢束之前，一般都会消失。

上述裂缝产生的原因是：在车辆荷载作用下，在靠近支点的腹板上，剪力大而弯矩小，由于产生的主拉应力超过了混凝土的抗拉强度，则在梁的腹板中出现斜裂缝，这类裂缝在预应力钢筋混凝土梁中特别危险，可以明显降低梁的承载能力。

造成斜裂缝宽度较大的主要原因是斜筋（或箍筋）不足，对于预应力钢筋混凝土梁，则往往是斜向钢束起弯过早，梁端缺少斜向钢束所致。在前一个时期，有一些预应力梁（主要是连续梁），梁端出现了比较严重的斜裂缝，给修复加固造成了较大的困难，今后必须予以重视。

第二种斜裂缝，又称弯剪斜裂缝，是由于斜截面抗弯能力较弱所引起的。它与主拉应力产生的斜裂缝有明显的不同，弯剪斜裂缝与由梁中正弯矩产生的竖向裂缝相似，裂缝是由梁底向腹板延伸，裂缝的宽度是下面大、上面小，而不像主拉应力所产生的斜裂缝是中间大、两头小。

(3) 钢筋锈蚀引起的顺筋裂缝

由于混凝土质量较差或保护层厚度不足，二氧化碳侵蚀碳化至钢筋表面，使钢筋周围混凝土碱度降低，或由于氯化物侵入，钢筋周围氯离子含量较高，均可引起钢筋表面氧化膜破坏，钢筋中铁离子与侵入到混凝土中的氧气和水分发生腐蚀反应，其锈蚀物氢氧化铁体积比原来增长 2～4 倍，导致保护层混凝土开裂，沿钢筋纵向产生裂缝，其最大延伸长度可达到梁跨度的一半，裂缝宽度可达 4mm，危害极大。钢筋引起的顺筋裂缝如图 5－2 所示。

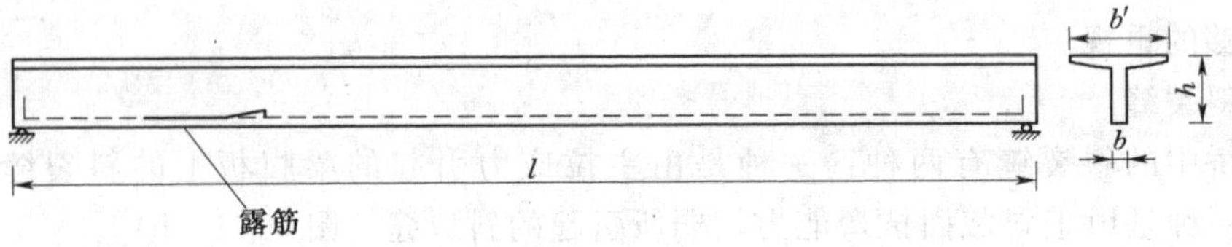

图 5－2　钢筋锈蚀引起的顺筋裂缝

2. 拱式桥的常见裂缝

拱式桥的形式很多，但裂缝较多而又有代表性的，当数双曲拱桥。拱桥中有共性的裂缝，双曲拱桥基本上都有，而双曲拱桥中的有些裂缝其他拱桥就没有。下面以双曲拱桥为例，介绍拱式桥中常见的裂缝。

(1) 拱桥的径向裂缝。拱桥径向裂缝经常发生在拱脚和拱顶两个部位，其方向与拱轴线垂直。拱桥径向裂缝如图 5－3 所示。

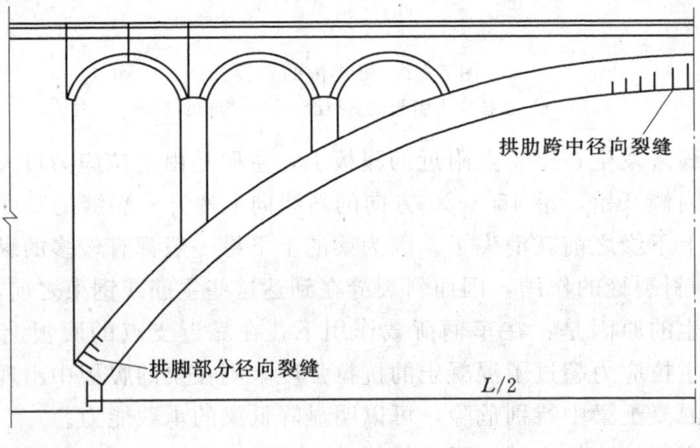

图 5－3　拱桥的径向裂缝

拱脚附近的径向裂缝是由负弯矩引起的，上宽下窄，垂直于拱轴线向下延伸。当拱背布置有纵向钢筋时，从拱脚截面上缘开始，可出现几条大致平行的裂缝。裂缝宽度最大的一条在拱脚，向 1/4 跨方向逐渐减小。如裂缝宽度超过 0.25mm 时，应视为不正常裂缝。当拱背无钢筋时，裂缝的宽度往往较大，但缝数较少。

拱顶附近的径向裂缝是由正弯矩引起的。裂缝下宽上窄，沿竖直方向向上延伸。裂缝宽度拱顶较大，向 1/4 跨方向逐渐减小以至消失。这种裂缝还会引起拱顶下沉。

拱圈的径向裂缝是拱桥中最常见的裂缝。建造拱桥时，应提高质量，采取有效措施，避免产生裂缝。但在已建成的拱桥中，拱脚、拱顶出现了径向裂缝时，不要看得过于严重，只要拱脚、拱顶处的径向裂缝没有到达截面的中性轴，不会明显降低拱的承载能力，并无垮塌的危险，一般可以（或者通过加固）继续利用。拱圈有径向裂缝，未经论证，不能作为拆除拱桥的理由。

产生径向裂缝的主要原因一是截面整体性差，二是温度下降、混凝土收缩和墩台变位的影响。

（2）拱圈的纵向裂缝。拱圈宽度较大（8～10m 以上）的圬工拱桥和双曲拱桥中，常见拱圈出现纵向裂缝，这种裂缝通常在桥面中线附近顺跨径方向延伸，严重时有贯通全桥、将拱圈“一分为二”之势。当拱圈宽度很大（≥20m 时），还可能出现第二条纵向裂缝。

产生这种裂缝的主要原因是：

1）拱圈截面的形式不够合理，截面不能适应热胀冷缩变化规律。

2）横向联系比较薄弱、荷载横向分布很不均匀。

3）拱圈的砌筑质量。

（3）拱肋与拱波结合面上的环向裂缝。拱肋与拱波结合面上的环向裂缝，仅发生在双曲拱桥中。环向裂缝的最大宽度一般是在拱脚和拱顶，从拱脚和拱顶向两 1/4 跨裂缝逐渐减小以至消失。不同部位的环向裂缝由不同的原因所形成。拱脚附近的环向裂缝主要是由肋、波之间的抗剪能力很弱、拱脚剪力较大所引起的，而拱顶附近的环向裂缝，则是由于拱肋受拉时产生了径向拉力，而肋波间抗拉能力很小所产生的。

早期采用矩形拱肋的双曲拱桥，肋、波、板的结合面非常薄弱，特别是采用无支架吊装施工时，在吊装过程中施工人员需要在拱肋上来回行走，使拱肋顶面不清洁甚至沾上了油污，截面实际抗剪和抗拉的能力都很小，因而这个结合面上很容易出现环向裂缝。严重时拱肋与拱波完全脱开，使按组合截面计算的主拱圈变成了叠合截面，大大地降低了桥梁的承载能力，其后果比较严重。

后期采用倒 T 形拱肋的双曲拱桥，肋、波、板结合较好，只要桥台无明显变位，施工时又能保证质量，采用这种截面形式可以避免肋波之间出现环向裂缝。

3. 裂缝评定

对于旧桥，试验荷载作用下绝大部分裂缝宽度应不大于表 5-4 规定的允许值。当结构具有足够的承载能力但裂缝宽度超过表中规定时应采取防护措施以保证结构的耐久性。当结构裂缝发展严重或裂缝仍在继续发展时应从上部构造本身和地基基础两方面查明原因，对桥梁采取有效的加固措施。

（二）桥面系常见病害

桥面系直接承受车辆荷载，最容易产生病害，也是设计时最容易忽略的部位。桥面系不但影响着桥梁的美观，还决定着桥梁的耐久性，尤其是对于预制梁的上部结构，桥面铺装的损坏、伸缩缝的损坏都会引起梁体的损坏，引起单梁受力甚至破坏。现将桥面系的几种常见病害介绍如下：

（1）桥面铺装层损坏。对于沥青类铺装层所产生的缺陷主要有泛油、松散、露骨、裂缝、壅包、车辙、拉断和脱落等；对于水泥混凝土铺装层所产生的主要缺陷是磨光、裂缝、脱皮及松散破碎等。

(2) 人行道构件损坏。人行道构件损坏主要包括人行道铺装的开裂、破损及缺失等。

(3) 栏杆或防撞墙损坏。栏杆或防撞墙损坏主要包括栏杆的断裂、混凝土脱落、剥落及钢管锈蚀等。

(4) 伸缩缝损坏失效。伸缩缝的损坏主要包括伸缩缝的缺失、软性填料的老化脱落、钢板断裂及钢板和角钢的焊缝破裂等。

(三) 上部结构常见病害

1. 上部主要承重构件破损

上部主要承重构件破损主要表现在由于钢筋锈蚀严重，T梁腹板下缘、翼缘底部、空心板底面及拱肋底部由于钢筋锈蚀引起纵向通长裂缝，并引起混凝土大面积涨鼓、钢筋保护层剥落；承重构件混凝土表面侵蚀严重，呈现疏松、风化现象。详见图5-4和图5-5。

图5-4 T梁翼缘混凝土破损露筋

图5-5 T梁腹板底部混凝土保护层脱落

2. 上部一般承重构件破损

上部主要承重构件破损主要表现在横隔梁缺失；横隔梁钢板连接处混凝土剥落，钢板外露或连接横隔梁钢板锈蚀损坏。详见图5-6和图5-7。

图5-6 T横隔梁连接处破损

图5-7 横隔梁整体缺失

（四）下部结构常见病害

下部结构的常见病害表现在墩台表面裂缝；混凝土表面侵蚀、蜂窝麻面现象；基础外露、侵蚀严重等。详见图5-8和图5-9。

图5-8 桥墩表面混凝土蜂窝麻面

图5-9 桩基外露

第二节 旧桥病害检测

仅通过桥梁普查，并不能够对旧桥材料状况及结构整体耐久性进行评定，尤其对那些原始设计资料不足的旧桥。所以在旧桥检测中还需要对桥梁结构采用一些专门的技术和检测设备进行深入而细致的检测，掌握桥梁详细检查所包含的项目。

1. 桥梁的详细检查

桥梁的详细检查，是依据一般检查的结果，对一些重点部位或典型桥孔采用一些专门技术和检测设备进行深入而细致的检测。

在下列情况下应作详细检查。

(1) 一般检查中难以判明损坏原因及程度的桥梁。

(2) 桥梁技术状况为四类者。

(3) 拟通过加固手段提高载重等级的桥梁。

(4) 桥梁遭受洪水、流冰、漂浮物或船舶撞击、滑坡、地震、风灾和超重车辆通过及其他异常情况影响并造成损害之后，实施应急检查。

2. 详细检查包括的内容

(1) 结构材料及缺损状况的检测。主要包括结构缺损程度检测、材料物理与力学性能检测和材料腐蚀状况及化学性能测试等。

(2) 结构功能状况检测。主要包括结构固有模态参数测定、结构几何形态测量、横载变异状况调查及墩台基础变位调整等。

公路旧桥常见的检测项目见表5-5。

3. 详细检查后的鉴定

详细检查应根据桥梁的破损状况和性质，采用仪器和设备，进行专门的检测与检验，针对桥梁现状进行检算分析，形成结论性鉴定意见。

表 5-5 公路旧桥常见检测项目

序号	常见检测项目	序号	常见检测项目
1	桥梁结构重力变异状况调查	9	混凝土电阻率的检测
2	桥梁几何形态参数的测定	10	混凝土碳化深度测量
3	结构构件表观状况详细检查	11	混凝土结构中钢筋分布状况及保护层厚度的检测
4	结构构件材质强度检测	12	桥梁结构模态参数的测定
5	结构构件内部缺陷与表层损伤的测定	13	索结构索力的测定
6	裂缝深度检测	14	桥梁基础与墩台变位情况的调查
7	钢筋锈蚀电位测量	15	地基与基础的检验
8	混凝土中氯离子含量的测定		

(1) 桥梁结构材料缺损状况。包括对材料物理、化学性能、材料损坏程度，及缺损原因的测试鉴定。

(2) 桥梁结构承载能力。包括对结构强度、稳定性和刚度的验算分析与荷载试验需求确定。

(3) 桥梁防灾能力。包括桥梁抗洪水、流冰能力、地质灾害影响的检测鉴定。

桥梁材料缺损状况鉴定，可根据鉴定要求和缺损的类型、位置，选择表面测量、无破损检测技术和局部取试样等可靠有效的方法，试样应在有代表性构件的次要部位获取；桥梁结构承载能力鉴定，一般采用在详细检查的基础上通过结构检算分析，必要时结合荷载试验的方法；桥梁抗灾能力鉴定，一般采用现场测试和检算的方法，特别重要的桥梁可进行模拟试验。

4. 详细检查报告的内容

(1) 概述检查的一般情况。包括桥梁的基本情况，检查的组织、时间、背景和工作过程等。

(2) 目前桥梁技术状况的描述。包括现场调查，检测项目及方法、检测数据与分析结果和桥梁技术状况评价等。

(3) 结构材料缺损状况鉴定、桥梁结构承载能力鉴定、桥梁抗灾能力鉴定情况等。

(4) 详细阐述检查部位的损坏程度及原因，并提出结构部件和总体的维修、加固或改建的建议方案。

混凝土强度及内部缺陷的检测详见第八章无损和半破损的检测。下面介绍混凝土裂缝深度检测、钢筋锈蚀电位检测、结构混凝土中氯离子含量的检测，钢筋锈蚀电位的检测等。

一、混凝土裂缝深度检测

裂缝检测的目的是掌握对结构承载力和耐久性有影响的裂缝的分布、长度、宽度、深度和发展方向等。一般认为裂缝深度不大于 500mm 的裂缝为浅裂缝，常用检测方法有、斜测法和单面平测法等；裂缝深度大于 500mm 的裂缝为深裂缝，检测方法有孔中对测、孔中斜测和孔中平测等。混凝土桥梁，若出现深裂缝，对结构的受力和耐久性有很大的影响，因此，掌握裂缝详细情况是很有必要。

1. 被检测结构应满足的要求

(1) 允许在裂缝两旁钻测试孔。

(2) 裂缝中不得充水或泥浆。

2. 被测结构上钻取的测试孔应满足的要求

(1) 孔径应比换能器直径大 5～10mm。

(2) 孔深应至少比裂缝预计深度深 700mm，经测试如浅于裂缝深度，则应加深钻孔。

(3) 对应的两个测试孔必须始终位于裂缝两侧，其轴线应保持平行。

(4) 两个对应测试孔的间距宜为 2000mm，同一结构的各对应测孔间距相同。

(5) 宜在裂缝一侧多钻一个较浅的孔，测试无缝混凝土的声学参数，供对比判别之用。

深裂缝检测选用频率为 20～40kHz 的径向振动式换能器，并在其接线上做出等距离标志（一般间隔 100～400mm）。

测试前应先向测试孔中注满清水，然后将 T 和 R 换能器分别置于裂缝两侧的对应孔中，以相同高程等间距从上至下同步移动，逐点读取声时、波幅和换能器所处的深度。如图 5-10 所示。

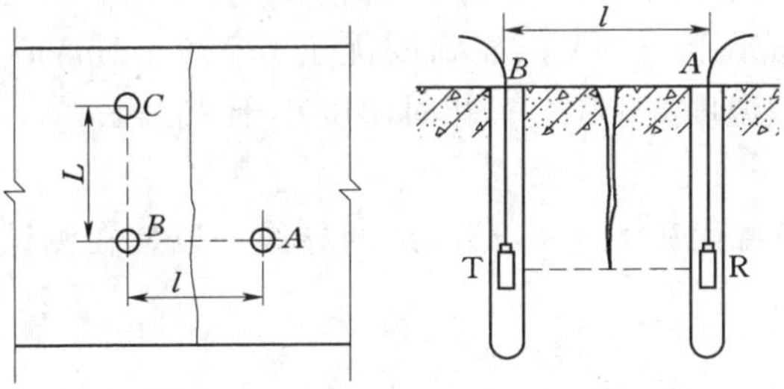

图 5-10　钻孔测裂缝深度

(a) 平面图（C 为比较孔）；(b) 立面图

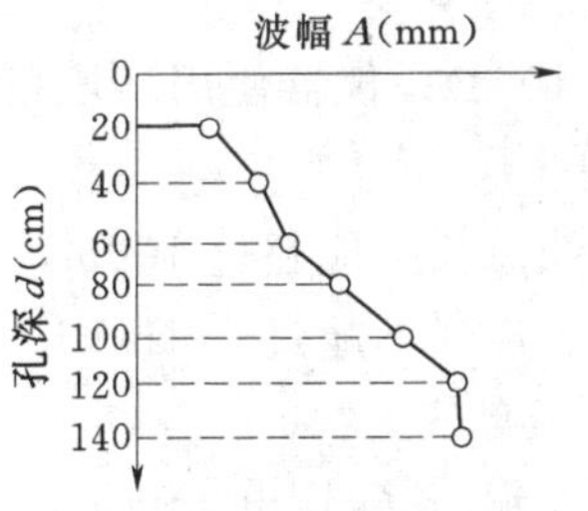

图 5-11　d—A 坐标图

以换能器所处深度 d 与对应的波幅值 A 绘 d—A 坐标图，如图 5-11 所示随着换能器的下移，波幅逐渐增大，当换能器下移至某一位置后，波幅达到最大值并基本稳定，该位置所对应的深度便是裂缝深度 d_c。

二、钢筋锈蚀电位检测

(一) 适用范围

(1) 本方法主要针对半电池电位法检测混凝土中钢筋锈蚀状况的原理，规定仪器的使用方法、检测方法和判定标准的应用方法。

(2) 钢筋锈蚀状况检测范围，应为主要承重构件或承重构件的主要受力部位，或根据一般检查结果有迹象表明钢筋可能存在锈蚀的部位。

(3) 本方法用于评定混凝土中钢筋的锈蚀活化程度。提出的判定标准针对殊环境如海水浪溅区、处于盐雾中的混凝土结构等，不具有普遍适用性。

（二）应用

本方法用于估测正在使用的现场和实验室硬化混凝土中无镀层钢筋的半电池电位，测试与这些钢筋的尺寸和埋在混凝土中的深度无关。可以在混凝土构件使用寿命中的任何时期使用。已经干燥到绝缘状态的混凝土或已发生脱空层离的混凝土表面，测试时不能提供稳定的电回路，不适用本方法。

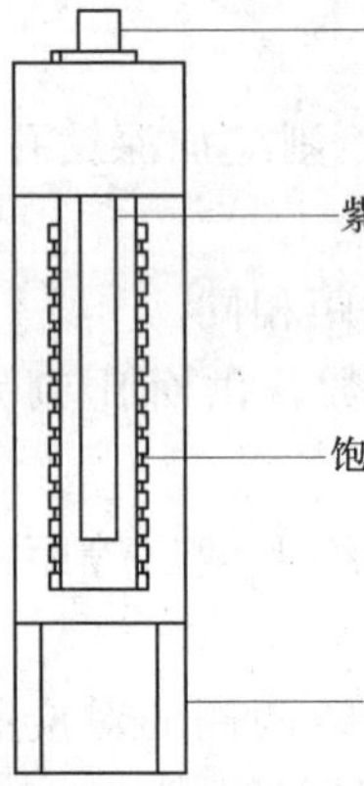

图 5-12　铜/硫酸铜参考电极结构图

（三）测试原理

半电池电位法是利用混凝土中钢筋锈蚀的电化学反应引起的电位变化来测定钢筋锈蚀状态的一种方法。通过测定钢筋/混凝土半电池电极与在混凝土表面的铜/硫酸铜参考电极之间的电位差的大小，评定混凝土中钢筋的锈蚀活化程度。

（四）测量装置

1. 参考电极（半电池）

本方法参考电极为铜/硫酸铜半电池。它由一根不与铜或硫酸铜发生化学反应的刚性有机玻璃管、一只通过毛细作用保持湿润的多孔塞和一个处在刚性管里饱和硫酸铜溶液中的紫铜棒构成，如图 5-12 所示。

铜/硫酸铜参考电极温度系数为 0.9mV/℃。

2. 二次仪表的技术性能要求

测量范围大于 1V；准确度优于 0.5%±1mV；输入电阻大于 $10^{10}\Omega$；仪器使用环境条件：环境温度 0～40℃；相对湿度小于 95%。

3. 导线

导线总长不应超过 150m，一般选择截面积大于 $0.75mm^2$ 的导线，以使在测试回路中产生的电压降不超过 0.1mV。

4. 接触液

为使铜/硫酸铜电极与混凝土表面有较好的电接触，可在水中加适量的家用液态洗涤剂对被测表面进行润湿，减少接触电阻与电路电阻。

（五）测试方法

1. 测区的选择与测点布置

（1）钢筋锈蚀状况检测范围应为主要承重构件或承重构件的主要受力部位，或根据一般检查结果有迹象表明钢筋可能存在锈蚀的部位，但测区不应有明显的锈蚀胀裂、脱空或层离现象。

（2）在测区上布置测试网格，网格节点为测点，网格间距可选 20cm×20cm、30cm×30cm、20cm×10cm 等，根据构件尺寸而定，测点位置距构件边缘应大于 5cm，一般不少于 20 个测点。

（3）当一个测区内存在相邻测点的读数超过 150mV，通常应减小测点的间距。

（4）测区应统一编号，注明位置，并描述外观情况。

2. 混凝土表面处理

用钢丝刷、砂纸打磨测区混凝土表面，去除涂料、浮浆、污迹、尘土等，并用接触液将表面润湿。

3. 二次仪表与钢筋的电连接

(1) 现场检测时，铜/硫酸铜电极一般接二次仪表的正输入端，钢筋接二次仪表的负输入端。

(2) 局部打开混凝土或选择裸露的钢筋，在钢筋上钻一小孔并拧上自攻螺钉，用加压型鳄鱼夹夹住并润湿，确保有良好的电连接。若在远离钢筋连接点的测区进行测量，必须用万用表。

(3) 检查内部钢筋的连续性，如不连续，应重新进行钢筋的连接。

(4) 铜/硫酸铜参考电极与测点的接触。测量前应预先将电极前端多孔塞充分浸湿，以保证良好的导电性，正式测读前应再次用喷雾器将混凝土表面润湿，但应注意被测表面不应存在游离水。连接方法见图 5-13。

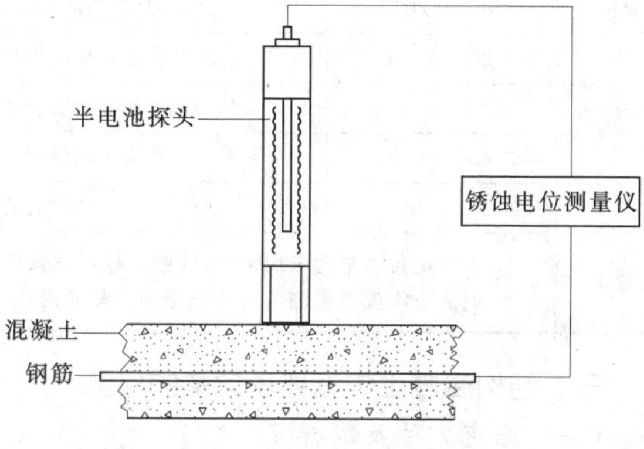

图 5-13 测试系统简图

4. 硫酸铜电极的准备

饱和硫酸铜溶液由硫酸铜晶体溶解在蒸馏水中制成。当有多余的未溶解硫酸铜结晶体沉积在溶液底部时，可以认为该溶液是饱和的。电极铜棒应清洁，无明显缺陷，否则需用稀释盐酸溶液清洁铜棒，并用蒸馏水彻底冲净。硫酸铜溶液应注意更换，保持清洁，溶液应充满电极，以保证电连接。

5. 测量值的采集

测点读数变动不超过 2mV，可视为稳定。在同一测点，同一支参考电极，重复测读的差异不超过 10mV；不同的参考电极重复测读的差异不超过 20mV。若不符合读数稳定要求，应检查测试系统的各个环节。

(六) 影响测量准确度的因素及修正

(1) 混凝土含水量对测值的影响较大，测量时构件应处在自然干燥状态，否则使用本书给出的判据误差较大。

(2) 为提高现场评定钢筋状态的可靠度，一般要进行现场比较性试验。现场比较性试验通常按已暴露钢筋的锈蚀程度不同，在它们的周围分别测出相应的锈蚀电位，比较这些钢筋的锈蚀程度和相应测值的对应关系，提高评判的可靠度，但不能与有明显锈蚀、胀裂、脱空、层离现象的区域比较。

(3) 若环境温度在 (22±5)℃范围之外，应对铜/硫酸铜电极做温度修正。

(4) 各种外界因素产生的波动电流对测量值影响较大，特别是靠近地面的测区，因此应避免各种电、磁场的干扰。

(5) 混凝土保护层电阻对测量值有一定影响，除测区表面处理要符合规定外，仪器的输入阻抗要符合技术要求。

(七) 钢筋锈蚀电位的判定标准

(1) 在对已处理的数据(已进行温度修正)进行判读之前,按惯例将这些数据加以负号,绘制等电位图,然后进行判读。

(2) 按照表 5-6 的规定判断混凝土中钢筋发生锈蚀的概率或钢筋正在发生锈蚀的锈蚀活化程度系数 T_c。

表 5-6 结构混凝土中钢筋锈蚀电位的判定标准

序号	电位水平 (mV)	钢 筋 状 态	评定标度值
1	0～－200	无锈蚀活动性或锈蚀活动性不确定	1
2	－200～－300	有锈蚀活动性,但锈蚀状态不确定,可能坑蚀	2
3	－300～－400	锈蚀活动性较强,发生锈蚀概率大于 90%	3
4	－400～－500	锈蚀活动性强,严重锈蚀可能性极大	4
5	<－500	构件存在锈蚀开裂区域	5
备注	1. 表中电位水平为采用铜/硫酸铜电极时的量测值; 2. 混凝土湿度对量测值有明显影响,量测时构件为自然状态,否则用此评定标准误差较大		

三、结构混凝土中氯离子含量的检测

(一) 测定方法及取样

1. 测定方法

(1) 混凝土中氯离子可引起并加速钢筋的锈蚀。氯离子含量的测定方法主要有两种:试验室化学分析法和滴定条法(Quanta-Strips)。滴定条法可在现场完成氯离子含量的测定。

(2) 混凝土中的氯离子含量,可采用现场按混凝土不同深度取样,测定结果须能反映氯离子在混凝土中随深度的分布,根据钢筋处的混凝土氯离子含量判断引起钢筋锈蚀的危险性。

(3) 氯离子含量测定,应根据构件的工作环境条件及构件本身的质量状况确定测区,测区应能代表不同工作条件及不同混凝土质量的部位,测区宜参考钢筋锈蚀电位测量结果确定。

2. 取样

(1) 混凝土粉末分析样品的取样部位和数量。

1) 分析样品的取样部位可参照钢筋锈蚀电位测试测区布置原则确定。

2) 测区的数量应根据钢筋锈蚀电位检测结果以及结构的工作环境条件确定。在电位水平不同部位、工作环境条件、质量状况有明显差异的部位布置测区。

3) 每一测区取粉的钻孔数量不宜少于 3 个,取粉孔可与碳化深度测量孔合并使用。

4) 测区、测孔应统一编号。

(2) 取样方法。

1) 使用直径 20mm 以上的冲击钻在混凝土表面钻孔,钻孔前应先确定钢筋位置。

2) 钻孔取粉应分层收集,一般深度间隔可取 3mm、5mm、10mm、15mm、20mm、25mm、50mm 等。若需指定深度处的钢筋周围氯离子含量,取粉末间隔可进行调整。

3）钻孔深度使用附在钻头侧面的标尺杆控制。

4）用一硬塑料管和塑料袋收集粉末，见图5-14，对每一深度应使用一个新的塑料袋收集粉末，每次采集后，钻头、硬塑料管及钻孔内都应用毛刷将残留粉末清理干净，以免不同深度粉末混杂。

5）同一测区不同孔相同深度的粉末可收集在一个塑料袋内，重量不应少于25g，若不够，可增加同一测区测孔数量。不同测区测孔相同深度的粉末不应混合在一起。

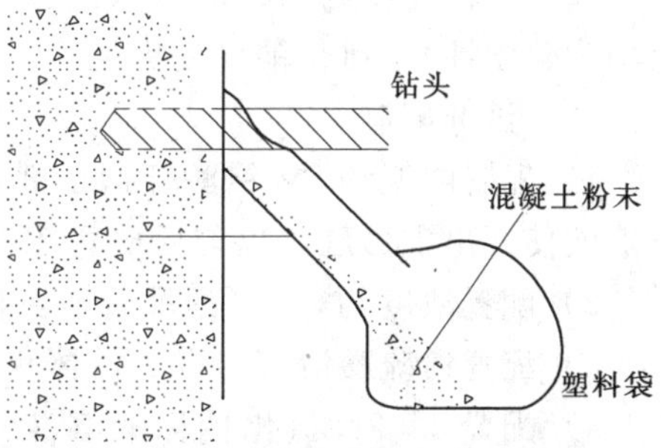

图5-14 钻孔混凝土粉末的方法图

6）采集粉末后，塑料袋应立即封口保存，注明测区、测孔编号及深度。

（二）滴定条法

（1）将采回的样品过筛，去掉其中较大的颗粒。

（2）将样品置于（105±5）℃烘箱内烘2h后，冷却至室温。

（3）称取5g样品粉末（准确度优于±0.1g）放入烧杯中。

（4）缓慢加入50mL（1.0moL）HNO_3，并彻底搅拌直至嘶嘶声停止。

（5）用石蕊试纸检查溶液是否呈酸性（石蕊试纸变红），如果不呈酸性，再加入适量硝酸。

（6）加入约5g无水碳酸钠（Na_2CO_3）。

（7）用石蕊试纸检查溶液是否呈中性（石蕊试纸不变），否则再加入少量无水碳酸钠直至溶液呈中性。

（8）用过滤纸做一锥斗加入液体。

（9）当纯净的溶液渗入锥头后，把滴定条插入液体中。

（10）待到滴定条顶端水平黄色细条转变成蓝色，取出滴定条并顺着由上至下的方向将其擦干。

（11）读取滴定条颜色变化处的最高值，然后，在该批滴定条表中查出所对应的氯离子含量值，此值是以百万分之几（ppm）表示的。若分析过程取样5g，加硝酸50mL，则将查表所得的值除以1000即为百分比含量。

（12）如果使用样品重量不是5g或使用过量的硝酸，则应按下式修正百分比含量

$$氯离子百分比含量 = \frac{ab}{10000c} \tag{5-1}$$

式中 a——查表所得的值，ppm；

b——硝酸体积，mL；

c——样品质量，g。

（三）试验室化学分析法

1. 混凝土中游离氯离子含量的测定

（1）适用范围：测定硬化混凝土中砂浆的游离氯离子含量。

(2) 所需化学药品：硫酸（比重 1.84）、酒精（95%）、硝酸银、铬酸钾、酚酞（以上均为化学纯）、氯化钠（分析纯）。

(3) 试剂配制。

1) 配制浓度约 5%铬酸钾指示剂：称取 5g 铬酸钾溶于少量蒸馏水中，加入少量硝酸银溶液使之出现微红，摇匀后放置 12h 后，过滤并移入 100mL 容量瓶中，稀释至刻度。

2) 配置浓度约 0.5%酚酞溶液：称取 0.5g 酚酞，溶于 75mL 酒精和 25mL 蒸馏水中。

3) 配置稀硫酸溶液：以 1 份体积硫酸倒入 20 份蒸馏水中。

4) 配置 0.02N 氯化钠标准溶液：把分析纯氯化钠置于瓷坩埚中加热（以玻璃棒搅拌），一直到不再有盐的爆裂声为止。冷却后称取 1.2g 左右（精确至 0.1mg），用蒸馏水溶解后移入 1000mL 容量瓶，并稀释至刻度。

氯化钠当量浓度按下式计算

$$N = \frac{W}{58.45} \tag{5-2}$$

式中 N——氯化钠溶液的当量浓度；

W——氯化钠重，g；

58.45——氯化钠的克当量。

5) 配置 0.02N 硝酸银溶液（视所测的氯离子含量，也可配成浓度略高的硝酸银溶液）：称取硝酸银 3.4g 左右溶于蒸馏水中并稀释至 1000mL，置于棕色瓶中保存。用移液管吸取氯化钠标准溶液 20mL（V_1）于三角烧瓶中，加入 10～20 滴铬酸钾指示剂，用于配制的硝酸银溶液滴定至刚呈砖红色。记录所消耗的硝酸银毫升数（V_2）。

$$N_2 = \frac{N_1 V_1}{V_2} \tag{5-3}$$

式中 N_2——硝酸银溶液的当量浓度；

N_1——氯化钠标准溶液的当量浓度；

V_1——氯化钠标准溶液的毫升数；

V_2——消耗硝酸银溶液的毫升数。

(4) 试验步骤如下。

1) 样品处理。取混凝土中的砂浆约 30g，研磨至全部通过 0.63mm 筛，然后置于烘箱中加热（105±5)℃2h，取出后放入干燥器冷却至室温。称取 20g（精确至 0.01g），重量为 G，置于三角烧瓶中并加入 200mL（V_3）蒸馏水，塞紧瓶塞，剧烈振荡 1～2min，浸泡 24h。

2) 将上述试样过滤。用移液管分别吸取滤液 200mL（V_4），置于两个三角烧瓶中，各加 2 滴酚酞，使溶液呈微红色，再用稀硫酸中和至无色后，加铬酸钾指示剂 10～20 滴，立即用硝酸银溶液滴定至呈砖红色。记录所消耗的硝酸银毫升数（V_3）。

试验结果计算。游离氯离子含量按下式计算

$$P = \frac{N_2 V_5 \times 0.03545}{G V_4 / V_3} \times 100\% \tag{5-4}$$

式中 P——砂浆样品游离氯离子含量，%；

N_2——硝酸银标准溶液的当量浓度；

G——砂浆样品重，g；

V_3——浸样品的水重，mg；

V_4——每次滴定时提取的滤液量，mL；

V_5——每次滴定时消耗的硝酸银溶液，mL；

0.03545——氯离子的毫克当量。

2. 混凝土中氯离子总含量的测定

（1）适用范围：测定混凝土中砂浆的氯离子总含量，其中包括已和水泥结合的氯离子量。

（2）基本原理：用硝酸将含有氯化物的水泥全部溶解，然后在硝酸溶液中，用倭尔哈德法来测定氯化物含量。倭尔哈德法是在硝酸溶液中加入过量的 $AgNO_3$ 标准溶液，使氯离子完全沉淀在上述溶液中，用铁矾作指示剂；将过量的硝酸银用 KCNS 标准溶液滴定。滴定时 CNS^- 首先与 Ag^+ 生成白色的 AgCNS 沉淀，CNS^- 略有多余时，即与 Fe^{3+} 形成 Fe $(CNS)^{2+}$ 络离子，使溶液显红色，当滴至红色能维持 5～10s 不褪，即为终点。

反应式为

$$Ag^+ + Cl^- \longrightarrow AgCl$$

$$Ag^+ + CNS^- \longrightarrow AgCNS$$

$$Fe^{3+} + CNS^- \longrightarrow Fe(CNS)^{2+} \text{ 红色}$$

（3）化学试剂：氯化钠、硝酸银、硫氰酸钾、硝酸、铁矾、铬酸钾（以上均为化学纯）。

（4）试验步骤如下。

1）试剂配置。

a. 0.02N 氯化钠标准溶液的配制。

b. 0.02N 硝酸银溶液配制与标定。

c. 6N 硝酸溶液的配制：取化学纯浓硝酸（HNO_3）含量 65%～68%、25.8mL 置容量瓶中，用蒸馏水稀释至刻度。

d. 10%铁矾溶液：用 10g 化学纯铁矾溶于 90g 蒸馏水配成。

e. 0.02N 硫氰酸钾标准溶液：用天平称取化学纯硫氰酸钾晶体约 1.95g 左右，溶于 100mL 蒸馏水，充分摇匀，装在瓶内配成硫氰酸钾溶液并用硝酸银标准溶液进行标定。将硝酸银标准溶液装入滴定管，从滴定管放出硝酸银标准溶液约 25mL，加 6N 硝酸 5mL 和 10%铁矾溶液 4mL，然后用硫氰酸钾标准溶液滴定，滴定时，激烈摇动溶液，当滴至红色维持 5～10s 不褪时即为终点。

硫氰酸钾标准溶液的当量浓度按下式计算

$$N_1 = \frac{N_2 V_2}{V_1} \tag{5-5}$$

式中 N_1——硫氰酸钾标准溶液的当量浓度；

V_1——滴定时消耗的硫氰酸钾标准溶液，mL；

N_2——硝酸银标准溶液的当量浓度；

V_2——硝酸银标准溶液，mL。

2）混凝土试样处理和氯离子测定步骤。

a. 取适量的混凝土试样（约 40g 左右），用小锤仔细除去混凝土试样中石子部分，保存砂浆，把砂浆研碎成粉状，置于 105±5℃烘箱中烘 2h。取出放入干燥器内冷却至室温，用感量为 0.01g 天平称取 10～20g 砂浆试样倒入三角锥瓶。

b. 用容量瓶盛 100mL 稀硝酸（按体积比为浓硝酸：蒸馏水＝15：85）倒入盛有砂浆试样的三角锥瓶内，盖上瓶塞，防止蒸发。

c. 砂浆试样浸泡一昼夜左右（以水泥全部溶解为度），其间应摇动三角锥瓶，然后用滤纸过滤，除去沉淀。

d. 用移液管准确量取滤液 20mL 两份，置于三角锥瓶，每份由滴定管加入硝酸银溶液约 20mL（可估算氯离子含量的多少而酌量增减），分别用硫氰酸钾溶液滴定。滴定时激烈摇动溶液，当滴至红色能维持 5～10s 不褪时即为终点。

注意：必要时加入 3～5 滴 10％铁矾溶液以增加水泥含有的 Fe^{3+}。

（5）试验结果计算。氯离子总含量按下式计算

$$P=\frac{0.03545(NV-N_1V_1)}{GV_2/V_3} \tag{5-6}$$

式中 P——砂浆样品中氯离子总含量，％；

N——硝酸银标准溶液的当量浓度；

V——加入滤液试样中的硝酸银标准溶液，mL；

N_1——硫氰酸钾标准溶液的当量浓度；

V_2——每次滴定时提取的滤液量，mL；

V_3——浸样品的水量，mL；

G——砂浆样品重，g；

0.03545——氯离子的毫克当量。

（四）氯离子含量的评判标准

（1）氯化物浸入混凝土引起钢筋的锈蚀，其锈蚀危险性受到多种因素的影响，如碳化深度、混凝土含水量、混凝土质量等，因此应进行综合的分析。

（2）根据每一取样层氯离子含量的测定值，做出氯离子含量的深度分布曲线，判断氯化物是混凝土生成时已有的，还是结构使用过程中由外界渗入的以及浸入的。

（3）混凝土中的氯离子含量可按表 5－7 的评判标准确定其引起钢筋锈蚀的可能性。

表 5－7 结构混凝土中氯离子含量的评判标准表

氯离子含量（占水泥含量的百分比）	＜0.15	0.15～0.4	0.4～0.7	0.7～1.0	＞1.0
诱发钢筋锈蚀的可能性	很小	不确定	有可能诱发钢筋锈蚀	会诱发钢筋锈蚀	钢筋锈蚀活化
评定标度值	1	2	3	4	5

第三节 桥梁荷载试验

桥梁荷载试验是对桥梁结构进行直接加载测试的一项科学试验工作，其目的是通过荷

载试验，了解结构在荷载作用下的工作性能和实际工作状态，综合判断分析桥梁结构的安全承载能力和使用条件。

桥梁荷载试验通常包括静力荷载试验和动力荷载试验两部分。

当采用调查、检算的方法尚不足以鉴定桥梁承载能力时，可采用荷载试验，测定桥梁在荷载作用下的实际工作状况，结合调查、检算来评定桥梁承载能力。

一般在下列情况下，可考虑进行荷载试验。

(1) 桥梁的施工质量合格，使用状况良好，检算主要指标虽不符合要求，但超过幅度较小（30%以内），可能还有承载潜力。

(2) 桥梁的施工质量很差，可能存在隐患，仅用调查检算难以确定桥梁承载能力。

(3) 桥梁在运营中损坏较严重，可能影响桥梁承载能力。

(4) 桥梁缺乏设计、施工资料或桥梁结构受力不明确，不便准确进行桥梁承载能力检算。

(5) 为了科研或积累资料需要时。

一、桥梁静载试验

静载试验是指将静止的荷载作用于桥梁上的指定位置，测试结构的静应变、静位移以及裂缝等。

1. 桥梁静载试验的目的

(1) 检验桥梁设计与施工的质量，检验结构的安全性与可靠性。

(2) 检验桥梁结构的设计理论与设计方法，充实与完善桥梁结构的计算理论与施工技术，积累科学技术资料。

(3) 掌握桥梁结构的工作性能，判断桥梁结构的实际承载能力。

2. 桥梁静载试验的主要工作内容

(1) 明确荷载试验的目的。

(2) 试验准备工作。

(3) 加载方案设计。

(4) 测点设置与测试。

(5) 加载控制与安全措施。

(6) 试验结果分析与承载力评定。

(7) 试验报告的编写。

一般，以上静载试验的主要内容被包含在三个阶段：桥梁结构的考察和试验准备、加载试验与观测、测试结果的分析和总结。

目前，桥梁静载试验应按照我国现行的《大跨径混凝土桥梁的试验方法》、《公路桥梁设计规范》或《城市桥梁设计规范》进行。最后，综合上述三个阶段的内容，形成桥梁静载试验报告。

3. 桥梁静载试验组织

(1) 试验孔（墩）的选择：①该孔（墩）计算受力最不利；②该孔（墩）施工质量较差，缺陷较多或病害较严重；③该孔（墩）便于搭设脚手架，便于设置测点或便于实施加载。

选择试验孔的工作与制订计划前的调查工作结合进行。

(2) 搭设脚手架和测试支架。

(3) 静态试验加载位置的放样和加载位置的安排。

(4) 试验人员组织及分工。

(5) 其他准备工作。

4. 桥梁静载试验加载方案

(1) 简支梁桥：①主要工况，跨中最大正弯矩工况；②附加工况，$L/4$最大正弯矩工况、支点最大剪力工况、桥墩最大竖向反力工况。

(2) 连续梁桥：①主要工况，主跨跨中最大正弯矩工况、主跨支点负弯矩工况；②附加工况，边跨最大正弯矩工况、主跨桥墩最大竖向反力工况、主跨支点最大剪力工况。

(3) 悬臂梁桥（T形刚构桥）：①主要工况，支点（墩顶）最大负弯矩工况、锚固孔跨中最大正弯矩工况；②附加工况，支点（墩顶）最大剪力工况、挂孔跨中最大正弯矩工况、桥墩最大竖向反力工况。

(4) 连续刚构桥：①主要工况，主跨跨中最大正弯矩工况、主跨墩顶最大负弯矩工况；②附加工况，墩顶支点最大剪力工况、边跨最大正弯矩工况、桥墩（台）最大竖向反力工况。

(5) 无铰拱桥：①主要工况，拱顶最大正弯矩工况、拱脚最大负弯矩工况；②附加工况，拱脚最大水平推力工况、$L/4$截面最大正弯矩和负弯矩工况；$L/4$截面正负挠度绝对值之和最大工况。

(6) 两铰拱桥：①主要工况，拱顶最大正弯矩工况、拱脚最大水平推力工况；②附加工况，$L/4$截面最大正弯矩和负弯矩工况；$L/4$截面正负挠度绝对值之和最大工况。

此外，对桥梁施工中的薄弱截面或缺陷修补后的截面，或者旧桥结构损坏部位，比较薄弱的桥面结构，可以专门进行荷载工况设计，以校验该部位或截面对结构整体性能的影响。

梁式结构的最大挠度工况，一般与最大正弯矩工况相同。

使用车辆加载而又未安排动载项目时，可在静载试验项目结束后，将加载车辆沿桥长慢速行驶一趟，以全面了解荷载作用于桥面不同部位时结构的承载状况。

5. 桥梁静载试验荷载等级的确定

为了保证荷载试验的效果，必须先确定试验的控制荷载。桥梁需要鉴定承载能力的荷载主要有以下几种。

(1) 控制荷载的确定：①汽车和人群（标准设计荷载）；②挂车式或履带车（标准设计荷载）；③需通行的特殊重型车辆。

分别计算以上几种荷载对结构控制截面产生的内力（或变形）的最不利值，进行比较，取其中最不利者对应的荷载作为控制荷载。

(2) 静载试验效率。静载试验荷载效率定义为：试验荷载作用下被检测部位的内力（或变形）的计算值与包括动力扩大系数在内的标准设计荷载作用下，同一部位的内力（或变形）的计算值的比值。以η_q表示荷载效率，则

$$\eta_q = \frac{S_t}{S_d(1+\mu)} \tag{5-7}$$

式中　S_t——试验荷载作用下，检测部位变形或内力的计算值；

S_d——设计标准荷载作用下，检测部位变形或内力的计算值；

μ——设计取用的冲击系数。

一般的静载试验，η_q 值可采用 0.8～1.05。当桥梁的调查、检算工作比较完善又受加载设备能力所限时，η_q 值可采用低限；当桥梁的调查、检算工作不充分，尤其是缺乏桥梁计算资料时，η_q 值应采用高限。一般情况下，η_q 值不宜小于 0.95。

6. 加载分级与控制

(1) 分级控制原则：①当加载分级较为方便时，可按最大控制截面内力荷载工况将荷载均分为 4～5 级；②当使用载重车加载，车辆称重有困难时也可分为 3 级加载；③当桥梁的调查和检算工作不充分或桥况较差时，应尽量增多加载分级；④在安排加载分级时，应注意加载过程中其他截面内力亦应逐渐增加，且最大内力不应超过控制荷载作用下的最不利内力；⑤根据具体条件决定分级加载的方法，最好每级加载后卸载，也可逐级加载，当达到最大荷载后再逐级卸载。

(2) 车辆荷载加载分级的方法：①逐渐增加加载车数量；②先上轻车后上重车；③加载车位于内力影响线的不同；④加载车分次装载重物。

(3) 加载时间的选择：为减小温度变化对试验造成的影响，加载试验时间以晚 22：00～晨 6：00为宜。尤其是采用重物直接加载，加卸载周期比较长的情况下只能在夜间进行试验。对于采用车辆等加卸载迅速的试验方式，如夜间试验照明等有困难的时亦可安排在白天进行试验，但在晴天或多云的天气下进行加载试验时每个加卸载周期所花费的时间不应超过 20min。

(4) 加载设备的选择：静载试验加载设备可根据加载要求及具体条件选用，一般有以下两种加载方式：①可行式车辆；②重物直接加载。

(5) 加载重物的称量：①称量法；②体积法；③综合法。

无论采用何种加载物重力的方法，均应做到准确可靠，其称量误差最大不得超过 5%。最好能采用两种称重方法互相校核。

7. 测点设置与观测

(1) 挠度测点的布设：对挠度测点的布设要求能够测量结构的竖向挠度、侧向位移和扭转变形，应能给出受检跨及相邻跨的挠曲线和最大挠度。每跨一般需布设 3～5 个测点。挠度测试结果应考虑支点下沉修正，应观测支点下沉量、墩台的沉降、水平位移与转角。

(2) 应变测点的布设：应变测点的布设应能测出内力控制截面沿竖向、横向的应力分布状态。对组合构件应测出组合构件的结合面上下缘应变。梁的每个截面的竖向测点沿截面高度应不少于 5 个测点，包括上下缘和截面突变处，应能说明平截面假定是否成立。横向抗弯应变测点应布设在截面横桥向应力可能分布较大的部位，沿截面上下缘布设，横桥向设置一般不少于 3 处，以控制最大应力的分布，宽翼缘构件应能给出剪力滞效应的大小。

对于剪切应变测点一般采取设置应变化的方法进行观测。为了方便，对于梁桥的剪应

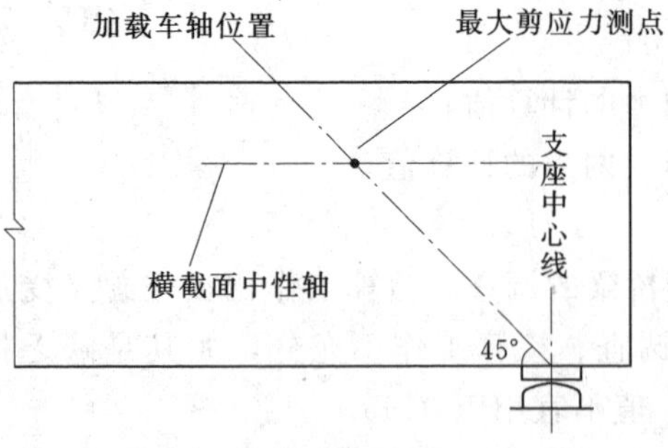

图 5-15 梁桥最大剪应力测点图

力也可在截面中性轴处主应力方向设置单一应变测点来进行观测。

梁桥的实际最大剪应力截面应设置在支座附近而不是支座上，具体设置位置如下：从梁底支座中心起向跨中做与水平线成 45°斜线，此斜线与截面中性轴高度线相交的交点即为梁最大剪应力位置。可在这一点沿最大压应力或最大拉应力方向设置应变测点，距支座最近的加载点应设置在 45°斜线与桥面的交点上。梁桥最大剪应力的布设方法如图 5-15 所示。

(3) 温度测点的布设：选择与大多数测点较接近的部位设置 1～2 处气温观测点，此外可根据需要在桥梁主要测点部位设置一些构件表面温度观测点。

(4) 常用桥梁的主要测点布置：主要测点布置不宜过多，但要保证观测质量。一般情况下，对主要测点的布置应能控制结构的最大应力（或应变）和最大挠度（或位移）：①简支梁桥，跨中挠度、支点沉降、跨中截面应变；②连续梁桥，跨中挠度、支点沉降、跨中和支点截面应变；③悬臂梁桥，悬臂端部挠度、支点沉降、支点截面应变；④拱桥，跨中与 $L/4$ 处挠度、拱顶、$L/4$ 和拱脚截面应变。

8. 仪器的选择

(1) 载重车。

(2) 静态数据采集仪。

(3) 百分表及光电挠度仪等。

(4) 应变片及传感器等。

9. 静载试验过程

(1) 准备工作：①试验前对试验桥逐孔查看，并根据计算分析及现场实际情况选取试验孔，清理桥面，标记加载位置及测点布设位置；②试验前，按照试验方案租用试验车辆并量取试验车辆原始数据，试验车装载过磅，记录车辆轴重及总重；③对试验孔按试验方案中应变和挠度测点布置方式进行放样，在梁底安装应变传感器，同时布设挠度百分表；④安装测试仪器及传感器连接导线，调试仪器，检查各传感器及百分表工作情况，确保处于良好工作状态；⑤进行预加载，进一步检查传感器、百分表读数、反应是否正常灵敏，一切没有问题后，封闭交通，按试验方案工况位置进行试验。

(2) 荷载试验：①对每一工况的每一次加载，试验车辆就位后，关闭发动机并持续 5min 以上，待数据完全稳定后进行记录，卸载 10min 以上再进行重复加载，以便使结构弹性变形得以恢复，减小结构塑性残余变形；②各工况按方案确定的荷载等级分级加载；③严格按设计的加载程序进行加载，荷载的大小、截面内力的大小应由小到大逐渐增大，并随时做好停止加载和卸载的准备。

10. 静载试验数据分析及计算

(1) 理论分析与计算：

1) 试验桥跨的设计内力验算：设计内力验算是按照试验桥梁的设计图纸与设计荷载、

选取合理的计算图式，按照设计规范，运用结构分析方法，采用专门桥梁计算软件或通用分析软件，计算出桥梁结构的设计内力。

2）试验荷载效应计算：试验荷载效应计算是在设计内力验算结果的基础上，确定加载位置、加载等级以及在试验荷载作用下的结构反应。

（2）试验数据分析：①测值修正；②温度影响修正；③支点沉降影响修正；④各测点变位（挠度、位移、沉降）与应变计算；⑤应力计算。

11. 静载试验承载能力评定

（1）结构工作状况。

1）校验系数 η：校验系数 η 是指桥梁结构某测试点（截面）实测值与计算值之比，是评定结构工作状况、确定桥梁承载能力的一个重要指标。

$$\eta=\frac{S_e}{S_s} \tag{5-8}$$

式中 S_e——试验荷载作用下量测的弹性变位（或应变）值；

S_s——试验荷载作用下的理论计算变位（或应变）值。

S_e 和 S_s 的比较可用实测的横截面平均值与计算比较，也可考虑荷载横截面向不均匀分布而选用实测最大值与考虑横向增大系数的计算值进行比较。增大系数最好采用实测值，如无实测值也可再用理论计算值。

2）实测值与理论值的关系曲线：由于理论的变位（或应变）一般是按线性关系计算，所以如测点实测弹性变位（或应变）与理论计算值成正比，其关系曲线接近与直线，说明结构处于良好的弹性工作状态。

3）相对残余变位（或应变）：测点在控制荷载工况作用下的相对残余变位（或应变）越小说明结构越接近弹性工作状况。相对残余变位（或应变）按下列公式计算

$$S_p'=\frac{S_p}{S_t}\times 100\% \tag{5-9}$$

式中 S_p'——相对残余变位（或应变）；

S_p——相对校验系数；

S_t——相对理论计算变位（或应变）。

（2）结构的强度及稳定性。当荷载试验项目比较全面时，可采用荷载试验主要挠度测点的校验系数 η 来评定结构的强度和稳定性。

检算时用荷载试验后的旧桥检算系数 Z_2 代替原有的旧桥检算系数 Z_1，对桥梁结构抗力效应予以提高或折减。

砖石和混凝土桥

$$S_d(\gamma_{s0}\varphi\sum\gamma_{s1}Q)\leqslant R_d\left(\frac{R_1}{\gamma_m},\alpha_k\right)\times Z_2 \tag{5-10}$$

钢筋混凝土及预应力混凝土桥

$$S_d(\gamma_g G;\gamma_q\sum Q)\leqslant \gamma_b R_d\left(\frac{R_c}{\gamma_c};\frac{R_s}{\gamma_s}\right)\times Z_2 \tag{5-11}$$

根据 η 值由表 5-8 查取 Z_2 的取值范围。

表 5-8　　经过荷载试验的旧桥检算系数 Z_2 值表

η	Z_2	η	Z_2
0.4 及以下	1.20～1.30	0.8	1.00～1.10
0.5	1.15～1.25	0.9	0.97～1.07
0.6	1.10～1.20	1.0	0.95～1.05
0.7	1.05～1.15		

(3) 地基和基础。当试验荷载作用下墩台沉降、水平位移及倾角较小，符合上部结构检算要求，卸载后变位基本回复时，认为地基与基础在检算荷载作用下能正常工作。

当试验荷载作用下墩台沉降、水平位移及倾角较大或不稳定，卸载后变位不能回复时，应进一步对地基、基础进行探查、检算，必要时应对地基基础进行加固处理。

(4) 结构的刚度要求。试验荷载作用下，主要测点挠度校验系数 η 应不大于 1，各点挠度不超过现行规范规定的允许值。即

圬工拱桥：一个桥范围内正负挠度的最大绝对值之和不小于 $L/1000$，履带车和挂车要验算时提高 20%。

钢筋混凝土桥：　　梁桥主梁跨中：$L/600$

梁桥主要悬臂端：$L/300$

桁架、拱桥：$L/300$

(5) 裂缝。试验荷载作用下绝大部分裂缝宽度应不大于规定的允许值，试验荷载后所有裂缝应不大于规定的允许值。

对旧桥试验荷载作用下绝大部分裂缝宽度及荷载试验后所有裂缝应不大于表 5-4 规定的允许值。

12. *静载试验报告的编写*

试验报告的内容应该包括下列各项：

(1) 试验概况。

(2) 试验目的。

(3) 试验方案设计。

(4) 试验日期及试验过程。

(5) 各项试验达到的精度。

(6) 试验成果与分析。

(7) 试验记录摘要。

(8) 技术结论。

(9) 经验教训。

(10) 有关图表、照片。

二、桥梁动载试验

动载试验是指将静止的荷载作用于桥梁上的指定位置，测试结构的动应变、动挠度以及动加速度等。

1. 桥梁动载试验的任务

(1) 测定动荷载的动力特性。

(2) 测定结构的动力特性。

(3) 测定结构在动荷载作用下的强迫振动相响应。

2. 桥梁动载试验的项目

(1) 测定结构在动力荷载下的响应，即结构在动荷载作用下强迫振动特性。

(2) 测定桥跨结构的自振特性。

(3) 测定动荷载本身的动力特性。

(4) 疲劳性能试验。

3. 桥梁动载试验的量测仪器

(1) 量测动应变：动态电阻应变仪并配以记录仪器。

(2) 量测振动：低频拾振器并配以低频测振放大器及记录仪器。

(3) 量测动挠度：光电挠度仪或电阻应变位移计并配动态电阻应变仪及记录仪器。

4. 桥梁动载试验的效率

动载试验的效率定义为

$$\eta_d = \frac{S_d}{S} \tag{5-12}$$

式中 S_d——动载试验荷载作用下控制截面最大计算内力值；

S——标准汽车荷载作用下控制截面最大计算内力值（不计入汽车荷载冲击系数）。η_d 值一般取为 1。

5. 桥梁动载试验的测点布置

(1) 拾振器的布置。测点拾振器一般按照结构振型形状，在变位较大的部位布置测点，尽可能避开各阶振型的节点，以免丢失模态。

(2) 动应变测点的布置。动应变测点一般应布置在结构产生最大拉应变的截面处，并注意温度补偿。

6. 桥梁动载试验的测试内容

桥梁动载试验的测试内容有跑车试验（无障碍行车试验）、跳车试验（有障碍行车）、刹车试验（制动试验）、脉动试验。

7. 桥梁动载试验结果的评定与分析

桥梁结构动力性能的各参数，如固有频率、阻尼比、振型、动力冲击系数等，及动力响应的大小，是宏观评价桥梁结构的整体刚度、运营性能的重要指标；也是一些规范评价桥梁安全运营性能的主要尺度。目前，虽然国内外规范对桥梁结构的动力响应、动力特性尚无统一的评价尺度，但是一般认为：桥梁结构的动力特性反应了结构的整体刚度、桥面平整度及耗散外部振动能量输入的能力，同时、过大的动力响应会影响车辆的安全行使，会引起乘客的不舒适，应予以避免。在实际测试中，通常通过以下几个方面来评价桥梁结构的动力性能。

比较桥梁结构频率的理论值与实测值，如果实测值大于理论计算值，说明桥梁结构的实际刚度较大，反之则说明桥梁结构的刚度偏小，可能存在开裂或其他不正常的现象。

根据动力冲击系数的实测值来评价桥梁结构的行车性能，实测冲击系数较大则说明桥梁结构的行车性能差，桥面平整度不良，反之亦然。

实测阻尼比的大小反应了桥梁结构耗散外部能量输入的能力，阻尼比大，说明桥梁耗散外部能量输入的能力大，振动衰减得快；阻尼比小，说明桥梁耗散外部能量输入的能力差，振动衰减的慢。过大的阻尼比可能是由于桥梁结构存在开裂或支座工作不正常等现象引起的。

8. 桥梁动载试验报告的编写

(1) 试验目的。

(2) 试验依据。

(3) 试验方案。

(4) 试验过程说明。

(5) 各项试验达到的精度。

(6) 试验成果与分析。

(7) 试验记录摘录。

(8) 技术结论。

(9) 图表信息。

思考题与习题

1. 桥梁调查的主要内容有哪些？
2. 桥梁一般检查的主要内容有哪些？
3. 桥梁一般检查报告应包括哪些内容？
4. 梁式桥的常见裂缝有哪几种？
5. 拱式桥的常见裂缝有哪几种？
6. 桥梁详细检查报告包括哪些内容？
7. 在哪些情况下应考虑进行荷载试验？
8. 桥梁静载试验的主要工作内容是什么？
9. 桥梁静载试验分级加载的原则是什么？
10. 桥梁动载试验的项目有哪些？
11. 桥梁静载试验、动载试验报告应包括哪些内容？

第六章　涵洞工程检测与评定

学习目标

1. 掌握圆管涵、盖板涵、箱涵、拱涵等涵洞工程的质量检测项目和检测方法。

2. 正确填写原始记录和检验评定表，对涵洞工程质量作出正确评价。

第一节　涵洞总体检测评定

涵洞若有预制构件，其接缝须与沉降缝吻合。其中开裂、漏水情况的检测、试验相当重要，它直接影响到涵洞的使用寿命。每个涵洞施工结束时应进行抗渗试验。防水层的设置应按设计规定进行。防水层材料可用沥青、油毛毡、防水布、水泥砂浆、三合土等。涵洞（基础和墙身）沉降缝处两端面应竖直、平整，上下不得交错。填缝料应具有弹性和不透水性，并应填塞紧密。沉降缝宽度应符合设计规定，若设计无规定时，可采用20～30mm。预制涵管的沉降缝应设在管节接缝处。涵洞总体质量检验评定见表6-1，涵台质量检验评定见表6-2，一字墙或八字墙质量检验评定见表6-3。

营运期涵洞的检测主要是采用普查的方式进行。普查包括外观检查和必要的现场检测。外观检查主要检查涵洞表面有无疏松层、剥蚀深度和剥蚀面积、裂缝状况、钢筋是否外露及锈蚀、地基沉降、渗漏等；必要的现场检测包括混凝土的强度、碳化深度。

1. 检测的内容

(1) 混凝土涵洞表面剥蚀检测。主要检测混凝土表面有无疏松层、剥蚀深度和剥蚀面积等。

(2) 涵洞裂缝检测。主要检测裂缝的宽度、长度及裂缝发生的部位和分布情况。

(3) 混凝土涵洞的碳化和锈蚀检测。主要检测涵洞混凝土的碳化深度、钢筋保护层厚度和钢筋锈蚀情况。

(4) 涵洞混凝土和片石砌体的强度检测。

(5) 变形缝、伸缩缝的检测。主要检测变形缝、伸缩缝的宽度，嵌缝材料的老化状况，漏水情况。

(6) 涵洞的变形检测。主要检测涵（墩）台基础变位，盖板、拱圈、箱涵顶板底板和侧墙的变形，以及管节的错位等。

(7) 其他，包括混凝土的脱空、涵洞面渗或点渗等。在营运期进行养护时，应定期进行开裂、漏水检查，一旦发现问题就应及时修补。

2. 检测方法

(1) 混凝土裂缝宽度的检测可以采用读数显微镜进行。

(2) 可以采用超声波仪检测混凝土裂缝的深度，对可能贯穿性裂缝还可辅以压水试验

表 6-1

涵洞总体质量检验评定表

项目名称：　　工程合同段：　　（子）分项工程名称：　　工程部位：

施工单位：　　监理单位：　　使用者类别：

项次	检查项目	规定值或允许偏差	检查方法和频率	权值	检查实测值	平均值代表值	合格率（%）	得分
基本要求	1. 涵洞施工应严格按照设计图纸、施工规范和有关技术操作规程要求进行；2. 各接缝、沉降缝位置正确，填缝无空鼓、开裂、漏水现象；若有预制构件，其接缝应与沉降缝吻合；3. 涵洞内不得遗留建筑垃圾、杂物等							
1	轴线偏位（mm）	明涵 20，暗涵 50	经纬仪：检查 2 处	2				
2△	流水面高程（mm）	±20	水准仪、尺量：检查洞口 2 处，拉线检查中间 1～2 处	3				
3	涵底铺砌厚度（mm）	+40，−10	尺量：检查 3～5 处	1				
4	长度（mm）	+100，−50	尺量：检查中心线	1				
5△	孔径（mm）	±20	尺量：检查 3～5 处	3				
6	净高（mm）	明涵±20，暗涵±50	尺量：检查 3～5 处	1				
7	（子）分项工程得分							
8	外观鉴定	洞身直顺，进出口、洞身、沟槽等衔接平顺，无阻水现象。不符合要求时，减 1～3 分		检查结果				
		帽石、一字墙或八字墙等应平直，与路线边坡、线形匹配，棱角分明。不符合要求时，减 1～3 分						
		涵洞处路面平顺，无跳车现象。不符要求时，减 2～4 分						
		外露混凝土表面平整，颜色一致。不符合要求时，减 1～3 分						
9	质量保证资料	施工资料和图表必须齐全，不缺乏最基本数据，不得伪造涂改。不符合要求时，不予检查和评定。资料不全者，视情况每项减 1～3 分						
10	（子）分项工程评分值							
11	质量等级							

监理工程师：　　日期：　　检测人：　　日期：　　承包商：　　日期：

表 6-2

涵台质量检验评定表

项目名称： 工程合同段： （子）分项工程名称： 工程部位：

施工单位： 监理单位： 使用者类别：

项次	检查项目		规定值或允许偏差	检查方法和频率	权值	检查实测值	平均值代表值	合格率（%）	得分
基本要求	1. 所用材料的质量和规格必须符合有关技术规范的要求，按规定的配合比施工；2. 地基承载力及基础深度须满足设计要求；3. 混凝土不得出现露筋和空洞现象；4. 砌块应错缝、坐浆挤紧，嵌缝料和砂浆饱满，无空洞、宽缝、大堆砂浆填隙和假缝								
1△	混凝土和砂浆强度（MPa）		在合格标准内	按 JTGF80/1—2004 附录 D 和 F 检查	3				
2	涵台断面尺寸（mm）	片石砌体	±20	尺量：检查 3～5 处	1				
		混凝土	±15						
3	竖直度或斜度（mm）		0.3%台高	吊垂线或经纬仪：测量 2 处	1				
4△	顶面高程（mm）		±10	水准仪：测量 3 处	2				
5	（子）分项工程得分								
6	外观鉴定		涵台线条顺直，表面平整。不符合要求时减 1～3 分		检查结果				
			蜂窝、麻面面积不得超过该面面积的 0.5%。不符合要求时，每超过 0.5%减 3 分；深度超过 10mm 者必须处理						
			砌缝匀称，勾缝平顺，无开裂和脱落现象。不符合要求时减 1～3 分						
7	质量保证资料		施工资料和图表必须齐全，不缺乏最基本数据，不得伪造涂改。不符合要求时，不予检查和评定。资料不全者，视情况每项减 1～3 分						
8	（子）分项工程评分值								
9	质量等级								

监理工程师： 日期： 检测人： 日期： 承包商： 日期：

表 6-3

一字墙或八字墙质量检验评定表

项目名称：　　工程合同段：　　（子）分项工程名称：　　工程部位：

施工单位：　　监理单位：　　使用者类别：

基本要求	1. 混凝土或砂浆所用的水泥、砂、水的质量应符合有关规范的要求，按规定的配合比施工；2. 砌块的强度、规格和质量应符合有关规定；3. 地基承载力及基础埋置深度必须满足设计要求；4. 砌块应分层错缝砌筑，坐浆挤紧，嵌填饱满密实，不得有空洞；5. 抹面应压光、无空鼓现象							
项次	检查项目	规定值或允许偏差	检查方法和频率	权值	检查实测值	平均值 代表值	合格率 （%）	得分
1△	混凝土或砂浆强度（MPa）	在合格标准内	按 JTGF80/1—2004 附录 D 或 F 检查	4				
2	平面位置（mm）	50	经纬仪：检查墙两端	1				
3	顶面高程（mm）	±20	水准仪：检查墙两端	1				
4	底面高程（mm）	±50		1				
5	竖直度或坡度（%）	0.5	吊垂线：每墙检查 2 处	1				
6△	断面尺寸（mm）	不小于设计	尺量：各墙两端断面	2				
7	（子）分项工程得分							
8	外观鉴定	墙体直顺、表面平整。不符合要求时，减 1～3 分		检查结果				
		砌缝无裂迹；勾缝平顺，无脱落、开裂现象。不符合要求时，减 1～4 分						
		混凝土墙蜂窝、麻面面积不得超过该面面积的 0.5%。不符合要求时，每超过 0.5%减 3 分；深度超过 10mm 者必须处理						
9	质量保证资料	施工资料和图表必须齐全，不缺乏最基本数据，不得伪造涂改。不符合要求时，不予检查和评定。资料不全者，视情况每项减 1～3 分						
10	（子）分项工程评分值							
11	质量等级							

监理工程师：　　日期：　　检测人：　　日期：　　承包商：　　日期：

方法检测。

(3) 混凝土强度可以采用回弹法和取芯法进行检测。

(4) 混凝土碳化深度的检测详见第八章第二节“回弹法检测混凝土强度”中所述。

(5) 钢筋锈蚀状态采用半电池电位法检测。

(6) 采用探地雷达检测涵洞顶板混凝土是否脱空、混凝土中是否存在孔洞等缺陷。

3. 检测和评估的主要结果

在进行各项检测后，对每个检测项目给出一个折减系数，然后根据折减系数重新复核计算涵洞的强度等各项指标，判断其是否满足使用要求，继续营运会不会安全。

第二节　圆管涵检测评定

基坑开挖可采用人工配合机械开挖，基坑检查合格后，铺筑碎石垫层，小型振动压路机分层压实，压实度达到95%以上。基础混凝土在管节安装前后分两次浇筑，重点控制新旧混凝土的结合及管基混凝土与管壁的结合，及时进行养护。

涵管由厂家预制或自行预制，检验合格后运至工地。准确计算管涵全长与管节的配置以及端墙的准确位置。从下游开始安装，使接头面向上游安装，每节涵管紧密相贴于已铺好的基座上，使涵管受力均匀。

管节装卸、运输、安装过程中采取防碰撞措施，避免管节损坏或产生裂纹；涵管装卸、安装机具及存放场地必须得到经监理工程师的许可，安装时严格按规范规定操作。

预制涵管质量评定见表 6-4，管座及涵管安装质量评定见表 6-5。

第三节　盖板涵检测评定

盖板制作质量检验评定见表 6-6，盖板安装质量检验评定见表 6-7。

第四节　箱（拱）涵检测评定

采用人工配合机械开挖，开挖前注意做好防排水设施，开挖按变形缝设置跳槽开挖，必要时做好临时支护工作。

基底须整平夯实，并做基底承载力检测，若达不到 150kPa，则需换填碎石或砂砾。基底满足设计要求承载力后，按设计要求立模施作混凝土垫层。

箱涵涵身每隔 10～18m 设变形缝一圈（包括基础），凡地基土质发生变化以及地基填挖交界处，均设置变形缝，缝宽 2～3cm。

箱涵在变形缝设置处，外围混凝土应加厚一圈，加厚尺寸为 25cm。在变形缝设置处内侧镶嵌 3cm 厚油浸软木板，外侧填塞止水密封膏。为了保证整个变形缝竖直且在一个截面上，立模堵头处须立分离式两块模板（夹紧止水带）。

箱涵浇筑质量检验评定见表 6-8，拱涵浇（砌）筑质量检验评定见表 6-9。

表 6-4

预制涵管质量检验评定表

项目名称：　　　工程合同段：　　　（子）分项工程名称：　　　工程部位：

施工单位：　　　监理单位：　　　使用者类别：

项次	检查项目	规定值或允许偏差	检查方法和频率	权值	检查实测值	平均值代表值	合格率（%）	得分
基本要求	1. 所用的水泥、砂、石、水、外加剂和掺和料的质量规格应符合有关规范的要求，按规定的配合比施工；2. 混凝土应符合耐久性（抗冻、抗渗、抗侵蚀）等设计要求；3. 不得出现露筋和空洞现象							
1△	混凝土强度（MPa）	在合格标准内	按 JTGF80/1—2004 附录 D 检查	3				
2	内径（mm）	不小于设计	尺量：2 个断面	2				
3	壁厚（mm）	不小于设计壁厚−3	尺量：2 个断面	2				
4	顺直度	矢度不大于 0.2% 管节长	沿管节拉线量，取最大矢高	1				
5	长度（mm）	+5，−0	尺量	1				
6	（子）分项工程得分							
7	外观鉴定	蜂窝麻面面积不得超过该面面积的 1%。不符合要求时，每超过 1%减 3 分；深度超过 1cm 的必须处理		检查结果				
		混凝土表面平整。不符合要求时减 1～2 分						
8	质量保证资料	施工资料和图表必须齐全，不缺乏最基本数据，不得伪造涂改。不符合要求时，不予检查和评定。资料不全者，视情况每项减 1～3 分						
9	（子）分项工程评分值							
10	质量等级							

监理工程师：　　　日期：　　　检测人：　　　日期：　　　承包商：　　　日期：

表 6－5 **管座及涵管安装质量检验评定表**

项目名称： 工程合同段： （子）分项工程名称： 工程部位：

施工单位： 监理单位： 使用者类别：

<table>
<tr><td>基本要求</td><td colspan="9">1. 涵管必须检验合格方可安装；2. 地基承载力须满足设计要求，涵管与管座、垫层或地基紧密贴合，垫稳坐实；3. 接缝填料嵌填密实，接缝表面平整，无间断、裂缝、空鼓现象；4. 每节管底坡度均不得出现反坡；5. 管座沉降缝应与涵管接头平齐，无错位现象；6. 要求防渗漏的倒虹吸涵管须做渗漏试验，渗漏量应满足要求</td></tr>
<tr><td>项次</td><td colspan="2">检查项目</td><td>规定值或允许偏差</td><td>检查方法和频率</td><td>权值</td><td>检查实测值</td><td>平均值代表值</td><td>合格率（%）</td><td>得分</td></tr>
<tr><td>1△</td><td colspan="2">管座及垫层混凝土强度（MPa）</td><td>在合格标准内</td><td>按 JTGF80/1—2004 附录 D 检测</td><td>3</td><td></td><td></td><td></td><td></td></tr>
<tr><td>2</td><td colspan="2">管座或垫层宽度、厚度（mm）</td><td>≥设计值</td><td>尺量：抽查 3 个断面</td><td>2</td><td></td><td></td><td></td><td></td></tr>
<tr><td rowspan="2">3</td><td rowspan="2">相邻管节底面错台（mm）</td><td>管径≤1m</td><td>3</td><td rowspan="2">尺量：检查 3～5 个接头</td><td rowspan="2">2</td><td></td><td></td><td></td><td rowspan="2"></td></tr>
<tr><td>管径>1m</td><td>5</td><td></td><td></td><td></td></tr>
<tr><td>4</td><td colspan="5">（子）分项工程得分</td><td colspan="4"></td></tr>
<tr><td>5</td><td colspan="2">外观鉴定</td><td colspan="2">管壁顺直，接缝平整，填缝饱满。不符合要求时，减 1～3 分</td><td rowspan="2">检查结果</td><td colspan="3"></td><td></td></tr>
<tr><td>6</td><td colspan="2">质量保证资料</td><td colspan="2">施工资料和图表必须齐全，不缺乏最基本数据，不得伪造涂改。不符合要求时，不予检查和评定。资料不全者，视情况每项减 1～3 分</td><td colspan="3"></td><td></td></tr>
<tr><td>7</td><td colspan="2">（子）分项工程评分值</td><td colspan="7"></td></tr>
<tr><td>8</td><td colspan="2">质量等级</td><td colspan="7"></td></tr>
</table>

监理工程师： 日期： 检测人： 日期： 承包商： 日期：

表 6-6

盖板制作质量检验评定表

项目名称：　　工程合同段：　　（子）分项工程名称：　　工程部位：

施工单位：　　监理单位：　　使用者类别：

项次	检查项目		规定值或允许偏差	检查方法和频率	权值	检查实测值	平均值代表值	合格率（%）	得分
基本要求	1. 混凝土所用材料的质量和规格必须符合有关规范的要求，按规定的配合比施工；2. 分块施工时接缝应与沉降缝吻合；3. 板体不得出现露筋和空洞现象								
1△	混凝土强度（MPa）		在合格标准内	按 JTGF80/1—2004 附录 D 检查	3				
2△	高度（mm）	明涵	+10，−0	尺量：抽查 30%的板，每板检查 3 个断面	2				
		暗涵	不小于设计值						
3	宽度（mm）	现浇	±20		1				
		预制	±10						
4	长度（mm）		+20，−10	尺量：抽查 30%的板，每板检查两侧	1				
5	（子）分项工程得分								
6	外观鉴定		混凝土表面平整，棱线顺直，无严重啃边、掉角。不符合要求时，减 1～2 分		检查结果				
			蜂窝、麻面面积不得超过该面面积的 0.5%。不符合要求时，每超过 0.5%减 3 分；深度超过 10mm 者必须处理						
			混凝土表面无非受力裂缝，出现非受力裂缝减 1～3 分，裂缝宽度超过设计规定或设计未规定时超过 0.15mm 必须处理						
7	质量保证资料		施工资料和图表必须齐全，不缺乏最基本数据，不得伪造涂改。不符合要求时，不予检查和评定。资料不全者，视情况每项减 1～3 分						
8	（子）分项工程评分值								
9	质量等级								

监理工程师：　　日期：　　检测人：　　日期：　　承包商：　　日期：

表 6－7

盖板安装质量检验评定表

项目名称：　　工程合同段：　　（子）分项工程名称：　　工程部位：

施工单位：　　监理单位：　　使用者类别：

项次	检查项目	规定值或允许偏差	检查方法和频率	权值	检查实测值	平均值代表值	合格率（%）	得分
基本要求	1. 安装前，盖板、涵台、墩及支承面检验必须合格；2. 盖板就位后，板与支承面须密合，否则应重新安装；3. 板与板之间接缝填充材料的规格和强度应符合要求，并与沉降缝吻合							
1	支承面中心偏位（mm）	10	尺量：每孔抽查 4～6 个	2				
2	相邻板最大高差（mm）	10	尺量：抽查 20%	1				
3	（子）分项工程得分							
4	外观鉴定	板的填缝应平整密实。不符合要求时，减 1～2 分		检查结果				
5	质量保证资料	施工资料和图表必须齐全，不缺乏最基本数据，不得伪造涂改。不符合要求时，不予检查和评定。资料不全者，视情况每项减 1～3 分		检查结果				
6	（子）分项工程评分值							
7	质量等级							

监理工程师：　　日期：　　检测人：　　日期：　　承包商：　　日期：

表 6-8 **箱涵浇筑质量检验评定表**

项目名称：　　工程合同段：　　（子）分项工程名称：　　工程部位：

施工单位：　　监理单位：　　使用者类别：

项次	检查项目		规定值或允许偏差	检查方法和频率	权值	检查实测值	平均值代表值	合格率（%）	得分
基本要求	混凝土所用材料的质量和规格必须符合有关技术规范的要求，按规定的配合比施工；地基承载力及基础埋置深度须满足设计要求；箱体不得出现露筋和空洞现象								
1△	混凝土强度（MPa）		在合格标准内	按 JTGF80/1—2004 附录 D 检查	3				
2	高度（mm）		+5，−10	尺量：检查 3 个断面	1				
3	宽度（mm）		±30		1				
4△	顶板厚（mm）	明涵	+10，−0	尺量：检查 3～5 处	2				
		暗涵	不小于设计值						
5	侧墙和底板厚（mm）		不小于设计值	尺量：检查 3～5 处	1				
6	平整度（mm）		5	2m 直尺：每 10m 检查 2 处×3 尺	1				
7	（子）分项工程得分								
8	外观鉴定		混凝土表面平整，棱线顺直，无严重啃边、掉角。不符合要求时，减 1～2 分		检查结果				
			蜂窝、麻面面积不得超过该面面积的 0.5%。不符合要求时，每超过 0.5%减 3 分；深度超过 10mm 者必须处理						
			混凝土表面无非受力裂缝，出现非受力裂缝减 1～3 分；裂缝宽度超过设计规定或设计未规定时超过 0.15mm 必须处理						
9	质量保证资料		施工资料和图表必须齐全，不缺乏最基本数据，不得伪造涂改。不符合要求时，不予检查和评定。资料不全者，视情况每项减 1～3 分						
10	（子）分项工程评分值								
11	质量等级								

监理工程师：　　日期：　　检测人：　　日期：　　承包商：　　日期：

表 6-9 **拱涵浇（砌）筑质量检验评定表**

项目名称： 工程合同段： （子）分项工程名称： 工程部位：

施工单位： 监理单位： 使用者类别：

基本要求	1. 所用的水泥、砂、石、水、外掺剂、混合材料的质量和规格必须符合有关技术规范的要求，按规定的配合比施工；2. 地基承载力及基础埋置深度必须满足设计要求；3. 混凝土不得出现露筋和空洞现象；4. 砌块应错缝、坐浆挤紧，嵌缝料和砂浆饱满，无空洞、宽缝、大堆砂浆填隙和假缝								
项次	检查项目		规定值或允许偏差	检查方法和频率	权值	检查实测值	平均值代表值	合格率（%）	得分
1△	混凝土或砂浆强度（MPa）		在合格标准内	按 JTGF80/1—2004 附录 D 或 F 检查	3				
2△	拱圈厚度（mm）	砌体	±20	尺量：检查拱顶、拱脚 3 处	2				
		混凝土	±15						
3	内弧线偏离设计弧线（mm）		±20	样板：检查拱顶、1/4 跨 3 处	1				
4	（子）分项工程得分								
5	外观鉴定		线形圆顺，表面平整。不符合要求时，减 1～3 分		检查结果				
			混凝土蜂窝、麻面面积不得超过该面积的 0.5%。不符合要求时，每超过 0.5%减 3 分；深度超过 10mm 者必须处理						
			砌缝匀称，勾缝平顺，无开裂和脱落现象。不符合要求时，减 1～3 分						
6	质量保证资料		施工资料和图表必须齐全，不缺乏最基本数据，不得伪造涂改。不符合要求时，不予检查和评定。资料不全者，视情况每项减 1～3 分						
7	（子）分项工程评分值								
8	质量等级								

监理工程师： 日期： 检测人： 日期： 承包商： 日期：

思考题与习题

1. 营运期涵洞的主要检测内容有哪些？
2. 营运期涵洞的主要检测方法有哪些？
3. 分别简述涵洞总体、涵台、一字墙或八字墙的质量检验内容。
4. 预制涵管、管座及涵管安装质量评定的基本要求和检测内容是什么？
5. 盖板制作、盖板安装质量评定的基本要求和检测内容是什么？
6. 箱涵浇筑、拱涵浇（砌）筑质量评定的基本要求和检测内容是什么？

第七章　隧道检测与评定

学习目标

1. 知道隧道工程试验检测内容。

2. 掌握隧道工程预加固围岩质量检测、开挖质量检测、初期支护质量检测、防排水质量检测、混凝土衬砌质量检测方法。

3. 熟悉通风检测、照明检测有关规定及方法。

4. 能对隧道工程施工质量做出正确评价。

公路隧道，因建造施工周期长，地质条件复杂，运营环境差等诸多问题，其影响着公路隧道的建造和使用。为确保公路隧道工程质量，必须加强隧道检测技术的应用。

第一节　预加固围岩检测与评定

隧道在浅埋地段、自稳性差的软弱破碎地层，严重偏压、岩溶流泥地段，砂土层、砂卵（砾）石层、断层破碎带以及大面积淋水或涌水地段施工时，由于开挖后围岩的自稳时间小于完成支护所需的时间，往往会发生开挖面围岩失稳，或由于初期支护的强度不能满足围岩稳定的要求以及大面积淋水、涌水而导致洞体围岩丧失稳定而产生坍塌、冒顶等。这不仅使围岩条件更加恶化，给施工带来极大的困难，而且影响施工安全，延误工期，费工费料，影响工程质量和隧道使用年限。为了避免上述情况的发生，应在隧道开挖前或开挖中采用辅助施工方法以增强隧道围岩稳定。常用的辅助施工方法主要有：地表砂浆锚杆或地表注浆加固；超前锚杆或超前小导管支护；管棚钢架超前支护；超前小导管预注浆；超前围岩深孔预注浆等。

隧道施工所采用辅助的施工方法，应根据隧道所处的地质和水文地质条件、隧道长度、埋置深度、施工机械装备、工期和经济等方面综合考虑决定。

一、地表砂浆锚杆或地表注浆加固

地表砂浆锚杆和地表注浆是对地层预加固的一种方法，它适用于浅埋、洞口地段和某些偏压地段。为使预加固有较好的效果，锚固砂浆在达到设计强度的70%以上时，才能进行下方隧道的开挖。

二、超前锚杆或超前小导管支护

超前锚杆或超前小钢管支护是一种超前预支护方法。一般适用于浅埋松散破碎的地层内。首先用凿岩机或钻孔台车沿隧道外轮廓线向外钻孔，然后安设锚杆或用钻机将小钢管顶入。超前锚杆根据围岩情况，可采用双层或三层。一般超前锚杆或超前小钢管设置后，即可进行开挖，但应保证前后两组支护在纵向应有不小于100cm

的水平投影搭接长度。超前锚杆支护若采用一般砂浆作胶结物时，爆破后很可能影响其强度。为此宜采用早强砂浆作为锚杆与孔壁间的胶结物，以使尽早发挥超前支护作用。

当围岩自稳时间在12～24h之间，必须采用先支护后开挖的措施。通常采用超前锚杆支护，若洞室跨度较大，可采用超前小导管支护。

三、管棚钢架超前支护

管棚钢架超前预支护适用于极破碎的地层、塌方体、岩堆等地段。在这些地段内辅以灌浆，效果更好。当遇有流塑状岩体或岩溶、严重流泥地段，采用与围岩预注浆相结合的方法，也是一种行之有效的方法。

管棚钢管沿隧道开挖轮廓线纵向设置，其长度为10～45m，应视地质情况选用。为保证开挖后管棚钢管仍有足够的超前长度，纵向两组管棚搭接长度应大于3.0m。管棚钻孔环向间距应视管棚用途而定，如果考虑防塌与防水，一般为30～50cm。

管棚钢架超前支护施工流程为：制作管棚钢架→测设中线及水平基点→检查已开挖断面尺寸及形状→安设管棚钢架→钻管棚钢管孔眼→安设管棚钢管→开挖断面→喷射混凝土→安设初期支护钢架→锚喷。

施工时可用钻孔钻机将管棚钢管顶入钻孔中，当地层松软时也可直接将钢管打入地层。

四、超前小导管预注浆

超前小导管（周壁）预注浆是沿隧道开挖轮廓线向外将管壁带孔的小导管打入地层内（有时亦可在开挖面上将小导管打入地层），并以一定的压力向管内压注浆液。它既能将坑道周围岩体预先加固及堵住围岩裂隙水，又能起到超前预支护的作用。这种方法施工简单，且注浆时间短。但由于其注浆每段为3～5m，注浆压力低（0.5MPa），浆液扩散范围小（0.4～0.5m），因而仅适用于较小断面隧道注浆加固。有时还需辅以钢架支撑，以稳定围岩。此种方法适用于自稳时间很短（12h以内）的砂层、砂卵（砾）石层、断层破碎带、软弱围岩浅埋地段或处理塌方等地段。

五、超前围岩深孔预注浆

在处理极其松散、破碎、软弱地层，或在大量涌水的软弱地段以及断层破碎带的隧道，通常采用超前围岩深孔预注浆加固地层和封堵水源，使围岩强度和自稳能力得到提高。注浆孔可在地表面或开挖面正面分层布置，在纵向呈伞形辐射状。要求注浆孔孔底间距按各个注浆孔的扩散半径相互重叠的原则确定，可以采用周边注浆，也可采用全断面注浆。采用这种方法时注浆段较长（15～30m），注浆压力较高（1.5～4MPa），浆液扩散范围大（1～2m），但需要大型注浆设备，注浆周期长，多用于断面较大和不允许有过大沉陷的各类地下工程中。

注浆结束后应及时对注浆效果进行检查。

1. 分析法

分析注浆记录，查看每个孔的注浆压力、注浆量是否达到设计要求；注浆过程中漏浆、跑浆是否严重，从而以浆液注入量估算浆液扩散半径，分析是否与设计相符。

表 7-1 **超前锚杆质量检验评定表**

项目名称：　　合同段：　　（子）分项工程名称：

施工单位：　　工程部位：　　监理单位：　　使用者类别：

基本要求	1. 锚杆材质、规格等应符合设计和规范要求；2. 超前锚杆与隧道轴线外插角宜为 5°～10°，长度应大于循环进尺，宜为 3～5m；3. 超前锚杆与钢架支撑配合使用时，应从钢架腹部穿过，尾端与钢架焊接；4. 锚杆插入孔内的长度不得短于设计长度的 95%；5. 锚杆搭接长度应不小于 1m							
项次	检查项目	规定值或允许偏差	检查方法和频率	权值	检查实测值	平均值代表值	合格率（%）	得分
1	长度（m）	不小于设计	尺量：检查锚杆数的 10%	2				
2	孔位（mm）	±50	尺量：检查锚杆数的 10%	2				
3	钻孔深度（mm）	±50	尺量：检查锚杆数的 10%	2				
4	孔径（mm）	符合设计要求	尺量：检查锚杆数的 10%	2				
5	（子）分项工程得分							
6	外观鉴定	锚杆沿开挖轮廓线周边均匀布置，尾端与钢架焊接牢固，锚杆入孔长度符合要求。不符合要求时每处减 3～5 分		检查结果				
7	质量保证资料	施工资料和图表必须齐全，不缺乏最基本数据，不得伪造涂改。不符合要求时，不予检查和评定。资料不全者，视情况每款减 1～3 分						
8	（子）分项工程评分值							
9	质量等级							

监理工程师：　　日期：　　检测人：　　日期：　　承包商：　　日期：

表 7－2

超前钢管质量检验评定表

项目名称： 合同段： （子）分项工程名称：

施工单位： 工程部位： 监理单位： 使用者类别：

基本要求：1. 钢管的型号、质量和规格等应符合设计和规范要求；2. 超前钢管与钢架支撑配合使用时，应从钢架腹部穿过，尾端与钢架焊接；3. 钢管插入孔内的长度不得短于设计长度的 95%

项次	检查项目	规定值或允许偏差	检查方法和频率	权值	检查实测值	平均值代表值	合格率（%）	得分
1	长度（mm）	不小于设计	尺量：检查 10%	2				
2	孔位（mm）	±50	尺量：检查 10%	2				
3	钻孔深度（mm）	±50	尺量：检查 10%	2				
4	孔径（mm）	符合设计要求	尺量：检查 10%	2				
5	（子）分项工程得分							
6	外观鉴定	钢管沿开挖轮廓线周边均匀布置，尾端与钢架焊接牢固，入孔长度符合要求。不符合要求时减 1～5 分		检查结果				
7	质量保证资料	施工资料和图表必须齐全，不得缺少最基本数据，不得伪造涂改。不符合要求时，不予检查和评定；资料不全者，每款减 1～3 分		检查结果				
8	（子）分项工程评分值							
9	质量等级							

监理工程师： 日期： 检测人： 日期： 承包商： 日期：

2. *检查孔法*

用地质钻机按设计孔位和角度钻检查孔，提取岩芯进行鉴定。同时测定检查孔的吸水量（漏水量）单孔时应小于 1L/（min·m）；全段应小于 20L/（min·m）。

3. *声波监测法*

用声波探测仪测量注浆前后岩体声速、振幅及衰减系数等来判断注浆效果。

注浆效果如未达到设计要求时，应补充钻孔再注浆。

超前锚杆质量检验评定见表 7-1，超前钢管质量检验评定见表 7-2。

第二节　洞身开挖检测与评定

一、开挖质量标准

开挖是控制隧道施工工期和造价的关键工序。超挖过多，不仅因出渣量和衬砌量增多而提高工程造价，而且由于局部超挖会产生应力集中问题，影响围岩稳定性；而欠挖则直接影响到衬砌厚度，对工程质量和安全产生隐患，处理起来费时、费力、费物。所以必须保证开挖质量，为围岩的稳定和安全支护创造良好条件。

（一）开挖质量评定

隧道洞身开挖施工原始记录见表 7-3，隧道开挖断面原始记录见表 7-4，隧道开挖地质监测记录见表 7-5，洞身开挖质量检测评定见表 7-6。

表 7-3　　　　隧道洞身开挖施工原始记录

项目名称：　　　　　　　　工程合同段：

施工里程：　　　　　　　　分项工程名称：　　　　　　　　施工日期：

<table>
<tr><td rowspan="5">施工情况</td><td colspan="2">工作项目</td><td colspan="2">检查情况</td><td colspan="9">爆破情况</td></tr>
<tr><td colspan="2">开挖方法</td><td colspan="2"></td><td colspan="9" rowspan="4"></td></tr>
<tr><td colspan="2">爆破方法</td><td colspan="2"></td></tr>
<tr><td colspan="2">地质情况</td><td colspan="2"></td></tr>
<tr><td colspan="2">渗水情况</td><td colspan="2"></td></tr>
<tr><td rowspan="7">质量检查标准</td><td colspan="2">工作项目</td><td>容许误差（mm）</td><td colspan="10">各点检查结果</td></tr>
<tr><td rowspan="3">拱部超挖</td><td>Ⅰ、Ⅱ类围岩</td><td colspan="2"></td><td></td><td></td><td></td><td></td><td></td><td></td><td></td><td></td><td></td></tr>
<tr><td>Ⅲ、Ⅳ、Ⅴ类围岩</td><td colspan="2"></td><td></td><td></td><td></td><td></td><td></td><td></td><td></td><td></td><td></td></tr>
<tr><td>Ⅵ类围岩</td><td colspan="2"></td><td></td><td></td><td></td><td></td><td></td><td></td><td></td><td></td><td></td></tr>
<tr><td rowspan="2">边墙宽度</td><td>每侧（m）</td><td colspan="2"></td><td></td><td></td><td></td><td></td><td></td><td></td><td></td><td></td><td></td></tr>
<tr><td>全宽（m）</td><td colspan="2"></td><td></td><td></td><td></td><td></td><td></td><td></td><td></td><td></td><td></td></tr>
<tr><td colspan="2">仰拱、隧底超挖</td><td colspan="2"></td><td></td><td></td><td></td><td></td><td></td><td></td><td></td><td></td><td></td></tr>
</table>

检查意见：

技术负责人：

施工负责人：　　　　　　　　质检员：　　　　　　　　记录员：

表 7-4　　隧道开挖断面原始记录

项目名称：　　　　　　　　　　　　　　工程合同段：

施工里程：　　　　　　　　　　　　分项工程名称：　　　　　　施工日期：

起讫桩号												
施工日期			年	月	日		检验日期		年		月	日
岩面检查							围岩类别					
项次	检查部位		允许值（mm）	检查频率	桩　号							
					设计	实测	设计	实测	设计	实测	设计	实测
1	边底墙宽度（m）	1 点										
2		2 点										
3		3 点										
4		4 点										
5		5 点										
6		6 点										
7	仰拱底标高（m）	7 点										
8		8 点										
9		9 点										
10		10 点										
11		11 点										
12		12 点										
13		13 点										

附草图（或照片）：

检查意见：

技术负责人：

施工负责人：　　　　　　　　质检员：　　　　　　　　记录员：

(二) 爆破效果要求

对于用钻爆法开挖隧道，其爆破效果应满足以下要求：

(1) 开挖轮廓圆顺，开挖面平整。

(2) 爆破进尺达到设计要求，爆出的石块块度满足装渣要求。

(3) 周边炮眼痕迹保存率按式（7-1）计算；炮眼痕迹保存率要满足表 7-7 的规定。

$$\text{周边炮眼痕迹保存率} = \frac{\text{残留有痕迹的炮眼数}}{\text{周边眼总数}} \times 100\% \tag{7-1}$$

(4) 采用支架式风钻打眼，炮眼深为 3m；两茬炮衔接时，出现的台阶形误差不得大于 15cm。如果眼浅则要减少，如果深则要加大。

(5) 采用光面爆破［大型钻孔台车开挖，深眼（大于 3m）爆破］开挖，爆破效果应符合表 7-8 的要求。

表 7-5

隧道开挖地质监测记录表

项目名称： 工程合同段：

施工里程： 分项工程名称： 施工日期：

桩号		断面尺寸（m）	宽：　高：	拱顶标高（m）		埋深（m）		中线方向	

地层岩性		围岩类别			饱和极限抗压强度	极硬岩 $R_b>60$MPa	硬质岩 $R_b=30-60$MPa	软质岩 $R_b=5-30$MPa	极软岩 $R_b\leqslant 5$MPa	取样编号	试验编号
			设计								
			施工采用								

围岩岩体结构特征												
	层理产状			单层厚度（m）		层面特征			与隧道的关系（平面示意图）	煤矿采空区		
	节理	组次	产状	间距（m）	长度（m）	缝宽（m）	充填物	性质		位置		
		1								标高（m）	顶板	
		2									底板	
		3								稳定性		
		4								瓦斯情况		
	断　层			破碎带宽度（m）		破碎带特征						
	纵波速度(m/s)			松弛带厚度（m）		岩体结构类型				与隧道关系		

地下水涌水情况	涌水位置		涌水量（L/s·m）	无水	滴水（<0.04）	线状（0.04～0.21）	股状（>0.21）	含泥沙情况	侵蚀性类型	取水样编号	试验编号

侧　壁　素　描　图		掌　子　面　素　描　图	工程措施及有关参数
左侧壁	右侧壁		

施工负责人： 质检员： 记录员：

表 7-6 **洞身开挖质量检验评定表**

项目名称： 工程合同段： （子）分项工程名称：

施工单位： 工程部位： 监理单位： 使用者类别：

基本要求	1. 不良地质段开挖前应做好预加固、预支护；2. 当前方地质出现变化迹象或接近围岩分界线时，必须用地质雷达、超前小导坑、超前探孔等方法先探明隧道的工程地质和水文地质情况，方可进行开挖；3. 应严格控制欠挖。当石质坚硬完整且岩石抗压强度大于 30MPa 并确认不影响衬砌结构稳定和强度时，允许岩石个别凸出部分（每 $1m^2$ 不大于 $0.1m^2$）凸入衬砌断面，锚喷支护时凸入不大于 30mm，衬砌时不大于 50mm，拱脚、墙脚以上 1m 内严禁欠挖；4. 开挖轮廓要预留支撑沉落量及变形量，并利用量测反馈信息及时调整；5. 隧道爆破开挖时应严格控制爆破震动；6. 洞身开挖在清除浮石后应及时进行初喷支护

项次	检查项目		规定值或允许偏差	检查方法和频率	权值	检查实测值	平均值代表值	合格率（%）	得分
1△	拱部超挖（mm）	破碎岩、土（Ⅰ、Ⅱ类围岩）	平均 100，最大 150	水准仪或断面仪：每 20m 一个断面	3				
		中硬岩、软岩（Ⅲ～Ⅴ类围岩）	平均 150，最大 250						
		硬岩（Ⅵ类围岩）	平均 100，最大 200						
2	边墙超挖（mm）	每侧	+100，−0	尺量：每 20m 检查 1 处	2				
		全宽	+200，−0						
3	仰拱、隧底超挖（mm）		平均 100，最大 250	水准仪：每 20m 检查 3 处	1				
4	（子）分项工程得分								
5	外观鉴定		洞顶无浮石。不符合要求时每处减 1 分并及时清除		检查结果				
6	质量保证资料		施工资料和图表必须齐全，不缺乏最基本数据，不得伪造涂改。不符合要求时，不予检查和评定。资料不全者，视情况每款减 1～3 分						
7	（子）分项工程评分值								
8	质量等级								

注 平均线性超挖值 $=\dfrac{\text{超挖面积}}{\text{爆破设计开挖断面周长（不包括隧底）}}$

监理工程师： 日期： 检测人： 日期： 承包商： 日期：

表 7－7　　炮眼痕迹保存率标准

围岩条件	硬岩	中硬岩	软岩
炮眼痕迹保存率（%）	≥80	≥70	≥50

注　1. 周边炮眼痕迹要在开挖轮廓面上均匀分布。
2. 式（7－1）中周边眼不包括底板的周边眼。
3. 当炮眼痕迹保存率大于孔长 70%时，按可见眼痕炮眼计算。
4. 松散软岩很难保留炮眼痕迹，故软岩周边主要应以满足平整圆顺即可认为合格。

表 7－8　　光面爆破效果评定

序　号	项　目	硬　岩	中硬岩	软　岩
1	平均线性超挖量（cm）	16～18	18～20	20～25
2	最大线性超挖量（cm）	20	25	25
3	两茬炮衔接台阶最大尺寸（cm）	15	20	20
4	炮眼痕迹保存率（%）	≥80	≥70	≥50
5	局部欠挖（cm）	5	5	5
6	炮眼利用率（%）	90	90	95

注　1. 平均线性超挖量是由凿岩台车的外插角而定的，随循环进尺长度而变，孔深时取最大值。
2. 岩面上不要有明显的爆破裂缝。
3. 爆破后石渣破碎程度要与所使用的装渣机械相适应，否则应调整爆破参数。

二、超欠挖测定方法

（一）直接测量法（以内模为参照物）

1. 测量方法

（1）在二次衬砌立模后，以内模为参照物，从内模量至围岩壁的数据 L 加上内净空 R_1 即为开挖断面数据。量测时，钢尺尽量与内模垂直，见图 7－1。

（2）量测段数的划分：自一侧盖板顶至拱顶均分为 9 段，两侧共 18 段，19 个量测数据，编号分别为 A_1～A_{19}，见图 7－2。隧道内每隔 5m（10m）测量一个开挖断面，且断面里程尾数最好为 0 或 5，如 K26＋125、K29＋130，这样既有一定的规律性，能全面反映情况，又便于资料的管理与查阅。

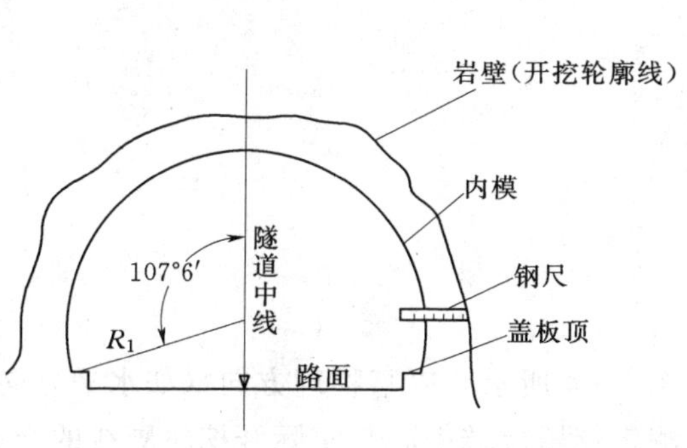

图 7－1　以内模为参照物直接测量法

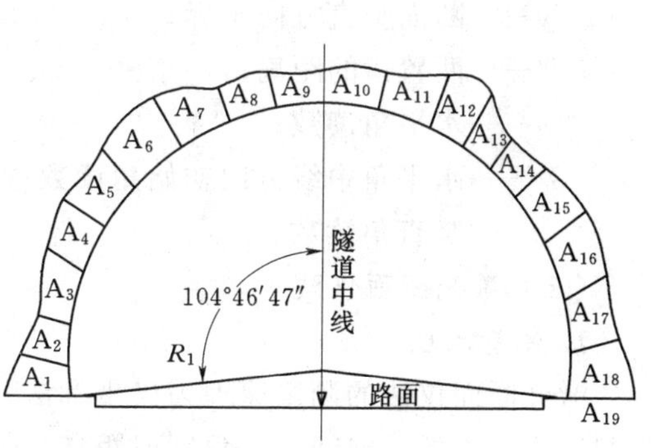

图 7－2　量测段数的划分

2. 开挖质量评价

（1）隧道开挖质量不能以某一个开挖断面为标准进行评价，而应以某一长度段内所有的实测数据的综合计算分析来评价。

(2) 通常以50m（或100m）长、围岩类别相同段落的开挖实测数据作一分析群，则这一分析群内共有（50/5+1）11个断面，11×19=209个数据。通过对这209个实测数据的综合计算，再与设计要求进行比较分析，则可对这50m的开挖质量作一评价。

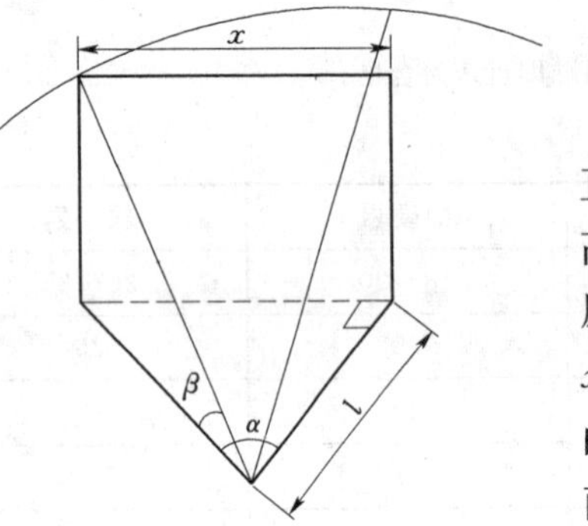

图7-3 直角坐标法测量原理

（二）直角坐标法

1. 测量原理

用经纬仪测量被测开挖断面各变化点的水平角及竖直角，并已知置镜点与被测断面的距离、置镜点仪器标高、被测断面开挖底板高程，以开挖底板高程点为坐标原点，垂直向上为 y 轴正方向，向右为 x 正向，向左为 x 负向，利用立体几何原理，计算出各测点距坐标原点的纵横坐标，按一定的比例画出断面图形，并同设计断面比较得到开挖断面的超欠挖情况，见图7-3。

2. 测量方法

(1) 仪器：经纬仪一台，水平仪一台，激光打点仪一台，钢尺、塔台。

(2) 方法：将激光打点仪置于被测断面，照准隧道或线路中线方向，拨90°角固定水平盘，使各测点处于同一断面上，利用其发出的激光束照准被测开挖断面各变化点；同时在距被测断面一定距离设置另一经纬仪。用以测量激光打点仪照准各点的水平角及竖直角（在照准隧道或线路中线方向时，可将水平度盘置为0或记下水平读数）。用水平仪测量经纬仪的标高，用钢尺丈量两置镜的距离。

3. 数据计算

$$x = l\tan(\alpha - \alpha_0) \tag{7-2}$$

$$y = \frac{l}{\cos(\alpha - \alpha_0)} \times \tan\beta + \text{经纬仪的标高} - \text{开挖断面底板标高} \tag{7-3}$$

式中 x——断面水平方向坐标；

y——断面竖直方向坐标；

l——两置镜的距离；

α——水平角读数；

α_0——水平角中线方向初始角读数；

β——竖直角读数。

（三）激光断面仪法

1. 测量原理

激光断面仪法的测量原理为极坐标法。如图7-4所示，以某物理方向（如水平方向）为起算方向，按一定间距（角度或距离）依次测定仪器旋转中心与实际开挖轮廓线的交点之间的矢径（距离）及该矢径与水平方向的夹角，将这些矢径端点依次相连即可获得实际开挖的轮廓线。通过洞内的施工控制导线可以获得断面仪的定点定向数据，在计算软件的帮助下自动完成实际开挖轮廓线与设计开挖轮廓线的空间三维匹配，最后形成，如图7-

5所示的输出图形，并可输出各测点与相应设计开挖轮廓线之间的超欠挖值（距离、面积）。如果沿隧道轴向按一定间隔测量数个断面，还可算得实际开挖方量、超挖方量、欠挖方量。

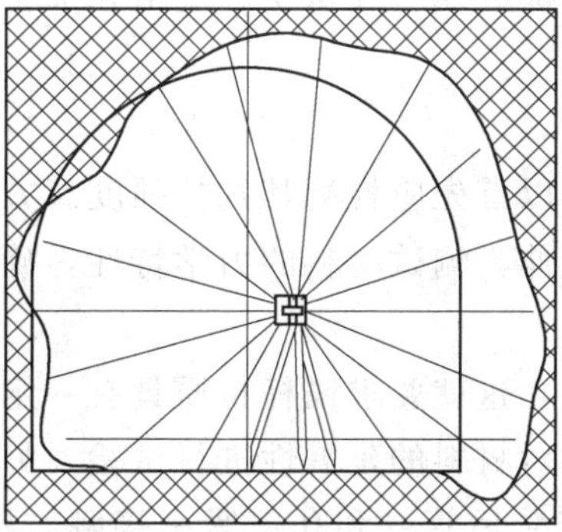

图 7-4　断面仪测量原理

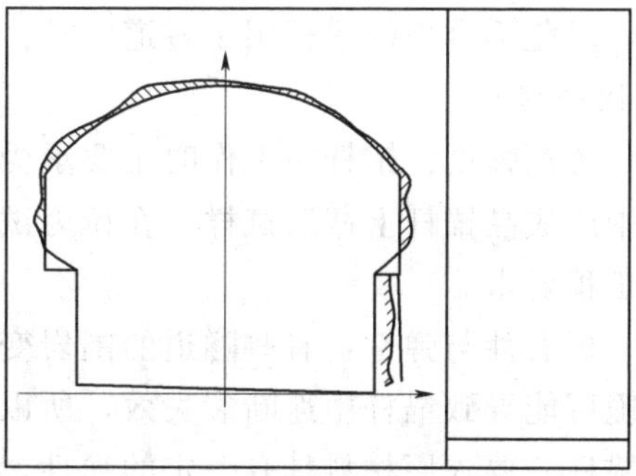

图 7-5　断面仪输出的图形成果

2. 测量仪器

（1）隧道多功能断面测量系统。成都经纬科技仪器有限公司以无目标（棱镜）测距的全站仪为硬件，配以自行开发的隧道多功能测量系统软件，组成了隧道多功能断面测量系统。

（2）BJSD型系列激光隧道多功能断面检测仪。北京光电技术研究所通过对硬件的研制和软件的开发，生产出了专用于隧道断面检测的仪器——激光隧道断面检测仪，在此基础上又将其功能扩展到可用于指示炮眼位置，进行围岩收敛量测等。目前有BJSD-2B型、BJSD-2C型、BJSD-3型等型号。

（四）三维近景摄影法

近景摄影法需要在隧道内设置摄影站，布设垂直于隧道轴线的摄影基线。用摄影经纬仪分别在隧道轴线上、摄影基线的左端、右端采用正直、等倾右偏、等倾左偏等摄影方法获取立体像对。摄影时需对欲测的洞壁较均匀地照明，然后将获取的隧道开挖的立体像对利用隧道内的施工控制导线，在室内用立体测图仪进行定向和测绘，即可获得实际开挖轮廓线与设计开挖轮廓线的比较。

第三节　初期支护质量检测与评定

初期支护是指隧道开挖后，用于控制围岩变形及防止坍塌及时施作的支护。其类型有锚杆支护、喷射混凝土支护、喷射混凝土与钢筋网联合支护、喷射混凝土与锚杆及钢筋网联合支护、喷钢纤维混凝土支护、喷钢纤维混凝土锚杆联合支护，以及上述几种类型加设钢架而成的联合支护。初期支护的类型及参数应根据围岩的性质及状态、地下水情况、隧道净空尺寸及其埋深等条件确定。

一、锚杆支护质量检测与评定

锚杆是用机械方法或黏结方法将一定长度的杆体（通常多用钢筋）锚固在围岩预先钻

好的锚杆孔内，由于锚杆具有"悬吊作用"、"组合梁作用"和"加固拱作用"等而使围岩得到加固。

（一）锚杆加工质量检查

锚杆的种类很多，但每一种锚杆在使用安装前，都必须对其材质、规格和加工质量进行检查，以免不合格的锚杆用于隧道支护。

1. 锚杆材料

（1）抗拉强度：锚杆在工作时主要承受拉力，所以首先应检测其抗拉强度。方法是从原材料中或成品锚杆上截取试样，在拉力试验机上拉伸，测试材料的力学特性，确定其是否满足工程要求。

（2）延展性与弹性：有些隧道的围岩变形量较大，这就要求锚杆材质具有一定的延展性，过脆可能导致锚杆中途断裂失效，所以必要时应对材料的延展性进行试验。另外，对管缝式锚杆，要求原材料具有一定的弹性，使锚杆安装后管壁和孔壁紧密接触。检查时，可采用现场弯折或锤击，观察其塑性变形情况。

2. 杆体规格

锚杆杆体的直径必须与设计相符，可用卡尺或直尺测量。此外还应注意观察杆径是否均匀、一致，若发现锚杆直径明显忽粗忽细，则应弃之不用。

3. 加工质量

除砂浆锚杆仅需从线材上截取钢筋段外，其他种类的锚杆都需要进行一定的加工。例如，树脂锚杆和快硬水泥锚杆锚固段需要热墩与焊接，另一端需要车丝。检查时，首先应测量各部分的尺寸，其次检查焊接件的焊接质量；对于车丝部分，应检查丝纹质量，观察是否有偏心现象。

（二）锚杆安装尺寸检查

1. 锚杆位置

钻孔前应根据设计要求定出孔位，作出标记。施工时可根据围岩壁面的具体情况，允许孔位偏差±15mm。检查时应特别注意对锚杆间距与排距的尺量。间距、排距是锚杆设计与施工的重要参数之一。

2. 锚杆方向

钻孔方向应尽量与围岩壁面和岩层主要结构面垂直。施工时可视具体情况主要照顾其中一面，即围岩壁面或岩层结构面。钻孔方向在边墙和拱脚线稍上位置容易控制，在拱顶部位不易与壁面垂直。检查时应特别注意拱顶钻孔的垂直度，目测即可；若过于偏斜，就会减小锚杆的有效锚固深度，威胁施工安全，浪费材料。

3. 钻孔深度

适宜的钻孔深度是保证锚杆锚固质量的前提。对于水泥砂浆锚杆，允许孔深偏差为±50mm；对于树脂锚杆和快硬水泥锚杆，钻孔深度应控制更严。施工中容易出现的问题是孔深不够，影响各种锚杆的安装质量。尤其对树脂锚杆和快硬水泥锚杆影响较为严重，深度不足造成托板悬空，锚杆难以发挥作用。钻孔深度可用带有刻度的塑料管或木棍等插孔量测。

4. 孔径与孔形

目前为了降低能耗和提高钻进速度，钻孔直径有逐渐缩小的趋势。但对于砂浆锚杆来说，孔径过小会减小锚杆杆体包裹砂浆层的厚度，影响锚杆的锚固力及其耐久性。所以，检查时，对砂浆锚杆应用尺量钻孔直径，孔径大于杆体直径 15mm 时，可认为孔径符合要求。为了便于锚杆安装，钻孔还应圆而直。

（三）锚杆拉拔力测试

锚杆拉拔力指锚杆能够承受的最大拉力，它是锚杆材料、加工和施工安装质量的综合反映，是锚杆质量检测的一项基本内容。

1. 拉拔设备

锚杆拉拔试验的常用设备为中空千斤顶、手动油压泵、油压表、千分表。

2. 测试方法

（1）根据试验目的，在隧道围岩指定部位钻锚杆孔。孔深在正常深度的基础上稍作调整，以便锚杆外露长度大些，保证千斤顶的安装；或采用正常孔深，将待测锚杆加长，从而为千斤顶安装提供空间。

（2）按照正常的安装工艺安装待测锚杆。用砂浆将锚杆口部抹平，以便支放承压垫板。

（3）根据锚杆的种类和试验目的确定拉拔时间。

（4）在锚杆尾部加上垫板，套上中空千斤顶，将锚杆外端与千斤顶内缸固定在一起，并装设位移量测设备与仪器，见图 7-6。

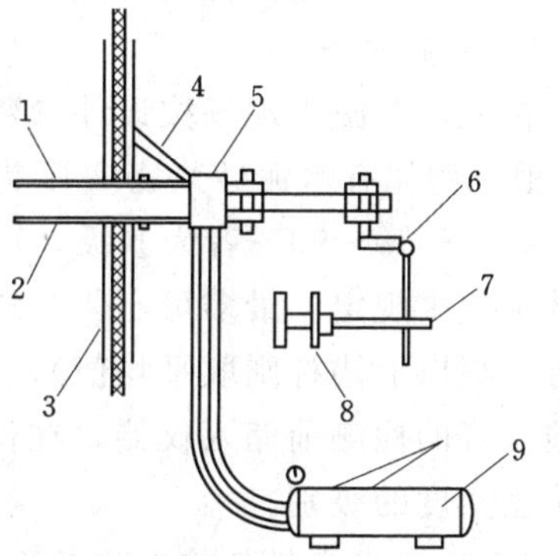

图 7-6　锚杆拉拔力测试

1—锚杆；2—充填砂浆；3—喷射混凝土；4—反力板；5—油压千斤顶；6—千分表；7—固定梁；8—支座；9—油压泵

（5）通过手动油压泵加压，从油压表读取油压，根据活塞面积换算锚杆承受的拉拔力。视需要从千分表读取锚杆尾部的位移，绘制锚杆拉力—位移曲线，供分析研究。

3. 注意事项

（1）安装拉拔设备时，使千斤顶与锚杆同心，避免偏心受拉。

（2）加载应匀速，一般以 10kN/min 的速率增加。

（3）如无特殊需要，可不做破坏性试验，拉拔到设计拉力即停止加载。用中空千斤顶进行锚杆拉拔试验，一般都要求做破坏性试验，测取锚杆的最大承载力。一方面检验锚杆施工质量，另一方面为调整设计参数提供依据。

（4）千斤顶应固定牢靠，并有必要的安全保护措施。特别应注意的是，试验时操作人员要避开锚杆的轴线延长线方向，在锚杆的侧向并远离锚杆尾部的位置上加压读数；测位移时停止加压。

4. 试验要求

（1）每安装 300 根锚杆至少随机抽样一组（3 根），设计变更或材料变更时另做一组拉拔力测试。

（2）同组锚杆锚固力或拉拔力的平均值，应大于或等于设计值。

（3）同组单根锚杆的锚固力或拉拔力，不得低于设计值的90%。

（四）砂浆锚杆砂浆注满度检测

我国公路隧道支护中用量最多的锚杆为砂浆锚杆。施工中若钻孔呈水平或向下，则锚杆孔的砂浆注满度容易保证；若钻孔上仰，特别是垂直向上，则锚杆孔较难用砂浆注满。因此，对于砂浆锚杆，施工检测中应重点注意砂浆注满度或密实度。

1. 检测仪器

M-7锚杆检测仪是铁道部科学研究院和地矿部水文地质，工程地质方法技术研究队联合研制的。该仪器为数字显示，由示波器监测波形，通过游标由操作员置时，仪器显示锚杆长度、振幅值和砂浆密实度级别。为提高测值精度，每一锚杆读数5～10次，取振幅值的平均值，仪器可自动对这读数作累加并取平均。

2. 测量方法

首先，在施工现场按设计参数，对不同类型的围岩，各设3～4组标准锚杆，每组1～2根。例如有水泥砂浆密实度为90%、80%，70%三组锚杆，可定密实度大于90%者为a级，80%～90%者为b级，70%～80%者为c级，密实度小于70%者为d级（可根据设计由业主规定，最多可定4个级别）。然后，在这标准锚杆上测定反射波振幅值（若每组有一根以上锚杆则取平均值），这些值即作为检测其他锚杆的标准。这些标准值在进行其他锚杆的检测前储入仪器，在检测其他锚杆时可由测量仪器自动显示被测锚杆的长度与砂浆密实度的级别。

（五）端锚式锚杆施工质量无损检测

目前隧道工程上除大部分采用全长锚固的水泥砂浆锚杆外，同时还应用着树脂锚杆，快硬水泥药包锚杆和楔缝锚杆等端锚式锚杆。这些锚杆的共同特点是在性能上可迅速承载；在构造上带有螺栓和托板；在施工上操作简便。在一些不良地质条件下，隧道开挖后钢支撑难以及时支护，喷射混凝土不易迅速形成承载结构时，可采用上述的端锚式锚杆快速加固围岩。特别是这类锚杆外端带有螺栓和托板。在锚固端锚固牢靠的情况下，可通过螺栓和托板给锚杆施加预应力，及时限制隧道围岩变形的发展与裂隙的产生。对于这类锚杆的锚固质量检测，除了采用锚杆拉拔机进行破坏性拉拔外，还可利用扭力扳手进行无损伤拉拔试验。此方法实施简便，可随时对大批量的锚杆进行锚固质量检测。

1. 检测工具

锚杆螺母扭力矩的量测工具为扭力扳手。扭力扳手是机械装配和机械修理中常用的工具，它由力臂、刻度盘、指示杆和套筒组成，见图7-7。

2. 检测方法

（1）将套筒套在待检测锚杆的螺母上，并将扭力扳手主体与套筒连接。

（2）左手轻按扭力扳手套筒端，右手扳动手柄，同时读取扭力矩的最大读数，并作记录。

（3）根据扭力矩和锚杆拉力之间的对应关系，确定锚杆的拉力。随着扭力矩的增加，锚杆所受的拉力也增加，最终可能出现两种现象：一种是由于锚固质量欠佳，锚固强度较小，锚固端出现滑移；另一种是锚固强度很大，螺栓丝扣处产生颈缩。出现这两种现象都

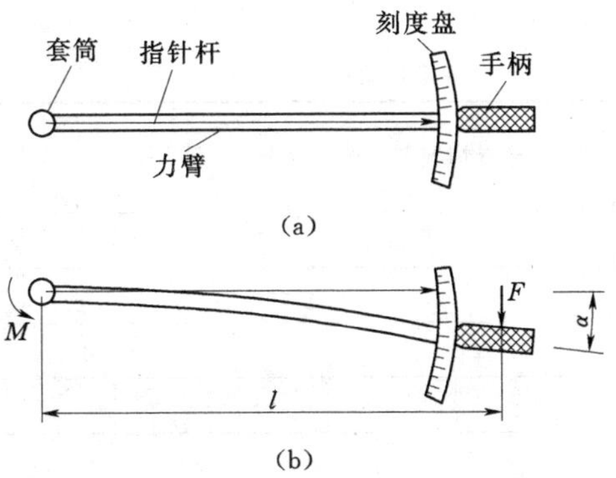

图 7-7　扭力扳手
(a) 加力前；(b) 加力后

使锚杆失去或减小承载能力，所以相应的试验为破坏性试验。在工程上更常见的是事先确定锚杆应有的锚固力，当测试过程中发现锚杆的锚固力达到要求时，便停止测试，使锚杆仍完好地工作。

扭力扳手还可作为一种锚杆安装工具，据其可对锚杆施加给定量值的预应力，从而既能最大限度地对围岩进行主动加固，又能保护锚杆初期锚固强度不遭破坏。

（六）锚杆支护质量检测评定

洞身锚杆安装原始记录见表 7-9，锚杆支护施工原始记录见表 7-10，锚杆支护质量检测评定见表 7-11。

表 7-9　　洞身锚杆安装原始记录

项目名称：　　　　　　　工程合同段：
施工里程：　　　　　　　分项工程名称：　　　　　施工日期：

工程名称		施工日期		锚杆类型	
里程桩号		检查日期		围岩类型	

检查项目	要求值或允许误差	设计值	实测值或实测偏差										合格率（%）
			1	2	3	4	5	6	7	8	9	10	
锚杆直径（mm）													
锚杆孔径（mm）													
锚杆长/根（cm）													
锚杆孔深（cm）													
锚杆间距（cm）													
锚固力（kN）													
砂浆配合比													
砂浆水灰比													

检查意见：

技术负责人：

施工负责人：　　　　　　质检员：　　　　　　记录员：

表 7-10　　锚杆支护施工原始记录

项目名称：　　　　工程合同段：

施工里程：　　　　分项工程名称：　　　　施工日期：

	工作项目		检查情况
施工情况	锚杆根数	设计	
		实际	
	锚杆规格（MPa）	设计	
		实际	
	灌浆强度（MPa）	设计	
		实际	
	钻孔方法		

	工作项目	容许误差	各点检查结果									
质量检查标准	锚杆数量											
	锚杆拔力（kN）											
	孔位（mm）											
	钻孔深度（mm）											
	孔径（mm）											
	锚杆垫板											

检查意见：

技术负责人：

施工负责人：　　　　质检员：　　　　记录员：

二、喷射混凝土质量检测与评定

（一）质量检验指标

1. 喷射混凝土

喷射混凝土是指将水泥、砂、石子、外加剂和水按一定的配合比和水灰比拌和而成的混合物，以风压为动力快速喷至岩体表面而形成的人造石材。

2. 喷射混凝土质量检验指标

喷射混凝土的质量检验指标主要有喷射混凝土的强度和喷射混凝土的厚度两项内容。此外，还应采取措施减少喷射混凝土粉尘、回弹率等。

3. 喷射混凝土强度、厚度、回弹

（1）喷射混凝土强度包括抗压强度、抗拉强度、抗剪强度、疲劳强度、黏结强度等。因此，喷射混凝土强度应是这些强度指标的综合结果。由于这些强度之间存着一定的内在联系，这就有可能在具体试验中只检测喷射混凝土的某一种强度，并由此推知混凝土的其他强度。其中，喷射混凝土抗压强度是表示其物理力学性能及耐久性的一个综合指标，所以，工程实际往往把它作为检测喷射混凝土质量的重要指标。

表 7-11

锚杆支护质量检验评定表

项目名称：　　工程合同段：　　（子）分项工程名称：

施工单位：　　工程部位：　　监理单位：　　使用者类别：

项次	检查项目	规定值或允许偏差	检查方法和频率	权值	检查实测值	平均值代表值	合格率（%）	得分
基本要求	1. 锚杆的材质、类型、质量、规格、数量和性能必须符合设计和规范的要求；2. 锚杆插入孔内的长度不得短于设计长度95%；3. 砂浆锚杆和注浆锚杆的灌浆强度应不小于设计和规范要求，锚杆孔内灌浆密实饱满；4. 锚杆垫板应满足设计要求，垫板应紧贴围岩，围岩不平时要用M10砂浆填平；5. 锚杆应垂直于开挖轮廓线布设。对沉积岩，锚杆应尽量垂直于岩层面							
1△	锚杆数量（根）	不少于设计	按分项工程统计	3				
2	锚杆拔力（kN）	28d 拔力平均值≥设计值，最小拔力≥0．9 设计值	按锚杆数 1%且不小于 3 根做拔力试验	2				
3	孔位（mm）	±15	尺量：检查锚杆数的 10%	2				
4	钻孔深度（mm）	±50	尺量：检查锚杆数的 10%	2				
5	孔径（mm）	符合设计要求	尺量：检查锚杆数的 10%	2				
6	（子）分项工程得分							
7	外观鉴定	锚孔方向应尽量与围岩和岩层主要结构面垂直，锚杆垫板与岩面紧贴。不符合要求时，减 1～3 分		检查结果				
8	质量保证资料	施工资料和图表必须齐全，不缺乏最基本数据，不得伪造涂改。不符合要求时，不予检查和评定。资料不全者，视情况每款减 1～3 分		检查结果				
9	（子）分项工程评分值							
10	质量等级							

监理工程师：　　日期：　　检测人：　　日期：　　承包商：　　日期：

(2) 喷射混凝土的厚度指混凝土喷层至隧道围岩接触界面间的距离。要达到喷射混凝土支护的作用和效果，关键是要确保混凝土支护的施工质量。在施工中保证喷射混凝土的厚度是确保喷射混凝土质量的前提。所以，喷射混凝土的厚度也是喷射混凝土质量检验的一个重要指标。

(3) 喷射混凝土施工过程中，部分混凝土由隧道岩壁跌落到底板的现象叫做喷射混凝土的回弹。回弹下来的混凝土数量与喷射混凝土总数量之比，就是喷射混凝土的回弹率。喷射混凝土施工过程中，回弹率也是检验喷射混凝土施工质量的一项检测指标。

4. 喷射混凝土质量

喷射混凝土支护工程质量必须做到内坚外美。外观上，无漏喷、离鼓、裂缝、钢筋网（或金属网）外露现象，做到混凝土表面平整密实，断面轮廓符合要求；从内部看，喷射混凝土抗压强度和厚度必须达到设计要求。

（二）喷射混凝土抗压强度评定

喷射混凝土的抗压强度是指在喷射混凝土板件上，切割制取边长 100mm 的立方体试件，在标准养护条件下养护至 28d，用标准试验方法测得的极限抗压强度，乘以 0.95 的系数。喷射混凝土的抗压强度是按照《公路工程质量检验评定标准》（JTG F80—2004）中附录 E 的规定来评定。

1. 试块的制作方法

(1) 喷大板切割法。在施工的同时，将混凝土喷射在 45cm×35cm×12cm（可制成 6 块）或 45cm×20cm×12cm（可制成 3 块）的模型内，在混凝土达到一定强度后，加工成 10cm×10cm×10cm 的立方体试块，在标准条件下养护至 28d 进行试验（精确到 0.1MPa）。

(2) 凿方切割法。在具有一定强度的支护上，用凿岩机打密排钻孔，取出长约 35cm、宽约 15cm 的混凝土块，加工成 10cm×10cm×10cm 的立方体试块，在标准条件下养护至 28d，进行试验（精确到 0.1MPa）。

2. 检查试块的数量

两车道隧道每 10 延米，至少在拱部和边墙各取 1 组（3 个）试件。其他工程，每喷射 50～100m^3 混合料或小于 50m^3 混合料的独立工程，不得小于 1 组。料或配合比变更时需重新制取试件。

3. 喷射混凝土的抗压强度的合格标准

(1) 同批试块组数 $n \geqslant 10$ 时：试件抗压强度平均值不低于设计值，任一组试件抗压强度不低于 0.85 设计值。

(2) 同批试块组数 $n < 10$ 时：试件抗压强度平均值不低于 1.05 设计值，任一组试件抗压强度不低于 0.9 设计值。

4. 实测项目中，喷射混凝土抗压强度评为不合格时相应分项工程为不合格。

（三）喷射混凝土厚度的检测

1. 检查方法和数量

(1) 喷层厚度可用凿孔或激光断面仪、光带摄影等方法检查。凿孔检查时，宜在混凝土喷后 8h 以内，用短钎将孔凿出，发现厚度不够时可及时补喷。如混凝土与围岩黏结紧密，颜色相近而不易分辨时，可用酚酞试液涂抹孔壁，碱性混凝土即呈现红色。

(2) 检查断面数量。每 10 延米至少检查一个断面，再从拱顶中线起每隔 2m 凿孔检查一个点。

2. 合格条件

(1) 每个断面拱、墙分别统计，全部检查孔处喷层厚度应有 60%以上不小于设计厚度，平均厚度不得小于设计厚度，最小厚度不应小于设计厚度的 1/2。在软弱破碎围岩地段，喷层厚应不小于设计规定的最小厚度。钢筋网喷射混凝土的厚度不应小于 6cm。

(2) 当发现喷射混凝土表面有裂缝、脱落、露筋、渗水情况时，应予修补，凿除重喷或进行整治。

(四) 喷射混凝土与围岩黏结强度试验

1. 检查试块的制作方法

(1) 成型试验法。在模型内放置面积为 10cm×10cm×5cm 且表面粗糙近似于实际情况的岩块，用喷射混凝土掩埋。在混凝土达到一定强度后，加工成 10cm×10cm×10cm 的立方体试块，在标准条件下养护至 28d，用劈裂法进行试验。

(2) 直接拉拔法。在围岩表面预先设置带有丝扣和加力板的拉杆，用喷射混凝土将加力板埋入，喷层厚度约 10cm，试件面积约 30cm×30cm（周围多余的部分应予清除）。经 28d 养护，进行拉拔试验。

2. 强度标准

喷射混凝土与岩石的黏结力，Ⅳ类及以上围岩不低于 0.8MPa，Ⅲ类围岩不低于 0.5MPa。

(五) 喷射混凝土粉尘、回弹检查

(1) 作为施工工艺，这两项工作应经常进行，用工艺标准来促进质量的提高。

(2)《公路隧道施工技术规范》(JTJ 042—1994) 规定：回弹率应予以控制，拱部不超过 40%，边墙不超过 30%，挂钢筋网后，回弹率限制可放宽 5%。应尽量采用经过验证的新技术，减少回弹率，回弹物不得重新用作喷射混凝土材料。

(3) 减少粉尘和回弹的措施

1) 严格控制喷射机工作风压。

2) 合理选择喷射混凝土配合比；适当减小最大骨料的粒径；使砂石料具有一定的含水率，呈现潮湿状。

3) 掌握好喷头处的用水量，提高喷射作业操作熟练程度和技术水平。

4) 采用湿喷工艺，添加外加剂。

5) 采用双水环喷头。

6) 应保持喷射机密封板的平整，不漏风，并调节好密封板的压力，松紧适宜。

7) 应加强喷射的照明、通风。

8) 采用模喷混凝土。

(六) 喷射混凝土强度的匀质性

喷射混凝土强度的匀质性，采用现场 28d 龄期同批 n 组试块抗压强度的标准差 S_n 和变异系数 V_n 表示。

$$S_n = \sqrt{\frac{1}{n-1}\sum_{i=1}^{n}(R_i - \bar{R}_n)^2}\,(\text{MPa}) \tag{7-4}$$

式中　n——同批试块的组数；

R_i——第 i 组试块的强度代表值，MPa；

$\bar{R}_n$——同批 n 组试块强度的平均值，MPa。

因为喷射混凝土由非匀质材料组成，在施工中影响混凝土强度的因素较多，故强度离散性较大。根据国内喷射混凝土施工状况，并参考国内外现浇混凝土的强度判别指标，喷射混凝土施工质量判别条件见表 7－12。

表 7－12　　喷射混凝土匀质性指标

项　目	施工控制水平	优	良	及格	差
标准差 S_n（MPa）	母体的离散	<4.5	4.5～5.5	5.5～6.5	>6.5
	一次试验的离散	<2.2	2.2～2.7	2.7～3.2	>3.2
变异系数 V_n（%）	母体的离散	<15	15～20	2～25	>25
	一次试验的离散	<7	7～9	9～11	>11

（七）喷射混凝土质量检测评定

喷射混凝土施工原始记录见表 7－13，（钢纤维）喷射混凝土支护质量检验评定见表 7－14。

表 7－13　　喷射混凝土施工原始记录

项目名称：　　　　　　　　　　　工程合同段：

施工里程：　　　　　　　　　分项工程名称：　　　　　　施工日期：

	工作项目		检查情况
施工情况	喷射起止时间		
	混凝土标号		
	施工气温（℃）		
	混凝土单位用量（kg/m^3）	水泥	
		砂	
		碎石	
	水泥品种标号		
	外掺剂	种类	
		数量	占水泥用量的　%
	混凝土用量（m^3）	设计	
		实际	
		增减	

	工作项目	容许误差	各点检查结果						
质量检查标准	混凝土强度（MPa）								
	喷层厚度（mm）								
	空洞检测								

检查意见：

技术负责人：

施工负责人：　　　　　　　　质检员：　　　　　　　　记录员：

表 7-14　（钢纤维）喷射混凝土支护质量检验评定表

项目名称：　　工程合同段：　　（子）分项工程名称：

施工单位：　　工程部位：　　监理单位：　　使用者类别：

项次	检查项目	规定值或允许偏差	检查方法和频率	权值	检查实测值	平均值代表值	合格率（%）	得分
基本要求	1. 材料必须满足规范和设计要求；2. 喷射前要检查开挖断面的质量，处理好超欠挖；3. 喷射前，岩面必须清洁；4. 喷射混凝土支护应与围岩紧密黏接，结合牢固，喷层厚度应符合要求，不能有空洞，喷层内不容许添加片石和木板等杂物，必要时应进行黏结力测试。喷射混凝土严禁挂模喷射，受喷面必须是原岩面；5. 支护前应做好排水措施，对渗漏水孔洞、缝隙应采取引排、堵水措施，保证喷射混凝土质量；6. 采用钢纤维喷射混凝土时，钢纤维抗拉强度不得低于380MPa，且不得有油渍及明显的锈蚀							
1△	喷射混凝土强度（MPa）	在合格标准内	按 JTG F80—2004 附录 E 检查	3				
2△	喷层厚度（mm）	平均厚度≥设计厚度；检查点的 60%≥设计厚；最小厚度≥0.5 设计厚，且≥50	凿孔法或雷达检测仪：每 10m 检查 1 个断面，每个断面从拱顶中线起每 3m 检查 1 点	3				
3△	空洞检测	无空洞，无杂物	凿孔或雷达检测仪：每 10m 检查 1 个断面，每断面从拱顶中线起每 3m 检查 1 点，若发现一处空洞本分项工程为不合格	3				
4	（子）分项工程得分							
5	外观鉴定	无漏喷、离鼓、裂缝、钢筋网外露现象。不符合要求时，减 2～5 分并返工处理		检查结果				
6	质量保证资料	施工资料和图表必须齐全，不缺乏最基本数据，不得伪造涂改。不符合要求时，不予检查和评定。资料不全者，视情况每款减 1～3 分						
7	（子）分项工程评分值							
8	质量等级							

监理工程师：　　日期：　　检测人：　　日期：　　承包商：　　日期：

三、钢支撑检测与评定

（一）钢支撑形式

根据钢材种类的不同，目前我国公路隧道施工中常用的钢支撑分类如下。

1. 钢格栅

钢格栅是目前工程上用量最大的钢支撑，它由钢筋焊接而成，在断面上有矩形和三角形之分。主筋弯曲成与隧道开挖断面相同的形状与尺寸，次筋（构造筋）作波形弯折焊接在主筋上。主筋材料采用II级钢筋或I级钢筋，直径一般不小于22mm，次筋根据具体情况选用。为了便于施工，每副钢格栅都分成若干节，一般为3～5节。节间加工法兰，选用螺栓固定连接之后焊接。钢格栅的特点是初期可作为普通钢架支撑及时支护围岩，后期可与模注或喷射混凝土形成钢筋混凝土，钢材利用得比较充分。

2. 型钢支撑

用于加工钢支撑的型钢有H型钢、工字型钢和U型钢，它们都是在施工现场或工厂用专用弯曲机冷弯成形的，型钢的规格由隧道工程地质条件的几何特征决定，每副型钢支撑也分成3～5节加工、安装。

3. 钢管支撑

钢管支撑通常用于隧道局部不良地质地段围岩的加固，钢管直径在10cm左右，现场常采用灌砂冷弯法加工。施工中分节拼装对焊，在架底和拱顶留有注浆孔和排气孔，安装就位后，用注浆泵从架底注浆孔向管内灌注砂浆，直到拱顶排气孔出浆为止。钢管支撑的特点是钢管的力学特性对称，后期灌浆使钢支撑的承载能力显著增加。

（二）施工质量检测

钢支撑一般都用在围岩条件较差的区段，因其质量欠佳导致围岩片帮冒顶、坍塌失稳的工例屡见不鲜。因此，必须重视钢支撑的加工与安装质量的检测，防患于未然，确保施工安全。

1. 加工质量检测

（1）加工尺寸。钢架加工尺寸应符合设计要求。隧道的开挖断面是一定的，钢架的尺寸应与之相配套。如果其尺寸与设计尺寸稍有出入，就可能给施工带来不便，同时，还将影响安装质量，降低使用效果。

（2）强度和刚度。钢支撑必须具备足够的强度和刚度。如果地质条件复杂，钢架用量较大，应对钢架的强度和刚度进行抽检，将一定数量的钢架样品放到试验台上进行加载试验，建立荷载与变形的关系，分析计算钢架的强度与刚度。

（3）焊接。钢支撑加工时广泛应用焊接，焊接质量是加工质量的重要组成部分，对于钢格栅焊接尤其重要。检测时，要注意是否有假焊，焊缝长度、深度是否符合要求。

2. 安装质量检测

（1）安装尺寸。对于不同类别的围岩，设计中钢支撑有具体的安装间距，施工中容易将此间距拉大，检测时应用钢卷尺测量，其误差不应超过设计尺寸5cm，其次应注意量测钢架拱顶的标高，要求钢架不得侵入二次衬砌空间5cm。

（2）倾斜度。钢架在平面上应垂直于隧道中线，在纵断面上其倾斜度不得大于2°。在平面上检测可用直角尺，在纵断面上检测可用坡度规。值得注意的是，如果隧道某区段路面坡度接近3%，而此区段的钢架上部向下坡方向倾斜，且倾斜度在2°～3°之间，则此区段钢架倾斜度合格，因为这样的倾斜更有利于钢架承受荷载。

（3）连接与固定。钢架之间必须用纵向钢筋连接，架脚必须放在牢固的基础上。钢架应尽量靠近围岩，当钢架与围岩之间的间隙过大时应设垫块。目前钢架一般都作为衬砌骨架，所以，施工过程中尤其要检查钢架与锚杆的连接，要保证焊接密度与焊接质量，最终使锚杆、钢架和衬砌形成整体承载结构。

3. 质量检测评定

钢支撑支护施工原始记录见表7－15，支撑支护质量检验评定见表7－16。

表7－15　　钢支撑支护施工原始记录

项目名称：　　　　工程合同段：

施工里程：　　　　分项工程名称：　　　　施工日期：

<table>
<tr><td rowspan="6">施工情况</td><td colspan="2">工作项目</td><td colspan="11">检查情况</td></tr>
<tr><td colspan="2">钢支撑的形式</td><td colspan="11"></td></tr>
<tr><td colspan="2">架设方法</td><td colspan="11"></td></tr>
<tr><td colspan="2">拱脚基础情况</td><td colspan="11"></td></tr>
<tr><td colspan="2">安装数量</td><td colspan="11"></td></tr>
<tr><td colspan="2">加固措施</td><td colspan="11"></td></tr>
<tr><td rowspan="7">质量检查标准</td><td colspan="2">工作项目</td><td>容许误差</td><td colspan="10">各点检查结果</td></tr>
<tr><td colspan="2">安装间距（mm）</td><td></td><td></td><td></td><td></td><td></td><td></td><td></td><td></td><td></td><td></td><td></td></tr>
<tr><td colspan="2">保护层厚度（mm）</td><td></td><td></td><td></td><td></td><td></td><td></td><td></td><td></td><td></td><td></td><td></td></tr>
<tr><td colspan="2">倾斜度（°）</td><td></td><td></td><td></td><td></td><td></td><td></td><td></td><td></td><td></td><td></td><td></td></tr>
<tr><td rowspan="2">安装偏差（mm）</td><td>横向</td><td></td><td></td><td></td><td></td><td></td><td></td><td></td><td></td><td></td><td></td><td></td></tr>
<tr><td>竖向</td><td></td><td></td><td></td><td></td><td></td><td></td><td></td><td></td><td></td><td></td><td></td></tr>
<tr><td colspan="2">拼装偏差（mm）</td><td></td><td></td><td></td><td></td><td></td><td></td><td></td><td></td><td></td><td></td><td></td></tr>
</table>

检查意见：

技术负责人：

施工负责人：　　　　质检员：　　　　记录员：

表 7-16　　钢支撑支护质量检验评定表

项目名称：　　工程合同段：　　（子）分项工程名称：

施工单位：　　工程部位：　　监理单位：　　使用者类别：

项次	检查项目		规定值或允许偏差	检查方法和频率	权值	检查实测值	平均值代表值	合格率（%）	得分
基本要求	1. 钢支撑的形式、制作和架设应符合设计和规范要求；2. 钢支撑之间必须用纵向钢筋连接，拱脚必须放在牢固的基础上；3. 拱脚标高不足时，不得用块石、碎石砌垫，而应设置钢板进行调整，或用混凝土浇筑，混凝土强度不小于C20；4. 钢支撑应靠紧围岩，其与围岩的间隙，不得用片石回填，而应用喷射混凝土填实								
1△	安装间距（mm）		50	尺量：每榀检查	3				
2	保护层厚度（mm）		≥20	凿孔检查：每榀自拱顶每3m检查一点	2				
3	倾斜度（°）		±2	测量仪器检查每榀倾斜度	1				
4	安装偏差（mm）	横向	±50	尺量：每榀检查	1				
		竖向	不低于设计标高						
5	拼装偏差（mm）		±3	尺量：每榀检查	1				
6	（子）分项工程得分								
7	外观鉴定		无污秽、无锈蚀和假焊，安装时基底无虚渣及杂物，接头连接牢固。不符合要求时，减1～5分		检查结果				
8	质量保证资料		施工资料和图表必须齐全，不缺乏最基本数据，不得伪造涂改。不符合要求时，不予检查和评定。资料不全者，视情况每款减1～3分						
9	（子）分项工程评分值								
10	质量等级								

监理工程师：　　日期：　　检测人：　　日期：　　承包商：　　日期：

第四节　防排水质量检测与评定

一、隧道防排水基本原则和类型

（一）隧道防排水的必要性

渗漏水是隧道的常见病害之一。隧道渗漏水的长期作用，将极大地降低隧道内各种设施的使用寿命和功能，恶化隧道的运营条件。主要表现为：

（1）隧道渗漏水的长期作用，可能造成隧道侵蚀破坏。

（2）路面积水，行车环境恶化，降低轮胎与路面的附着力。

（3）寒冷地区，尤其是严寒地区，反复冻融循环，在衬砌内部造成衬砌混凝土冻胀开裂；在衬砌与围岩之间造成冻胀，引起拱墙变形、破坏；拱墙上悬挂冰柱、冰溜侵入净空；在路面形成冰坡、冰锥，使行车滑溜，甚至无法通过。

良好的隧道防水与排水，是保证隧道耐久性和行车安全的重要条件。

（二）公路隧道防排水的基本要求

隧道防排水应遵循“防、排、截、堵结合，因地制宜，综合治理”的原则，保证隧道结构物和营运设备的正常使用和行车安全。隧道防排水设计应对地表水、地下水妥善处理，洞内外应形成一个完整畅通的防排水系统。隧道防排水工程施工质量应符合下列要求。

1. 高速公路、一级公路隧道和设有机电工程的一般公路隧道

（1）隧道拱部、墙部、设备洞、车行横通道、人行横通道不渗水。

（2）路面干燥无水。

（3）洞内排水系统不淤积、不堵塞，确保排水通畅。

（4）严寒地区隧道衬砌背后不积水，排水沟不冻结。

2. 其他公路隧道

（1）拱部、边墙不滴水。

（2）路面不冒水、不积水，设备箱洞处不渗水。

（3）洞内排水系统不淤积、不堵塞，确保排水通畅。

（4）严寒地区隧道衬砌背后不积水，路面干燥无水，排水沟不冻结。

当采取防排水工程措施时，应注意保护自然环境。当隧道内渗漏水引起地表水减少，影响居民生产、生活用水时，应对围岩采取堵水措施，减少地下水的渗漏。

（三）隧道防排水结构主要类型

目前，隧道防排水技术根据以排为主，还是以堵为主的指导思想区分，主要有三种类型。

（1）水密型防水：从围岩、结构和附加防水层着手，体现以防为主的排水，又称全包式防水。适用于对保护地下水环境和限制地层沉降要求高的工程。它可以为隧道结构的耐久性和安全运营提供极为重要的环境条件。但是造价较高，并且在很多条件下技术上是不可行的。

（2）泄水型或引流自排型：从疏水、泄水着手，体现以排为主的防水，又称半包式防

水。适用于对保护地下水环境和限制地层沉降没有严格要求的工程，结合其他必要的辅助措施和设备，也可以为隧道结构的耐久性以及安全运营提供良好环境条件。这种方式直接造价相对不高，但运营维护成本相对较高。

(3) 防排结合的控制型防排水：是近年来为降低全包式防水的成本，又要满足地下水环境保护和限制地层沉降而出现的一种新型的隧道防水措施。在半包式防水的基础上，可以根据对水位和地层变形的监测数据，及时地自动或半自动地调整排水量，达到既降低了一次性造价，又可以维持地下水平衡的目的。

二、高分子防水卷材性能检测

（一）高分子防水卷材的种类及性能要求

高分子防水卷材与传统的石油沥青油毡相比，具有使用寿命长、技术性能好、冷施工、质量轻和污染性低等优点，在隧道防水工程中得到广泛应用。我国 20 世纪 80 年代起相继研制出了三元乙丙橡胶防水卷材（EPDM）和氯丁橡胶薄膜、聚氯乙烯（PVC）和氯化聚乙烯（CPE）、聚乙烯（PE）、聚乙烯-醋酸乙烯（EVA）和聚乙烯-醋酸乙烯-沥青共聚物（ECB）防水卷材、高密度聚乙烯（HDPE）和低密度聚乙烯（LDPE）等。大型建筑工程、地下工程及隧道等重点工程，注重选用三元乙丙防水卷材、聚氯乙烯防水卷材、自粘防水卷材等高档防水材料。目前，PVC 应用较少，在隧道防水采用的高分子防水卷材主要是 ECB、EVA 和 LDPE 等。

常见隧道用高分子防水卷材性能要求，见表 7-17。

表 7-17　　隧道用高分子防水卷材性能要求

项目	技术性质						
	EVA	ECB	LDPE	PVC-Ⅱ	PE	EPDM	SBS
拉伸强度（MPa）	≥15	≥10	≥16	≥12.0	≥10	≥7.5	≥2.0
断裂伸长率（%）	≥500	≥450	≥500	≥250	≥400	≥250	≥150
不透水性 24h（MPa）	≥0.2	≥0.2	≥0.2	≥0.2	≥0.2	≥0.3	≥0.3
低温弯折性（℃）	≤-35	≤-35	≤-35	≤-25	≤-35	≤-40	≤-30
热处理尺寸变化率（%）	≤2.0	≤2.5	≤2.0	≤2.0	≤2.0	≤2.0	≤2.0

（二）取样方法

合成高分子防水卷材均应成批提交验收。对于出厂合格的产品，同一家厂家、同一品种、规格的产品 5000m 为一批进行验收，不足 5000m 也作为一批。从每批产品的 1～3 卷中取样，在端部 300mm 处截取约 3m，用于厚度允许偏差，最小单个值检验和截取各项物理力学性能试验所需的样片。

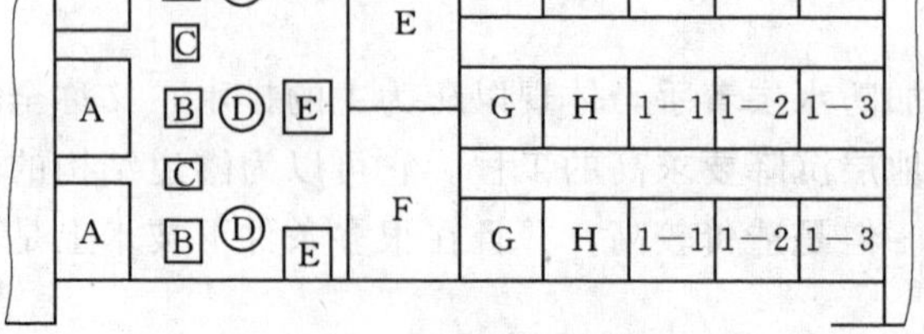

图 7-8　试样截取布置

试样截取前，在温度 23℃±2℃，相对湿度 45%～55%的标准环境下进行状态调整，时间不少于 16h。裁取试件的部位、种类、数量及用作试验的项目，应符合图 7-8 和表 7-18 的要求。试样应牢固地粘贴标签，并用样品袋封装，标签及样品袋标注清楚。

表 7-18　物理力学性能试验所需的试样尺寸及数量

试验项目	符号	尺寸（mm）	数量	试验项目	符号	尺寸（mm）	数量
拉伸强度	A	200×200	3	剪切状态下的黏合性	F	30×400	2
热处理尺寸变化率	B	100×100	3	热老化处理	G	300×200	3
低温弯折性	C	（50×100）	1/1	人工候化处理	H	300×200	3
抗渗透性	D	ϕ100	3	水溶液处理	I	300×200	9
抗穿孔性	E	150×150	3				

（三）隧道高分子防水卷材外观检测

1. 外观质量检查

外观质量检查包括气泡、疤痕、裂纹、黏结和孔洞检查。

2. 长度、宽度、厚度、平直度和平整度量测

（1）合成高分子防水卷材的长度和宽度用卷尺测量。

（2）厚度用压力为（2±0.2）$\times 10^{-2}$MPa、压头直径为 10mm 的测厚仪（分度为 0.01mm）量测。厚度测量点（至少 10 个点）均布在卷材的横向上。

（3）平直度和平整度的量测，在平整基面上展开 10m，用分度值为 1mm 的直尺量测。

（四）拉伸性能试验

1. 试验设备

（1）裁片机：由加载装置、裁刀及其装卸装置组成。裁刀所裁样品形状，如图 7-9 所示。

（2）拉力试验机：量程范围 0～1000N，分度值 2N，示值精度±1%；夹持器的移动速度应为 80～500mm/min。

2. 试验程序

拉伸性能试验在标准环境下进行。在对裁取的三块样片上，用裁片机对每块样片卷材纵向和横向分别裁取图 7-9 所示形状的试样各两块。按图 7-9 所示标注标距线和夹持线，在标距区内，用测厚仪测量标距中间和两端三点的厚度。取其算术平均值作为试样厚度 d 精确到 0.1mm。测量两标距线间初始长度 L_0。将试验机的拉伸速度调到（250±50）mm/min，再将试样置于夹持器的中心，对准夹持线夹紧。开动机器拉伸试样，读取试样断裂时的荷载 P，同时量取试样断裂瞬间的标距线

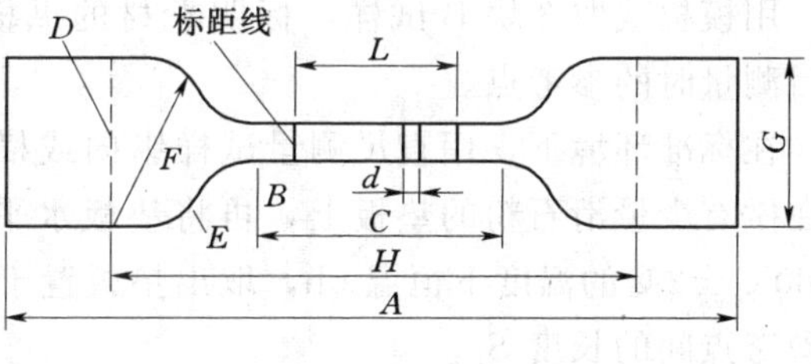

图 7-9　拉伸性能试验试样

A—总长，最小值 115mm；B—标距段的宽度，6.0mm；C—标距段的长度，（32±2）mm；D—夹持线；E—小半径，（14±1）mm；F—大半径，（25±1）mm；G—端部宽度，（25±1）mm；H—夹具间的初始距离；（80±5）mm；L—标距线间的距离，（25±1）mm；d—标距段的厚度

间的长度 L_1。若试样断裂在标距外，则该试样作废，另取试样重做。

3. 试验结果计算

(1) 拉伸强度。试样的拉伸强度按下式计算，精确到 0.1MPa。

$$\sigma = \frac{P}{Bd} \tag{7-5}$$

式中 σ——试样的拉伸强度，MPa；

P——试样断裂时的荷载，N；

B——试样标距段的宽度，mm；

d——试样标距段的厚度，mm。

(2) 断裂伸长率（%）。

$$\varepsilon = \frac{L_1 - L_0}{L_0} \times 100 \tag{7-6}$$

式中 ε——试样的断裂伸长率，%；

L_0——试样标距线间初始有效长度，mm；

L_1——试样断裂瞬间标距线间的长度，mm。

分别计算并报告 5 块试样纵向和横向的算术平均值，精确到 1%。

（五）热处理尺寸变化率试验

1. 试验器具

(1) 鼓风恒温箱：自动控温范围为 50～240℃，误差为±2℃。

(2) 直尺：量程为 150mm，分度值为 0.5mm。

(3) 模板：100mm×100mm×0.4mm 的金属板，边长误差不大于±0.5mm，直角误差不大于±1℃。

(4) 垫板：300mm×300mm×2mm 的硬纸板 3 块，表面应光滑平整。

2. 试验程序

用模板裁取 3 块 B 试样，标明卷材的纵横方向，并标明每边的中点，作为试样处理前后测量时的参考点。

在标准环境下，用直尺测量试样纵向或横向上两参考点间的初始长度 S_0。将试样平放在撒有少量滑石粉的垫板上，再将垫板水平地置于鼓风恒温箱中，3 块垫板不得叠放。在 80℃±2℃的温度下恒温 6h，取出垫板置于标准环境中调节 24h，再测量纵向或横向上两参考点间的长度 S_1。

3. 结果计算

纵向和横向的尺寸变化率按式（7-7）分别计算

$$L_h = \frac{|S_1 - S_0|}{S_0} \times 100 \tag{7-7}$$

式中 L_h——试样的热处理尺寸变化率，%；

S_0——试样同方向上两参考点间的初始长度，mm；

S_1——试样处理后同方向上两参考点间的长度，mm。

分别计算 3 块试样纵向和横向的尺寸变化率的平均值，试验结果以其中较大的数值表示，精确到0.1%。

（六）低温弯折性试验

1. 试验器具

（1）低温箱：可在0～40℃之间自动控温，误差为±2℃。

（2）弯折仪：主要由金属材料制成的上下平板、转轴和调距螺丝组成，平板间距可任意调节，其形状与尺寸，如图7-10所示。

（3）放大镜：放大倍数为6倍。

2. 试验程序

在标准环境下，用测厚仪测量C试样的厚度。试样的耐候面应无明显缺陷。然后将试样的耐候面朝外，弯曲180°使50mm宽的边缘重合、齐平，并确保不发生错位（可用定位夹或10mm宽的胶布将边缘固定），将弯折仪的上下平板间距调到卷材厚度的3倍。试验2块试样。

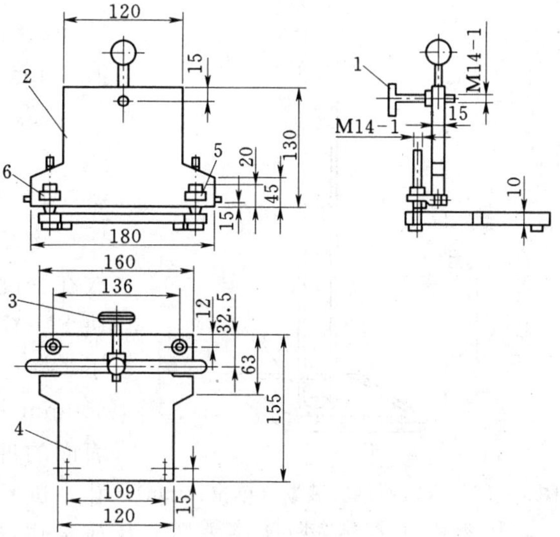

图7-10　弯折仪形状尺寸示意（单位：mm）

1—手柄；2—平板；3—转轴；4—下平板；5、6—螺钉

将弯折仪上平板翻开，将两块试样平放在弯折仪下平板上，重合的一边朝向转轴，且距离转轴20mm，将弯折仪连同试样放入低温箱内，在规定温度下保持1h。然后，在1s之内将弯折仪的上平板压下，达到所调间距位置，保持1s后将试样取出。待回复到室温后观察试样弯折处是否断裂，或用放大镜观察试样弯折处受拉面是否有裂纹。

3. 结果评定

2块试样均不断裂或无裂纹时评定为无裂纹。

（七）抗渗透性试验

1. 试验仪器

采用GB 328规定的不透水仪，但透水盘的压盖采用图7-11所示的金属槽盘。

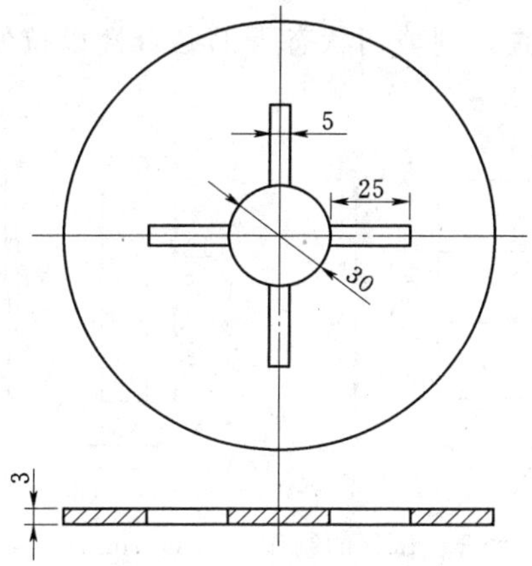

图7-11　不透水试验用槽盘（单位：mm）

2. 试验程序

试验在标准环境下进行。先按GB 328—1989的规定做好准备，将裁取的3块D试样分别置于3个透水盘中，盖紧槽盘，然后按GB 328—1989的规定操作不透水仪，以每小时提高1/6规定压力2×10^5Pa的速度升压。达到规定压力后保压24h，观察试样表面是否有渗水现象。

3. 结果评定

3块试样均无渗水现象时评定为不透水。

（八）抗穿孔性试验

1. 试验器具

（1）穿孔仪：由一个带刻度的金属导管、可

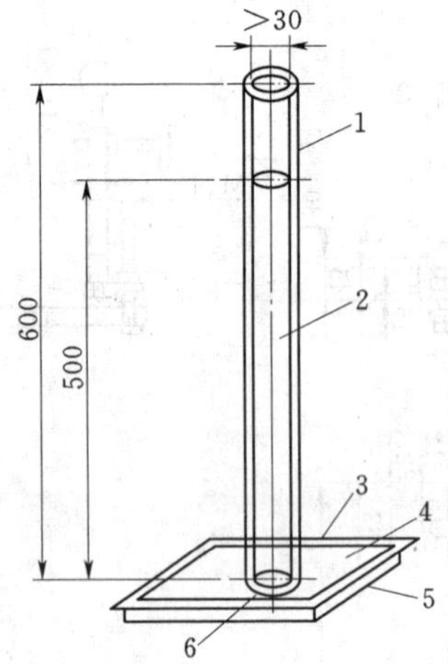

图 7-12 水密性试验装置（单位：mm）
1—玻璃管；2—染色水；3—滤纸；
4—试样；5—玻璃板；6—密封膏

在其中自由运动的活动重锤、锁紧螺栓和半球形钢珠冲头组成，其中导管刻度长为 0～500mm，分度值 10mm；重锤质量 500g，钢珠直径 12.7mm。

（2）铝板：厚度不小于 4mm。

（3）玻璃管：内径不小于 30mm，长 600mm。

2. 试验程序

将裁取的 E 试样自由地铺在铝板上，并一起放在密度 25kg/m^3、厚度 50mm 的泡沫聚苯乙烯垫块上。穿孔仪置于试样表面，将冲头下端的钢珠置于试样中心部位，把重锤调节到规定的落差高度 300mm 并定位。使重锤自由下落，撞击位于试样表面的冲头，然后将试样取出，检查试样是否穿孔，试验 3 块试样。无明显穿孔时，采用图 7-12 所示装置对试样进行水密性试验。将圆形玻璃管垂直放在试样穿孔试验点的中心，用密封膏密封玻璃管与试样间的缝隙。将试样置于滤纸（150mm×150mm）上。滤纸由玻璃板支承，把染色水溶液加入玻璃管中，静置 16h 后检查滤纸，如有渗透现象则表明试样已穿孔。

3. 结果评定

3 块试样均无穿孔时评定为不渗水。

（九）剪切状态下的黏合性试验

（1）试验程序将 2 块裁取的 F 试样平放于 60℃的按热处理尺寸变化率试验规定的恒温箱中 15min。在样片中间部位按胶粘剂的使用说明用橡皮刮刀涂抹胶粘剂宽度 100mm、厚度适当的胶粘剂，然后将该样片上部未涂抹胶粘剂的部分（Ⅰ）以及另一块试样下部未涂抹胶粘剂的部分（Ⅱ）裁去，在长度方向剪成宽度 b 为 50mm 的样条，得到 50mm×100mm 的胶粘表面，见图 7-13（a）。每次将两片涂抹胶粘剂的样条相互搭接结合成试样。两样条长边的边缘必须重合齐，见图 7-13（b）取 5 块试样在标准环境下放置 24h，再按拉伸试验方法进行拉伸剪切试验。

（2）结果计算。如果拉伸剪切时试样在黏结面滑脱，则剪切状态下的黏合性以拉伸剪切强度 σ 表示按下式进行计算

$$\sigma = P/b \tag{7-8}$$

式中 σ——拉伸剪切强度，N/mm；

P——最大拉伸剪切荷载，N；

b——试样黏合面宽度，mm。

结果以 5 块试样的算术平均值表示，精确到 0.1N/mm。

如果在拉伸剪切时，试样在接缝处断裂，则评定为接缝外断裂。该试验方法也可以测试热焊接接缝的黏结特性。

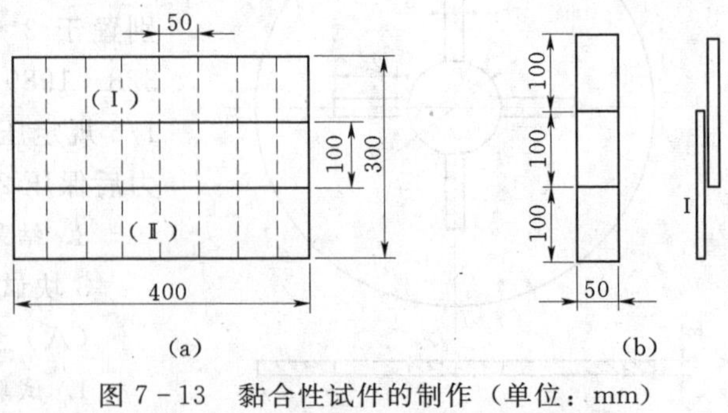

图 7-13 黏合性试件的制作（单位：mm）
（a）试件剪裁尺寸；（b）样条的搭接

（十）热老化处理试验

1. 试验仪器

热老化试验箱：自动控制范围 50～240℃，误差为±2℃。

2. 试验程序

将裁取的 3 块 G 试样放置在撒有滑石粉的按热处理尺寸变化率试验要求的垫板上，然后一起放入热老化试验箱中，在 80℃±2℃的温度下保持 7d。处理后的样片在标准环境下调节 24h，分别按外观、拉伸性能试验规定的方法进行检查和试验。

3. 结果计算

（1）3 块 G 样片外观质量与低温弯折性的结果评定分别与相应试验条文相同。

（2）处理后试样拉伸强度相对变化率按下式计算，精确到 1%。

$$R_{\sigma}=\left(\frac{\sigma'_{t}}{\sigma_{t}}-1\right) \tag{7-9}$$

式中　R_{σ}——试样处理后拉伸强度相对变化率，%；

σ'_{t}——处理后 5 块试样的平均拉伸强度，MPa；

σ_{t}——未经过处理时 5 块试样的平均拉伸强度，MPa。

（3）处理后试样断裂伸长率相对变化率按下式计算，精确到 1%。

$$R_{t}=\left(\frac{\varepsilon'_{t}}{\varepsilon_{t}}-1\right)\times 100 \tag{7-10}$$

式中　R_{t}——试样处理后断裂伸长率变化率，%；

ε'_{t}——处理后 5 块试样的平均断裂伸长率，%；

ε_{t}——未经处理时 5 块试样的平均断裂伸长率，%。

（十一）结果评判

对于防水卷材中的外观质量、面积允许偏差、卷材中的允许接头数、卷材平直度、平整度、厚度允许偏差和最小单个值等 6 项要求，其中有 2 项不合格即为不合格卷材。不合格卷不多于 2 卷，且卷材的各项物理力学性能均符合要求时，判定为批合格。

如不合格卷为 2 卷或有 1 项物理力学性能不符合要求，则判定为该批不合格。如不合格卷为 2 卷，但有 2 卷出现上述 6 项中的同 1 项不合格，则仍判该批不合格。

对于判为不合格的批，允许在批中按规定重新加倍抽样，对不合格项目进行重检。如果仍有一组试样不合格，则判定为批不合格。

三、土工布特性检测

（一）土工布

土工织物也称土工布，是透水性的土工合成材料，按制造方法分为无纺或非织造土工织物和有纺或机织土工织物。因其具有过滤、排水、隔离、加筋、防渗和防护等作用，在水利、铁路、公路建筑中得到广泛应用。特别是无纺土工织物在隧道工程中作为防水卷材的垫层和排水通道，用量十分可观。为了选择和应用土工织物，必须了解材料的工程特性，以便正确确定设计参数。有些特性参数是生产厂家提供的，例如产品的类型、聚合物的种类、加工工艺及产品规格等。同一种类型的材料，因加工工艺制造过程不同，其工程特性有时差别很大。因此，对厂家提供的数据应采取慎重的态度，使用单位应抽样试验来核实和确定。对隧道工程比较重要的工程特性有物理特性、力学特性和水力学特性。

（二）土工布特性检测

1. 土工布物理特性检测

隧道用土工布的物理性能测试一般有单位面积质量试验和厚度试验。

2. 土工织物力学特性测试

土工布的机械性能包括抗拉强度及延伸率，握持强度及延伸率、抗撕裂强度、顶破强度、刺破强度、抗压缩性能等。

隧道用土工布的力学性能测试有条带拉伸试验、撕裂试验、顶破强度试验、刺破试验等。

3. 土工织物水力学特性试验

土工布的渗透性表明其在反滤和排水方面的能力。根据工程需要，土工布必须确定垂直于织物平面的渗透特性（垂直渗透系数及透水率）及沿织物平面排水的特性（平面渗透系数及导水率），这些试验都已纳入国家标准。

隧道用土工布，必须具有以下特性：

（1）保土性：防止被保护围岩衬砌的颗粒随水流流动。

（2）渗水性：保证渗流水通排走。

（3）防堵性：防止材料被细土粒堵塞失效。

这被称为反滤三准则，都与土工布的水力学性能密切相关。主要包括两个方面：一是透水与导水能力，二是阻止颗粒流失的能力。这些特性主要取决于土工织物的孔隙特征和渗透特性等。

隧道用土工布的力学性能测试一般有土工织物孔隙的特征试验、土工织物的渗透特性试验。

四、防水混凝土抗渗性能试验

（一）防水混凝土

防水混凝土是以水泥、砂、石子为原料，掺入外加剂、高分子聚合物等，以调整配合比，减小孔隙率，增加各原材料界面间密实性或使混凝土产生补偿收缩作用，从而使水泥砂浆或混凝土具有一定抗裂、防渗能力，使其满足抗渗等级大于 0.6MPa 的不透水性混凝土，也就是自身抗渗性能高于 0.6MPa 的混凝土。

防水混凝土一般可分为：普通水泥防水混凝土、外加剂防水混凝土和膨胀水泥防水混凝土。隧道工程常用防水混凝土的种类及其特性，见表 7－19。

（二）隧道防水混凝土的一般要求

（1）隧道工程防水混凝土的抗渗等级不得小于 S_8。

（2）当衬砌处于侵蚀性地下水环境中，混凝土的耐侵蚀系数不应小于 0.8。

混凝土的耐侵蚀系数按下式计算

$$N_s = R_{us} / R_{wy} \tag{7-11}$$

式中　N_s——混凝土的耐侵蚀系数；

R_{us}——在侵蚀性水中养护 6 个月的混凝土试块抗折强度；

R_{wy}——在饮用水中养护 6 个月的混凝土试块抗折强度。

表 7－19　　隧道工程常用防水混凝土种类及其特性

种类	普通防水混凝土	外加剂防水混凝土外加剂类型				
		引气剂	减水剂	三乙醇胺	氯化铁	明矾石膨胀剂
抗渗压力(MPa)	＞3.0	＞2.2	＞2.2	＞3.8	＞3.8	＞3.8
主要技术要求	水灰比 0.5～0.6 坍落度 30～50mm 水泥用量 ≥320kg/m³ 粗骨料粒径≤40mm	含气量 3%～6%水泥用量≥250～300kg/m³	加气型减水剂，可以为缓凝、促凝和普通型的减水剂	可单独掺用三乙醇胺，也可以与氯化钠、亚硝酸钠配合	液体中氯化铁含量≥0.4kg/L，掺量一般为水泥质量的 3%	必须掺入 32.5 级以上的普通矿渣、火山灰和粉煤灰水泥，外掺量为水泥质量的 20%
使用范围	一般地下防水工程	抗冻性能要求高	含筋率高或薄壁结构	要求早强及抗渗要求高	水中结构	有后浇缝

(3) 当受冻融作用时，不宜采用火山灰质硅酸盐水泥和粉煤灰硅酸盐水泥。

(4) 隧道工程防水混凝土的水泥用量不得少于 320kg/m³，水泥强度等级不低于强 32.5 级，水灰比不大于 0.50；当掺入活性细粉时，不得少于 280kg/m³。

(5) 防水混凝土结构应满足：

1) 裂缝宽度应不大于 0.2mm，并不贯通。

2) 迎水面主钢筋保护层厚度不应小于 50mm。

3) 衬砌厚度不应小于 30cm。

(6) 试件的抗渗等级应比设计要求提高 0.2MPa。

(7) 当采用防水混凝土时，应对衬砌的各种缝隙采取有效的防水措施，以使衬砌获得防水效果。

(三) 混凝土抗渗性试验

1. 目的和适用范围

主要用于检测混凝土硬化后的防水性能，以测定其抗渗标号。

防水混凝土的抗渗标号可分为三种。

(1) 设计标号。它是根据地下工程的埋深以及水力梯度（即最大作用水头与建筑物最小壁厚之比）综合考虑而确定的，由勘测设计确定。

(2) 试验标号。用于确定防水混凝土施工配合比时测定的标号，最终的标号在设计抗渗标号的基础上提高 0.2MPa 来确定。

(3) 检验标号。它是对防水混凝土抗渗试块进行抗渗试验所测定的标号，检验标号不得低于设计抗渗标号。

2. 试件制备

(1) 每组试件为 6 个，如用人工插捣成型时，分两层装入混凝土拌和物，每层插捣

25 次。在标准条件下养护。如结合工程需要，则在浇筑地自制作，每单位工程制件不少于两组，其中至少一组应在标准条件下养护，其余试件与构件相同条件下养护，试块养护期不少于 28d，不超过 90d。

(2) 试件成型后 24h 拆模，用钢丝刷刷净两端面水泥浆膜，标准养护龄期为 28d。

(3) 试件形状有两种：圆柱体，直径、高度均为 150mm；圆台体，上底直径 175mm，下底直径 185mm，高为 165mm。

3. 仪器设备

(1) 混凝土渗透仪：应能使水压按规定制度稳定地作用在试件上。常用的有 TH4－4.0 型自动调压混凝土抗渗仪、HS－4 型混凝土抗渗仪、ZKS 微机控制高精度抗渗仪、HS－40 型混凝土抗渗仪。

(2) HS－40 型混凝土抗渗仪适用于混凝土抗渗性能的实验和抗渗标号的测定，同时可用于其他建筑材料透气测定和质量检测，见图 7－14。

图 7－14 水密性试验装置

4. 试验步骤

(1) 试件到期后取出，擦干表面，用钢丝刷刷净两端面，待表面干燥后，在试件侧面滚涂一层熔化的密封材料，然后立即在螺旋加压器上压入经过烘箱或电炉预热过的试模中，使试件底面和试模底平齐，待试模变冷后即可解除压力，装在渗透仪上进行试验。

如在试验过程中，水从试件周边渗出说明密封不好，要重新密封。

(2) 试验时，水压从 0.2MPa 开始，每隔 8h 增加水压 0.1MPa。并随时注意观察试件端面情况，一直加至 6 个试件中有 3 个试件表面发现渗水，记下此时的水压力，即可停止试验。

(3) 当加压至设计抗渗标号，经 8h 后第三个试件仍不渗水，表明混凝土已满足设计要求，也可停止试验。

5. 试验结果计算

混凝土的抗渗标号以每组 6 个试件中 4 个未发现有渗水现象时的最大水压力表示。抗渗标号按下式计算

$$S = 10H - 1 \qquad (7-12)$$

式中 S——混凝土抗渗标号；

H——第三个试件顶面开始有渗水时的水压力，MPa。

混凝土抗渗标号分级为 S_2、S_4、S_6、S_8、S_{10}、S_{12}，若加压至 1.2MPa，经 8h 后第三个试件仍不渗水，则停止试验，试件的抗渗标号以 S_{12} 表示。

五、防水层质量检测与评定

(一) 防水层铺设的基面要求

一般来说，隧道开挖并进行初期支护后，喷射混凝土基面仍相当粗糙，局部凹凸不平，并可能有锚杆头外露现象。若直接铺设防水卷材，其防水质量难以保证。因此，在防

水卷才铺设前，喷射混凝土基面进行认真的处理。平整度用直尺检测，检查要点如下。

(1) 喷射混凝土基面平整度：边墙 $D/L\leqslant 1/6$，拱顶 $D/L\leqslant 1/8$。其中，L 为喷射混凝土相邻两凸面间的距离；D 为喷射混凝土相邻两凸面间下凹的深度，如图 7－15 所示。

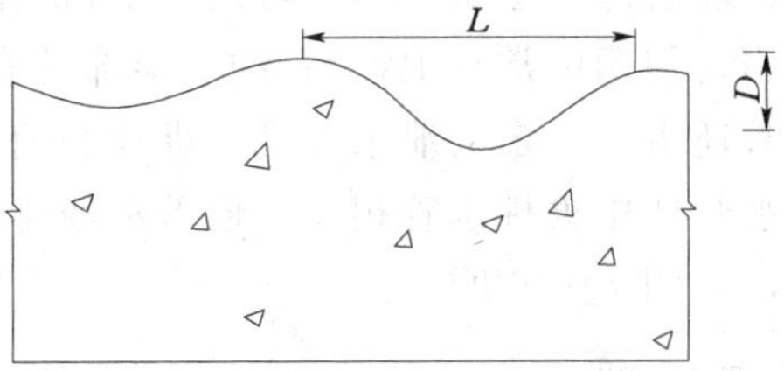

图 7－15　防水板铺设基面检测

(2) 基面不得有钢筋、凸出的构件等尖锐突出物。若待铺设卷材基面有尖锐突出物，则必须进行割除，并在割除部位用砂浆抹平顺，以免刺破防水层。

(3) 隧道断面变化或转弯处的阴角应抹成 $R\geqslant 5$cm 的圆弧。

(4) 防水层施工时，基面不得有明水；如有明水，应采取施堵或引排。

(二) 防水卷材施工检查方法

目前防水卷材的铺设工艺有两种：一是无钉热合铺设法，二是有钉冷粘铺设法。

1. 无钉热合铺设法

无钉热合铺设法是指先将土工布垫衬用机械方法铺设在喷射混凝土基面上，然后用“热合”方法将 EVA 或 LDPE 等卷材粘贴在固定垫衬的圆垫片上，从而使 EVA 或 LDPE 卷材无机械损伤。

2. 有钉冷粘铺设法

(1) 工艺与特点。为了施工方便，目前已开发出防水板与土工量布复合的粘接带，在此区内无布层。施工中，先将初期衬砌基面整平。将防水卷材自下而下或自外而内边涂胶边固定。固定时采用射钉枪固定塑料垫片，塑料垫片外压防水卷材。卷材片间的粘接采用卷材厂家提供的专用胶，可冷涂施工。最后用比固定塑料垫片稍大的卷材块涂胶后修补射钉孔。这种工艺的特点是防水卷材铺成的表面留有钉疤，接茬时用胶冷粘。

(2) 施工检查。有钉冷粘法施工质量的检查方法主要是直观检查，具体方法是：

1) 用手托起塑料板，看其是否与喷射混凝土密贴。在拱顶，在 $1m^2$ 范围内塑料板不得下凹或呈水平状。

2) 看塑料板是否有被划破、扯破、扎破等破损现象。

3) 看接缝处是否胶合紧密，有无漏涂胶现象，搭接宽度必须大于 5cm。

4) 检查射钉补块是否严密，胶结强度能否满足施工要求。

(三) 防水层质量检测与评定

防水层安装原始记录见表 7－20。明洞防水层质量检验评定见表 7－21。防水层质量检验评定见表 7－22。

六、排水系统施工质量检查

(一) 山岭隧道常用排水系统

隧道开挖后，每隔一定距离沿洞周环向铺设弹簧排水管，其直径 5～10cm，具有一定的柔性；又由于弹簧具有一定的刚度，无论管子怎样变形，管径基本保持不变。弹簧排水管外面用玻璃纤维布包裹，具有滤水防堵功能。弹簧排水管下端与纵向排水盲管相连。纵向排水盲管有软管和硬管之分，软管与上述的弹簧排水管构造相同，管径通常为 10cm 左右；硬管即为建筑工程中常用的PVC排水管。为了使该管既具有排水功能，又具有透水作用，使用中常在PVC管的上半部钻有小孔。为了充分利用纵向排水盲管，纵向盲管铺设时还带有一定的泄水坡度。纵向盲管每隔10～20m留有出水口，通过横向盲管与双边排水管或中央排水管相连，地下水经排水管集中排出。山岭隧道复合式衬砌的排水系统构造，如图7-16所示。

表7-20　　防水层安装原始记录

<table>
<tr><td rowspan="6">施工情况</td><td colspan="2" rowspan="2">工作项目</td><td colspan="11">检查情况</td></tr>
<tr><td colspan="6">防水卷材</td><td colspan="5">盲管</td></tr>
<tr><td colspan="2">安装日期</td><td colspan="6"></td><td colspan="5"></td></tr>
<tr><td colspan="2">铺设基面情况</td><td colspan="6"></td><td colspan="5"></td></tr>
<tr><td colspan="2">规格</td><td colspan="6"></td><td colspan="5"></td></tr>
<tr><td colspan="2">接缝粘接方法</td><td colspan="6"></td><td colspan="5"></td></tr>
<tr><td rowspan="12">质量检查标准</td><td colspan="2" rowspan="2">工作项目</td><td rowspan="2">允许误差
(mm)</td><td colspan="10">各点检查结果</td></tr>
<tr><td colspan="5">防水卷材</td><td colspan="5">盲管</td></tr>
<tr><td colspan="2">搭接宽度（mm）</td><td></td><td></td><td></td><td></td><td></td><td></td><td></td><td></td><td></td><td></td><td></td></tr>
<tr><td rowspan="2">接缝宽度
(mm)</td><td>横向</td><td></td><td></td><td></td><td></td><td></td><td></td><td></td><td></td><td></td><td></td><td></td></tr>
<tr><td>纵向</td><td></td><td></td><td></td><td></td><td></td><td></td><td></td><td></td><td></td><td></td><td></td></tr>
<tr><td rowspan="2">固定点间距
(mm)</td><td>横向</td><td></td><td></td><td></td><td></td><td></td><td></td><td></td><td></td><td></td><td></td><td></td></tr>
<tr><td>纵向</td><td></td><td></td><td></td><td></td><td></td><td></td><td></td><td></td><td></td><td></td><td></td></tr>
<tr><td colspan="2">卷材向隧道延伸长度
（明洞）(mm)</td><td></td><td></td><td></td><td></td><td></td><td></td><td></td><td></td><td></td><td></td><td></td></tr>
<tr><td colspan="2">卷材于基底的横向长度
（明洞）(mm)</td><td></td><td></td><td></td><td></td><td></td><td></td><td></td><td></td><td></td><td></td><td></td></tr>
<tr><td colspan="2">防水层每层厚度
（明洞）(mm)</td><td></td><td></td><td></td><td></td><td></td><td></td><td></td><td></td><td></td><td></td><td></td></tr>
<tr><td colspan="2">接缝情况</td><td></td><td></td><td></td><td></td><td></td><td></td><td></td><td></td><td></td><td></td><td></td></tr>
</table>

检查意见：

技术负责人：

（二）施工质量检查

1. 环向排水管

(1) 围岩渗流水引排。根据开挖时围岩的实际涌水情况，详细作好记录，并作相应的引、排措施。当涌水较集中时，喷锚前先用开缝摩擦锚杆进行导水，当涌水面积较大时，喷锚前设置树枝状软式透水管排水，当涌水严重时设置汇水孔。喷锚完成后，使开挖岩石面与喷射混凝土之间形成排水用的汇水孔，使围岩涌水、渗漏水通过设置的汇水孔等排水装置流向墙脚纵向排水管，再由横向排水管排到隧道中心排水沟内。

(2) 背面排水管安装。二次衬砌前，先对初期支护喷锚混凝土面进行检查，割掉喷锚

表 7－21 **明洞防水层质量检验评定表**

项目名称： 工程合同段： （子）分项工程名称：

施工单位： 工程部位： 监理单位： 使用者类别：

项次	检查项目	规定值或允许偏差	检查方法和频率	权值	检查实测值	平均值代表值	合格率（%）	得分
基本要求	1. 防水材料的质量和规格等应符合设计和规范要求；2. 防水层施工前，明洞混凝土外部应平整，不得有钢筋露出；3. 明洞外模拆除后，应立即做好防水层和纵向盲沟							
1	搭接长度（mm）	≥100	尺量：每环测 3 处	2				
2	卷材向隧道延伸长度（mm）	≥500	尺量：检查 5 处	2				
3	卷材于基底的横向长度（mm）	≥500	尺量：检查 5 处	2				
4	沥青防水层每层厚度（mm）	2	尺量：检查 10 点	3				
5	（子）分项工程得分							
6	外观鉴定	防水卷材无破损，接合处无气泡、褶皱和空隙。不符合要求时每处减 1 分，并采取修补措施或返工处理		检查结果				
7	质量保证资料	施工资料和图表必须齐全，不缺乏最基本数据，不得伪造涂改。不符合要求时，不予检查和评定。资料不全者，视情况每款减 1～3 分		检查结果				
8	（子）分项工程评分值							
9	质量等级							

监理工程师： 日期： 检测人： 日期： 承包商： 日期：

表 7-22　　防水层质量检验评定表

项目名称：　　工程合同段：　　（子）分项工程名称：

施工单位：　　工程部位：　　监理单位：　　使用者类别：

项次	检查项目		规定值或允许偏差	检查方法和频率	权值	检查实测值	平均值代表值	合格率（%）	得分
基本要求	1. 防水材料的质量、规格、性能等必须符合设计和规范要求；2. 防水卷材铺设前要对喷射混凝土基面进行认真的检查，不得有钢筋、凸出的管件等尖锐突出物；割除尖锐突出物后，割除部位用砂浆抹平顺；3. 隧道断面变化处或转弯处的阴角应抹成半径不小于 50mm 的圆弧；4. 防水层施工时，基面不得有明水；如有明水应采取措施封堵或引排								
1	搭接宽度（mm）		≥100	尺量：全部搭接均要检查，每个搭接检查 3 处	2				
2	缝宽（mm）	焊接	两侧焊缝宽≥25	尺量：每个搭接检查 5 处	2				
		粘接	粘缝宽≥50						
3	固定点间距（m）		符合设计要求	尺量：检查总数的 10%	1				
4	（子）分项工程得分								
5	外观鉴定		防水层表面平顺，无褶皱、无气泡、无破损等现象，与洞壁密贴，松紧适度，无紧绷现象。不符合要求时，每处减 1～3 分		检查结果				
			接缝、补眼粘贴密实饱满，不得有气泡、空隙。不符合要求时，每处减 1～3 分						
6	质量保证资料		施工资料和图表必须齐全，不缺乏最基本数据，不得伪造涂改。不符合要求时，不予检查和评定。资料不全者，视情况每款减 1～3 分						
7	（子）分项工程评分值								
8	质量等级								

监理工程师：　　日期：　　检测人：　　日期：　　承包商：　　日期：

混凝土表面的锚杆和钢筋网断头，并对凹凸不平的部位进行修凿喷补，使混凝土表面平顺，符合铺挂柔性防水板的要求。然后按设计要求在拱部和边墙环向挂设软式透水管。喷混凝土表面有渗漏水时，根据渗漏水的多少采用透水管引导，或再增加环向软式排水管，并有塑料锚固螺栓绑牢。

(3) 环向排水管的施工检查包括：①外观检查；②安装检查。

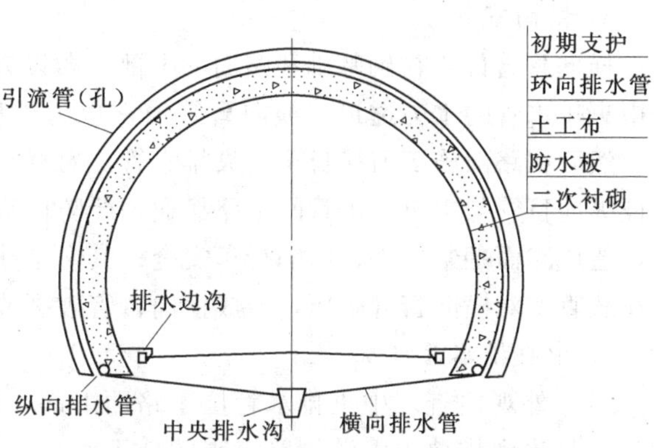

图 7-16　隧道排水系统构造示意

附贴式盲沟、软式透水管盲沟布置在防水板外侧紧贴喷射混凝土处，盲沟接触层表面应平顺。当影响盲沟布置时，应进行处理，盲沟用螺钉固定在喷层上。凡铺设软式透水管处，其上部位应铺设防水板，防止堵塞透水管。

2. 纵向排水盲管

(1) 外观检查。

1) 纵向排水盲管材质及规格检查。塑料制品若保存不当极易发生老化，可目测管材的色泽和管身的变形；轻轻敲击观察管体是否变脆；用卡尺或钢尺量管径与管壁，检查其是否与设计要求相符。

2) 管身透水孔检查。纵向排水盲管主要有两个作用：一是将环向排水管下流之水经其排至横向盲管；二是将防水卷材阻挡之水经纵向盲管上部透水孔向管内疏导。为了实现其第二项功能。盲管上的透水孔必须有一定的规格并保证有一定的间距。在纵向盲管安装前，必须用直尺检查钻孔的孔径和孔间距。

(2) 安装检查。

1) 安装坡度检查。纵向排水盲管通常位于衬砌的墙脚部。当施工条件不利时，施工较易出现管身高低起伏不定，平面上忽内忽外的现象。在这种情况下，隧道建成后纵向盲管容易被淤沙封堵，或被冰冻封堵，造成纵向排水不畅。因此，施工中一定要为纵向盲管作好基础，用坡度规检查、测定纵向盲管的坡度，使地下水进入纵向盲管后在一定的坡度下按指定的方向流动。

2) 包裹安装检查。纵向排水盲管在布设时必须注意其细部构造。首先应用土工布将纵向排水管包裹，使泥沙不得进入纵向盲管。其次，应用防水卷材半裹纵向盲管，使从上部下流之水在纵向盲管位置尽量流入管内，而不让地下水在盲管位置纵横漫流。因此，施工时要认真检查纵向盲管的包裹安装情况，杜绝粗放施工。

3) 与上下排水管的连接检查。施工中应注意检查上部环向弹簧排水管与纵向排水盲管的连接。一般采用环向排水管出口与纵向盲管简单搭接的方式，避免两管之间被喷射混凝土隔断。其次还应注意检查纵向排水盲管与横向盲管的连接。一般采用三通管连接，三通管留设位置应准确，接头应牢靠，防止松动脱落。

3. 横向盲管

横向盲管位于衬砌基础和路面的下部，布设方向与隧道轴线垂直，是连接纵向排水盲管与中央排水管的水力通道。横向盲管通常也为硬质塑料管，施工中先在纵向盲管上预留接头，然后在路面施工前接长至中央排水管。对横向盲管的检查，主要是接头应牢靠、密实，保证纵向盲管与中央排水管间水路畅通，严防接头处断裂，由纵向盲管排出之水在路面下漫流，造成路面翻浆冒水，影响行车安全；其次是在横向盲管上部应有一定的缓冲层，以免路面荷载直接对横向盲管施压，造成横向盲管破裂或变形，影响其正常的排水功能。

4. 中央排水管

(1) 外观检查。中央排水管位于路面下部，通常由预制混凝土管段构成。其作用主要有：一是集中排放由上游管路流来的地下水；二是通过其上部的众多小孔（ϕ12mm 左右）疏排路面下的各种积水。中央排水管的外观检查包括以下方面。

1) 预制管段的规整性。用钢尺量测管段直径，观察管身是否变形或有严重裂缝；检查管身上部透水孔是否畅通。

2) 管壁的强度。用石块轻敲管壁，检查混凝土强度是否满足设计与施工要求；对酥松掉块者，不得使用。

(2) 施工检查。

1) 中央排水管基础检查。中央排水管因隧道所在地区的不同，埋置深度在 0.5～2.0m 之间。施工时先挖基槽，整平基础，然后再铺设管段，最后回填压实。其中最重要的一个环节是处理管段基础。在软岩或断层破碎带区段施工中，应将不良岩（土）体用强度较高的碎石替换，并用素混凝土找平基面，使基础平整、密实。施工中应特别注意检查基础的坡度，不仅总体坡度应符合要求，而且局部的几个管段间也应符合要求，尽量避免高低起伏。

2) 管段铺设检查。管段铺设时，首先要保证将具有透水孔的一面朝上。管段逐个放稳后，再用水泥砂浆将段间接缝密封填实。待砂浆凝固后，应逐段进行通水试验，发现漏水，及时处理。之后用土工布覆盖管段透水孔，在横向盲管出口处注意与中央排水管的连接方式。回填时注意保护管段的稳定及其上部透水性。

5. 隧道排水质量检验评定

隧道排水质量检验评定见表 7-23。

七、止水带检查

(一) 混凝土衬砌结构性防水措施

隧道围岩中的地下水无孔不入，必须综合治理，多层设防。衬砌施工缝、沉降缝及伸缩缝或明洞与隧道衬砌接缝是隧道防水的薄弱环节，若处理不当则是渗漏水的主要通道。据调查，95%的渗漏水与施工缝和沉降缝有关。如何保证二次衬砌的施工缝和沉降缝处的防水工艺质量，在隧道施工中一直是一个难点。

除按《公路隧道施工技术规范》(JTJ 042—1994) 要求处理接缝外，还应根据围岩地下水出露具体情况，采取专门的防水、防渗技术措施，一般应分别采用 L 形、企口型、铁皮或钢板型施工缝和橡胶或塑料止水带、沥青麻筋、防水砂浆等组成止水变形缝；用防水砂浆、膨胀水泥配制防水混凝土进行封顶封口。

表 7-23

隧道排水质量检验评定表

项目名称：　　工程合同段：　　（子）分项工程名称：

施工单位：　　工程部位：　　监理单位：　　使用者类别：

基本要求	1. 墙背泄水孔必须伸入盲沟内，泄水孔进口标高以下超挖部分应用同级混凝土或不透水材料回填密实；2. 排水管接头应密封牢固，不得出现松动；3. 严寒地区保温水沟施工时应有防潮措施。修筑的深埋渗水沟，回填材料除应满足保温、透水性好的要求外，水沟周侧应用级配骨料分层回填，石屑、泥沙不得渗入沟内。排水设施应设置在冻胀线以下							
项次	检查项目	规定值或允许偏差	检查方法和频率	权值	检查实测值	平均值代表值	合格率（%）	得分
1△	砂浆强度（MPa）	符合设计要求	同一配合比，每台班 2 组	3				
2	轴线偏位（mm）	50	经纬仪：每 200m 测 8 处	1				
3	沟底高程（mm）	±15	水准仪：每 200m 测 8 点	2				
4	墙面直顺度（mm）或坡度	30 或符合设计要求	20m 拉线、坡度尺：每 200m 测 4 处	1				
5	断面尺寸（mm）	±30	尺量：每 200m 测 4 处	2				
6	铺砌厚度（mm）	不小于设计	尺量：每 200m 测 4 处	1				
7	基础垫层宽、厚（mm）	不小于设计	尺量：每 200m 测 4 处	1				
8	（子）分项工程得分							
9	外观鉴定	水沟和检查井盖板平稳无翘曲。不符合要求时，减 1～2 分		检查结果				
10	质量保证资料	施工资料和图表必须齐全，不缺乏最基本数据，不得伪造涂改。不符合要求时，不予检查和评定。资料不全者，视情况每款减 1～3 分						
11	（子）分项工程评分值							
12	质量等级							

监理工程师：　　日期：　　检测人：　　日期：　　承包商：　　日期：

由于止水带具有高弹性和压缩变形的特点，它在荷载的作用下产生弹性变形，能起到紧固、密封和有效防止接缝渗漏水的作用。衬砌施工缝和沉降缝一般都采用塑料止水带或橡胶止水带进行防水。

（二）止水带检查内容

1. 基本要求

（1）止水带材料规格、品种、形状、尺寸必须符合设计要求和有关标准（如橡胶止水带 GB 18173.2—2000）规定。

（2）止水带与衬砌端头模板应正交。

（3）浇筑混凝土衬砌时，要注意保护止水带。

2. 止水带实测项目

止水带实测项目见表 7-24。

表 7-24　止水带实测项目

项次	检查项目	规定值或允许偏差	检查方法和频率	权值
1	纵向偏离（mm）	±50	尺量：每环 3 处	1
2	偏离衬砌中心线（mm）	≤30	尺量：每环 3 处	1

3. 外观鉴定

（1）如有破损应及时修补。

（2）若拆模后发现止水带偏离中心幅度过大，适当凿除或填补部分混凝土，对止水带进行纠偏处理。

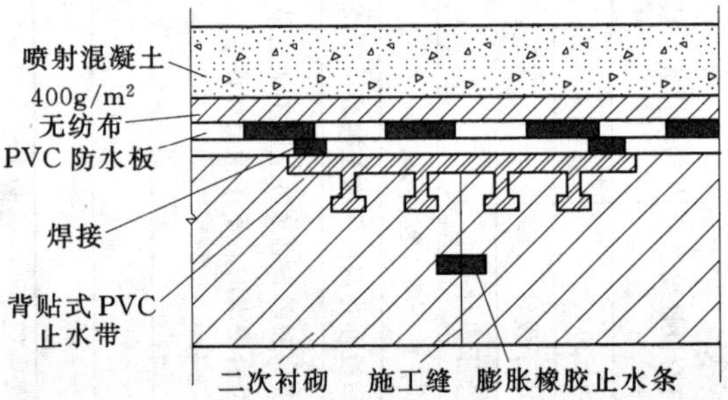

图 7-17　外贴式塑料止水带与止水条布置示意

（三）止水带的类型

（1）止水带品种较多，根据止水带在衬砌混凝土中的安装位置，分为外贴式、预埋式、内贴式三种；按照止水带的材料，分橡胶止水带、塑料止水带、沥青麻筋和膨胀橡胶止水条。

（2）预埋式止水带，因构造简单，施工简便及质量可靠，使用较为普遍。外贴式塑料止水带一般与防水板组合使用。止水条一般应用于企口型衬砌施工缝或接缝处，如图 7-17 所示。

（四）预埋式止水带施工检查

预埋式止水带的施工质量检查主要是预埋位置检查和止水带接头黏结检查，见图7-18。

1. 止水带预埋位置检查

二次衬砌浇筑时总是由外向内或由内向外从一个方向一环一环地逐步推进。止水带通常在先浇的一环衬砌端头由挡头板固定，要保证止水带预埋位置准确。

（1）止水带安装的横向位置。止水带预埋于衬砌厚度的 1/3～1/2 处，用钢卷尺量测内模到止水带的距离，与设计尺寸相比，偏差不应超过 5cm。

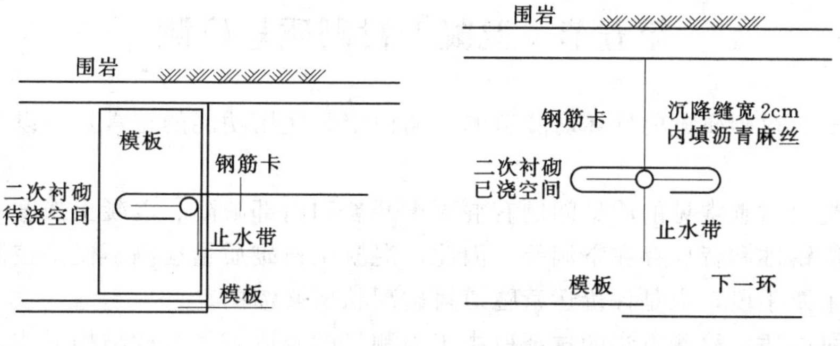

图 7-18　橡胶止水带安装示意

（2）水带安装的纵向位置。通常止水带以施工缝或伸缩缝为中心两边对称，即埋在相邻两衬砌环节内的宽度是相等的。用钢卷尺检查，要求止水带偏离中心不能超过 3cm。

（3）止水带应与衬砌端头模板正交。浇筑混凝土前应用角尺检查，否则会降低止水带在两侧的有效长度，并有可能影响混凝土密实度。

（4）根据止水带材质和止水部位可采用不同的接头方法。对于橡胶止水带，其接头形式应采用搭接或复合接；对于塑料止水带的接头形式应采用搭接或对接。止水带的搭接宽度可取 10cm，冷粘或焊接的缝宽不小于 5cm。

2. 现场接头检查

止水带的接头部位是止水带防水的薄弱环节。止水带现场接头方式分对接、搭接和复合接三种。

（1）塑料止水带的接头有焊接和熔接。焊接用焊枪以 180～200℃热风焊接为一体，在自然空气中冷却。熔接法是将塑料止水带加热至熔融状态下接合再冷却至常温。这两种接头方式的性能要求为：焊接法为母体抗拉强度的 70%以上，熔焊法为母体抗拉强度的 90%以上。

（2）橡胶止水带的接头常用的方法有热接和冷接。外、内贴式橡胶止水带通常采用热接法，因为冷粘法中目前所采用的胶粘剂耐水性较差，故对于外、内贴式橡胶止水带拼接来说不宜采用；而预埋式则可借助混凝土浇捣密实，冷接、热接两种方法均可，以方便为宜。

现场检查主要内容有：

（1）接头留设部位与压茬方向。由于现场施工条件的限制，一般说来接头部位的防水能力要较正常部位差些，所以留设止水带接头时，应尽量避开排水坡度小与容易形成壁后积水部位，最好留设在起拱线上下。其次应检查接头处上下止水带的压茬方向，此方向应以排水顺畅、将水外引为正确方向，即上部止水带靠近围岩，下部止水带靠近隧道内壁。

（2）接头强度。现场施工往往忽视接头表面的清刷与打毛焊接或粘接后接头强度低而不密实，防水性极差。检查时，用手轻撕接头，观察接头强度和表面打毛情况，不合格时重新粘接。

第五节　混凝土衬砌质量检测

隧道混凝土衬砌质量的好坏对隧道的长期稳定、使用功能的正常发挥以及外观美均有很大影响。

隧道混凝土衬砌常见的质量问题有混凝土开裂和内部缺陷、混凝土强度不够、衬砌厚度不足、钢筋锈蚀和背后存在空洞等。因此，混凝土衬砌质量检测不仅是控制衬砌混凝土施工质量的主要手段，也是评价运营隧道衬砌现状所必需的。

混凝土衬砌质量检测方法的选择取决于检测目的及内容，衬砌结构形式，经济技术条件，检测人员的素质和管理水平等。常用的检测方法，按照检测内容可以分为衬砌混凝土强度、厚度、钢筋、混凝土缺陷和几何尺寸等检测；根据检测与施工工序的时间关系，可以分为施工检测和工后或运营检测。

一、施工检查

加强对衬砌混凝土各道施工工序的检查，是防止混凝土出现局部裂缝、内部缺陷，厚度和强度不足等质量问题的有效措施。衬砌混凝土施工期间的质量检查包括以下内容。

（一）衬砌施工的条件

1. 整体式衬砌的开挖轮廓线要求

隧道开挖后，如果出现超、欠挖，或是围岩变形较大，使隧道轮廓局部严重凹凸不平，壁面不够平顺，若不予处理，就会造成衬砌混凝土厚度不足或衬砌背后出现不密实区。所以在衬砌混凝土浇筑之前，应用尺量，或用隧道断面仪对衬砌施工前的隧道毛洞实际轮廓进行检测。如有凸出部分基岩面已侵入衬砌断面，则应在浇筑前进行处理，以保证衬砌混凝土厚度。围岩超、欠挖的要求同第三章中开挖质量检测中的有关内容。

2. 隧道围岩稳定性要求

（1）复合式衬砌采用仰拱超前时，应根据对围岩和支护量测的变形规律，确定二次衬砌的施工时间。

（2）在一般情况下，二次衬砌应在围岩和初期支护变形基本稳定后施工。变形基本稳定指隧道周边位移速度有明显减缓趋势；拱脚水平相对净空变化速度小于0.2mm/d；拱顶相对下沉速度小于0.15mm/d。

（3）在特殊条件下（如松散堆积体、浅埋地段等）修建隧道，应及时施作二次衬砌。

3. 基础地基承载能力要求

基础施工检查的重点是基坑及地基承载能力检查。

（1）基坑的基本尺寸应符合设计要求，在不良地质条件下，基坑开挖可能会遇到种种困难，这时应采用锚喷支护或其他措施，加强对外壁围岩的支护，保证基坑基本尺寸。

（2）浇筑混凝土前，应清理基坑内的浮渣，排清基坑内的积水，当地质条件发生不利变化时，还应注意检查基底承载力。

（3）基础浇筑前，还应检查排水管铺设情况，如是否畅通，外壁面上的防水板是否严密，止水带预埋位置是否准确，预留长度是否合适等。

（二）衬砌混凝土浇筑施工检查

1. 衬砌模板

衬砌模板的质量在一定程度上决定着隧道衬砌的外观质量，并影响着衬砌的内在质量。因此，在施工前和施工过程中，都应进行严格的质量检查。

(1) 拱架应有足够的刚度。拱架是模板的依托，一般说来其强度不会存在大的问题，但其整体刚度常常引起衬砌质量问题。拱架的刚度可由计算或试验方法来检验，拱架的整体刚度通过单个拱架的型钢号或架间距来调整。

(2) 拱架应有规整的外形。拱架在使用前应先在样台上试拼，各架间的轮廓径向尺寸差不宜大于10mm；前后两端的拱架外形应尽量一致，最大径向尺寸差不大于5mm，以免前后两环衬砌间出现错台。

(3) 模板长度和宽度均不宜过大。模板长度过大容易造成板块刚度不足，宽度较大不利衬砌的弯曲过渡。其长度一般可取100cm，最大不应超过150cm；其宽度一般为50cm，并配若干块较窄的模板，宽为30cm。

(4) 拱架和模板设置位置应准确。架设时应按隧道中线和标高就位，反复校核，在施工允许误差范围内尽量减小误差。

(5) 挡头板安装可靠，封堵严实。挡头板按衬砌断面制作，安装时要注意止水带两侧以及与初期支护间的密实，固定应可靠。

2. 衬砌钢筋

(1) 衬砌钢筋质量检验评定见表7-25。

(2) 钢筋保护层厚度。用于钢筋直径和位置检测的方法有电磁感应法、雷达波反射法。

3. 衬砌混凝土浇筑

(1) 衬砌混凝土配合比、强度和坍落度等检查，应根据有关规范进行。

(2) 应按封顶工艺施作，确保拱顶混凝土密实。

(3) 浇筑前，应除去喷层或防水层表面灰粉，并洒水润湿。

(4) 浇筑混凝土应振捣密实，防止收缩开裂，振捣时不应破坏防水层，特别要加强角落部位、钢筋密度大部位和拱顶部位的振捣检查。

(5) 二次衬砌宜采用全断面一次或先墙后拱法浇筑混凝土。

(6) 二次衬砌背后需填充注浆时，应预留注浆孔。

混凝土衬砌质量检验评定见表7-26。

4. 仰拱和底板

(1) 仰拱施工前，必须将隧底虚渣、杂物、积水等清除干净，超挖应采用同级混凝土回填。

(2) 仰拱宜超前拱墙二次衬砌，其超前距离宜保持3倍以上衬砌循环作业长度。

(3) 仰拱施工应优先选择各段一次成型，避免分部浇筑。

(4) 仰拱施工缝和变形缝处应作防水处理，其工艺按有关规定办理。

(5) 底板施工前应清除隧底虚渣、杂物和积水。

(6) 底板坡面应平顺，确保水流畅通。

表 7-25

衬砌钢筋质量检验评定表

项目名称：　　工程合同段：　　（子）分项工程名称：

施工单位：　　工程部位：　　监理单位：　　使用者类别：

项次	检查项目			规定值或允许偏差	检查方法和频率	权值	检查实测值	平均值代表值	合格率（%）	得分
基本要求	钢筋的品种、规格、形状、尺寸、数量、接头位置必须符合设计要求和有关标准的规定									
1△	主筋间距（mm）			±10	尺量：每 20m 检查 5 点	3				
2	两层钢筋间距（mm）			±5	尺量：每 20m 检查 5 点	2				
3	箍筋间距（mm）			±20	尺量：每 20m 检查 5 处	1				
4	绑扎搭接长度	受拉	Ⅰ级钢	30d	尺量：每 20m 检查 3 个接头	1				
			Ⅱ级钢	35d						
		受压	Ⅰ级钢	20d						
			Ⅱ级钢	25d						
5	钢筋加工	钢筋长度（mm）		−10，+5	尺量：每 20m 检查 2 根	1				
6	（子）分项工程得分									
7	外观鉴定			无污秽、无锈蚀。不符合要求时减 1～3 分		检查结果				
8	质量保证资料			施工资料和图表必须齐全，不缺乏最基本数据，不得伪造涂改。不符合要求时，不予检查和评定。资料不全者，视情况每款减 1～3 分						
9	（子）分项工程评分值									
10	质量等级									

注　d 为钢筋直径。

监理工程师：　　日期：　　检测人：　　日期：　　承包商：　　日期：

表 7-26

混凝土衬砌质量检验评定表

项目名称：　　工程合同段：　　（子）分项工程名称：

施工单位：　　工程部位：　　监理单位：　　使用者类别：

项次	检查项目	规定值或允许偏差	检查方法和频率	权值	检查实测值	平均值代表值	合格率（%）	得分
基本要求	1. 所用材料的质量和规格必须满足规范和设计要求；2. 防水混凝土必须满足设计和规范要求；3. 防水混凝土粗集料尺寸不应超过规定值；4. 基底承载力应满足设计要求，对基底承载力有怀疑时应做承载力试验；5. 拱墙背后的空隙必须回填密实。因严重超挖和塌方产生的空洞要制定具体处理方案经批准后实施							
1△	混凝土强度（MPa）	在合格标准内	按JTG F80/1—2004附录D检查	3				
2△	衬砌厚度（mm）	不小于设计	激光断面仪或地质雷达：每40m检查1个断面	3				
3	墙面平整度（mm）	5	2m直尺：每40m每侧检查5处	1				
4	（子）分项工程得分							
5	外观鉴定	混凝土表面密实，每延米的隧道面积中，蜂窝、麻面和气泡面积不超过0.5%。不符合要求时，每超过0.5%减0.5～1分。蜂窝、麻面深度超过5mm时不论面积大小，一处减1分。深度超过10mm时应处理		检查结果				
		结构轮廓线条直顺美观，混凝土颜色均匀一致。不符合要求时，减1～3分						
		施工缝平顺无错台。不符合要求时每处减1～2分						
		混凝土因施工养护不当产生裂缝。每条裂缝减0.5～2分						
6	质量保证资料	施工资料和图表必须齐全，不缺乏最基本数据，不得伪造涂改。不符合要求时，不予检查和评定。资料不全者，视情况每款减1～3分						
7	（子）分项工程评分值							
8	质量等级							

监理工程师：　　日期：　　检测人：　　日期：　　承包商：　　日期：

(三) 拆模检查

在衬砌混凝土达到一定强度之后才能拆除衬砌模板。施工中常常为了加快工程进度而提前拆模,造成低强度混凝土过量承载,致使衬砌出现裂缝。适宜的拆模时间应根据实际采用的混凝土的强度一时间(龄期)关系曲线确定。

《公路隧道施工技术规范》(JTJ 042—1994)规定拆除拱架、墙架和模板,应符合以下要求:

(1) 不承受外荷载的拱、墙,混凝土强度应达到5.0MPa,或在拆模时混凝土表面和棱角不被损坏并能承受自重。

(2) 承受围岩压力较大的拱、墙,封顶和封口的混凝土应达到设计强度的100%。

(3) 承受围岩压力较小的拱、墙,封顶和封口的混凝土应达到设计强度的70%。

(四) 养护

(1) 普通混凝土养护7d,加外加剂者14d。

(2) 覆盖或洒水养护。

(3) 混凝土内部温度与环境温度差不得超过20℃;混凝土的降温速率最大不应超过3℃/d。

(五) 明洞回填

明洞衬砌完成后,应及时进行回填,并符合下列要求。

1. 明洞墙背回填施工

(1) 当墙背垂直开挖,超挖数量较小时,应采用与边墙相同的材料同时浇筑;超挖数量较大时,应用浆砌片石回填。

(2) 由墙底起坡开挖或在已成路堑增建明洞时,必须按设计要求办理,不应任意抛填土石。

(3) 墙后有排水设施时,应与回填同时施工,并保证能使渗水顺畅排出。

2. 明洞拱背回填施工

(1) 拱圈浇筑完成,在外模拆除后,应立即施做防水层,随即回填拱背。

(2) 拱圈混凝土达到设计强度70%且拱顶回填高度达到0.7m以上时,方可拆除拱架。

(3) 拱背回填必须对称分层夯实,每层厚度不宜大于0.3m,其两侧回填的土面高差不得大于0.5m;回填至拱顶后亦应分层填筑。

(4) 拱形明洞防水层施工时,施工前应用水泥砂浆将衬砌外表涂抹平顺;防水卷材应与拱背粘贴紧密,并适当向洞内延伸。

明洞回填质量检验评定见表7-27。

二、混凝土强度检测方法

隧道现场检测混凝土强度的方法:主要采用回弹法、超声法、超声回弹综合法、钻芯法、拔出法等。回弹法、超声回弹综合法是应用最广的无损检测方法,其检测方法参见第八章结构混凝土无破损检测技术。

三、衬砌混凝土缺陷检测

衬砌混凝土在施工和使用过程中所生成的缺陷有裂缝、孔洞、蜂窝和层状破坏等。根

表 7－27

明洞回填质量检验评定表

项目名称：　　　　工程合同段：　　　　（子）分项工程名称：

施工单位：　　　　工程部位：　　　　监理单位：　　　　使用者类别：

项次	检查项目	规定值或允许偏差	检查方法和频率	权值	检查实测值	平均值代表值	合格率（%）	得分
基本要求	1. 墙背回填应两侧同时进行；2. 人工回填时，拱圈混凝土的强度应达到设计强度的 75%。机械回填时，拱圈混凝土强度应达到设计强度且拱圈外人工夯填厚度不小于 1.0m；3. 明洞黏土隔水层应与边坡、仰坡搭接良好，封闭紧密							
1	回填层厚（mm）	≤300	尺量：回填一层检查一次，每次每侧检查 5 点	2				
2	两侧回填高差（mm）	≤500	水准仪：每层测 3 次	2				
3	坡度	不大于设计	尺量：检查 3 处	1				
4△	回填压实质量	压实质量符合设计要求	查施工记录	3				
5	（子）分项工程得分							
6	外观鉴定	坡面平顺、密实，排水通畅。不符合要求时减 1～2 分		检查结果				
7	质量保证资料	施工资料和图表必须齐全，不缺乏最基本数据，不得伪造涂改。不符合要求时，不予检查和评定。资料不全者，视情况每款减 1～3 分						
8	（子）分项工程评分值							
9	质量等级							

监理工程师：　　　　日期：　　　　检测人：　　　　日期：　　　　承包商：　　　　日期：

据缺陷的部位，隧道衬砌缺陷检测内容可以分为外观表面缺陷检测和内部缺陷检测两部分。

内部缺陷检测是检测的难点和重点，常用的检测方法有水压法、超声波法、钻孔取芯法、地质雷达法、红外成像法、冲击—回波法等。

（一）外观缺陷检测

1. 外观缺陷检测

隧道衬砌混凝土的外观缺陷检测包括裂缝、蜂窝、麻面、平整度和几何轮廓等。蜂窝、麻面、平整度和内轮廓线的检测的基本要求及检测方法前已述及，此处不再重复。

2. 裂缝检测

(1) 刻度放大镜。刻度放大镜也称为裂缝显微镜。操作方法是将物镜对准待观测裂缝，通过旋转显微镜侧面的旋钮可将图像聚焦，目镜可以读出裂缝的宽度。

(2) 塞尺。塞尺由标有厚度的数个薄钢片组成，可以量测裂缝的宽度和厚度。根据插入裂缝的钢片的厚度和深度，得出宽度较大的裂缝的宽度和深度。

（二）冲击—回波法

冲击—回波法的基本原理在前面已有介绍，这里仅说明其在衬砌混凝土缺陷检测中应用。

1. 密实衬砌

对于密实的混凝土衬砌，其反应波形，如图 7-19 (a) 所示。表明由冲击所产生的应力波首先沿衬砌的厚度传播，当遇到对面界面时立即返回。装在受冲击表面附近的接收器，监测反射波到达所产生的表面位移。最大位移由 P 波即疏密波所引起。当 P 波在板的前后表面之间来回反射，将发生共振的状态。该共振处可以观察到一个高峰振幅。这个峰值与板上、下表面之间 P 波的反射频率相对应。如果在混凝土内部 P 波速度为已知，衬砌的实测厚度 h 并经标准化，可按下式计算

$$h=(C_P/2f)\times(1/h_{\max})\times 100\% \tag{7-13}$$

式中 C_P——衬砌混凝土为 P 波在混凝土内的传播速度，m/s；

f——实测频率，kHz；

$h_{\max}$——衬砌设计厚度，m。

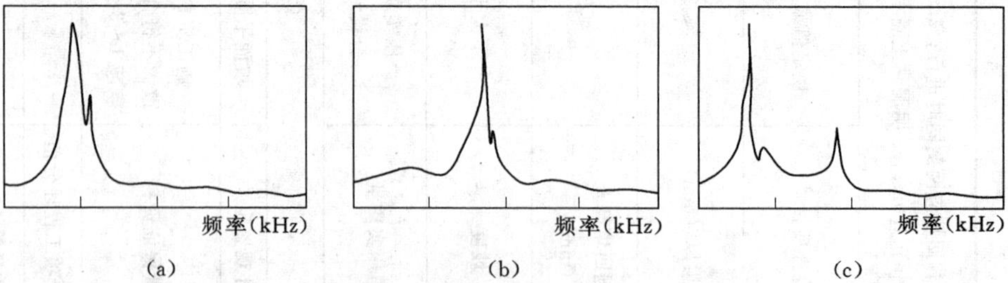

图 7-19 冲击—回波法检测衬砌缺陷原理

(a) 合格衬砌；(b) 背后有孔洞的衬砌；(c) 内部存在明显缺陷的衬砌

对于复合式衬砌结构，二次衬砌外表面与质地软的防水材料接触，上述公式是有效

的。这样，由混凝土衬砌所得到的反应特征为振幅谱包含一个明显的峰值，其对应于衬砌的厚度频率。

2. 背后存在孔洞的衬砌

对衬砌背后存在孔洞的混凝土，其反应如图 7－19（b）所示。此种情况，也可以观察到一个高峰振幅，但是与同设计厚度的密实衬砌相比，该峰值出现在频率值较大处，而对应于设计厚度的频率值峰值不显著。

3. 存在内部缺陷的衬砌

在该谱中仍有一个大的振幅峰值，但由于应力波需绕过孔洞传播，与密实混凝土的厚度频率相比略有偏移。因为传播的路径加长，故反射频率降低。此外，由于孔洞的反射作用，还形成一个较低的振幅峰值，见图 7－19（c)，该峰值的频率则明显较大。

（三）红外成像法

运用红外热像仪探测物体各部分辐射红外线能量，根据物体表面的温度场分布状况所形成的热像图直观地显示材料、结构物及其结合上存在不连续缺陷的检测技术，称为红外成像检测技术。由于在技术上可作上下、左右对被测物非接触的连续扫测也称红外扫描测试技术。

红外成像无损检测技术是依据被测物连续辐射红外线的物理现象，特别是它具有对不同温度场、广视阈的快速扫测和遥感检测的功能，因而，对已有的无损检测技术功能和效果具有很好的互补性。

红外成像检测技术的特点：红外线的探测器焦距在理论上为 20cm 至无穷远，因而适用于非接触、广视阈的大面积无损检测；探测器只响应红外线，只要被测物温度处于绝对零度以上，红外成像仪就不仅在白天能进行工作，而且在黑夜中也可以正常进行探测工作；现代的红外成像仪的温度分辨率高达 0.1～0.2℃，所以探测的温度变化的精确度很高；红外热像仪测量温度的范围在－50～2000℃，其应用的探测领域十分广阔；摄像速度 1～30 帧/s，故适用静、动态目标温度变化的常规检测和跟踪探测，因而，也有把检测仪称为温度示踪仪。

红外检测技术用于隧道质量和功能检查评价尚处于起步阶段。但它具有快速、大面积扫测直观的优点，有当前其他无损检测技术无法替代的优点，因而在隧道运营诊断中，研究推广红外无损检测技术将是十分必要的。

第六节 通 风 检 测

一、粉尘浓度测定

《公路隧道施工技术规范》（JTJ 042—1994）规定：隧道施工中含 10％以上游离二氧化硅的粉尘，每立方米空气中不得大于 2mg；含 10％以下游离二氧化硅的矿物性粉尘，每立方米空气中不得大于 4mg。目前普遍采用滤膜测尘法测定粉尘浓度。

（一）滤膜测尘法原理

用抽气装置抽取一定量的含尘空气，使其通过装有滤膜的采样器，滤膜将粉尘截留，然后根据滤膜所增加的质量和通过的空气量计算出粉尘的浓度。

（二）主要器材

1. 滤膜

滤膜是用超细合成纤维制成的网状薄膜，孔隙细小，表面呈细绒状，具有电荷性、憎水性、耐酸碱等特点，还有阻尘率高、阻力小、质量轻等优点。

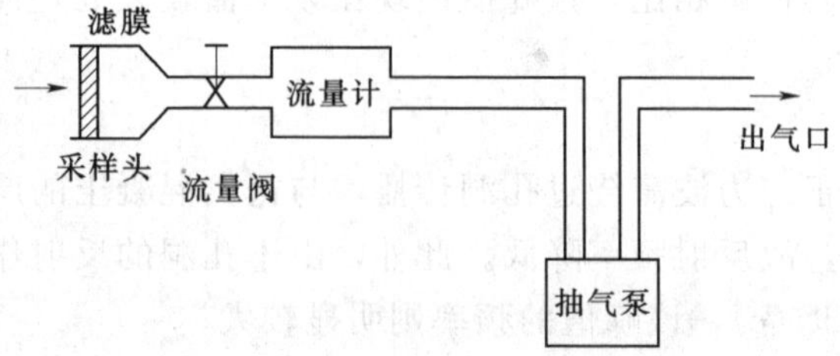

图 7－20　采样器工作原理

滤膜有直径为 75mm 和 40mm 两种规格。当粉尘浓度高于 200mg/m^3 时，用直径 75mm 的滤膜；当粉尘浓度低于 200mg/m^{3}时，用直径 40mm 的滤膜。

2. 采样器

采样器是由采样滤斗和滤膜夹两部分构成的。工作原理如图 7－20 所示。

3. 抽气装置

以小型电动抽气机抽取含尘空气，使其通过装有滤膜的采样器及流量计，进行粉尘测定。

（三）粉尘浓度测定过程

1. 准备滤膜

将待用滤膜置于玻璃干燥器中干燥，然后用镊子将其两面的衬纸取下，置于分析天平或扭力天平上称量，记下初值；再把称好的滤膜装入滤膜夹（直径 40mm 的滤膜平铺夹紧，直径 75mm 的滤膜折成漏斗形夹紧），把已装好的滤膜夹编号后放在样品盒内，以备采样。

2. 采样

掘进工作面可在风筒出口后面距工作面 4～6m 处采样，其他作业点一般在工作面上方采样。采样器进风口要迎着风流，距地板高度为 1.3～1.5m。

采样时间应在测点粉尘浓度稳定以后，一般在作业开始半小时后进行。

为保证测尘的准确性，便于对比，要求在同一测点相同的流量下，同时采集两个样品。

（四）计算

一般情况下，采样后的滤膜放在实验室干燥箱中放置 30min 后便可称重。如果在滤膜表面发现水珠。应放在干燥箱干燥，每隔 30min 称重一次，直到相邻两次质量差不超过 0.2mg 为止（计算时取其中最低的值）。然后按下式计算出粉尘浓度为

$$G = \frac{m_2 - m_1}{QT} \tag{7-14}$$

式中　G——粉尘浓度，mg/m^3；

m_1——采样前滤膜质量，mg；

m_2——采样后滤膜质量，mg；

Q——流量计读数，m^3/min；

T——采样时间，min。

两个平行样品分别计算之后，其偏差小于 20%时，属合格；若不小于 20%. 则需重

测。平行样品的偏差值按下式计算为

$$P=\frac{2\Delta G}{G_1+G_2}\times 100\% \tag{7-15}$$

式中　ΔG——平行样品计算结果之差，mg/m^3；

G_1、G_2——两个平行样品计算结果，mg/m^3。

合格的两个平行样品，用计算结果平均值作为测点的粉尘浓度。

二、瓦斯检测

隧道在掘进中穿过煤系地层时，煤系地层经常富含瓦斯。瓦斯是多种可燃可爆气体的总称，其主要成分是甲烷（CH_4）。瓦斯爆炸是含有瓦斯与助燃成分的混合气体在火源引燃下，瞬间完成燃烧反应，形成高温高压产物的过程，对掘进中的隧道有很大的破坏力，对人员生命安全有很大威胁。《公路隧道施工技术规范》（JTJ 042—1994）规定：甲烷（CH_4）按体积计不得大于0.5%；否则必须按煤炭工业部现行的《煤矿安全规程》有关规定办理。

（一）催化型瓦斯测量仪

催化型瓦斯测量仪使用纯铂丝元件或载体催化元件作为传感器检测瓦斯浓度，如图7-21所示，常用型号有JJ-1、SJ-1、SWJ-1、DTX-2、WS85-01等。当瓦斯超限时，测量仪给出声光警报信号或数字显示瓦斯浓度。

（二）光干涉瓦斯检定器

与催化型瓦斯测量仪不同的另一类型的瓦斯测量仪器是光干涉瓦斯检定器。其利用不同化学成分的气体其光学干涉中产生的条纹不同的原理而测定被测气体的浓度。

三、一氧化碳检测

一氧化碳是无色、无臭、无味的气体，对空气的相对密度为0.97，故能均匀地散布于空气中。不用专门的仪器不易察觉。一氧化碳微溶于水，一般化学性不活泼，但浓度在13%～75%时能引起爆炸。一氧化碳毒性极强，当空气中一氧化碳浓度超过0.4%时，在很短时间内人就会失去知觉，抢救不及时就会中毒死亡。隧道在修建中可能会遇到一氧化碳，运营后汽车废气中有一氧化碳，为此必须重视对一氧化碳的检测，并采用机械通风稀释隧道中一氧化碳，保证施工安全和司乘人员的健康。《公路隧道施工技术规范》（JTJ 042—1994）和《公路隧道通风照明设计规范》（JTJ 026.1—1999）分别对一氧化碳浓度作了规定：

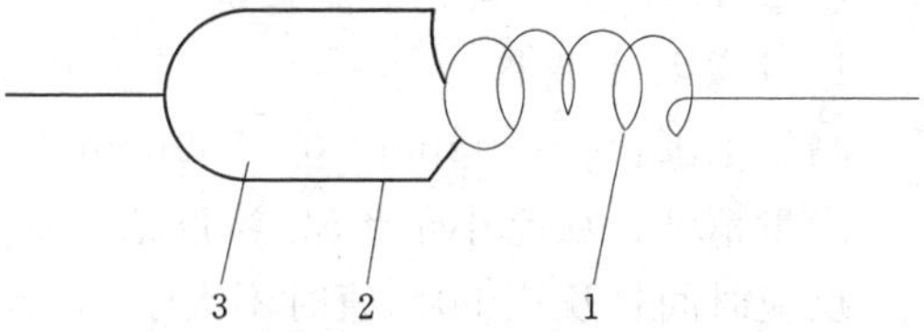

图7-21　载体催化元件

1—铂丝螺旋圈；2—载体；3—催化剂

对于施工隧道：一氧化碳一般情况下不大于30mg/m^3；特殊情况下，施工人员必须进入工作面时，浓度可为100mg/m^3，但工作时间不得超过30min。

对于运营隧道：采用全横向通风方式与半横向通风方式时，一氧化碳浓度按表7-28取值；采用纵向通风方式时，一氧化碳浓度按表7-28所列各值提高50ppm取值；交通阻滞时，阻滞段的平均一氧化碳浓度可取300ppm，经历时间不超过20min；人车混合通行的隧道，一氧化碳浓度按表 7-29 取值。

表 7-28 汽车专用隧道一氧化碳浓度 δ

隧道长度（m）	≤1000	≥3000
δ（ppm）	250	200

注 隧道长度为 1000～3000m 时，可按插值法取值。

表 7-29 人车混用隧道一氧化碳浓度 δ

隧道长度（m）	≤1000	≥2000
δ（ppm）	150	100

注 隧道长度为 1000～2000m，时，可按插值法取值。

（一）检知管

1. 检知管

检知管是一支直径 4～6mm、长 150mm 左右的密封玻璃管，管内装有易与一氧化碳发生反应的药品。使用时，将检知管封口打开，通过一定容积的吸气球，使一定量的被测气体通过检知管。吸入气体中的一氧化碳与药品作用，白色的药品颜色迅速变化。

2. 比色式检知管

比色式检知管是根据管内药品与一氧化碳作用后颜色的变化，来判断一氧化碳浓度的。仪器备有一块标准比色板，上面标有与各种颜色相对应的一氧化碳浓度。检知管吸入气体后，对比检知管与标准比色板的颜色，找出与检知管颜色最接近的标准色条，它所对应的一氧化碳浓度就是被测气样的一氧化碳浓度。

3. 比长式检知管

仪器有一块标准浓度板，它是一支按长度标度一氧化碳浓度的尺子。当检知管吸入被测气体后，白色药品由进气端开始变成深黄色，变色的长度与一氧化碳浓度成比例，与标准浓度尺对比，即可确定被测气体中一氧化碳的浓度。

无论是比色式还是比长式检知管，每支检知管只能使用一次。

（二）AT2 型一氧化碳测量仪

1. 主要技术指标

测量范围：0～50ppm、0～500ppm 两个量程。

测量精度：误差小于±5%满度值（20℃±5℃）。

反应时间：反应 90%值时不大于 30s。

传感器寿命：1 年，保证使用半年。

2. 检测原理

仪器采用控制电位电化学原理，实现对空气中一氧化碳浓度的测定。

四、烟雾浓度检测

随着我国公路交通事业的日益发展，大型的载重柴油车将会越来越多，目前柴油车所占交通量已达到整个交通量的 30%～50%，正迅速赶上发达国家的水平，柴油车排放的气体中，除 SO_2 等物质外，还有大量的游离碳素（煤烟），煤烟不仅影响隧道内能见度、舒适性，而且也影响健康，所以应严格控制烟雾的浓度。

《公路隧道通风照明设计规范》（JTJ 026.1—1999），规定，隧道内烟雾允许浓度为：采用钠灯光源时，烟雾浓度按表 7-30 取值，采取荧光灯光源时，烟雾浓度应提高一级；当烟雾浓度达到 $0.012m^{-1}$ 时，应按采取交通管制等措施考虑；隧道内进行养护维修时，应按现场实际烟雾浓度不大于 $0.0035m^{-1}$ 考虑。

表 7-30 烟雾浓度 K

计算行车速度 (km/h)	100	80	60	40
K (m^{-1})	0.0065	0.0070	0.0075	0.0090

烟雾浓度检测主要采用光透过率仪。以 SH-1 型光透过率仪为例，它由稳压电源、投光部、受光部和自动记录仪四大部件组成，测定光路长度 100m，光透过率量程 5%～100%，精度为满量程 5%。由所检测得到的光透过率计算烟雾浓度。

五、隧道风压检测

隧道风压是隧道通风的基本控制参量。在长大公路隧道中，通风系统往往由复杂的通风网络构成，要使风流在隧道内有规律地流动，就必须调整或控制网络内各结点的风压。此外，风压还是各种通风机的一项基本性能指标，检验通风机时必须对其风压进行检测。

(一) 基本概念

1. 空气静压（静压强）

空气静压是气体分子间的压力或气体分子对与之相接触的固体或液体边界所施加的压力，空气的静压在各个方向上均相等。

大气压力是地表静止空气的压力，它等于单位面积上空气柱的重力。

地球为空气所包围，空气圈的厚度高达 1000km。靠近地球表面的空气密度大，距地球表面越远，空气密度越小，不同海拔标高处空气柱的重力是不一样的。因此，对于不同地区，由于海拔标高、地理位置、空气温度和湿度不同，其大气压（空气静压）也不同。各地大气压力主要随海拔标高变化而变化，其变化规律，见表 7-31。

表 7-31 不同海拔高度的大气压

海拔高度 (m)	0	100	200	300	500	1000	1500	2000
大气压力 (kPa)	101.32	100.12	98.92	97.72	95.46	89.86	84.7	79.7

在真空状态下，静压为零。

根据度量空气静压大小所选择的基准不同，空气压力有绝对压力和相对压力之分。

绝对压力是以真空状态绝对零压为比较基准的静压，即以零压力为起点表示的静压，绝对静压恒为正值，记为 P_S。

相对压力是以当地大气压 Pa 为比较基准的静压，即绝对静压与大气压力之差。如果隧道中或管道中的绝对静压高于大气压力，则为正压，反之为负压。

2. 空气动压

运动着的物体具有动能，当其运动受到阻碍的时候，就有压力作用在障碍物表画上，压力的大小取决于物体动能的大小。当风流受到阻碍时，同样有压力作用在障碍物上，这个力称为风流的动压，用 h_v 表示。动压因空气运动而产生，它恒为正值并具有方向性，作用方向与风流方向一致；在与风流平行的面上，无动压作用。如果风流中某点的风速为 v (m/s)，单位体积空气的质量为 ρ (kg/cm²)，则动压 h_v (Pa) 可用下式表示

$$h_v = \frac{1}{2}\rho v^2 \qquad (7-16a)$$

或
$$h_v = \frac{\gamma}{2g}v^2 \tag{7-16b}$$

3. 全压

风流的全压即静压与动压的代数和。

(二) 隧道空气压力测定

1. 绝对静压的测定

通常使用水银气压计和空盒气压计测定空气绝对静压。

2. 相对静压的测定

通常使用U形压差计、单管倾斜压差计或补偿式微压计与皮托管配合测定风流的静压、动压和全压。

六、隧道风速检测

在我国已建成的设有机械通风的公路隧道中，绝大部分都采用射流风机纵向通风。在这种通风方式下，风流速度既不能过小，也不能过大。风速过小，则不足以稀释排出隧道内的车辆废气；风速过大，则会使隧道内尘土飞扬，使行人感到不适。因此，《公路隧道通风照明设计规范》(JTJ 026.1—1999) 规定：单向交通隧道风速不宜大于10m/s，特殊情况可取12m/s；双向交通隧道风速不应大于8m/s；人车混用隧道风速不应大于7m/s。

(一) 隧道风流的速度分布及平均风速

空气在隧道及管道中流动时，由于与流道壁面摩擦以及空气的黏性，同一横断面上各点风流的速度是不相同的。

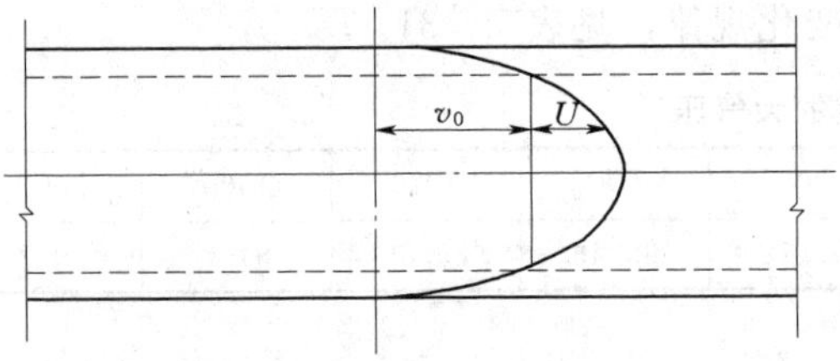

图7-22 隧道中风流速度分布图

(1) 边界风速 (v_0)：在靠近隧道边壁处有一层很薄的层流边层，该层流边层的厚度很小。在此层内，流体质点沿近乎平行于管壁的弯曲轨迹运动，见图7-22。

(2) 紊流风速 (U)：在隧道横断面的绝大部分，即层流边层以外，充满着紊流风流，其速度大于边界风流，并从壁面向轴心方向逐渐增大。

(3) 隧道横断面上任一点的风速 v：等于边界风速与紊流风速之和。

$$v_1 = v_0 + U(\text{m/s}) \tag{7-17}$$

则断面上平均风速为

$$v = \frac{\int_A v_1 \mathrm{d}A}{A}(\text{m/s})$$

或
$$v = \frac{Q}{A}(\text{m/s}) \tag{7-18}$$

式中 v_1——断面上一点的风速，m/s；

$\mathrm{d}A$——断面上的微元面积；

A——流道的横断面积，m^2；

Q——通过流道横断面的风量，m^3/s。

在圆形截面的直线管道风流中，最高风速出现在截面轴心处；但在隧道或非圆截面的管道中，流道的曲直程度、断面形状及大小均有变化，最高风速不一定出现在截面轴线上，而且流速分布也不一定具有对称性。此外，同一断面上的流速分布也可能随时间变化。因此，确定断面的平均风速时，必须先测各点的风速，然后计算其平均值。各种技术规范与规程对风速的有关规定都是对断面的平均风速而言的。

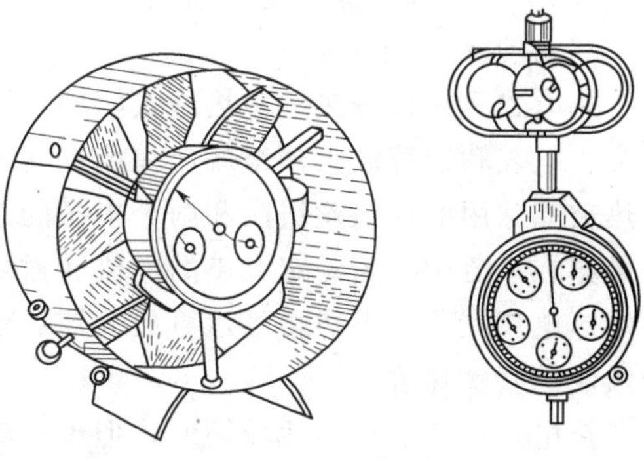

(a) (b)

图 7-23 风表

(a) 翼式风表；(b) 杯式风表

（二）隧道风速检测

1. 风表检测

常用的风表有杯式和翼式两种，如图 7-23 所示。

（1）杯式风表用在检测大于 10m/s 的高风速，翼式风表用在检测 0.5～10m/s 的中等风速，具有高灵敏度的翼式风表也可以用在检测 0.1～0.5m/s 的低风速。

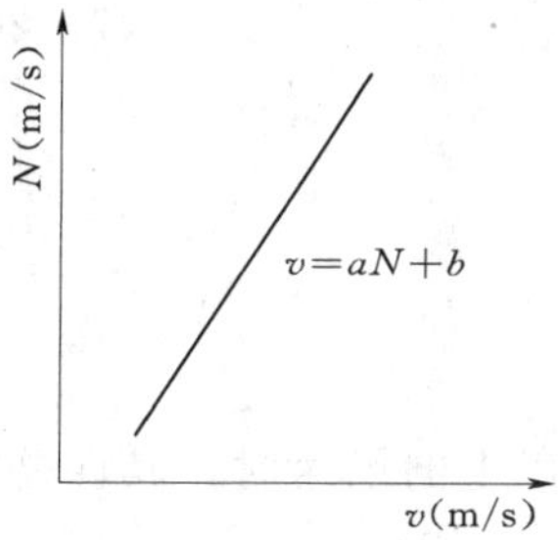

图 7-24 风表校正曲线

（2）杯式和翼式风表内部结构相似，由一套特殊的钟表传动机构、指针和叶轮组成。杯式的叶轮是四个杯状铝勺，翼式的叶轮则八张铝片。此外，风表上有一个启动和停止指针转动的小杆，打开时指针随叶轮转动，关闭时叶轮虽转动但指针不动。某些表还有回零装置，以便从零开始计量风速。

（3）检测时，先回零，待叶轮转动稳定后打开开关，则指针随着转动，同时记录时间。经过 1～2min 后，关闭开关。测完后，根据记录的指针读数和指针转动时间，算出风表指示风速，再用如图 7-24 所示的校正曲线换算成真实风速。风表可以测一点的风速，也可以测隧道的平均风速。

用风表检测隧道断面的平均风速时，测风员应该使风表正对风流，在所测隧道断面上按一定的路线均匀移动风表。通常所采用的线路如图 7-25 所示。

根据测风员与风流方向的相对位置，分迎面和侧面两种测风方法。

迎面法：测风员面向风流站立，手持风表，手臂向正前方伸直，然后按一定的线路使风表均匀移动。由于人体位于风表的正后方，人体的正面阻力减低流经风表的流速，因此，用该法测得的风速 v_s 需经校正后才是真实风速 v，$v=1.14v_s$。

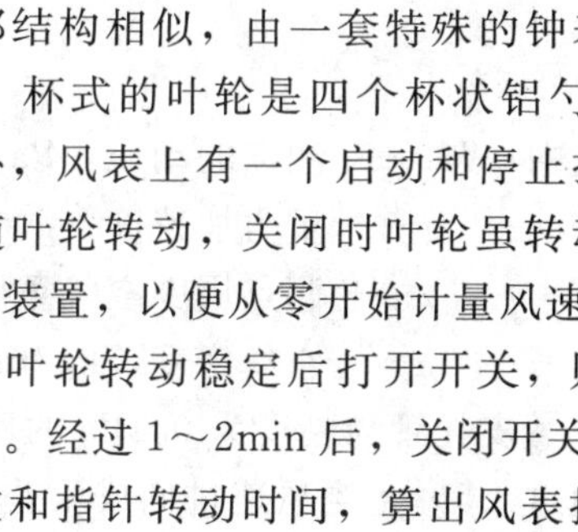

图 7-25 用风表检测断面平均风速的线路

侧面法：测风员背向隧道壁站立，手持风表，手臂向风流垂直方向伸直，然后按一定的线路使风表均匀移动。使用此法时，人体与风表在同一断面内，造成流经风表的流速增加。如果测得风速为 v_s，那么实际风速

则为

$$v = v_s (S - 0.4)/S \tag{7-19}$$

式中　S——所测隧道的断面积，m^2；

0.4——人体占据隧道的断面积，m^2。

2. 热电式风速仪检测

热电式风速仪分热线和热球式两种，以 QDF 型热球式风速仪为例，该仪器由热球式探头、电表和运算放大器组成。在测杆的端部有一个直径约 0.8mm 的玻璃球，球内绕有加热玻璃球用的镍铬丝线圈和两个串联的热电偶，热电偶的冷端连接在磷铜质的支柱上直接暴露在风流中。当一定大小的电流通过加热线圈后，玻璃球的温度上升，则热电势小，反之热电势大。热电势再经运算放大器后就可以在电表上指示出来，校正后的电表读数即为风流的真实速度。

热电式风速仪操作比较简便，但现有的热电式风速仪易于损坏，灰尘和温度对它有一定的影响，有待进一步改进，以便广泛使用。

3. 皮托管与压差计检测

皮托管和压差计可用于通风机风筒内高风速的测定，它是通过测量测点的动压，然后按下式换算出测点风速 v_1 为

$$v_1 = \sqrt{\frac{2gH_v}{\gamma}} = \sqrt{\frac{2H_v}{\rho}} \tag{7-20}$$

式中　H_v——测点的动压，Pa；

g——重力加速度，$g=9.8m/s^2$；

γ——测点周围空气重度，N/m^3；

ρ——空气密度，kg/m^3。

皮托管与精度为 0.1Pa 的压差计配合使用，在测定 1.5m/s 以上的风速时，其误差不超过±5%；当风速过低或压差计精度不够时，误差比较大。

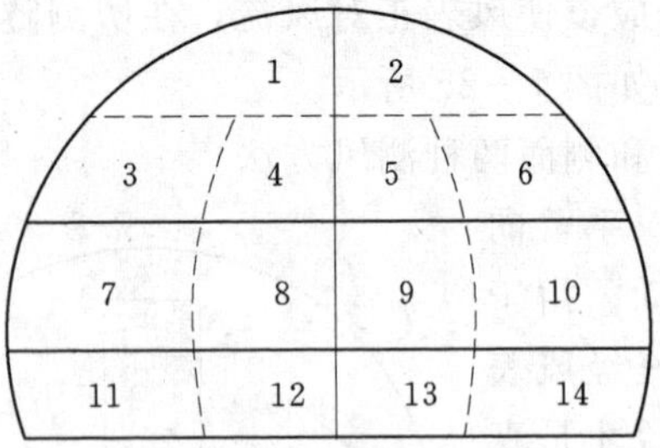

图 7-26　隧道断面划分的等面积小格

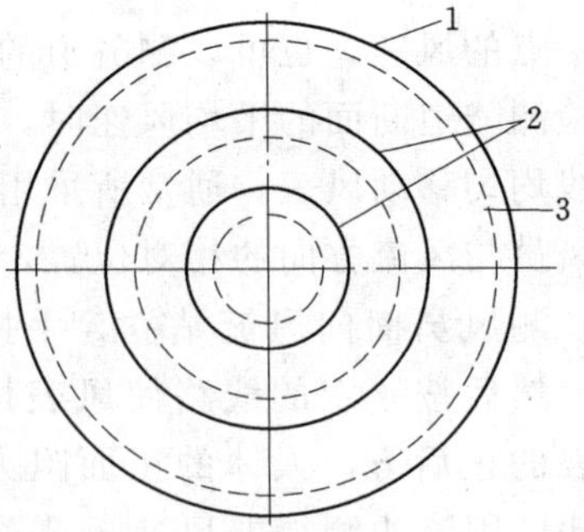

图 7-27　圆形风筒划分的等面积同心部分

1—风筒壁；2—等面积同心部分界线；3—检测圆

热电式风速仪和皮托管与压差计都不能连续累计断面内各点的风速（对后者来说是动压），只能孤立的测定某点风速（动压）。因此，用这类仪器测定隧道或管道的平均风速时，应该把隧道断面划分成若干个面积大致相等的小块，如图 7-26 所示，再逐块在其中

表 7-32 **隧道通风设施质量检验评定表**

基本要求	1. 通风设备及缆线的数量、型号规格、程式符合设计要求，部件及配件完整；2. 通风设备安装支架的结构尺寸、预埋件、安装方位、安装间距等符合设计要求，并附抗拔力的检验报告；3. 通风设备安装牢固、方位正确；4. 按规范要求连接通风设备的保护线、信号线、电力线，排列规整、无交叉拧绞，经过通电测试，工作状态正常；5. 隐蔽工程验收记录、分项工程自检和设备调试记录、安装和非安装设备及附（备）件清单、有效的设备检验合格报告或证书等资料齐全							
项次	检查项目	技术要求	检查方法	权值	检查实测值	平均值代表值	合格率（%）	得分
1	安装误差	符合设计要求	用经纬仪或量尺测量	1				
2	△净空高度	符合设计要求	用经纬仪或量尺测量	1				
3	△绝缘电阻	强电子端对机壳≥50MΩ	500V 兆欧表测量	1				
4	△控制柜安全保护接地电阻	≤4Ω	接地电阻测量仪	1				
5	△防雷接地电阻	≤10Ω	接地电阻测量仪	1				
6	△风机运转时隧道断面平均风速	符合设计要求	风速仪实测	1				
7	隧道噪声	符合设计要求	声级计实测	1				
8	响应时间	或符合设计要求	实际操作	1				
9	方向可控性	接受手动、自动控制信号改变通风方向	实际操作	1				
10	风速可控性	接受手动、自动控制信号调节通风量	实际操作	1				
11	运行方式	风机具有手动、自动两种运行方式以控制风机的启动、停止、方向和风量	实际操作	1				

续表

项次	检查项目	技术要求	检查方法	权值	检查实测值	平均值代表值	合格率（%）	得分
基本要求	1. 通风设备及缆线的数量、型号规格、程式符合设计要求，部件及配件完整；2. 通风设备安装支架的结构尺寸、预埋件、安装方位、安装间距等符合设计要求，并附抗拔力的检验报告；3. 通风设备安装牢固、方位正确；4. 按规范要求连接通风设备的保护线、信号线、电力线，排列规整、无交叉拧绞，经过通电测试，工作状态正常；5. 隐蔽工程验收记录、分项工程自检和设备调试记录、安装和非安装设备及附（备）件清单、有效的设备检验合格报告或证书等资料齐全							
12	本地控制模式	自动运行方式下，可以接收多路检测器的控制，控制风机启动、停止与方向、风量	实际操作	1				
13	远程控制模式	接收本地控制器或计算机控制系统的控制，控制风机启动、停止与方向、风量	实际操作	1				
14	（子）分项工程得分							
15	外观鉴定	通风设备安装稳固、位置正确。不符合要求减 0.1～1 分	检查结果					
		通风设备的电力线、信号线、接地线端头制作规范；按设计要求采取线缆到保护措施、布线排列整齐美观、安装牢固、标识清楚。不符合要求减 0.1～1 分						
		设备表面光泽一致、无划伤、无刻痕、无剥落、无锈蚀。不符合要求减 0.1～1 分						
		控制柜内布线整齐、美观、绑扎牢固，接线端头焊（压）结牢固、平滑；编号标识清楚，预留长度适当；柜门开关灵活、出线孔密封措施得当，机箱内无积水、无霉变、无明显尘土、表面无锈。不符合要求减 0.1～1 分						
16	质量保证资料	施工资料和图表必须齐全，不缺乏最基本数据，不得伪造涂改，不符合要求时，不予检查和评定。资料不全者，视情况每款减 1～3 分						
17	（子）分项评分值							
18	质量等级							

心测量各点的风速 v_1、v_2、…、v_n。最后取平均值得平均风速 v，即

$$v_1=\frac{v_1+v_2+\cdots+v_n}{N} \tag{7-21}$$

式中 N——划分的等面积小块数。

圆形风筒的横断面应划分成若干个等面积的同心圆环，如图 7-27 所示，每一个等面积圆环里相应的有一个检测圆。用皮托管和差计测定时，在互相垂直的两个直径上，可以测得每个检测圆的 4 个动压值，由这一系列的动压值就可计算出风筒全断面的平均风速。

检测圆的数量 N，根据被测风筒的直径确定。一般直径为 30～60cm 时 N 取 3，直径为 70～100cm 时 N 取 4。

隧道通风设施质量检验评定见表 7-32。

第七节 照 明 检 测

一、概述

隧道照明检测分为实验室检测和现场检测。

实验室检测主要对单个灯具的特性或质量进行检测，为照明设计提供依据，或为工程选用合格产品。

现场检测则主要对灯群照明下的路面照度、亮度和眩光参数进行检测，用以评价隧道照明工程的设计效果与施工质量。

（一）隧道照明标准

综合考虑安全和经济两个方面，隧道白天照明被划分成入口段、过渡段、中间段、出口段四个区段。隧道夜间照明全线亮度与中间段亮度相同。《公路隧道通风照明设计规范》(JTJ 026.1—1999) 对各区段亮度、长度作了规定，其变化规律，如图 7-28 所示。

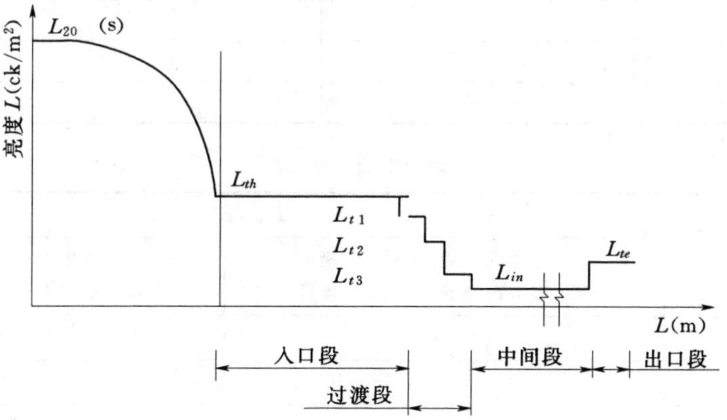

图 7-28 单向交通隧道白天照明亮度曲线图

1. 入口段

(1) 亮度。

$$L_{th}=kL_{20}(\mathrm{s}) \tag{7-22}$$

式中　L_{th}——入口段亮度，cd/m²；
k——入口段亮度折减系数；
L_{20}（s）——洞外亮度，cd/m²。

（2）长度。

$$D_{th}=1.154D_s-\frac{h-1.5}{\tan 10^\circ} \tag{7-23}$$

式中　D_{th}——入口段长度，m；
D_s——照明停车视距，m；
h——洞口净空高度，m。

2. 过渡段

过渡段由 TR_1、TR_2、TR_3 三个照明段组成，与之对应的亮度和长度，见表 7-33 和表 7-34。

当双车道单向交通 700 辆/h<N≤2400 辆/h，双向交通 360 辆/h<N≤1300 辆/h 且通过隧道的行车时间超过 135s 时，可按表 7-35 的 80%取值。人车混合通行的隧道中，中间段亮度不得低于 2.5cd/m²。

3. 中间段

中间段亮度 L_m 取值，见表 7-35。

表 7-33　　过渡段亮度

照明段	TR_1	TR_2	TR_3
亮度	$0.3L_{th}$	$0.1L_{th}$	$0.035L_{th}$

表 7-34　　过渡段长度

计算行车速度（km/h）	D_{tr1}（m）	D_{tr2}（m）	D_{tr3}（m）
100	106	111	167
80	72	89	133
60	44	67	100
40	26	44	67

表 7-35　　中间段亮度

计算行车速度（km/h）	L_{in}（cd/m²）	
	双车道单向交通 N>2400 辆/h 双车道双向交通 N>1300 辆/h	双车道单向交通 N≤700 辆/h 双车道双向交通 N≤360 辆/h
100	9.0	4
80	4.5	2
60	2.5	1.5
40	1.5	1.5

4. 出口段

在单向交通隧道中，应设置出口段照明，出口段长度宜取 60m，亮度宜取中间段亮度的 5 倍；在双向交通隧道中，可不设出口段照明。

（二）基本概念

1. 光谱光效率

光谱光效率是人眼在可见光光谱范围内视觉灵敏度的一种度量。在明视觉（照度较高）条件下，人眼对555nm的光波的视觉灵敏度最高；在暗视觉（照度较低）条件下，人眼对507nm的光波的视觉灵敏度最高。偏离峰值，无论是短波长，还是长波长，人眼的灵敏度都要下降，离峰值愈远，人眼的视觉灵敏度愈低。

2. 光通量

光通量是光源发光能力的一种度量，是指光源在单位时间内发出的能被人眼感知的光辐射能的大小。光通量用符号Φ表示，单位为流明（lm）。例如，一只220V、40W白炽灯发出的光通量为350lm；一只220V、40W的荧光灯发出的光通量为2100lm。

3. 光强

光强用于反映光源光通量在空间各个方向上的分布特性，它用光通量的空间角密度来度量。光强常用I表示，可由下式计算

$$I=\frac{d_{\varphi}}{d_{w}} \tag{7-24}$$

式中 d_w——由（点）光源向外张的微小空间角（锥面所围的空间），若以半径为r的球面截取锥面，而被锥面截取的微小球面面积为dA，则$d_w=dA/r^2$；

d_φ——微小空间角d_w内的光通量。

光强单位是坎德拉（cd），1cd=1lm/sr，坎德拉是国际单位制的基本单位之一。

光强常用于说明光源和灯具发出的光通量在空间各方向上的分布密度。例如，一只220V、40W白炽灯发出350lm光通量，它的平均光强为350/4π=28cd；若在该灯泡上装一盏白色搪瓷平盘灯罩，则灯的正下方的光强能提高到70～80cd。两种情况下，光源发出的光通量没变，但后者使光通量在空间分布更集中。

4. 照度

照度是用来表示被照面上光的强弱的，以被照场所光通量的面积密度来表示。

照度的单位为勒克斯（lx），1lx即在1m²的面积上均匀分布1lm光通量的照度值，或者是一个光强为1cd的均匀发光的点光源，以它为中心，在半径为1m的球表面上，各点所形成的照度值。

5. 亮度

亮度用于反映光源发光面在不同方向上的光学特性。

亮度的单位为坎德拉每平方米（cd/m^2）。表7-36列出了各种光源的亮度。

表7-36 各种光源的亮度表

光源	亮度（cd/m^2）	光源	亮度（cd/m^2）
太阳	1.6×10^9以上	蜡烛	$(0.5\sim1.0)\times10^4$
碳极弧光灯	$(1.8\sim12)\times10^8$	蓝天	0.8×10^4
钨丝灯	$(2.0\sim20)\times10^6$	电视屏幕	$(1.7\sim3.5)\times10^4$
荧光灯	$(0.5\sim1.5)\times10^4$		

二、光检测器

光检测器将光能转换成可作显示的信号，并且具有与人眼相对光谱光效率 $V(\lambda)$ 曲线相同的光谱灵敏度。电测法使用的检测器主要是光电器件，如光电管、光电池、光电倍增管等，其中又以光电池用得较普遍，利用阻挡层的光电效应原理制成的光电池。在光度测量方面具有重要的意义。这种光电池能比较容易地制成各种形状，使用时不需要辅助光源，直接与微安表连接起来便可使用，比较轻便和便于携带，灵敏度和光谱特性比较理想。

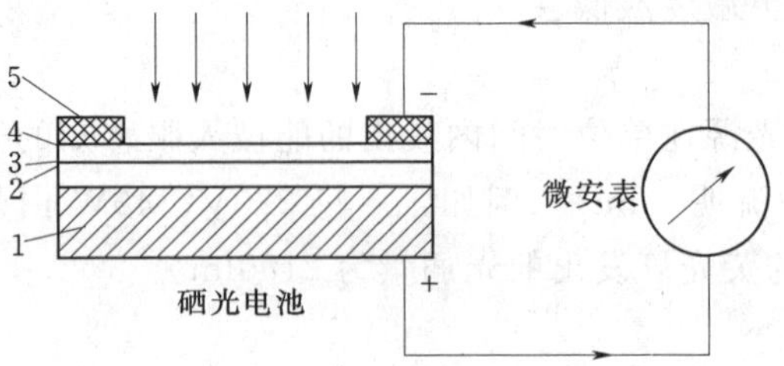

图 7-29 硒光电池的结构示意

1—金属板；2—硒层；3—分界面；4—金属薄膜；5—集电环

图 7-29 是硒光电池的构造图。钢板作为光电池的底板并作为光电池的正极，钢板上涂盖一层不透光的纯半导体硒层，硒层表面镀上一层极薄的半透明的金层，金层边缘上加一金属环作为光电池的负极。金与硒的接触界面形成一阻挡层，光线透过时金属膜在阻挡层产生光电效应。光电流流过电流计，光电流与入射光通量成正比。

硒光电池突出的优点是光谱响应峰值为 555nm，与人眼的 $V(\lambda)$ 峰值相重合，其校正滤光器容易制造，可做得与人眼十分接近。硒光电池的缺点是寿命较短、易疲劳，不能直接受强光照射，受潮后其灵敏度大大下降。

三、光度检测

（一）照度检测

照度检测一般采用将光检测器和电流表连接起来，并且表头以勒克斯（lx）为单位进行分度构成的照度计。如 JD 系列指针式照度计和数字式照度计，将光电池放到要测量的地方，当它的全部表面被光照射时，由表头可以直接读出照度的数值。由于照度计携带方便、使用简单．因而得到广泛的应用。

（二）光强检测

测量光强主要应用直尺光度计（光轨），见图 7-30。它由以下几部分组成：能在光具座 A 上移动的光头 B、已知光强度的标准光源 S、旋转待测光源 C 的活动台架和防止杂散光的黑色挡屏 D 等。用光度镜头，对标准光源的已知光强进行比较。光度镜头可由光电池构成。使用光电池光度镜头时，使灯与光电池保持一定的距离，先对标准灯测得一个光电流值 i_s，然后以被测灯代替标准灯测得另一个光电流值 i_t。假设标准灯的已知光强为 I_s，则被测光强 I_t 为

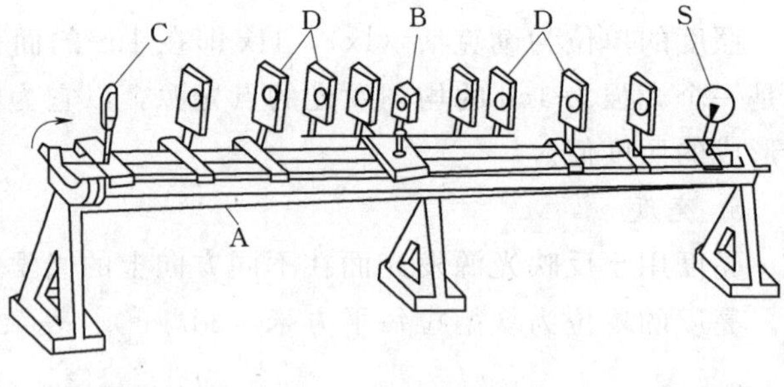

图 7-30 测量光强度的装置

$$I_t = \frac{i_t}{i_s} I_s \tag{7-25}$$

（三）光强分布测量

在实际工作中常常需要测量照明器或光源在空间各个方向上的光强分布。通常采用分布光度计进行测量。

分布光度计的接收器（光电检测器）相对于被测体（光源或照明器）运动的轨迹是一个球面，被测体位于球心，这样就可以测量到光度量的空间分布。根据接收器和被测体之间相对运动的方式，分布光度计可分成立式、卧式两大类。

1. 卧式分布光度计

测量时，被测体能绕垂直轴和绕水平轴作360°旋转，而接收器静止不动。靠被测体自身的运动得球面测量轨迹。

2. 立式分布光度计

测量时，被测体只要绕垂直轴旋转就可以了，而接收器相对于被测体绕水平轴作垂直面上的圆周运动。从而得到球面测量轨迹。

（四）光通量检测

测量光源的光通量通常用球形积分光度计。球形积分光度计是一个内部涂以漫反射白色涂料的中空球型容器，在容器上开一小孔，用光检测器（如光电池）测量从小孔射出的光通量便可测得光源的光通量。容器一般做成两半，可以打开，以便把光源拿到容器内测量。球的直径可达1～5m。球形积分光度计结构，如图7-31所示。

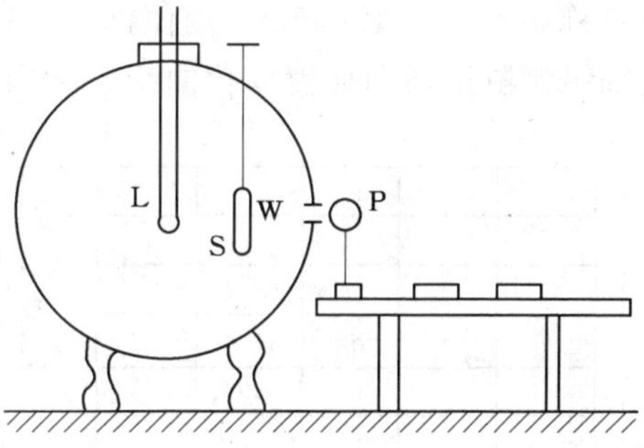

图7-31 光通球结构图

L—光源；S—遮光板；W—测光窗；P—光电池

用球形积分光度计测量光源光通量的原理是，球内壁上反射光能量形成的附加照度与光源的光通量成正比，测量球内壁的附加照度值就可得出被测光源所发出的光通量。

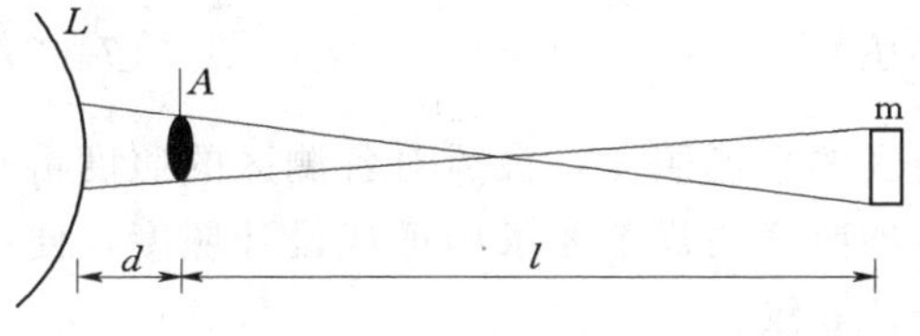

图7-32 亮度测量原理

（五）亮度检测

图7-32为测量亮度的原理图。为了测量表面S的亮度，在它的前面距离处设置一个光屏Q。光屏上有一透境（透射比为τ），它的面积为A。在光屏的右方设置照度计检测器m，m与透镜值的距离为l，m与透镜的法线垂直。在l的尺寸比A大得多的情况下，照度计检测器上的照度为

$$E = \frac{1}{l^2} = \frac{\tau LA}{l^2}$$

$$L = \frac{El^2}{\tau A} \tag{7-26}$$

根据这一原理制成亮度计，用以进行亮度检测。

四、现场照度和亮度检测

(一) 现场照度检测

隧道路面的照度检测是隧道照明检测的基本内容之一。一是许多隧道的照明设计参数是直接以照度给出的；二是隧道照明中最为重要的亮度可通过简单公式由照度换算。根据照明区段的不同，隧道照度检测可分为洞口段照度检测和中间段照度检测。

1. 洞口段照度检测

(1) 纵向照度曲线测试。纵向照度曲线反映洞口段沿隧道中线照度的变化规律。第一个测点可设在距洞口10m处，之后向内每米设一测点，测点深入中间段10m。用便携式照度仪测试各点照度，并以隧道路面中线为横轴、以照度为纵轴绘制隧道纵向照度变化曲线。

(2) 横向照度曲线测试。横向照度曲线反映照度在隧道路面横向的变化规律。洞口照明段分为入口段和过渡段，过渡段由 TR_1、TR_2、TR_3 三个照明段组成。测试横向照度时，可在各区段各设一条测线，该线可位于各区段的中部。在各测线上，测点由中央向两边对称布置，间距0.5m。用便携式照度仪测取各点照度，并以各测线为横轴、以照度为纵轴纵制隧道横向照度变化曲线。横向照度越均匀越好。

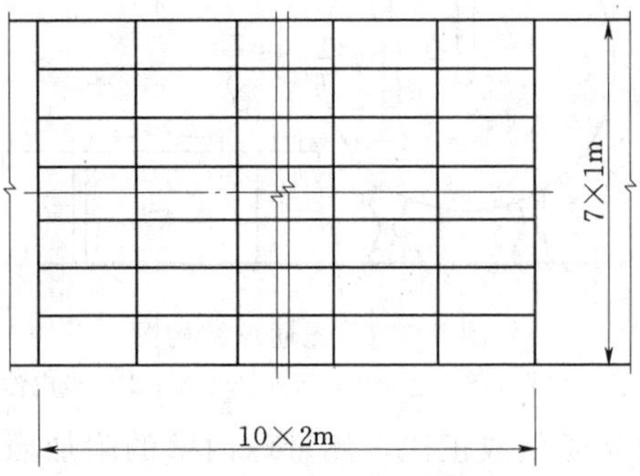

图7-33 中间段平均照度测点位置

2. 中间段路面平均照度检测

中间段路面的平均照度是隧道照明设计的重要指标，它与整个隧道的照明效果和后期运营费用密切相关。视隧道长度的不同，测区的总长度可占隧道总长度的5%～10%；各测区长度以20m为宜，也可根据灯具间距适应调整，如图7-33所示。在各测区内划分网格，使各单位长为2m、宽约1m；给各单位编号，并测取各单元形心点的照度 E_i。若某测区的单元数 n，则该测区的平均照度 E 为

$$E=\frac{1}{n}\sum_{1}^{n}E_i \tag{7-27}$$

对所有的测区重复以上工作，便可得到各测区的平均照度，最后对各测区的照度再平均，即得全隧道基本段的平均照度。比较实测平均照度与规范要求照度或设计照度，便可知道该隧道的中间段照度是否满足规范要求或设计要求。

(二) 现场亮度检测

严格地讲，路面某点的亮度与观察它的方向有关；但工程上为了简便，将路面的光反射看成理想漫反射，这样作为二次光源的路面的亮度便与方向无关。在实用中用公式 $L=E/C$ 进行亮度与照度的换算；对混凝土路面 $C=13$，对沥青路面 $C=22$。由于照度仪使用简单，所以检测亮度时，常用照度仪先测照度，然后用换算公式计算亮度。

1. 路面平均亮度（L_{av}）

驾驶人观察障碍物的背景，在隧道中主要是路面，只有当路面亮度达到一定值以后，驾驶人才能获得立体感，在此基础上，亮度对比越大越容易察觉障碍物。路面（背景）亮

表 7-37　　**隧道照明设施质量检验评定表**

基本要求	1. 照明设备及缆线的数量、型号规格、程式符合设计要求，部件及配件完整；2. 照明设备安装支架的结构尺寸、预埋件、安装方位、安装间距等符合设计要求；3. 照明设备及控制柜安装牢固、方位正确；4. 按规范要求连接照明设备的保护线、信号线、电力线，排列规整、无交叉拧绞，经过通电测试，工作状态正常；5. 隐蔽工程验收记录、分项工程自检和设备调试记录、安装和非安装设备及附（备）件清单、有效的设备检验合格报告或证书等资料齐全							
项次	检查项目	技术要求	检查方法	权值	检查实测值	平均值代表值	合格率（%）	得分
1	灯具的安装偏差	符合设计要求。无要求时：纵向≤30mm，横向≤20mm，高度≤10mm	用经纬仪或量尺测量	1				
2	△绝缘电阻	强电端子对机壳≥50MΩ	500V 兆欧表测量	1				
3	△控制柜安全保护接地电阻	≤4Ω	接地电阻测量仪	1				
4	△防雷接地电阻	≤10Ω	接地电阻测量仪	1				
5	灯具启动时间的可调性	照明回路组的启动时间间隔可调、可控	实际操作	1				
6	△启动、停止方式	可自动、手动两种方式控制全部或部分照明器的启动、停止	实际操作	1				
7	△照度（入口段、过渡段、中间段）	符合设计要求	照度计	1				
8	照度总均匀度、纵向均匀度	符合设计要求	照度计	1				
9	紧急照明	双路供电照明系统，主供电路停电时，应自动切换到备用供电线路上	模拟操作	1				
10	（子）分项工程得分							

续表

项次	检查项目	技术要求	检查方法	权值	检查实测值	平均值代表值	合格率（%）	得分
基本要求	1. 照明设备及缆线的数量、型号规格、程式符合设计要求，部件及配件完整；2. 照明设备安装支架的结构尺寸、预埋件、安装方位、安装间距等符合设计要求；3. 照明设备及控制柜安装牢固、方位正确；4. 按规范要求连接照明设备的保护线、信号线、电力线，排列规整、无交叉拧绞，经过通电测试，工作状态正常；5. 隐蔽工程验收记录、分项工程自检和设备调试记录、安装和非安装设备及附（备）件清单、有效的设备检验合格报告或证书等资料齐全							
11	外观鉴定	照明灯具安装稳固、位置正确，灯具轮廓线形与隧道协调、美观。不符合要求减 0.1～1.5 分		检查结果				
		照明设备的电力线、信号线、接地线端头制作规范；按设计要求采取线缆保护措施、布线排列整齐、安装固定符合要求、标识清楚。不符合要求减 0.1～1.5 分						
		设备表面光泽一致、无划伤、无刻痕、无剥落、无锈蚀。不符合要求减 0.1～1.5 分						
		控制柜内布线整齐、美观、绑扎牢固，接线端头焊（压）结牢固、平滑；编号标识清楚，预留长度适当；柜门开关灵活、出线孔密封措施得当，机箱内无积水、无霉变、无明显尘土，表面无锈蚀。不符合要求减 0.1～1.5 分						
		照明灯具应发光均匀、无刺眼的眩光。不符合要求减 0.1～1.5 分						
12	质量保证资料	施工资料和图表必须齐全，不缺乏最基本数据，不得伪造涂改，不符合要求时，不予检查和评定。资料不全者，视情况每款减 1～3 分						
13	（子）分项工程评分值							
14	质量等级							

表 7-38

隧道总体质量检验评定表

项目名称：　　工程合同段：　　（子）分项工程名称：

施工单位：　　工程部位：　　监理单位：　　使用者类别：

项次	检查项目	规定值或允许偏差	检查方法和频率	权值	检查实测值	平均值代表值	合格率（%）	得分
基本要求	1. 洞口设置应符合设计要求；2. 必须按设计设置洞内的排水系统，不淤积、不堵塞；3. 隧道防排水施工质量须符合质量标准							
1	车行道（mm）	±10	尺量：每 20m（曲线）或 50m（直线）检查一次	2				
2	净总宽（mm）	不小于设计	尺量：每 20m（曲线）或 50m（直线）检查一次	2				
3△	隧道净高（mm）	不小于设计	水准仪：每 20m（曲线）或 50m（直线）测一个断面，每断面测拱顶和两拱腰 3 点；净高有一点不合格时，该分项为不合格	3				
4	隧道偏位（mm）	20	全站仪或其他测量仪器：每 20m（曲线）或 50m（直线）检查 1 处	2				
5	路线中心线与隧道中心线的衔接（mm）	20	分别将引道中心线和隧道中心线延长至两侧洞口，比较其平面位置	2				
6	边坡、仰坡	不大于设计	坡度板：检查 10 处	1				
7	（子）分项工程得分							
8	外观鉴定	洞内没有渗、漏水现象。不符合要求时，高速公路、一级公路减 5～10 分，其他公路减 1～5 分，冻融地区扣分取高限		检查结果				
9	质量保证资料	施工资料和图表必须齐全，不缺乏最基本数据，不得伪造涂改，不符合要求时，不予检查和评定。资料不全者，视情况每款减 1～3 分		检查结果				
10	（子）分项工程评分值							
11	质量等级							

监理工程师：　　日期：　　检测人：　　日期：　　承包商：　　日期：

度越高，眼睛的对比灵敏度越好。

路面平均亮度在设计或规范中都有明确的规定。其检测方法可参考中间段路面平均照度检测方法，并根据下式确定

$$L_{av}=E_{av}/C \tag{7-28}$$

2. 路面亮度均匀度

保证亮度均匀度是为了给驾驶人提供良好的能见度和视觉上的舒适性。如果亮度高，则均匀度要求可以不很严格。干燥路面和湿路面有很大变化，均匀度也相应有很大变化。严格的均匀度要求，一般限于干燥路面和路面平均亮度较低的情况。

(1) 总均匀度（U_0）。照明装置保证良好的路面平均亮度后，路面上一些局部区域还可能出现最小亮度 L_{min}。通常较差的亮度对比都发生在路面较暗的区域，往往影响到对障碍物的辨认。为了使路面上所有区域都有足够的亮度和对比度，提供令人满意的能见度，需要规定路面最小亮度和平均亮度比值的范围。

$$U_0=\frac{L_{min}}{L_{av}} \tag{7-29}$$

式中 L_{av}——计算区域内路面平均亮度；

L_{min}——计算区域内路面最低亮度。

(2) 纵向均匀度（U_1）。为了提供视觉舒适性，要求沿路面中线有一定的纵向均匀度。纵向均匀度是沿中线的局部亮度的最小值和最大值之比。

$$U_1=\frac{L_{min}}{L_{max}} \tag{7-30}$$

路面（墙面）上连续忽明忽暗对驾驶人干扰很大，称为“光斑效应”。当隧道较长时，驾驶人眼睛会很疲劳，影响发现障碍物。

五、隧道眩光检测

1. 失能眩光

失能眩光表示照明设施造成的能见度损失，用被试对象的亮度对比的阈值增量（TI）表示。失能眩光是生理上的过程，是表示由生理眩光导致辨认能力降低的一种度量。

2. 不舒适眩光

不舒适眩光表示在眩光感觉中的动态驾驶条件下，对隧道照明设施的评价。该眩光降低驾驶人驾驶运行的舒适程度，用眩光控制等级（G）表示。不舒适眩光是心理上的过程。

眩光等级 G 与主观上对不舒适感觉评价的相应关系为

$G=1$：无法忍受；$G=2$：干扰；$G=5$：允许的极限；$G=7$：满意；$G=9$：无影响

隧道照明设施质量检测与评定见表 7-37。隧道总体检测评定见表 7-38。

思考题与习题

1. 公路隧道具有哪些特点？它们对施工有什么影响？
2. 隧道在穿越不良地质地段时，常用的辅助施工方法有哪些？

3. 锚杆在围岩支护中主要有哪些作用？
4. 喷射混凝土在围岩支护中主要有哪些作用？
5. 喷射混凝土有几种施工工艺？主要区别是什么？
6. 锚杆安装尺寸检查内容有哪些？怎样检查？
7. 简述砂浆锚杆砂浆注满度的检测原理。
8. 简述端锚式锚杆无损检测的原理与方法。
9. 检验喷射混凝土质量的主要指标有哪些？
10. 简述喷射混凝土厚度的检测方法。
11. 简述钢支撑施工质量的检测内容。
12. 简述地质雷达探测衬砌背部空洞的原理。
13. 简述隧道防排水的必要性。
14. 隧道防排水结构主要类型及其组成。
15. 高分子防水卷材的常见种类及性能特点。
16. 隧道用土工布的性能要求。
17. 隧道工程防水混凝土的基本要求。
18. 防水混凝土抗渗试验标号的确定方法。
19. 防水板铺设的基面要求及检测方法。
20. 隧道用止水带的类型及预埋式止水带安装检查要点。
21. 混凝土衬砌质量检测的主要内容。
22. 混凝土衬砌施工检查的主要内容。
23. 混凝土缺陷检测的内容是什么？
24. 一氧化碳的检测原理。
25. 隧道对一氧化碳的允许浓度是怎样规定的？
26. 烟雾浓度是怎样检测的？
27. 隧道对烟雾浓度有哪些要求？
28. 如何测定隧道的平均风速？风速检测仪器有哪些？
29. 隧道的照明区段是怎样划分的？各区段的照明应满足哪些要求？

第八章　结构混凝土无损检测

学习目标

1. 知道现场检测混凝土构件强度和缺陷有哪些方法。
2. 能够用回弹仪测定结构混凝土的强度。
3. 了解超声法检测混凝土强度和缺陷的原理。
4. 会用超声回弹仪测定现场结构混凝土的强度。
5. 懂得超声法能够检测混凝土哪些缺陷。
6. 能够用钻芯取样法检测混凝土强度。

第一节　概　　述

桥隧混凝土结构、钢筋混凝土结构或预应力混凝土结构或构件的检验，依据交通部的有关标准，主要包括内容有三个方面：一是施工阶段的质量控制，包括原材料的试验检测、混凝土浇筑前的检查等；二是外观质量检测，主要是在构件成型达到一定强度后检测结构实物的尺寸和位置偏差，混凝土表面平整度、蜂窝、麻面、露筋及裂缝等；三是构件混凝土的强度等级，通常以立方体试件的抗压强度来反映，当对某一方面的检验内容产生怀疑时，如构件的强度离散大、强度不足或振捣不密实时，通常还需要用混凝土的无损检测技术来判定混凝土的强度和缺陷。

混凝土的无损检测技术，是指在不影响结构构件受力性能或其他使用功能的前提下，直接在构件上通过测定某些适当的物理量，推定混凝土的强度、均匀性、连续性、耐久性等一系列性能的检测方法。

一、无损检测技术的特点

无损检测技术与常规的混凝土结构破坏试验相比，具有如下一些特点。

（1）不破坏被检测构件，不影响其使用性能，且简便快速。

（2）可以在构件上直接进行表层或内部的全面检测，对新建工程和既有结构物都适用。

（3）能获得破坏试验不能获得的信息，如能检测混凝土内部空洞、疏松、开裂、不均匀性、表层烧伤、冻害及化学腐蚀等。

（4）可在同一构件上进行连续测试和重复测试，使检测结果有良好的可比性。

（5）测试快速方便，费用低廉。

（6）由于是间接检测，检测结果要受到许多因素的影响，检测精度要差一些。

目前，混凝土无损检测技术主要用于既有构件的强度推定、施工质量检验、结构内部缺陷检测等方面。随着对混凝土制作全过程质量控制要求的不断提高，对既有结构物维修养护的日益重视，无损检测技术在工程建设中会发挥越来越重要的作用。

二、常用无破损检测方法

在我国的已有建筑物中，按设计龄期计算，已有不少建筑物进入了“中年”或“老年”，有不同程度的损伤或老化，或已不能满足当前的使用要求，其安全性如何以及新建工程的质量怎样，混凝土非破损检测技术都有着不可替代的重要作用。混凝土非破损检测技术能较好地反映结构物中混凝土的均匀性、连续性、强度和耐久性等质量指标。

本章主要介绍回弹法、超声法，它们的特点是测试方便、费用低廉，这两种方法在我国已普遍用于工程检测，并已制定相应的技术规程。在强度检测方面，这两类方法主要用于工地上控制早期混凝土强度的发展水平，作为施工质量控制的手段。超声法还可用来检测结构的内部缺陷。同时，以采用超声—回弹法来综合评定混凝土的质量，它比单一物理量的非破损检测方法具有更高的可靠度。钻取芯样试件的半破损方法检测精度较高，由于该方法将造成结构或构件局部破坏，不宜在同一结构中大面积使用，因此，多把钻芯法与其他非破损检测方法结合起来使用，一方面利用钻芯法来校正非破损法的检测结果，以提高检测的可靠性；另一方面利用非破损方法检测混凝土的均匀性，以减少钻取芯样的数量。

三、非破损检测技术的适用范围

非破损检测技术在结构混凝土检测中的应用主要有结构混凝土的强度检测、内部缺陷的检测以及其他性能的检测。

1. 结构混凝土的实际强度检测

用非破损检测方法，如回弹法，直接在结构物上检测，进而推定混凝土的实际强度。

(1) 由于施工控制不严，或在施工过程中由于某种意外事故可能影响混凝土的质量，以及发现预留试块的取样、制作、养护、抗压强度等不符合有关技术规程或标准，怀疑试样的强度不能够代表结构混凝土的实际强度时，应采用非破损检测方法（包括半破损检测方法）来检测和推定结构中混凝土的强度，作为处理问题的依据。

(2) 当需要了解混凝土在施工期间的强度增长情况，以便满足结构或构件的拆模、养护、吊装、预应力筋张拉或放张，以及施工期间负荷对混凝土强度的要求时，可用非破损检测方法连续监测结构混凝土强度的增长情况，以便及时调整施工进程。在确保质量的前提下加快施工进度，加速场地周转，降低能耗。

(3) 对已建结构需要进行维修、加层、拆除等决策时，或已建结构受破坏性因素影响时，可用非破损检测方法对原有混凝土进行强度推定，以便提供改建、加固设计时的基本强度参数和其他设计依据。

2. 结构混凝土内部缺陷的检测

混凝土工程常会出现一些病害、缺陷。即使整个结构或构件的混凝土的普遍强度已经达到设计要求，但是，由于这些缺陷的存在也会使得结构或构件的整体承载能力严重下降，因此必须探明缺陷的部位、大小和性质，以便采取切实的修补措施或采取对策。

混凝土出现缺陷的成因甚为复杂，病因较多，主要有以下几种情况。

(1) 施工过程控制不好，混凝土没有捣实或模板漏浆，以及施工缝黏结不良等原因，造成局部疏松、蜂窝、孔洞、灌浆黏合不全、施工缝结合不良等缺陷，需要检测缺陷的位置、范围和性质。

（2）施工过程中由于温度变形及干燥收缩，以及早期施工超载所形成的早期裂缝，需检测其开展深度和走向。

（3）结构混凝土受到环境侵蚀或灾害性损害，产生由表及里的层状损伤，需要检测受损层的厚度与范围。

（4）混凝土承载后若受力损伤，形成裂缝，则需检测裂缝的开展深度。

各种类型的病害缺陷需要与之相适应的检查诊断手段。本书仅介绍超声波检测法与钻取芯样法。如混凝土的干缩裂缝或冷缩裂缝，仅从其外观形态、工程特征及环境条件上就可以判明产生原因。钢筋锈胀后的沿筋裂缝，外观上也容易判认。对混凝土工程的内部缺陷，如孔洞、缝隙、离析及松弱夹层等，则可采用超声法进行探测，但需要由有经验的专业人员慎重检测评估。在检查工程病害中，大多也需要测试混凝土的实际强度，以助于研究病情。探查混凝土工程内部缺陷最直观、最有效的手段是钻取芯样，通过合理布置钻位，钻孔所取出的芯样，可借以“直接”观察，判断整个工程的内部情况，再结合对芯样进行强度、容重、吸水率等的试验，则可更全面切实地评估病情病因或质量水平。

第二节　回弹法检测混凝土强度

一、回弹法的基本原理

回弹法是采用回弹仪进行混凝土强度测定，属于表面硬度法的一种，其原理是回弹仪中运动的重锤以一定冲击动能撞击顶在混凝土表面的冲击杆后，测出重锤被反弹回来的距离，以回弹值（反弹距离与弹簧初始长度之比）作为与强度相关的指标，来推定混凝土强度的一种方法。混凝土表面硬度是一个与混凝土强度有关的量，表面硬度值是随强度的增大而提高的，采用具有一定动能的钢锤冲击混凝土表面时，其回弹值与混凝土表面硬度也有相关关系。

二、主要术语和符号

1. *术语*

（1）测区：检测结构或构件混凝土抗压强度时的一个检测单元。

（2）测点：在测区内进行的一个检测点。

（3）测区混凝土强度换算值：由测区的平均回弹值和碳化深度值通过测强曲线计算得到的该检测单元的现龄期混凝土抗压强度值。

（4）统一测强曲线：由全国有代表性的材料、成型养护工艺配制的混凝土试件，通过试验所建立的曲线。

（5）地区测强曲线：由本地区常用的材料、成型养护工艺配制的混凝土试件，通过试验建立的曲线。

（6）专用测强曲线：由与结构或构件混凝土相同的材料、成型养护工艺配制的混凝土试件，通过试验所建立的曲线。

2. 符号

R_i——第 i 个测点的回弹值。

R_m——测区或试件的平均回弹值。

R_{ma}——回弹仪非水平状态检测时，测区的平均回弹值。

R_m^t——回弹仪在水平方向检测混凝土浇筑表面时，测区的平均回弹值。

R_m^b——回弹仪在水平方向检测混凝土浇筑底面时，测区的平均回弹值。

R_a^t——回弹仪检测混凝土浇筑表面时，回弹值的修正值。

R_a^b——回弹仪检测混凝土浇筑底面时，回弹值的修正值。

R_{aa}——非水平状态检测时，回弹值的修正值。

d_i——第 i 次测量的碳化深度值。

d_m——测区的平均碳化深度值。

$f_{cu,j}^c$——测区混凝土强度换算值。

f_{cu}^c——泵送混凝土测区混凝土强度换算值。

mf_{cu}^c——测区混凝土强度换算值的平均值。

$f_{cu,min}^c$——构件中最小的测区混凝土强度换算值。

sf_{cu}^c——同批构件测区混凝土强度换算值的标准差。

$f_{cu,e}$——构件混凝土强度推定值。

η——修正系数。

K——泵送混凝土测区混凝土强度换算值的修正值。

三、回弹仪

回弹仪的类型比较多，有重型、中型、轻型和特轻型。一般工程使用最多的是中型回弹仪。回弹仪的构造见图 8-1。

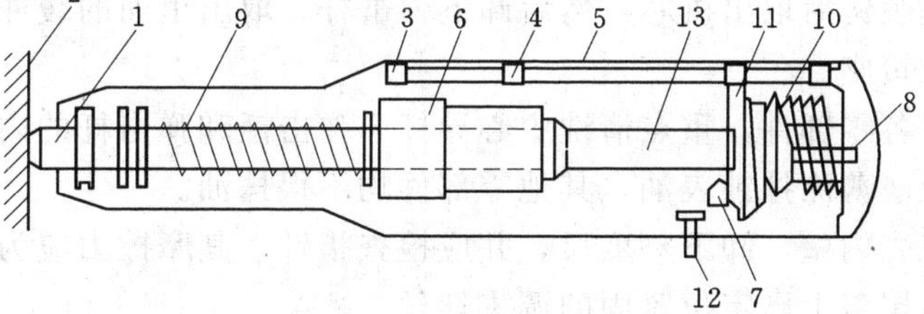

图 8-1　回弹仪构造

1—冲杆；2—试件；3—套筒；4—指针；5—标尺；6—冲锤；7—钩子；8—调整螺丝；9—拉力弹簧；10—压力弹簧；11—导向圆板；12—按钮；13—导杆

1. 对中型回弹仪的技术要求

（1）水平弹击时，弹击锤脱钩的瞬间，回弹仪的标准能量应为 2.207J，其冲击能量可由下式计算

$$e = \frac{1}{2}E_s l^2 = 2.207(\text{J}) \tag{8-1}$$

式中　E_s——弹击弹簧的刚度=0.784N/mm；

l——弹击弹簧工作时的拉伸长度=75mm。

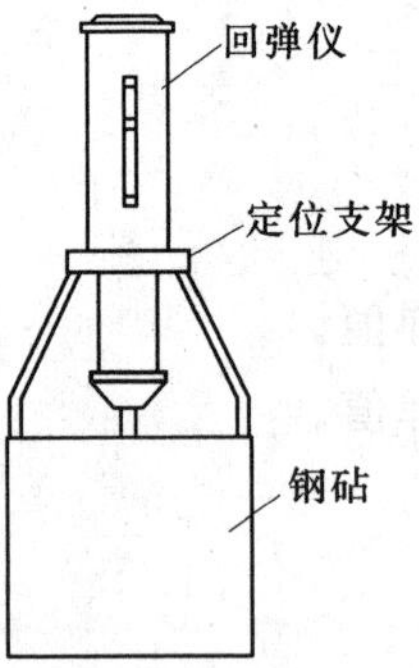

图 8-2　回弹仪率定示意图

（2）弹击锤与弹击杆碰撞的瞬间，弹击拉簧应处于自由状态，此时弹击锤起跳点应相应于指针指示刻度尺上“0”处。

（3）在洛氏硬度 HRC 为 60±2 的钢砧上，回弹仪的率定值为 80±2。

（4）回弹仪使用时的环境温度应为－4～40℃。

2. 回弹仪的率定方法

回弹仪在工程检测前后，应在钢砧上做率定试验，回弹仪率定示意图见图 8-2，并应符合上述要求。

回弹仪率定试验宜在干燥、室温为 5～35℃的条件下进行。率定时，钢砧应稳固地平放在刚度大的物体上。测定回弹值时，取连续向下弹击三次的稳定回弹值的平均值。弹击杆应分四次旋转，每次旋转宜为 90°。弹击杆每旋转一次的率定平均值应为 80±2。

3. 回弹仪的检定

回弹仪具有下列情况之一时，应由法定部门按照国家现行标准《混凝土回弹仪检定规程》（JJG 817—1983）对回弹仪进行检定。

（1）新回弹仪启用前。

（2）超过检定有效期限（有效期为半年）。

（3）累计弹击次数超过 6000 次。

（4）经常规保养后钢砧率定值不合格。

（5）遭受严重撞击或其他损害。

4. 回弹仪的保养方法

当回弹仪的弹击次数超过 2000 次，或者对检测值有怀疑以及在钢砧上的率定值不合格时，应对回弹仪进行保养。常规保养应符合下列规定：

（1）使弹击锤脱钩后取出机芯，然后卸下弹击杆，取出里面的缓冲压簧，并取出弹击锤、弹击拉簧和拉簧座。

（2）清洗机芯各零部件，重点清洗中心导杆、弹击锤和弹击杆的内孔和冲击面，清洗后应在中心导杆上薄薄涂抹钟表油，其他零部件均不得抹油。

（3）应清理机壳内壁，卸下刻度尺，并应检查指针，其摩擦力应为 0.5～0.8N。

（4）不得旋转尾盖上已定位紧固的调零螺丝。

（5）不得自制或更换零部件。

（6）保养后应对回弹仪进行率定试验。

回弹仪使用完毕后应使弹击杆伸出机壳，清除弹击杆、杆前端球面以及刻度尺表面和外壳上的污垢、尘土。回弹仪不用时，应将弹击杆压入仪器内，经弹击后方可按下按钮锁住机芯，将回弹仪装入仪器箱，平放在干燥阴凉处。

四、检测方法

当出现标准养护试件或同条件试件数量不足或未按规定制作试件时；当所制作的标准试件或同条件试件与所成型的构件在材料用量、配合比、水灰比等方面有较大差异，已不能代表构件的混凝土质量时；当标准试件或同条件试件的试压结果，不符合现行标准、规范规定的对结构或构件的强度合格要求，并且对该结果持有怀疑时；总之，当结构中混凝土实际强度有检测要求时，可以考虑采用回弹法来检测。检测结果可作为处理混凝土质量的一个依据。其一般检测步骤如下。

1. 收集基本技术资料

（1）工程名称及设计、施工、监理（或监督）和建设单位名称。

（2）结构或构件名称、外形尺寸、数量及混凝土强度等级。

（3）水泥品种、强度等级、安定性、厂名，砂石种类、粒径，外加剂或掺和料品种、掺量；混凝土配合比等。

（4）施工时材料计量情况，模板、浇筑、养护情况及成型日期等。

（5）必要的设计图纸和施工记录。

（6）检测原因。

2. 选择符合下列规定的测区

（1）每一结构或构件测区数不应少于10个，对某一方向尺寸小于4.5m且另一方向尺寸小于0.3m的构件，其测区数量可适当减少，但不应少于5个。

（2）相邻两测区的间距应控制在2m以内，测区离构件端部或施工缝边缘的距离不宜大于0.5m，且不宜小于0.2m。

（3）测区应选在使回弹仪处于水平方向检测混凝土浇筑侧面；当不能满足这一要求时，可使回弹仪处于非水平方向检测混凝土浇筑侧面、表面或底面。

（4）测区宜选在构件的两个对称可测面上，也可选在一个可测面上，且应均匀分布；在构件的重要部位及薄弱部位必须布置测区，并应避开预埋件。

（5）测区的面积不宜大于0.04m^2，测区尺寸宜为20cm×20cm。

（6）测面应为混凝土表面，并应清洁、平整，不应有疏松层、浮浆、油垢、涂层以及蜂窝、麻面，必要时可用砂轮清除疏松层和杂物，且不应有残留的粉末或碎屑。

（7）对弹击时产生颤动的薄壁、小型构件应进行固定。

（8）结构或构件的测区应标有编号，必要时应在记录纸上描述测区布置示意图和外观质量情况。

3. 回弹值测量

（1）回弹仪的操作。将弹击杆顶住混凝土的表面，轻压仪器，松开按钮，弹击杆徐徐伸出。使仪器对混凝土表面缓慢均匀施压，待弹击锤脱钩冲击弹击杆后即回弹，带动指针向后移动并停留在某一位置上，即为回弹值。继续顶住混凝土表面并在读取和记录回弹值后，逐渐对仪器减压，使弹击杆自仪器内伸出，重复进行上述操作，即可测得被测构件或结构的回弹值。操作中注意仪器的轴线应始终垂直于构件混凝土的检测面，缓慢施压，准确读数，快速复位。

（2）测点宜在测区范围内均匀分布，相邻两测点的净距不宜小于20mm；测点距外露钢筋、预埋件的距离不宜小于30mm。测点不应在气孔或外露石子上，同一测点只应弹击一次。每一测区应记取16个回弹值，每一测点的回弹值读数估读至1。

4. 碳化深度值测量

（1）回弹值测量完毕后，应在有代表性的位置上测量碳化深度值。测点数不应少于构件测区数的30%，取其平均值作为该构件每测区的碳化深度值。当碳化深度值极差大于2.0mm时，在每一测区测量碳化深度值。

（2）碳化深度值测量方法。采用适当的工具在测区表面形成直径约15mm的孔洞，其深度应大于预估混凝土的碳化深度。孔洞中的粉末和碎屑应除净，并不得用水擦洗。同时，采用浓度为1%的酚酞酒精溶液滴在孔洞内壁的边缘处，垂直测量未变色部分的深度（未碳化部分变成玫瑰红），当已碳化与未碳化界线清楚时，再用深度测量工具测量已碳化与未碳化混凝土交界面到混凝土表面的垂直距离，测量不应少于3次，取其平均值。每次读数精确至0.5mm。

5. 回弹值计算和测区混凝土强度的确定

（1）计算测区平均回弹值，应从该测区的16个回弹值中剔除3个最大值和3个最小值，余下的10个回弹值按下式计算

$$R_m = \frac{\sum_{i=1}^{10} R_i}{10} \tag{8-2}$$

式中　R_m——测区平均回弹值，精确至0.1；

R_i——第 i 个测点的回弹值。

（2）非水平方向检测混凝土浇筑侧面时，应按下式修正

$$R_m = R_{m\alpha} + R_{a\alpha} \tag{8-3}$$

式中　$R_{m\alpha}$——非水平状态检测时测区的平均回弹值，精确至0.1；

$R_{a\alpha}$——非水平状态检测时回弹值修正值，可由表8-1查取。

表8-1　　非水平状态检测时回弹值修正值

测试角度 / $R_{m\alpha}$	检测角度							
	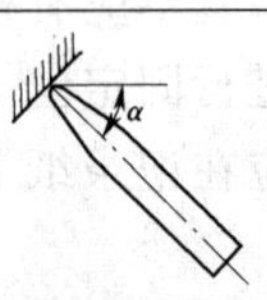				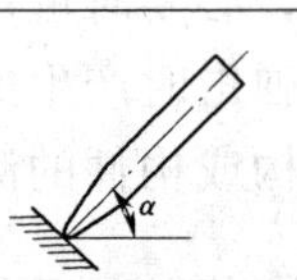			
	+90	+60	+45	+30	−30	−45	−60	−90
20	−6.0	−5.0	−4.0	−3.0	+2.5	+3.0	+3.5	+4.0
30	−5.0	−4.0	−3.5	−2.5	+2.5	+3.0	+3.5	+4.0
40	−4.0	−3.5	−3.0	−2.0	+1.5	+2.0	+2.5	+3.0
50	−3.5	−3.0	−2.5	−1.5	+1.0	+1.5	+2.0	+2.5

（3）水平方向检测混凝土浇筑顶面或底面时，应按下列公式修正

$$R_m = R_m^t + R_a^t \tag{8-4}$$

$$R_m = R_m^b + R_a^b \tag{8-5}$$

式中　R_m^t、R_m^b——水平方向检测混凝土浇筑表面、底面时，测区的平均回弹值，精确0.1；

R_a^t、R_a^b——混凝土浇筑表面、底面回弹值的修正值，由表8-2查取。

表 8－2　　　　**不同浇筑面的回弹值修正值**

R_m^t 或 R_m^b	表面修正值 R_a^t	底面修正值 R_a^b	R_m^t 或 R_m^b	表面修正值 R_a^t	底面修正值 R_a^b
20	＋2.5	－3.0	40	＋0.5	－1.0
25	＋2.0	－2.5	45	0	－0.5
30	＋1.5	－2.0	50	0	0
35	＋1.0	－1.5			

注　1. R_m^t 或 R_m^b 小于 20 或大于 50 时，均分别按 20 或 50 查表。

2. 表中有关混凝土浇筑表面的修正系数，是指一般原浆抹面的修正值。

3. 表中有关混凝土浇筑底面的修正系数，是指构件底面与侧面采用同一类模板在正常情况下的修正值。

4. 表中未列入的相应于 R_m^t 或 R_m^b 的 R_a^t 和 R_a^b 值，可用内插法求得，精确至 0.1。

当检测时回弹仪为非水平方向且测试面为非混凝土的浇筑侧面时，应先对回弹值进行角度修正，再对修正后的值进行浇筑面修正。

（4）测区混凝土强度值的确定。结构或构件第 i 个测区混凝土强度换算值，根据每一测区的回弹平均值及碳化深度值，查阅全国统一测强曲线（附录中的附表一）得出。当有地区测强曲线或专用测强曲线时，混凝土强度换算值应按地区测强曲线或专用测强曲线换算得出。表中未列入的测区强度值可用内插法求得。对于泵送混凝土还应符合下列规定。

1）当碳化深度值不大于 2.0mm 时，每一测区混凝土强度换算值应按表 8－3 修正。

表 8－3　　　　**泵送混凝土测区混凝土强度换算值的修正值**

碳化深度值（mm）	抗压强度值（MPa）				
0.0、0.5、1.0	f_{cu}^c（MPa）	≤40.0	45.0	50.0	55.0～60.0
	K（MPa）	＋4.5	＋3.0	＋1.5	0.0
1.5、2.0	f_{cu}^c（MPa）	≤30.0	35.0	40.0～60.0	
	K（MPa）	＋3.0	＋1.5	0.0	

注　表中未列的 $f_{cu,i}^c$ 值可用内插法求得其修正值，精确至 0.1MPa。

2）当碳化深度值大于 2.0mm 时，可采用同条件试件或钻取混凝土芯样进行修正。

6. **混凝土强度计算**

（1）结构或构件的测区混凝土强度平均值可根据各测区的混凝土强度换算值计算。当测区数为 10 个及以上时，应计算强度标准差。平均值及标准差应按下列公式计算

$$mf_{cu}^c = \frac{\sum_{i=1}^{n} f_{cu,i}^c}{n} \tag{8-6}$$

$$Sf_{cu}^c = \sqrt{\frac{\sum (f_{cu,i}^c)^2 - n(mf_{cu}^c)^2}{n-1}} \tag{8-7}$$

式中　mf_{cu}^c——结构或构件测区混凝土强度换算值的平均值，MPa，精确至 0.1MPa；

n——对单个检测的构件，取一个构件的测区数，对批量检测的构件，取被抽检构件的测区数之和；

Sf_{cu}^c——结构或构件测区混凝土强度换算值的标准差，MPa，精确至 0.01MPa。

（2）结构或构件的混凝土强度推定值（$f_{cu,e}$）应按下列公式确定。

1）当该结构或构件测区数少于 10 个时

$$f_{cu,e} = f^{e}_{cu,\min} \tag{8-8}$$

式中 $f^{e}_{cu,\min}$——构件中最小的测区混凝土强度换算值。

2）当该结构或构件的测区强度值中出现小于 10.0MPa 时

$$f_{cu,e} < 10.0\text{MPa} \tag{8-9}$$

3）当该结构或构件的测区数不少于 10 个或按批量检测时，应按下列公式计算

$$f_{cu,e} = mf^{c}_{cu} - 1.645Sf^{c}_{cu} \tag{8-10}$$

4）对按批量检测的构件，当该批构件混凝土强度标准差出现下列情况之一时，则该批构件全部按单个构件检测。

当该批构件混凝土强度平均值小于 25MPa 时

$$Sf^{c}_{cu} > 4.5\text{MPa} \tag{8-11}$$

当该批构件混凝土强度平均值不小于 25MPa 时

$$Sf^{c}_{cu} > 5.5\text{MPa} \tag{8-12}$$

7. 注意事项

（1）回弹法测强的误差比较大，因此对比较重要的构件或结构物强度检测必须慎重使用。

（2）符合下列条件的混凝土才能采用全国统一测强曲线进行测区混凝土强度换算：

1）普通混凝土采用的材料、拌和用水符合现行国家有关标准。

2）不掺外加剂或仅掺非引气型外加剂。

3）采用普通成型工艺。

4）采用符合现行国家标准《混凝土结构工程施工及验收规范》（GB 50204—2002）规定的钢模、木模及其他材料制作的模板。

5）自然养护或蒸汽养护出池后经自然养护 7d 以上，且混凝土表层为干燥状态。

6）龄期为 14～1000d。

7）抗压强度为 10～60MPa。

（3）当有下列情况之一时，测区混凝土强度值不得按全国统一测强曲线进行测区混凝土强度换算，但可制定专用测强曲线或通过试验进行修正。专用测强曲线的制定方法见《回弹法检测混凝土抗压强度技术规程》（JGJ/T 23—2001）。

1）粗集料最大粒径大于 60mm。

2）特种成型工艺制作的混凝土。

3）检测部位曲率半径小于 250mm。

4）潮湿或浸水混凝土。

（4）当构件混凝土抗压强度大于 60MPa 时，可采用标准能量大于 2.207J 的混凝土回弹仪，并应另行制定检测方法及专用测强曲线进行检测。

（5）批量检测的条件是：在相同的生产工艺条件下，混凝土强度等级相同，原材料、配合比、成型工艺、养护条件基本一致且龄期相近的同类结构或构件。按批进行检测的构件，抽检数量不得少于同批构件总数的 30%且构件数量不得少于 10 件。

8. 试验记录及结果整理

回弹法检测原始记录见表 8－4，构件混凝土强度计算见表 8－5。

表 8－4　　回弹法检测原始记录表

编号		回弹值 R_i																	碳化深度 d_i（mm）
构件	测区	1	2	3	4	5	6	7	8	9	10	11	12	13	14	15	16	R_m	
	1																		
	2																		
	3																		
	4																		
	5																		
	6																		
	7																		
	8																		
	9																		
	10																		

测面状态	侧面、表面、底面、干、潮湿	回弹仪	型号	回弹仪检定证号
测试角度 α	水平、向上、向下		编号	测试人员资质证号
			率定值	

测试：　　　记录：　　　计算：　　　测试日期：　　　年　　月　　日

表 8－5　　构件混凝土强度计算表

项目 ＼ 测区		1	2	3	4	5	6	7	8	9	10
回弹值	测区平均值										
	角度修正值										
	角度修正后										
	浇灌面修正值										
	浇灌面修正后										
平均碳化深度值 d_m（mm）											
测区强度值 f^c_{cu}（MPa）											
强度计算（MPa） $n=$		$mf^c_{cu}=$				$Sf^c_{cu}=$				$f^c_{cu,\min}=$	
结构或构件的混凝土强度推定值 $f_{cu,e}=$											
使用测区强度换算表名称：		规程		地区		专用		备注：			

测试：　　　记录：　　　计算：　　　计算日期：　　　年　　月　　日

第三节　超声法检测混凝土技术

超声检测法是混凝土无损检测技术中一项十分重要的检测方法，检测范围非常广泛，既可以检测混凝土的强度，又可以检测混凝土裂缝、混凝土均匀性、混凝土结合面质量、混凝土中不密实区和空洞、混凝土破坏层厚度和混凝土弹性参数等，其探测距离已达20m，是一种极具生命力的检测方法。

一、超声波仪

超声仪是超声检测的基本装置。它的作用是产生重复的电脉冲去激励发射换能器，发射换能器发射的超声波经耦合进入混凝土，在混凝土中传播后被接收换能器所接收并转换成电信号，电信号被送至超声仪，经放大后显示在示波屏上。超声仪除了产生电脉冲，接收、显示超声波外，还具有测量超声波有关参数，如声传播时间、接收波振幅、频率等功能。

1. 超声波仪的基本原理和组成

目前工程中应用的主要是智能型超声仪，主要由计算机（主机）、高压发射系统、程控放大系统、数据采集及传输系统、电源系统五大部分组成。其工作原理为：高压发射电路在主机控制下，产生高压脉冲，通过发射换能器转换为声波信号并传入被测介质，接收换能器接收通过被测介质的声波信号并转换为电信号，受主机控制的程控放大系统对接收的电信号作自动增益调整达到设定状态，经数据采集系统转换为数字信号，并将其高速地送入主机系统，然后在主机系统控制下进行波形显示、声参量的判读和存储，或者对所存储的声参量进行分析处理等。

超声换能器是混凝土超声检测设备的重要组成部分，因为超声波的产生与接收是通过它来实现的。超声换能器的原理是通过声能与电能的相互转换产生和接收超声波的。发射换能器是将电能转化成声能，即产生并发射超声波，超声波在混凝土中传播后，被接收换能器接收并将超声能量转换为电能，转换后的电信号送到主机进行处理。混凝土的超声换能器一般应用压电体材料的压电效应实现电能与声能的相互转换，因此常称为压电换能器。

换能器的种类比较多，按波型分为纵波换能器和横波换能器，按发射频带分为窄带换能器和宽带换能器，按发射能量大小分为小功率换能器和大功率换能器，按声辐射面来分有平面换能器（厚度振动方式）和径向换能器（径向振动方式）。目前工程中应用最多的是平面换能器、径向换能器及一发多收换能器。

2. 对超声检测仪的技术要求

（1）具有波形清晰、显示稳定的示波装置。

（2）声时最小分度为 0.1μs 。

（3）数字显示稳定，在 2h 内数字变化应不大于±0.2μs。

（4）具有最小分度为 1dB 的衰减系统。

（5）接收放大器频响范围 10～500kHz，总增益不小于 80dB；接收灵敏度不大于 50μV。

(6) 在温度为−10～+40℃、相对湿度小于或等于90%、电源电压在220V±10%(直流供电电压±55%)的环境下能正常工作；连续正常工作时间不少于4h。

(7) 对于数字式超声波检测仪还应满足下列要求：

1) 具有手动游标测读和自动测读方式。当自动测读时，在同一测试条件下，1h内每隔5min测读一次声时的差异应不大于±2个采样点。

2) 波形显示幅度分辨率应不低于1/256，并具有可显示、存储和输出打印数字化波形的功能，波形最大存储长度不宜小于4kb。

3) 自动测读方式下，在显示的波形上应有光标指示声时、波幅的测读位置。

4) 宜具有幅度谱分析功能(FFT功能)。

3. 对换能器的技术要求

(1) 根据不同的测试需要，换能器可具备两种类型，厚度振动方式和径向振动方式。

(2) 厚度振动方式换能器的频率宜选用20～250kHz；径向振动方式换能器的频率宜选用20～60kHz，直径不宜大于32mm，当接收信号较弱时，宜选用带前置放大器的接收换能器。

(3) 换能器的实测主频与标称频率相差应不大于±10%。对用于水中的换能器，其水密性应在1MPa水压下不渗漏。

4. 设备使用前的检验

超声仪在使用前可通过测量空气声速进行自身校验，其方法为：

(1) 取常用的厚度振动式(平面式)换能器一对，接于超声仪器上，开机预热10min，将两个换能器的辐射面相互对准，以一定间距放置在空气中(图8-3)，将接收信号尽量放大，依次在间距为50mm、100mm、150mm、200mm，读取相应声时值t_1、t_2、t_3、…，同时测量空气的温度T(精确至0.5℃)。

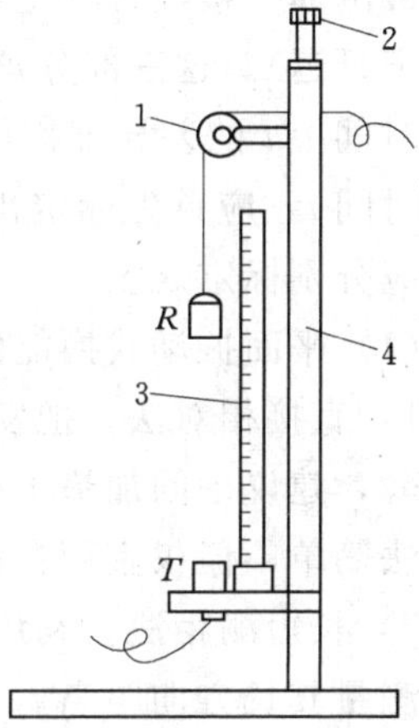

图8-3　换能器悬挂装置图

1—定滑轮；2—螺栓；3—刻度尺；4—支架

(2) 空气声速测量值计算。以测距l_i为纵坐标，以声时读数t_i为横坐标，绘制时—距坐标图，或用统计方法求出l_i与t_i之间的回归直线方程$l=a+bt$(式中a、b为待求的回归系数)。坐标图中直线AB的斜率或直线方程的回归系数b即为空气声速的测量值v_c。

(3) 空气声速的计算值。空气的声速计算值应按下式计算

$$v_j = 331.4\sqrt{1+0.00367T} \tag{8-13}$$

式中　v_j——空气声速的计算值，m/s；

T——空气的温度，℃。

(4) 空气声速测量值的误差。空气声速测量值v_c，与空气声速计算值v_j之间的相对误差e_r，应按下式计算

$$e_r = \frac{v_c - v_j}{v_c} \times 100\% \tag{8-14}$$

其计算的相对误差e_r不得大于±0.5%。

（5）注意问题。

1）两换能器间距的测量误差应不大于±0.5%。

2）换能器宜悬空相对放置，若置于地板或桌面时，应在换能器下面垫以海绵或橡胶板。

3）测点数应不少于10个。

5. 零读数问题（t_0）

声时是目前应用超声波检测时最为普遍的测量参数。不管何种超声仪，不管何种测读方式，仪器上显示的时间都是由发射到接收这两个电信号之间的时间 t'，而并非超声波在被测物体中的传播时间 t。这是因为超声波在被测物体中传播时，尚包含以下几部分时间：电延迟时间、电声转换时间和声延迟（换能器中压电体辐射出的超声波并不是直接进入被测体，而是先通过换能器壳体或夹心式换能器的辐射体，再通过耦合介质层，然后才进入被测体。接收过程也类似。超声波在通过这些介质时需要花费相当的时间，这些时间统称声延迟）。这三部分延迟构成了仪器测读时间 t' 与超声在被测体中传播时间 t 的差异。这种时间上 t 的差异统称仪器零读数，常用符号 t_0 来表示。要准确求得超声波在被测体中传播时间 t，应首先标定出仪器零读数 t_0。不同的超声仪，不同的换能器 t_0 值均各不相同，应分别标定之。

（1）平面振动式换能器声时初读数（t_0）的标定方法。

1）直接相对法。把发射、接收换能器隔着耦合剂层相对（有人认为直接相对耦合剂层太薄，建议中间加垫十层纸），直接用超声仪测量声时读数，此即为零读数 t_0。这种标定方法简单，但仅宜用在精度要求不高或测距较大的情况下 t_0 的标定。

2）长短测距法。利用某种均质材料（如有机玻璃）制成长方块或长度不同的两段。准确测量其长方向距离 l_1 和短距离 l_2，用超声波仪测量两个方向的仪器读数 t_1 和 t_2（以耦合剂耦合）。因为材质均匀，两个方向的声速应相等，于是有

$$\frac{l_1}{t_1-t_0}=\frac{l_2}{t_2-t_0} \tag{8-15}$$

则

$$t_0=\frac{l_1t_2-l_2t_1}{l_1-l_2} \tag{8-16}$$

3）标准试棒法。为了使用上有统一的标准，目前多采用标准试棒的方法。即制作一种标准试棒，用已由上述方法确定了 t_0 值的设备（超声仪与换能器）来准确测出该试棒的"真正声时值"并刻在试棒上。当使用者欲测量自己设备的 t_0 值时，只需将换能器与标准试棒对准（黄油耦合），测出仪器测读时间 t' 与标准试棒上所标出的时间之差即设备的 t_0 值。

（2）径向振动方式换能器声时初读数（t_0）的测量方法。将两个径向振动式换能器保持其轴线相互平行，置于清水中同一水平高度，逐次调节两个换能器轴线间距，并测量其距离 l_i 和读取相应的声时值 t_i（$i=1,2$），由仪器、换能器及其高频电缆所产生的声时初读数 t_0 应按下式计算。

$$t_0=(l_1\times t_2-l_2\times t_1)/(l_1-l_2) \tag{8-17}$$

径向振动式换能器在钻孔中进行对测时，声时初读数应按下式计算

$$t_{00}=t_0+\frac{d_1-d_2}{v_w} \qquad (8-18)$$

式中　t_{00}——孔中测试的声时初读数，μs；

t_0——仪器设备的声时初读数，μs；

d_1——钻孔直径，mm；

d_2——换能器直径，mm；

v_w——水中的声速，按表 8-6 取值。

表 8-6　　水中声速与水温的关系

水温（℃）	5	10	15	20	25	30
声速（km/s）	1.45	1.46	1.47	1.48	1.49	1.50

当采用一只厚度振动式换能器和一只径向振动式换能器进行检测时，声时初读数可取该厚度振动式换能器和该径向振动式换能器的初读数之和的一半。

二、超声法检测混凝土构件缺陷

在混凝土结构物的施工及使用过程中，往往会造成一些缺陷和损伤，形成这些缺陷和损伤的原因是多种多样的，一般而言，主要有四方面的原因：①施工原因，例如振捣不足、钢筋网过密而骨料最大粒径选择不当、模板漏浆等所造成的内部孔洞、不密实区、蜂窝及保护层不足、钢筋外露等；②由于混凝土非外力作用形成的裂缝，例如在大体积混凝土中因水泥水化热积蓄过多，在凝固及散热过程中的不均匀收缩而造成的温度裂缝，混凝土干缩及碳化收缩所造成的裂缝；③长期在腐蚀介质或冻融作用下由表及里的层状疏松；④受外力作用所产生的裂缝，例如因龄期不足即进行吊装而产生的吊装裂缝等。这些缺陷和损伤往往会严重影响结构物的承载能力和耐久性，因此在事故处理、施工验收、旧有建筑物安全性鉴定、维修和补强设计时必须进行检测，以确定混凝土内部缺陷存在的大小、位置和性质。

超声脉冲波检测混凝土缺陷是依据以下原理：

(1) 超声脉冲波在混凝土中遇到缺陷时产生绕射，可根据声时及声程的变化，判别缺陷的大小。

(2) 超声脉冲波在缺陷界面产生散射和反射，到达接收换能器的声波能量（波幅）显著减小，可根据波幅变化的程度来判断缺陷的性质和大小。

(3) 超声脉冲波中各频率成分在缺陷界面衰减程度不同，接收信号的频率明显降低，可根据接收信号主频或频率谱的变化分析判别缺陷情况。

(4) 超声脉冲波通过缺陷时，部分声波会产生路径和相位变化，不同路径或不同相位的声波叠加后，造成接收信号波形畸变，可参考畸变波形分析判断缺陷。

当混凝土的组成材料、工艺条件、内部质量及测试距离一定时，各测点超声传播速度、首波幅度和接收信号主频率等声学参数一般无明显差异。如果某部分混凝土存在空洞、不密实或裂缝等缺陷，破坏了混凝土的整体性，通过该处的超声波与无缺陷混凝土相比较，则声时明显偏长，波幅和频率明显降低。超声法检测混凝土缺陷，正是根据这一基本原理，即对同条件下的混凝土进行声速、波幅和主频测量值的相对比较，从而判断混凝土的缺陷情况。以上四点可以单独使用。

（一）测前准备

1. 有关资料

（1）工程和结构名称。

（2）混凝土原材料品种和规格。

（3）混凝土浇筑和养护情况。

（4）结构尺寸和配筋施工图或钢筋隐蔽图。

（5）结构外观质量及存在的问题。

2. 对检测面的要求

测区混凝土表面应清洁、平整，必要时可用砂轮磨平或用高强度等级快凝砂浆抹平。换能器应通过耦合剂与结构表面接触，耦合层中不得夹杂泥沙或空气。

3. 测点间距

普测的测点间距宜为200～500mm（平测法例外），对出现可疑数据的区域，应加密布点进行细测。

4. 换能器频率的选择

换能器频率选择可参考表8-7。

表8-7　　换能器频率选择

测距（cm）	选用换能器频率（kHz）	最小横截面尺寸（cm）	测距（cm）	选用换能器频率（kHz）	最小横截面尺寸（cm）
10～20	100～200	10	300～500	30～50	30
20～100	50～100	20	>500	20	50
100～300	50	20			

5. 换能器布置方式

由于混凝土非匀质性，一般不能像金属探伤那样，利用脉冲波在缺陷界面的反射信号作为判别缺陷状态的依据，而是利用超声脉波透过混凝土的信号来判别缺陷状况。一般根据被测结构或构件的形状、尺寸及所处环境，确定具体的换能器布置方式。常有换能器布置大致分为以下几种。

（1）对测法：发射换能器T和接收换能器R分别置于被测结构相互平行的两个表面，且两个换能器的轴线位于同一直线上，见图8-4（a）。

（2）斜测法：一对发射和接收换能器分别置于被测结构的两个表面，但两个换能器的轴线不在同一直线上，见图8-4（b）。

（3）平测法：一对发射和接收换能器置于被测结构同一个接收表面上进行测试，见图8-4（c）。

（4）钻孔法：一对换能器分别置于两个对应钻孔中，采用孔中对测（两个换能器位于同一高度进行测试）、孔中斜测（一对换能器分别置于两个对应钻孔中，但不在同一高度而是在保持一定高程差的条件下进行测试）和孔中平测（一对换能器置于同一钻孔中，以一定的高程差同步移动进行测试）。

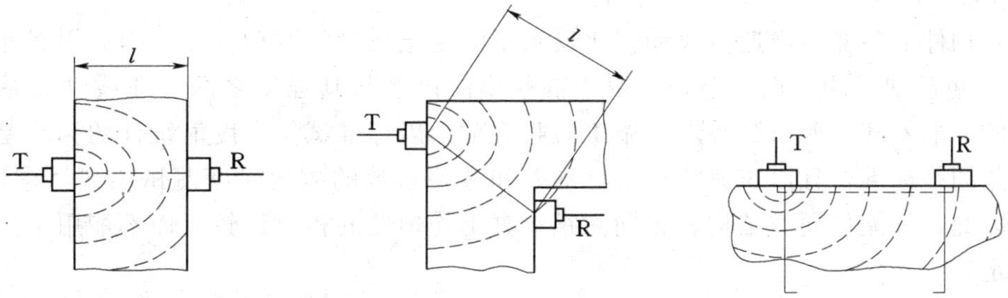

图 8-4　换能器布置方式

(a) 直测法；(b) 斜测法；(c) 平测法

(二) 混凝土相对均匀性检测

1. 适用情况

需要了解结构混凝土各部位的相对匀质性时。

2. 检测要求

(1) 被检测的部位应具有相对平行的测试面。

(2) 测点应在被测部位上均匀布置，测点的间距一般为 200～500mm。

(3) 测点布置时，应避开与声波传播方向相一致的主钢筋。

3. 检测方法

(1) 在检测部位的测试面上画间距为 200～500mm 的网格并编号。

(2) 用钢卷尺测量两个换能器之间的距离，测量误差不应大于±1%。

(3) 逐点测量声时值 t_1、t_2、t_3、…、t_n。

4. 数据处理及判定

(1) 各测点的混凝土声速值应按下式计算

$$v_i = \frac{l_i}{t_{ci}} \tag{8-19}$$

式中　v_i——第 i 点混凝土声速值，km/s；

l_i——第 i 点测距值，mm；

t_{ci}——第 i 点混凝土声时值，mm。

(2) 各测点混凝土声速的平均值 m_V 和标准差 s_V 及离差系数 c_V，应按下式分别计算

$$m_V = \frac{1}{n}\sum_{i=1}^{n} v_i \tag{8-20}$$

$$s_V = \sqrt{\frac{\sum v_i^2 - m m_V^2}{n-1}} \tag{8-21}$$

$$c_V = \frac{s_V}{m_V} \tag{8-22}$$

式中　n——测点数。

(3) 根据声速的标准差和离差系数的大小，可以相对比较相同测距的同类结构或各部位混凝土质量均匀性的优劣。

5. 注意问题

(1) 构件上各测点声速值波动变化反映了混凝土质量的波动变化，因此用声速统计的 s_V 和 c_V，也反映了均匀性。但是，由于混凝土的声速与其强度之间并非线性关系，以声速统计的标准差和离差系数与现行施工验收规范中以标准试块强度值统计的标准差和离差系数不是同一标准，且以声速统计的标准差和离差系数的数值还随测试距离（构件尺寸）而变。因此，只能作同类结构、相同测距混凝土均匀性的相对比较，而不能用于均匀性等级的评定。

(2) 当具有超声测强曲线时，可先计算出测点混凝土强度值，然后再进行匀质性评价。

(三) 混凝土表面损伤层检测

1. 适用情况

需要了解因冻害、高温或化学腐蚀等所引起的混凝土表面损伤层厚度时。

2. 检测要求

①根据结构的损伤情况和外观质量选取有代表性的部位布置测区；

②结构被测表面应平整并处于自然干燥状态，且无接缝和饰面层；

③测点布置时应避免 T、R 换能器的连线方向与附近主钢筋的轴线平行。

3. 检测方法

测试时 T 换能器应耦合好保持不动，然后将 R 换能器依次耦合在测点 1、2、3、…位置上，见图 8-5，读取相应的声时值 t_1、t_2、t_3、…，并测量每次 R、T 换能器之间的距离 l_1、l_2、l_3、…。R 换能器每次移动的距离不宜大于 100mm，每一测区的测点数不得少于 6 个。

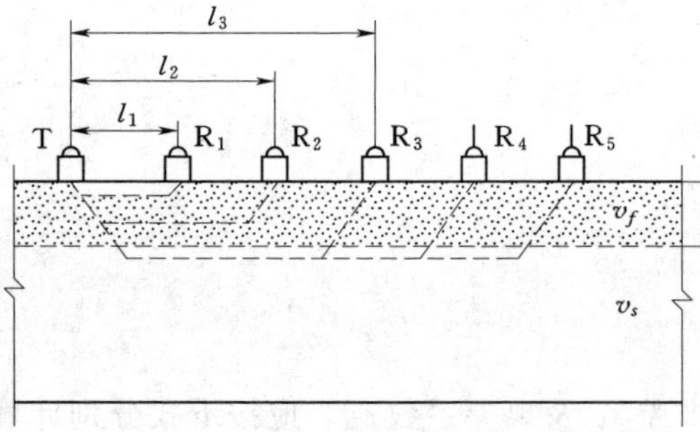

图 8-5　损伤层检测换能器布置

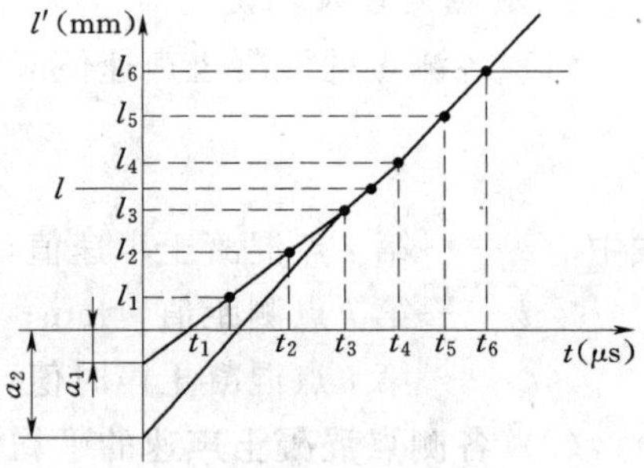

图 8-6　损伤层检测时—距

4. 数据处理及判定

(1) 以各测点的声时值和相应测距值 l_i 绘制时—距坐标图，如图 8-5 所示。由图可得到声速改变所形成的拐点，并可按式（8-23）和式（8-24）计算出该点前、后分别表示损伤和未损伤混凝土的 l 与 t 的相关直线。

损伤混凝土　　$l_f = a_1 + b_1 t_f$　　(8-23)

未损伤混凝土　　$l_a = a_2 + b_2 t_a$　　(8-24)

式中　　l_f——拐点前各测点的距离，mm，对应于图 8-6 中的 l_1、l_2、l_3；

t_f——对应于图 8-6 中的 l_1、l_2、l_3 的声时，μs；

l_a——拐点后各测点的距离 mm，对应于图 8-6 中 l_4、l_5、l_6；

a_1、b_1、a_2、b_2——回归系数，即图 8-6 中损伤和未损伤混凝土直线的截距和斜率。

（2）损伤层厚度应按下式计算

$$l_0 = (a_1 b_2 - a_2 b_1)/(b_2 - b_1) \quad (8-25)$$

$$h_f = \frac{l_0}{2}\sqrt{\frac{b_2 - b_1}{b_2 + b_1}} \quad (8-26)$$

式中 h_f——损伤层厚度。

5. 注意问题

（1）表面损伤层检测宜选用频率较低的厚度振动式换能器。

（2）当结构的损伤层厚度不均匀时，应适当增加测区数。

（四）浅裂缝检测

1. 适用情况

当结构混凝土开裂深度不大于 500mm 时。

2. 检测要求

（1）需要检测的裂缝中，不得充水或充泥浆。

（2）如有主钢筋穿过裂缝且与 T、R 换能器的连线大致平行，布置测点时应注意使 T、R 换能器连线至少与该钢筋轴线相距 1.5 倍的裂缝预计深度。

3. 检测方法

（1）平测法。当结构的裂缝部位只有一个可测表面，可采用平测法。平测时应在裂缝的被测部位以不同的测距同时按跨缝和不跨缝布置测点进行声时测量，其测量步骤应如下。

1）不跨缝声时测量。将 T 和 R 换能器置于裂缝同一侧，以两个换能器内边缘间距（l'）等于 100mm、150mm、200mm、250mm、…分别读取声时值（t_i），绘制时—距坐标图（图 8-7）或用统计的方法求出两者的关系式。

$$l_i = a + bt_i \quad (8-27)$$

每测点超声波实际传播距离 l_i 为

$$l_i = l' + |a| \quad (8-28)$$

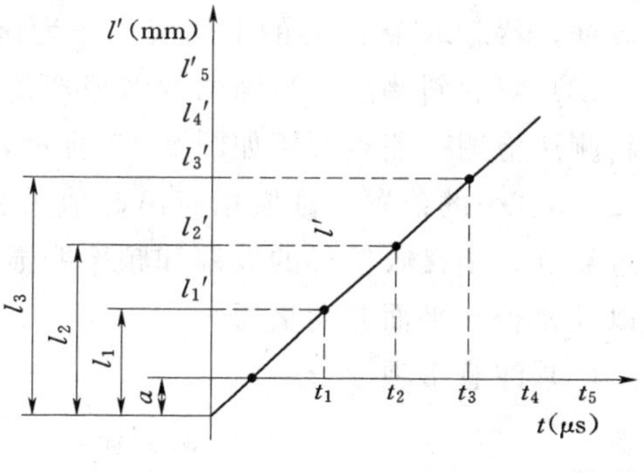

图 8-7 平测时—距图

式中 l_i——第 i 点的超声波实际传播距离，mm；

l'——第 i 点的 R、T 换能器内边缘间距，mm；

a——时—距图中 l' 轴的截距或回归直线方程的常数项，mm。

不跨缝平测的混凝土声速值为

$$v = (l'_n - l'_1)/(t'_n - t'_1)(\text{km/s}) \quad (8-29)$$

或

$$v = b(\text{km/s}) \quad (8-30)$$

式中 l'_n、l'_1——第 n 点和第 1 点的测距，mm；

t'_n、t'_1——第 n 点和第 1 点读取的声时值，μs；

b——回归系数。

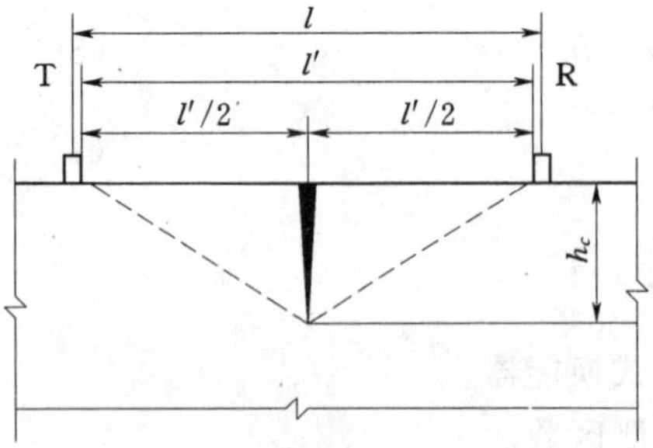

图 8-8 绕过裂缝示意图

2）跨缝声时测量。如图 8-8 所示，将 T、R 换能器分别置于以裂缝为轴线的对称两侧，两换能器中心连线垂直于裂缝走向，以 $l'=100$mm、150mm、200mm、250mm、300mm、… 分别读声时值 t_i^0，同时观察首波相位的变化。

3）平测法检测，裂缝深度按下式计算

$$h_{ci}=\frac{l_i}{2}\sqrt{(t_i^0 v/l_i)^2-1} \tag{8-31}$$

$$m_{hc}=\frac{1}{n}\sum_{i=1}^{n}h_{ci} \tag{8-32}$$

式中 l_i——不跨缝平测时第 i 点的超声波实际传播距离，mm；

h_{ci}——第 i 点计算的裂缝深度值，mm；

t_i^0——第 i 点跨缝平测的声时值，μs；

m_{hc}——各测点计算裂缝深度的平均值，mm；

n——测点数。

4）裂缝深度的确定方法如下：跨缝测量中，当在某测距发现首波反相时，可用该测距及两个相邻测距的测量值按式（8-31）计算 h_{ci} 值，取此三点 h_{ci} 的平均值作为该裂缝的深度值（h_c）。

跨缝测量中如难于发现首波反相，则以不同测距按式（8-31）、式（8-31）计算 h_{ci} 及其平均值 m_{hc}。将各测距 l'_i 与 m_{hc} 比相比较，凡测距 l'_i 小于 m_{hc} 和大于 $3m_{hc}$，应剔除该组数据，然后取余下 h_{ci} 的平均值，作为该裂缝的深度值（h_c）。

（2）双面斜测法。当结构的裂缝部位具有两个相互平行的测试表面时，可采用双面穿透斜测法检测。测点布置如图 8-9 所示，将 T、R 换能器分别置于两测试表面对应测点 1、2、3、…的位置，读取相应声时值 t_i 波幅值 A_1 及主频率 f_i。如 T、R 换能器的连线通过裂缝，则接收信号的波幅和频率明显降低。根据波幅和频率的突变，可以判定裂缝深度以及是否在平面方向贯通。

（3）注意事项。

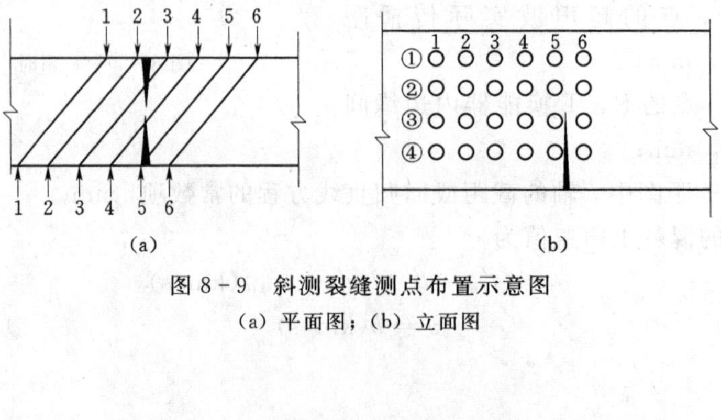

图 8-9 斜测裂缝测点布置示意图

（a）平面图；（b）立面图

1）当需要检测的裂缝中有水或泥浆时，上述检测方法不能使用。因为以声时推算浅裂缝深度，是假定裂缝中充满了气体，声波绕过裂缝末端传播。若裂缝有水或泥浆，则声波经水介质耦合穿过裂缝，首波到达时间不反映裂缝深度。

2）采用斜测法时，必须保持 T、R 换能器的连线通过裂缝和不通过裂缝的测试距离相等、倾斜角一致的条件下，读取相应的声时、波幅和频率值。

（五）深裂缝检测

1. 适用情况

对于大体积混凝土，当预计开裂深度大于 500mm 时。

2. 检测要求

（1）需要检测的裂缝中，不得充水或充泥浆。

（2）允许在裂缝两旁钻测试孔。

（3）孔径应比换能器直径大 5～10mm。

（4）孔深应至少比裂缝预计深度深 700mm，经测试如浅于裂缝深度，则应加深钻孔。

（5）对应的两个测试孔，必须始终位于裂缝两侧，其轴线应保持平行。

（6）两个对应测试孔的间距宜为 2000mm，同一结构的各对应测孔间距应相同。

（7）孔中粉末碎屑应清理干净。

（8）如图 8－10（a）所示，宜在裂缝一侧多钻一个较浅的孔，测试无缝混凝土的声学参数供对比判别之用。

3. 检测方法

（1）选用频率为 20～60kHz 的径向振动式换能器，并在其连接线上作出等距离标志（一般间隔 100～400mm）。

（2）测试前应先向测试孔中注满清水，然后将 T、R 换能器分别置于裂缝两侧的对应孔中，以相同高程等间距从上至下同步移动，逐点读取声时、波幅和换能器所处的深度，见图 8－10（b）。

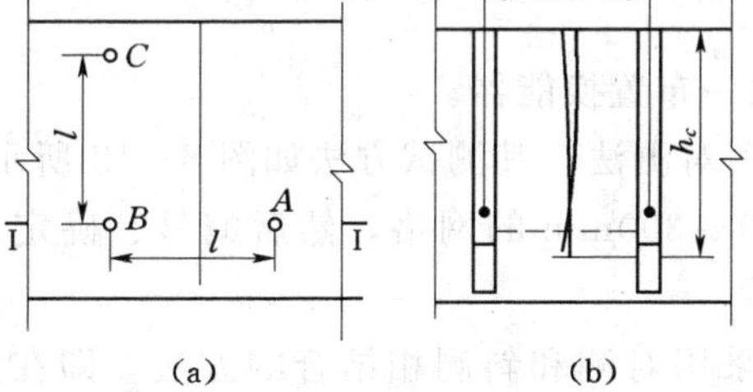

（a）　　（b）

图 8－10　钻孔测裂缝深度示意图

（a）平面图（C 为比较孔）；（b）Ⅰ－Ⅰ剖面图

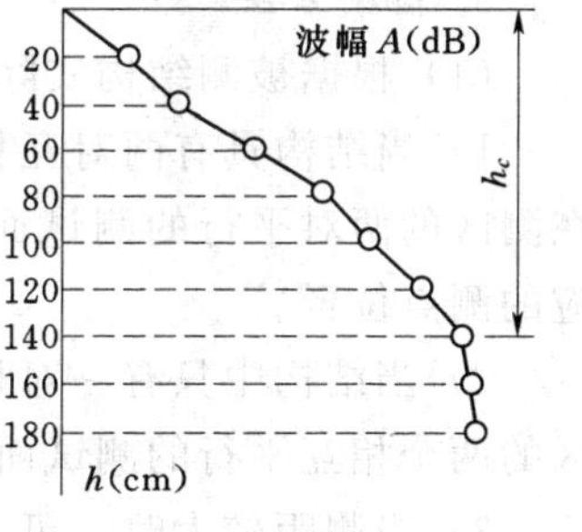

图 8－11　h—A 坐标图

4. 裂缝深度判定

以换能器所处深度（h）与对应的波幅值（A）绘制 h—A 坐标图（如图 8－11 所示），随着换能器位置的下移，波幅逐渐增大，当换能器下移至某一位置后，波幅达到最大并基本稳定，该位置所对应的深度便是裂缝深度 h_c。

5. 注意问题

（1）向测孔中灌的水必须是清水，无悬浮泥沙。

（2）测点间隔宜 20cm 左右，深度大的裂缝测量间隔可适当大一些，换能器上下移动到位后，使其处于钻孔中心，为此换能器应套上橡皮的“扶正器”再置于钻孔中使用。

（3）当放置 T、R 换能器的测孔之间混凝土质量不均匀或者存在不密实和空洞时，将使 h—A 曲线偏离原来趋向，此时应注意识别和判断，以免产生误判。

（4）由于大体积混凝土本身存在较大的体积变形，当温度升高而膨胀时，其裂缝变窄甚至完全闭合。当结构混凝土在外力作用下，其受压区的裂缝也会产生类似变化。在这种情况下进行超声检测，难以正确判断裂缝深度。因此，最好在气温较低的季节或结构卸荷状态下进行裂缝检测。

（5）当有主钢筋穿过裂缝且靠近一对测孔，T、R 换能器又处于该钢筋的高度时，大部分超声波将沿钢筋传播到接收换能器，波幅测值难以反映裂缝的存在，检测时应注意判别。

（6）当裂缝中充满水时，绝大部分超声波经水穿过裂缝传播到接收换能器，使得有无裂缝的波幅值无明显差异，难以判断裂缝深度。因此，检测时被测裂缝中不应填充水或泥浆。

（六）不密实区和空洞检测

1. 适用情况

当结构混凝土因振捣不够、漏浆或石子架空等原因造成混凝土局部区域呈蜂窝状、空洞等缺陷时。

2. 检测要求

（1）被测部位应具有一对（或两对）相互平行的测试面。

（2）测试范围除应大于有怀疑的区域外，还应有同条件的正常混凝土进行对比且对比测点数不应少于 20。

（3）在测区布置测点时，应避免 T、R 换能器的连线与附近的主钢筋轴线平行。

3. 检测方法

（1）根据被测结构实际情况，可按下列方法之一布置换能器。

1）当结构具有两对互相平行的测试面时可采用对测法，其测试方法如图 8－12 所示。在测区的两对平行的测试面上，分别画间距为 100～300mm 的网格，然后编号、确定对应的测点位置。

2）当结构中只有一对相互平行的测试面时可采用对测和斜测相结合的方法。即在测区的两个相互平行的测试面上，分别画出交叉测试的两组测点位置，如图 8－13 所示。

3）当测距较大时，可采用钻孔或预埋管测法。如图 8－14 所示，在测位预埋声测管或钻出竖向测试孔，预埋管内径或钻孔直径宜比换能器直径大 5～10mm，预埋管或钻孔间距宜为 2～3m，其深度可根据测试需要确定。检测时可用两个径向振动式换能器分别置于两测孔中进行测试，或用一个径向振动式与一个厚度振动式换能器，分别置于测孔中和平行于测孔的侧面进行测试。

（2）按规定测量每一测点的声时、波幅、频率和测距。

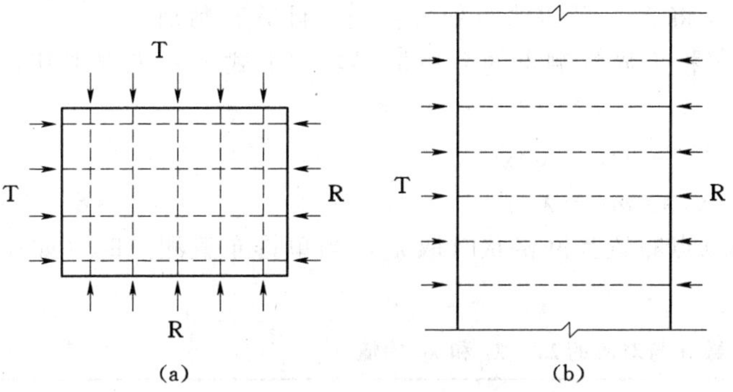

图 8-12　对测法示意图

(a) 平面图；(b) 立面图

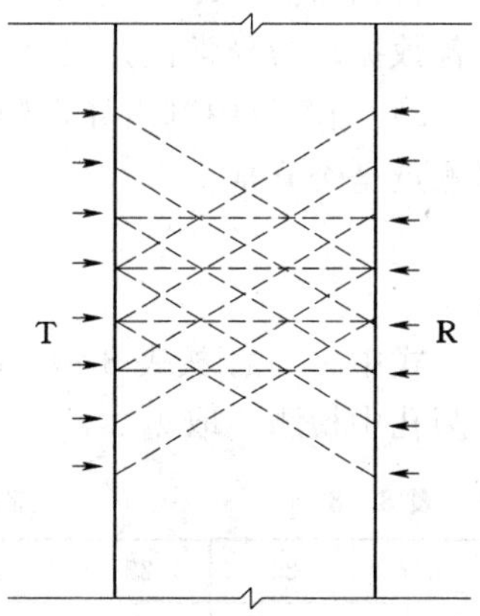

图 8-13　斜测法示意图

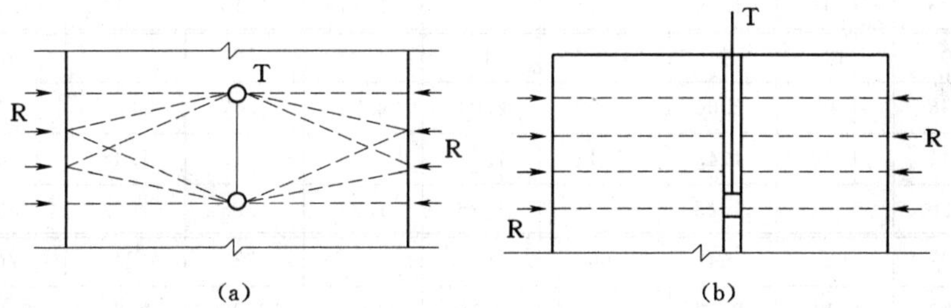

图 8-14　钻孔法示意图

(a) 平面图；(b) 立面图

4. 数据处理及判定

(1) 测区混凝土声时（或声速）、波幅、频率测量值的平均值（m_X）和标准差（s_X）应按下式计算

$$m_X = \frac{1}{n}\sum_{i=1}^{n} X_i \tag{8-33}$$

$$s_X = \sqrt{\frac{\sum X_i^2 - nm_X^2}{n-1}} \tag{8-34}$$

式中　X_i——第 i 点的声时（或声速）、波幅、频率的测量值；

n——测区参与统计的测点数。

(2) 测区中的异常数据可按以下方法判别。

1) 如果测得测区各测点的波幅、频率或（由声时计算的）声速值，则将它们由大至小按顺序排列，即 $X_1 \geqslant X_2 \geqslant \cdots \geqslant X_n \geqslant X_{n+1} \geqslant \cdots$，将排在后面明显小的数据视为可疑值，再将这些可疑值中最大的一个（假定为 X_n）连同其前面的数据按式（8-33）和式（8-34）计算出 m_X 及 s_X 值，并代入式（8-35），计算出异常情况的判断值（X_0）。

$$X_0 = m_X - \lambda_1 s_X \tag{8-35}$$

式中　λ_1——异常值判定系数，应按表 8-8 取值。

将判断值（X_0）与可疑数据的最大值（X_n）相比较，如 $X_n \leqslant X_0$，则 X_n 及排列其后的各数据均为异常值；当 $X_n > X_0$，应将 X_{n+1} 放进去重新进行统计计算和判别。

2）当测位中判出异常测点时，可根据异常测点的分布情况，按下式进一步判别其相邻测点是否异常。

$$X_0 = m_X - \lambda_2 s_X$$

或

$$X_0 = m_X - \lambda_3 s_X \tag{8-36}$$

式中 λ_2、λ_3 按表 8-8 取值。当测点布置为网格状时取 λ_2，当单排布置测点时（如在声测孔中检测）取 λ_3。

表 8-8　　统计数的个数 n 与对应的 λ_1、λ_2 和 λ_3 的值

n	20	22	24	26	28	30	32	34	36	38
λ_1	1.65	1.69	1.73	1.77	1.80	1.83	1.86	1.89	1.92	1.94
λ_2	1.25	1.27	1.29	1.31	1.33	1.34	1.36	1.37	1.38	1.39
λ_3	1.05	1.07	1.09	1.11	1.12	1.14	1.16	1.17	1.18	1.19
n	40	42	44	46	48	50	52	54	56	58
λ_1	1.96	1.98	2.00	2.02	2.04	2.05	2.07	2.09	2.10	2.12
λ_2	1.41	1.42	1.43	1.44	1.45	1.46	1.47	1.48	1.49	1.49
λ_3	1.20	1.22	1.23	1.25	1.26	1.27	1.28	1.29	1.30	1.31
n	60	62	64	66	68	70	72	74	76	78
λ_1	2.13	2.14	2.15	2.17	2.18	2.19	2.20	2.21	2.22	2.23
λ_2	1.50	1.51	1.52	1.53	1.53	1.54	1.55	1.56	1.56	1.57
λ_3	1.31	1.32	1.33	1.34	1.35	1.36	1.36	1.37	1.38	1.39
n	80	82	84	86	88	90	92	94	96	98
λ_1	2.24	2.25	2.26	2.27	2.28	2.29	2.30	2.30	2.31	2.31
λ_2	1.58	1.58	1.59	1.60	1.61	1.61	1.62	1.62	1.63	1.63
λ_3	1.39	1.40	1.41	1.42	1.42	1.43	1.44	1.45	1.45	1.45
n	100	105	110	115	120	125	130	140	150	160
λ_1	2.32	2.35	2.36	2.38	2.40	2.41	2.43	2.45	2.48	2.50
λ_2	1.64	1.65	1.66	1.67	1.68	1.69	1.71	1.73	1.75	1.77
λ_3	1.46	1.47	1.48	1.49	1.51	1.53	1.54	1.56	1.58	1.59

（3）当测区中某些测点的声时值（或声速值）、波幅值（或频率值）被判为异常值时，可结合异常测点的分布及波形状况确定混凝土内部存在不密实区和空洞的范围。

5. 空洞尺寸估算

当判定缺陷是空洞时，可采用以下方法估算其空洞尺寸的大小。

如图 8-15 所示，设检测距离为 l，空洞中心（在另一对测试面上，声时最长的测点位置）距一个测试面的垂直距离为 l_h，声波在空洞附近无缺陷混凝土中传播的时间平均值为 m_{ta}，绕空洞传播的时间（空洞处的最大声时）为 t_h，空洞半径为 r。

根据 l_h/l 值和 $(t_h - m_{ta})/m_t \times 100\%$ 值，可由表 8-9 查得空洞半径 r 与测距 l 的比

值，再计算空洞的大致尺寸 r。如被测部位只有一对可供测试的表面，空洞尺寸可用下式计算

$$r=\frac{1}{2}\sqrt{\left(\frac{t_h}{m_{ta}}\right)^2-1} \qquad (8-37)$$

式中　r——空洞半径，mm；

t_h——缺陷处的最大声时值，μs；

m_{ta}——无缺陷区的平均声时值，μs。

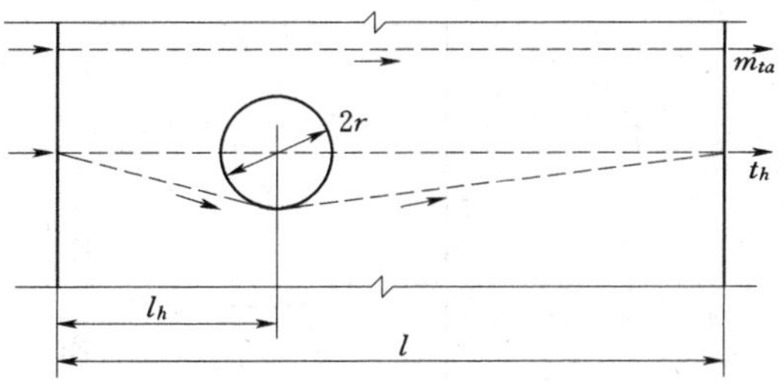

图 8-15　空洞尺寸估算原理

表 8-9　　空洞半径 r 与测距 l 的比值

y ＼ x ＼ z	0.05	0.08	0.10	0.12	0.14	0.16	0.18	0.20	0.22	0.24	0.26	0.28	0.30
0.10 (0.9)	1.42	3.77	6.26	—	—	—	—	—	—	—	—	—	—
0.15 (0.85)	1.00	2.56	4.06	5.97	8.39	—	—	—	—	—	—	—	—
0.2 (0.8)	0.78	2.03	3.18	4.62	6.36	8.44	10.9	13.9	—	—	—	—	—
0.25 (0.75)	0.67	1.72	2.69	3.90	5.34	7.03	8.98	11.2	13.8	16.8	—	—	—
0.3 (0.7)	0.60	1.53	2.40	3.46	4.73	6.21	7.91	9.38	12.0	14.4	17.1	20.1	23.6
0.35 (0.65)	0.55	1.41	2.21	3.19	4.35	5.70	7.25	9.00	10.9	13.1	15.5	18.1	21.0
0.4 (0.6)	0.52	1.34	2.09	3.02	4.12	5.39	6.84	8.48	10.3	12.3	14.5	16.9	19.8
0.45 (0.55)	0.50	1.30	2.03	2.92	3.99	5.22	6.62	8.20	9.95	11.9	14.0	16.3	18.8
0.5	0.50	1.28	2.02	2.89	3.94	5.16	6.35	8.11	9.84	11.8	13.3	16.1	18.6

注　表中 $x=(t_h-m_{tu})/t_{tu}\times100\%$，$y=l_n/l$，$z=r/l$。

6. 注意问题

(1) 一般情况下用波幅、频率和声时的差异来判别不密实和空洞等缺陷较为有效。

(2) 若耦合条件保证不了测幅稳定，则波幅值不能作为统计法的判据。

(3) 有时由于一个构件的整体质量差，各测点的声速，波幅测量值的标准差较大，如按上述判别易产生漏判，此时，可利用一个同条件（混凝土的材料、龄期、配合比及配筋相同，测距一致）混凝土的声速、波幅的平均值和标准差来判别。

(七) 混凝土结合面质量检测

1. 适用情况

需要了解前后两次浇筑的混凝土之间接触面的质量，如施工缝、修补加固等时。

2. 检测要求

(1) 测试前应查明结合面的位置及走向，以正确确定被测部位及布置测点。

(2) 结构的被测部位应具有使声波垂直或斜穿结合面的一对平行测试面。

(3) 所布置的测点应避开平行声波传播方向的主钢筋或预埋铁件。

3. 检测方法

混凝土结合面质量检测采用对测法和斜测法，按图 8-16 (a) 或图 8-16 (b) 布置

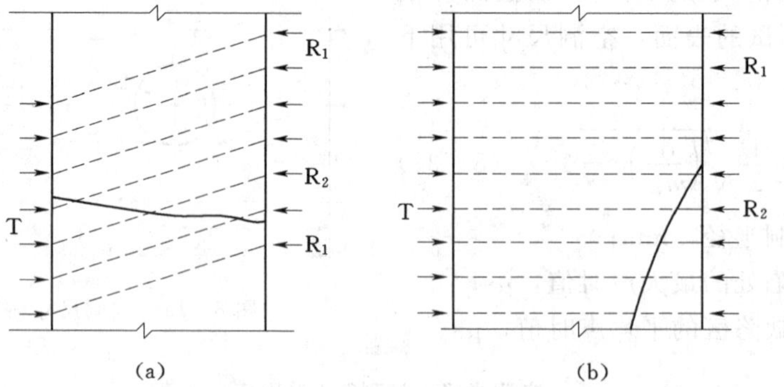

图 8-16　混凝土结合面质量检测示意图

(a) 对测法；(b) 斜测法

测点，按布置好的测点分别测出各点的声时、波幅和频率值。

布置测点时应注意以下几点：

(1) 使测试范围覆盖全部结合面或有怀疑的部位。

(2) 各对 T、R 换能器连线的倾斜角及测距应相等。

(3) 测点的间距视结构尺寸和结合面外观质量情况而定，一般控制在 100～300mm。

4. 数据处理及判定

(1) 按式 (8-33)、式 (8-34) 和式 (8-35) 对某一测区各测点的声时、波幅或频率值分别进行统计和异常值判断。当通过结合面的某些测点的数据被判为异常，并查明无其他因素影响时，可判定混凝土结合面在该部位结合不良。

(2) 当测点数无法满足统计法判断时，可按 T—R_2 的声速、波幅等声学参数与 T—R_1 进行比较，若 T—R_2 的声学参数比 T—R_1 显著低时，则该点可判为异常测点。

5. 注意问题

(1) 利用超声波检测两次浇筑的混凝土结合面的质量，主要采用对比的方法，因此，在同一测区必须有通过结合面和不通过结合面的测点，为保证各测点具有一定的可比性，每一对测点都应保持倾斜度一致，且测距相等。

(2) 如果发现声时明显偏长或波幅及频率偏低的可疑点，则应查明测试表面是否平整、干净，并做必要的处理后再进行重测和细测。

(八) 钢管混凝土缺陷检测

1. 适用情况

本检测方法仅适用于管壁与混凝土胶结良好的钢管混凝土缺陷检测。

2. 检测要求

所用钢管的外表面应光洁，无严重锈蚀。

3. 检测方法

(1) 钢管混凝土检测应采用径向对测的方法，如图 8-17 所示。

(2) 应选择钢管与混凝土胶结良好的部位布置测点。

(3) 布置测点时，可先测量钢管实际周长，再将圆周等分，在钢管测试部位画出若干

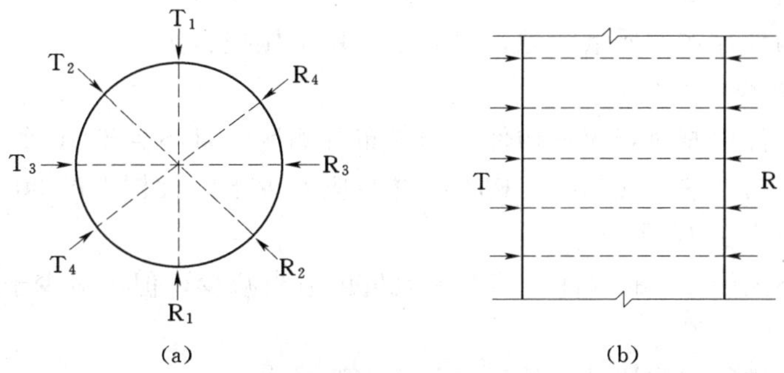

图 8－17　钢管混凝土检测示意图

(a) 平面图；(b) 立面图

根母线和等间距的环向线，线间距宜为 150～300mm。

(4) 检测时可先做径向对测，在钢管混凝土每一环线上保持 T、R 换能器连线通过圆心，沿环向测试，逐点读取声时、波幅和主频。

4. 数据处理与判断

(1) 同一测距的声时、波幅和频率的统计计算及异常值判别按式（8－33）、式（8－34）和式（8－35）规定进行。

(2) 当同一测位的测试数据离散性较大或数据较少时，可将怀疑部位的声速、波幅、主频与相同直径钢管混凝土的质量正常部位的声学参数相比较，综合分析判断所测部位的内部质量。

5. 注意问题

(1) 检测过程中应注意防止首波信号经由钢管壁传播。

(2) 对于直径较大的钢管混凝土，也可采用预埋声测管的方法检测。

三、超声回弹综合法检测混凝土

超声回弹综合法是指采用超声仪和回弹仪，在结构混凝土同一测区分别测量声时值和回弹值，然后利用已建立起来的测强公式推算该测区混凝土强度的一种方法。与单一回弹法或超声法相比，超声回弹综合法具有受混凝土龄期和含水率的影响小、测试精度高、适用范围广、能够较全面地反映结构混凝土的实际质量等优点。

综合法检测混凝土强度技术，实质上就是超声法和回弹法两种单一测强的综合测试，因此，有关仪器设备的技术要求、检测方法及规定与前述基本相同，通常检测时遵循以下步骤。

(一) 测前准备

1. 资料准备

(1) 工程名称及设计、施工和建设单位名称。

(2) 结构或构件名称、编号、施工图（或平面图）及混凝土强度等级。

(3) 水泥品种、标号、用量、出厂厂名、砂石品种和粒径、外加剂或掺和料品种、掺量以及混凝土配合比等。

（4）模板类型、混凝土灌注和养护情况以及成型日期。

（5）结构或构件存在的质量问题，混凝土试块抗压报告等。

2. 被测结构或构件准备

（1）按单个构件检测时，应在构件上均匀布置测区，且不少于 10 个。

（2）当对同批构件抽样检测时，构件抽样数应不少于同批构件的 30%且不少于 4 件，每个构件测区数不少于 10 个。

（3）对长度不大于 2m 的构件，其测区数量可适当减少，但不应少于 3 个。

（二）检测方法

每一测区宜先进行回弹测试，然后进行超声测试。

（1）回弹值的测量与计算见本章第二节。

（2）超声声速值的测量与计算。

1）超声声时值的测量。超声仪必须是符合技术要求并具有质量检查合格证。超声测点应布置在回弹测试的同一测区内。应保证换能器与混凝土耦合良好，且发射和接收换能器的轴线应在同一直线上。每个测区内的相对测试面上，应布置三个测点，见图 8－18。

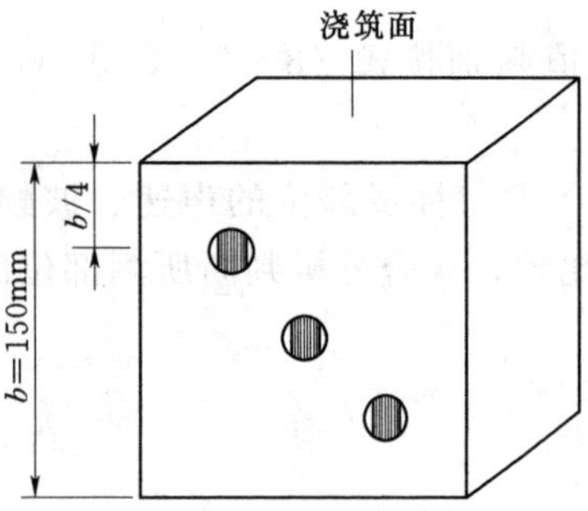

图 8－18　测区测点分布图

2）声速值的计算。声速值按下式计算

$$v = l/t_m \quad (8-38)$$

$$t_m = (t_1 + t_2 + t_3)/3 \quad (8-39)$$

式中　v——测区声速值，km/s；

l——超声测距，mm；

t_m——测区平均声时值，μs；

t_1、t_2、t_3——测区中 3 个测点的声时值，μs。

3）当在混凝土浇筑的顶面与底面测试时，由于上表面砂浆较多，强度偏低，底面粗骨料较多强度偏高，综合起来与成型侧面是有区别的，另浇筑表面不平整，因此会使声速偏低，所以应按下列公式进行修正：

$$v_a = \beta v \quad (8-40)$$

式中　v_a——修正后的测区声速值，km/s；

β——超声测试面修正系数，在混凝土浇灌顶面及底面时，β=1.034；在混凝土侧面测试时，β=1。

（三）混凝土强度的推定

（1）构件第 i 个测区的混凝土强度换算值应采用修正后的测区回弹值及修正后的测区声速值，优先采用专用或地区测强曲线推定。当无该类测强曲线时，可按附录中的附表一和附表二查阅混凝土强度或按下列公式计算。

1）粗骨料为卵石时

$$f^c_{cu,i} = 0.0038(v_{ai})^{1.23}(R_{ai})^{1.95} \quad (8-41)$$

2）粗骨料为碎石时

$$f^c_{cu,i} = 0.008(v_{ai})^{1.72}(R_{ai})^{1.57} \quad (8-42)$$

式中　$f^c_{cu,i}$——第 i 个测区混凝土强度换算值，MPa，精确至 0.1MPa；

v_{ai}——第 i 个测区修正后的超声声速值，km/s，精确至 0.1km/s；

R_{ai}——第 i 个测区修正后的回弹值，精确至 0.1。

（2）当结构所用材料与制定的测强曲线所用材料有较大差异时，须用同条件试件块或从结构构件测区钻取的混凝土芯样进行修正，试件数量应不少于 3 个。

（3）结构或构件混凝土强度的推定。结构或构件的混凝土强度推定值应按下列公式确定。

1）当按单个构件检测时，单个构件的混凝土强度推定值 $f_{cu,e}$ 取该构件各测区中最小的混凝土强度换算值 $f^c_{cu,\min}$。

$$f_{cu,e}=f^c_{cu,\min} \tag{8-43}$$

式中　$f^c_{cu,\min}$——构件中最小的测区混凝土强度换算值。

2）当按批抽样检测时，该批构件的混凝土强度推定值应按式（8－10）计算。

3）当同批测区混凝土强度换算值标准差过大时，该批构件的混凝土强度推定值也可按下列公式计算

$$f_{cu,e}=f^c_{cu,\min}=\frac{1}{m}\sum_{i=1}^{m}f^c_{cu,\min,i} \tag{8-44}$$

式中　$f^c_{cu,\min,i}$——第 i 个构件中最小的测区混凝土强度换算值，MPa；

m——抽取构件数。

4）当属同批构件按批抽样检测时，若全部测区强度的标准差出现下列情况时，则该批构件应全部按单个构件检测。

a. 当该批构件混凝土强度平均值小于 25MPa 时，按式（8－11）计算。

b. 当该批构件混凝土强度平均值不小于 25MPa 时，按式（8－12）计算。

（四）注意问题

（1）操作回弹仪时，回弹仪的轴线始终应与测试面垂直。

（2）超声声时测量时，换能器与混凝土之间的良好耦合是十分重要的。

（3）同批构件的条件是：混凝土强度等级相同；混凝土原材料、配合比、成型工艺、养护条件及龄期基本相同；构件种类相同；在施工阶段所处状态相同。

（4）如缺少专用或地区测强曲线时，在采用附录中的附表一的基准测强曲线前，应进行验证。验证方法如下。

1）选用该地区常用混凝土的原材料，按最佳配合比配制强度等级为 C10、C20、C30、C40、C50 的混凝土，制作边长为 150mm 立方体试块各 3 组，采用自然养护。

2）使用符合技术要求的回弹仪和超声波检测仪。

3）按龄期为 28d、60d 和 90d 进行综合法测试及试块抗压试验。

4）根据每个试块测得的回弹值和超声声速值由附录中的附表一和附表二查出强度值 $f^c_{cu,i}$。

5）将实测试块抗压强度 $f_{cu,i}$ 与查表所得强度 $f^c_{cu,i}$ 按下式计算相对标准误差

$$e_r=\sqrt{\frac{\sum(f_{cu,i}/f^c_{cu,i}-1)^2}{n-1}}\times 100\% \tag{8-45}$$

如 $e_r\leqslant\pm15\%$，可使用附录中的附表一和附表二的测强曲线；如 $e_r>\pm15\%$，应另建

立专用测强曲线或地区测强曲线。

第四节　钻芯法检验混凝土强度

钻芯取样法检验混凝土强度，指从混凝土结构物中钻取混凝土芯样，根据芯样的抗压强度来测定结构混凝土的强度，是一种直观准确的方法。但是由于结构或构件部位的条件、所处位置及受力状态的影响，钻取芯样的数量通常比较少，在一定程度上可作为抽检混凝土抗压强度、均匀性和内部缺陷的指标。其检验原则如下。

一、适用情况

(1) 试块抗压强度的测试结果有怀疑时。

(2) 因材料、施工或养护不良而发生混凝土质量问题时。

(3) 混凝土遭受冻害、火灾、化学侵蚀或其他损害时。

(4) 需检测经多年使用的建筑结构或构造物中混凝土强度时。

二、钻取芯样

1. 钻前准备资料

(1) 工程名称（或代号）及设计、施工、建设单位名称。

(2) 结构或构件种类，外形尺寸及数量。

(3) 设计采用的混凝土强度等级。

(4) 成型日期，原材料（水泥品种、粗集料粒径等）和混凝土试块抗压强度试验报告。

(5) 结构或构件质量状况和施工中存在问题的记录。

(6) 有关的结构设计图和施工图等。

2. 钻取芯样部位

(1) 结构或构件受力较小的部位。

(2) 混凝土强度质量具有代表性的部位。

(3) 便于钻芯机安放与操作的部位。

(4) 避开主筋、预埋件和管线的位置，并尽量避开其他钢筋。

(5) 用钻芯法和非破损法综合测定强度时，与非破损法取同一测区。

三、芯样要求

1. 芯样数量

按单个构件检测时，每个构件的钻芯数量不应少于 3 个，对于较小构件，钻芯数量可取 2 个；对构件的局部区域进行检测时，应由要求检测的单位提出钻芯位置及芯样数量。

2. 芯样直径

钻取的芯样直径一般不宜小于集料最大粒径的 3 倍，在任何情况下不得小于集料最大粒径的 2 倍。

3. 芯样高度

芯样抗压试件的高度和直径之比应在 1～2 范围内。

4. 芯样外观检查

每个芯样应详细描述有关裂缝、分层、麻面或离析等，并估计集料的最大粒径、形状种类及粗细集料的比例与级配，检查并记录存在气孔的位置、尺寸与分布情况，必要时应进行拍照。

5. 芯样测量

（1）平均直径：用游标卡尺测量芯样中部，在相互垂直的两个位置上，取其两次测量的算术平均值，精确至0.5mm。

（2）芯样高度：用钢卷尺或钢板尺进行测量，精确至0.5mm。

（3）垂直度：用游标量角器测量两个端面与母线的夹角，精确至0.1°。

（4）平整度：用钢板尺或角尺紧靠在芯样端面上，用塞尺测量与芯样端面之间的缝隙（图8-19）。

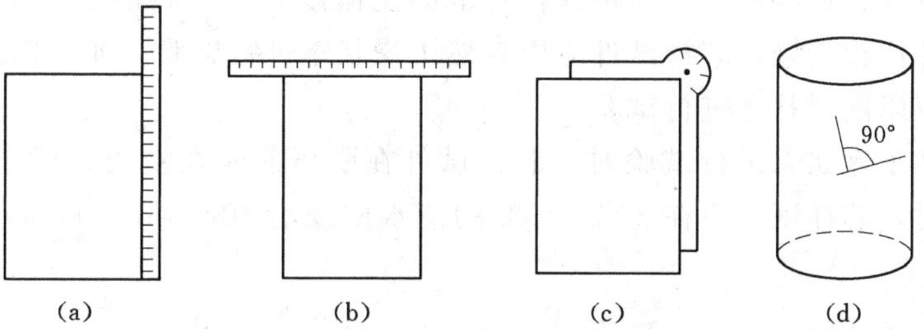

图8-19　芯样尺寸测量示意图

（a）测量高；（b）测平整度；（c）测垂直度；（d）测平均直径

6. 芯样端面补平方法

当锯切后芯样端面的不平整度在100mm长度内超过0.1mm，芯样端面与轴线的不垂直度超过2°时，宜采用在磨平机上磨平或在专用补平装置上补平的方法进行端面加工。

（1）硫黄胶泥（或硫黄）补平。

1）补平前先将芯样端面污物清除干净，然后将芯样垂直地夹持在补平器的夹具中，并提升到一定高度（图8-20）。

2）在补平器底盘上涂上一层很薄的矿物油或其他脱模剂，以防硫黄胶泥与底盘黏结。

3）将硫黄胶泥置放于容器中加热溶化。待硫黄胶泥溶液由黄色变成棕色时（约150℃），倒入补平器底盘中。然后转动手轮使芯样下移并与底盘接触。待硫黄胶泥凝固后，反向转动手轮，把芯样提起，打开夹具取出芯样。然后，按上述步骤补平该芯样的另一端面。

（2）用水泥砂浆（或水泥净浆）补平。

1）补平前先将芯样端面污物清除干净，然后将端面用水湿润。

2）在平整度为每长100mm不超过0.05mm的钢板上涂一薄层矿物油或其他脱模剂，然后倒上适量水泥砂浆摊成薄层，稍许用力将芯样压入水泥砂浆之中，并应保持芯样与钢板垂直。待2h后，再补另一端面。仔细清除侧面多余水泥砂浆，在室内静放一昼夜后送入养护室内养护。待补平材料强度不低于芯样强度时，方能进行抗压试验（图8-21）。

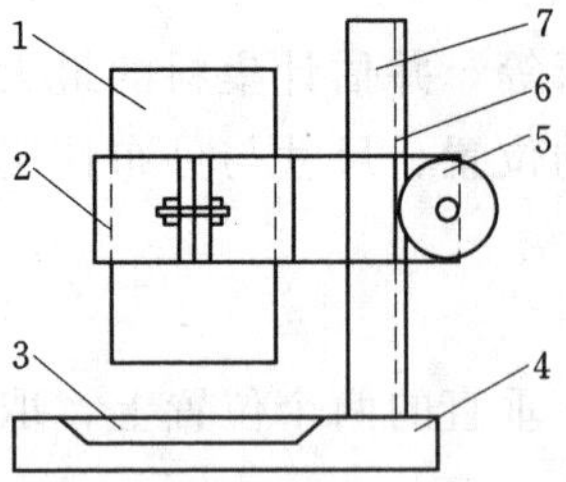

图 8-20　硫黄胶泥补平示意图

1—芯样；2—夹具；3—硫黄液体；4—底盘；
5—手轮；6—齿条；7—立柱

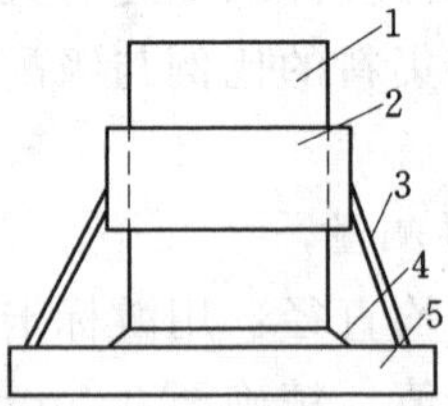

图 8-21　水泥砂浆补平示意图

1—芯样；2—套模；3—支架；
4—水泥砂浆；5—钢板

四、抗压强度试验

(1) 芯样试件宜在与被检测结构或构件混凝土湿度基本一致的条件下进行抗压试验。如结构工作条件比较干燥，芯样试件应以自然干燥状态进行试验；如结构工作条件比较潮湿，芯样试件应以潮湿状态进行试验。

(2) 按自然干燥状态进行试验时，芯样试件在受压前应在室内自然干燥 3d，按潮湿状态进行试验时，芯样试件应在 20℃±5℃的清水中浸泡 40～48h，从水中取出后应立即进行抗压试验。

五、芯样强度计算

芯样试件的混凝土强度换算值系指用钻芯法测得的芯样强度，换算成相应于测试龄期的边长为 150mm 的立方体试块的抗压强度值。芯样试件的混凝土强度换算值，应按下式计算

$$f_{cu}^{c} = \alpha \cdot \frac{P}{A} = \alpha \cdot \frac{4P}{\pi d^2} \tag{8-46}$$

式中　f_{cu}^{c}——混凝土芯样抗压强度换算值，MPa，精确至 0.1MPa；

P——芯样试件抗压试验测得的最大荷载，N；

A——受压面积，mm^2；

d——芯样截面的平均直径，mm；

α——不同高径比芯样试件混凝土强度换算系数，见表 8-10。

表 8-10　　抗压强度尺寸修正系数表

高径比 (h/d)	1.0	1.1	1.2	1.3	1.4	1.5	1.6	1.7	1.8	1.9	2.0
系数 α	1.00	1.04	1.07	1.10	1.13	1.15	1.17	1.19	1.21	1.22	1.24

单个构件及其局部区域，可取芯样试件混凝土强度换算值中的最小值作为其代表值。

六、注意事项

(1) 对混凝土强度等级低于 C10 的结构，不宜采用钻芯法检测。

(2) 芯样试件内不应含有钢筋。如不能满足此项要求，每个试件内最多只允许有两根直径小于 10mm 的钢筋，且钢筋应与芯样轴线基本垂直并不得露出端面。

(3) 将芯样取出并稍晾干后，应标上芯样的编号，并应记录取芯构件名称、取芯位置、芯样长度及外观质量等，必要时应拍摄照片。如发现不符合制作芯样试件的条件，应另行钻取。

(4) 芯样在搬运之前应采用草袋、废水泥袋等材料仔细包装，以免碰坏。

(5) 芯样有裂缝或有其他较大缺陷时不得用于抗压强度试验。

(6) 硫黄胶泥（或硫黄）补平法一般适用于自然干燥状态下抗压试验的芯样试件补平，水泥砂浆（或水泥净浆）补平法一般适用于潮湿状态下抗压试验的芯样试件补平。

(7) 补平层应与芯样结合牢固，以使受压时补平层与芯样的结合面不提前破坏。

(8) 经端面补平后的芯样高度小于 $0.95d$（d 为芯样试件平均直径），或大于 $2.05d$ 时不得用于抗压强度试验。

思考题与习题

1. 简述回弹法检测混凝土强度的基本原理和检测原则？

2. 回弹仪出现什么情况时，应对回弹仪进行检定？

3. 采用回弹法试验时，应如何选择和划分测区？

4. 怎样进行碳化深度值测量？

5. 非水平方向检测混凝土浇筑侧面时，水平方向检测混凝土浇筑顶面或底面时，应如何修正？

6. 用回弹法对混凝土矩形墩进行强度测定，其中某一测区（$\alpha=0$）回弹值分别为 37、35、33、37、38、35、36、35、34、36、35、37、36、35、34、36，碳化深度为 0.5mm，求该测区混凝土强度。

7. 超声法可以检测混凝土哪些缺陷？

8. 超声回弹综合法测混凝土强度较回弹法有什么优点？

9. 钻芯芯样端面应如何补平？

附录　测区混凝土强度换算表

附表一　　**回弹法测区混凝土强度换算表（统一）**

平均回弹值 R_m	测区混凝土强度换算值 $f_{cu,i}^c$（MPa）												
	平均碳化深度值 d_m（mm）												
	0	0.5	1.0	1.5	2.0	2.5	3.0	3.5	4.0	4.5	5.0	5.5	≥6.0
20.0	10.3	10.1	—	—	—	—	—	—	—	—	—	—	—
20.2	10.5	10.3	10.0	—	—	—	—	—	—	—	—	—	—
20.4	10.7	10.5	10.2	—	—	—	—	—	—	—	—	—	—
20.6	11.0	10.8	10.4	10.1	—	—	—	—	—	—	—	—	—
20.8	11.2	11.0	10.6	10.3	—	—	—	—	—	—	—	—	—
21.0	11.4	11.2	10.8	10.5	10.0	—	—	—	—	—	—	—	—
21.2	11.6	11.4	11.0	10.7	10.2	—	—	—	—	—	—	—	—
21.4	11.8	11.6	11.2	10.9	10.4	10.0	—	—	—	—	—	—	—
21.6	12.0	11.8	11.4	11.0	10.6	10.2	—	—	—	—	—	—	—
21.8	12.3	12.1	11.7	11.3	10.8	10.5	10.1	—	—	—	—	—	—
22.0	12.5	12.2	11.9	11.5	11.0	10.6	10.2	—	—	—	—	—	—
22.2	12.7	12.4	12.1	11.7	11.2	10.8	10.4	10.0	—	—	—	—	—
22.4	13.0	12.7	12.4	12.0	11.4	11.0	10.7	10.3	10.0	—	—	—	—
22.6	13.2	12.9	12.5	12.1	11.6	11.2	10.8	10.4	10.2	—	—	—	—
22.8	13.4	13.1	12.7	12.3	11.8	11.4	11.0	10.6	10.3	—	—	—	—
23.0	13.7	13.4	13.0	12.6	12.1	11.6	11.2	10.8	10.5	10.1	—	—	—
23.2	13.9	13.6	13.2	12.8	12.2	11.8	11.4	11.0	10.7	10.3	10.0	—	—
23.4	14.1	13.8	13.4	13.0	12.4	12.0	11.6	11.2	10.9	10.4	10.2	—	—
23.6	14.4	14.1	13.7	13.2	12.7	12.2	11.8	11.4	11.1	10.7	10.4	10.1	—
23.8	14.6	14.3	13.9	13.4	12.8	12.4	12.0	11.5	11.2	10.8	10.5	10.2	—
24.0	14.9	14.6	14.2	13.7	13.1	12.7	12.2	11.8	11.5	11.0	10.7	10.4	10.1
24.2	15.1	14.8	14.3	13.9	13.3	12.8	12.4	11.9	11.6	11.2	10.9	10.6	10.3
24.4	15.4	15.1	14.6	14.2	13.6	13.1	12.6	12.2	11.9	11.4	11.1	10.8	10.4
24.6	15.6	15.3	14.8	14.4	13.7	13.3	12.8	12.3	12.0	11.5	11.2	10.9	10.6
24.8	15.9	15.6	15.1	14.6	14.0	13.5	13.0	12.6	12.2	11.8	11.4	11.1	10.7
25.0	16.2	15.9	15.4	14.9	14.3	13.8	13.3	12.8	12.5	12.0	11.7	11.3	10.9
25.2	16.4	16.1	15.6	15.1	14.4	13.9	13.4	13.0	12.6	12.1	11.8	11.5	11.0
25.4	16.7	16.4	15.9	15.4	14.7	14.2	13.7	13.2	12.9	12.4	12.0	11.7	11.2
25.6	16.9	16.6	16.1	15.7	14.9	14.4	13.9	13.4	13.0	12.5	12.2	11.8	11.3

续表

平均回弹值 R_m	测区混凝土强度换算值 $f^c_{cu,i}$ (MPa)												
	平均碳化深度值 d_m (mm)												
	0	0.5	1.0	1.5	2.0	2.5	3.0	3.5	4.0	4.5	5.0	5.5	≥6.0
25.8	17.2	16.9	16.3	15.8	15.1	14.6	14.1	13.6	13.2	12.7	12.4	12.0	11.5
26.0	17.5	17.2	16.6	16.1	15.4	14.9	14.4	13.8	13.5	13.0	12.6	12.2	11.6
26.2	17.8	17.4	16.9	16.4	15.7	15.1	14.6	14.0	13.7	13.2	12.8	12.4	11.8
26.4	18.0	17.6	17.1	16.6	15.8	15.3	14.8	14.2	13.9	13.3	13.0	12.6	12.0
26.6	18.3	17.9	17.4	16.8	16.1	15.6	15.0	14.4	14.1	13.5	13.2	12.8	12.1
26.8	18.6	18.2	17.7	17.1	16.4	15.8	15.3	14.6	14.3	13.8	13.4	12.9	12.3
27.0	18.9	18.5	18.0	17.4	16.6	16.1	15.5	14.8	14.6	14.0	13.6	13.1	12.4
27.2	19.1	18.7	18.1	17.6	16.8	16.2	15.7	15.0	14.7	14.1	13.8	13.3	12.6
27.4	19.4	19.0	18.4	17.8	17.0	16.4	15.9	15.2	14.9	14.3	14.0	13.4	12.7
27.6	19.7	19.3	18.7	18.0	17.2	16.6	16.1	15.4	15.1	14.5	14.1	13.6	12.9
27.8	20.0	19.6	19.0	18.2	17.4	16.8	16.3	15.6	15.3	14.7	14.2	13.7	13.0
28.0	20.3	19.7	19.2	18.4	17.6	17.0	16.5	15.8	15.4	14.8	14.4	13.9	13.2
28.2	20.6	20.0	19.5	18.6	17.8	17.2	16.7	16.0	15.6	15.0	14.6	14.0	13.3
28.4	20.9	20.3	19.7	18.8	18.0	17.4	16.9	16.2	15.8	15.2	14.8	14.2	13.5
28.6	21.2	20.6	20.0	19.1	18.2	17.6	17.1	16.4	16.0	15.4	15.1	14.3	13.6
28.8	21.5	20.9	20.2	19.4	18.5	17.8	17.3	16.6	16.2	15.6	15.2	14.5	13.8
29.0	21.8	21.1	20.5	19.6	18.7	18.1	17.5	16.8	16.4	15.8	15.4	14.6	13.9
29.2	22.1	21.4	20.8	19.9	19.0	18.3	17.7	17.0	16.6	16.0	15.6	14.8	14.1
29.4	22.4	21.7	21.1	20.2	19.3	18.6	17.9	17.2	16.8	16.2	15.8	15.0	14.2
29.6	22.7	22.0	21.3	20.4	19.5	18.8	18.2	17.5	17.0	16.4	16.0	15.1	14.4
29.8	23.0	22.3	21.6	20.7	19.8	19.1	18.4	17.7	17.2	16.6	16.2	15.3	14.5
30.0	23.3	22.6	21.9	21.0	20.0	19.3	18.6	17.9	17.4	16.8	16.4	15.4	14.7
30.2	23.6	22.9	22.2	21.2	20.3	19.6	18.9	18.2	17.6	17.0	16.6	15.6	14.9
30.4	23.9	23.2	22.5	21.5	20.6	19.8	19.1	18.4	17.8	17.2	16.8	15.8	15.1
30.6	24.3	23.6	22.8	21.9	20.9	20.2	19.4	18.7	18.0	17.5	17.0	16.0	15.2
30.8	24.6	23.9	23.1	22.1	21.2	20.4	19.7	18.9	18.2	17.7	17.2	16.2	15.4
31.0	24.9	24.2	23.4	22.4	21.4	20.7	19.7	19.2	18.4	17.9	17.4	16.4	15.5
31.2	25.2	24.4	23.7	22.7	21.7	20.9	20.2	19.4	18.6	18.1	17.6	16.6	15.7
31.4	25.6	24.8	24.1	23.0	22.0	21.2	20.5	19.7	18.9	18.4	17.8	16.9	15.8
31.6	25.9	25.1	24.3	23.3	22.3	21.5	20.7	19.9	19.2	18.6	18.0	17.1	16.0
31.8	26.2	25.4	24.6	23.6	22.5	21.7	21.0	20.2	19.4	18.9	18.2	17.3	16.2
32.0	26.5	25.7	24.9	23.9	22.8	22.0	21.2	20.4	19.6	19.1	18.4	17.5	16.4
32.2	26.9	26.1	25.3	24.2	23.1	22.3	21.5	20.7	19.9	19.4	18.6	17.7	16.6

续表

平均回弹值 R_m	测区混凝土强度换算值 $f^c_{cu,i}$（MPa）												
	平均碳化深度值 d_m（mm）												
	0	0.5	1.0	1.5	2.0	2.5	3.0	3.5	4.0	4.5	5.0	5.5	≥6.0
32.4	27.2	26.4	25.6	24.5	23.4	22.6	21.8	20.9	20.1	19.6	18.8	17.9	16.8
32.6	27.6	26.8	25.9	24.8	23.7	22.9	22.1	21.3	20.4	19.9	19.0	18.1	17.0
32.8	27.9	27.1	26.2	25.1	24.0	23.2	22.3	21.5	20.6	20.1	19.2	18.3	17.2
33.0	28.2	27.4	26.5	25.4	24.3	23.4	22.6	21.7	20.9	20.3	19.4	18.5	17.4
33.2	28.6	27.7	26.8	25.7	24.6	23.7	22.9	22.0	21.2	20.5	19.6	18.7	17.6
33.4	28.9	28.0	27.1	26.0	24.9	24.0	23.1	22.3	21.4	20.7	19.8	18.9	17.8
33.6	29.3	28.4	27.4	26.4	25.2	24.2	23.3	26.6	21.7	20.9	20.0	19.1	18.0
33.8	29.6	28.7	27.7	26.6	25.4	24.4	23.5	22.8	21.9	21.1	20.2	19.3	18.2
34.0	30.0	29.1	28.0	26.8	25.6	24.6	23.7	23.0	22.1	21.3	20.4	19.5	18.3
34.2	30.3	29.4	28.3	27.0	25.8	24.8	23.9	23.2	22.3	21.5	20.6	19.7	18.4
34.4	30.7	29.8	28.6	27.2	26.0	25.0	24.1	23.4	22.5	21.7	20.8	19.8	18.6
34.6	31.1	30.2	28.9	27.4	26.2	25.2	24.3	23.6	22.7	21.9	21.0	20.0	18.8
34.8	31.4	30.5	29.2	27.6	26.4	25.4	24.5	23.8	22.9	22.1	21.2	20.2	19.0
35.0	31.8	30.8	29.6	28.0	27.6	25.8	24.8	24.0	23.2	22.3	21.4	20.4	19.2
35.2	32.1	31.1	29.9	28.2	27.0	26.0	25.0	24.2	23.4	22.5	21.6	20.6	19.4
35.4	32.5	31.5	30.2	28.6	27.3	26.3	25.4	24.4	23.7	22.8	21.8	20.8	19.6
35.6	32.9	31.9	30.6	29.0	27.6	26.6	25.7	24.7	24.0	23.0	22.0	21.0	19.8
35.8	33.3	32.3	31.0	29.3	28.0	27.0	26.0	25.0	24.3	23.3	22.2	21.2	20.0
36.0	33.6	32.6	31.2	29.6	28.2	27.2	26.2	25.2	24.5	23.5	22.4	21.4	20.2
36.2	34.0	33.0	31.6	29.9	28.6	27.5	26.5	25.5	24.8	23.8	22.6	21.6	20.4
36.4	34.4	33.4	32.0	30.3	28.9	27.9	26.8	25.8	25.1	24.1	22.8	21.8	20.6
36.6	34.8	33.8	32.4	30.6	29.2	28.2	27.1	26.1	25.4	24.4	23.0	22.0	20.9
36.8	35.2	34.1	32.7	31.0	29.6	28.5	27.5	26.4	25.7	24.6	23.2	22.2	21.1
37.0	35.5	34.4	33.0	31.2	29.8	28.8	27.7	26.6	25.9	24.8	23.4	22.4	21.3
37.2	35.9	34.8	33.3	31.6	30.2	29.1	28.0	26.9	26.2	25.1	23.7	22.6	21.5
37.4	36.3	35.2	33.8	31.9	30.5	29.4	28.3	27.2	26.5	25.4	24.0	22.9	21.8
37.6	36.7	35.6	31.4	32.3	30.8	29.7	28.6	27.5	26.8	25.7	24.2	23.1	22.0
37.8	37.1	36.0	34.5	32.6	31.2	30.0	28.9	27.8	27.1	26.0	24.5	23.4	22.3
38.0	37.5	36.4	34.9	33.0	31.5	30.3	29.2	28.1	27.4	26.2	24.8	23.6	22.5
38.2	34.9	36.8	35.2	33.4	31.8	31.6	29.5	28.4	27.7	26.5	25.0	23.9	22.7
38.4	38.3	37.2	35.6	33.7	32.1	30.9	29.8	28.7	28.0	26.8	25.3	24.1	23.0
38.6	38.7	37.5	36.0	34.1	32.4	31.2	30.1	29.0	28.3	27.0	25.5	24.4	23.2
38.8	39.1	37.9	36.4	34.4	32.7	31.5	30.4	29.3	28.5	27.2	25.8	24.6	23.5

续表

平均回弹值 R_m	测区混凝土强度换算值 $f^c_{cu,i}$（MPa）												
	平均碳化深度值 d_m（mm）												
	0	0.5	1.0	1.5	2.0	2.5	3.0	3.5	4.0	4.5	5.0	5.5	≥6.0
39.0	39.5	38.2	36.7	35.7	33.0	31.8	30.6	29.6	28.8	27.4	26.0	24.8	23.7
39.2	39.9	38.5	37.0	35.0	33.3	32.1	30.8	29.8	28.9	27.6	26.2	25.0	24.0
39.4	40.3	38.8	37.3	35.3	33.6	32.4	31.0	30.0	29.2	27.8	26.4	25.2	24.2
39.6	40.7	39.1	37.6	35.6	33.9	32.7	31.2	30.2	29.4	28.0	26.6	25.4	24.4
39.8	41.2	39.6	38.0	35.9	34.2	33.0	31.4	30.5	29.7	28.2	26.8	25.6	24.7
40.0	41.6	39.9	38.3	36.2	34.5	33.3	31.7	30.8	30.0	28.4	27.0	25.8	25.0
40.2	42.0	40.3	38.6	36.5	34.8	33.6	32.0	31.1	30.2	28.6	27.3	26.0	25.2
40.4	42.4	40.7	39.0	36.9	35.1	33.9	32.3	31.4	30.5	28.8	27.6	26.2	25.4
40.6	42.8	41.1	39.4	37.2	35.4	34.2	32.6	31.7	30.8	29.1	27.8	26.5	25.7
40.8	43.3	41.6	39.8	37.7	35.7	34.5	32.9	32.0	31.2	29.4	28.1	26.8	26.0
41.0	43.7	42.2	40.2	38.0	36.0	34.8	33.2	32.3	31.5	29.7	28.4	27.1	26.2
41.2	44.1	42.3	40.6	38.4	36.3	35.1	33.5	32.6	31.8	30.8	28.7	27.3	26.5
41.4	44.5	42.7	40.9	38.7	36.6	35.4	33.8	32.9	32.0	30.3	28.9	27.6	26.7
41.6	45.0	43.2	41.4	39.2	36.9	35.7	34.2	33.3	32.4	30.6	29.2	27.9	27.0
41.8	45.4	43.6	41.8	39.5	37.2	36.0	34.5	33.6	32.7	30.9	29.5	28.1	27.2
42.0	45.9	44.1	42.2	39.9	37.6	36.3	34.9	34.0	33.0	31.2	29.8	28.5	27.5
42.2	46.3	44.4	42.6	40.3	38.0	36.3	35.2	34.3	33.3	31.5	30.1	28.7	27.8
42.4	46.7	44.8	43.0	40.6	38.3	36.9	35.5	34.6	33.6	31.8	30.4	29.0	28.0
42.6	47.2	45.3	43.4	41.1	38.7	37.3	35.9	34.9	34.0	32.1	30.7	29.3	28.3
42.8	47.6	45.7	43.8	41.4	39.0	37.6	36.2	35.2	34.3	32.4	30.9	29.5	28.6
43.0	48.1	46.2	44.2	41.8	39.4	38.0	36.6	35.6	34.6	32.7	31.3	29.8	28.9
43.2	48.5	46.6	44.6	42.2	39.8	38.3	36.9	35.9	34.9	33.0	31.5	30.1	29.1
43.4	49.0	47.0	45.1	42.6	40.2	38.7	37.2	36.3	35.3	33.3	31.8	30.4	29.4
43.6	49.4	47.4	45.4	43.0	40.5	39.0	37.5	36.6	35.6	33.6	32.1	30.6	29.6
43.8	49.9	47.9	45.9	43.4	40.9	39.4	37.9	36.9	35.9	33.9	32.4	30.9	29.9
44.0	50.4	48.4	46.4	43.8	41.3	39.8	38.3	37.3	36.6	34.3	32.8	31.2	30.2
44.2	50.8	48.8	46.7	44.2	41.7	40.1	38.6	34.6	36.6	34.5	33.0	31.5	30.5
44.4	51.3	49.2	47.2	44.6	42.1	40.5	39.0	38.0	36.9	34.9	33.3	31.8	30.8
44.6	51.7	49.6	47.6	45.0	42.4	40.8	39.3	38.3	37.2	35.2	33.6	32.1	31.0
44.8	52.2	50.1	48.0	45.4	42.8	41.2	39.7	38.6	37.6	35.5	33.9	32.4	31.3
45.0	52.7	50.6	48.5	45.8	43.2	41.6	40.1	39.0	37.9	35.8	34.3	32.7	31.6
45.2	53.2	51.1	48.9	46.3	43.6	42.0	40.4	39.4	38.3	36.2	34.6	33.0	31.9
45.4	53.6	51.5	49.4	46.6	44.0	42.3	40.7	39.7	38.6	36.4	34.8	33.2	32.2

续表

平均回弹值 R_m	测区混凝土强度换算值 $f^c_{cu,i}$（MPa）												
	平均碳化深度值 d_m（mm）												
	0	0.5	1.0	1.5	2.0	2.5	3.0	3.5	4.0	4.5	5.0	5.5	≥6.0
45.6	54.1	51.9	49.8	47.1	44.4	42.7	41.1	40.0	39.0	36.8	35.2	33.5	32.5
45.8	54.6	52.4	50.2	47.5	44.8	43.1	41.5	40.4	39.3	37.1	35.5	33.9	32.8
46.0	55.0	52.8	50.6	47.9	45.2	43.5	41.9	40.8	39.7	37.5	35.8	34.2	33.1
46.2	55.5	53.3	51.1	48.3	45.5	43.8	42.2	41.1	40.0	37.7	36.1	34.4	33.3
46.4	56.0	53.8	51.5	48.7	45.9	44.2	42.6	41.4	40.3	38.1	36.4	34.7	33.6
46.6	56.5	54.2	52.0	49.2	46.3	44.6	42.9	41.8	40.7	38.4	36.7	35.0	33.9
46.8	57.0	54.7	52.4	49.6	46.7	45.0	43.3	42.2	41.0	38.8	37.0	35.3	34.2
47.0	57.5	55.2	52.9	50.0	47.2	45.2	43.7	42.6	41.4	39.1	37.4	35.6	34.5
47.2	58.0	55.7	53.4	50.5	47.6	45.8	44.1	42.9	41.8	39.4	37.7	36.0	34.8
47.4	58.5	56.2	53.8	50.9	48.0	46.2	44.5	43.3	42.1	39.8	38.0	36.3	35.1
47.6	59.0	56.6	54.3	51.3	48.4	46.6	44.8	43.7	42.5	40.1	38.4	36.6	35.4
47.8	59.5	57.1	54.7	51.8	48.8	47.0	45.2	44.0	42.8	40.5	38.7	36.9	35.7
48.0	60.0	57.6	55.2	52.2	49.2	47.4	45.6	44.4	43.2	40.8	39.0	37.2	36.0
48.2	—	58.0	55.7	52.6	49.6	47.8	46.0	44.8	43.6	41.1	39.3	37.5	36.3
48.4	—	58.6	56.1	53.1	50.0	48.2	46.4	45.1	43.9	40.5	39.6	37.8	36.6
48.6	—	59.0	56.6	53.6	50.4	48.6	46.7	45.5	44.3	41.8	40.0	38.1	36.9
48.8	—	59.5	57.1	54.0	50.9	49.0	47.1	45.9	44.6	42.2	40.3	38.4	37.2
49.0	—	60.0	57.5	54.4	51.3	49.4	47.5	46.2	45.0	42.5	40.6	38.8	37.5
49.2	—	—	58.0	54.8	51.7	49.8	47.9	46.6	45.4	42.8	41.0	39.1	37.8
49.4	—	—	58.5	55.3	52.1	50.2	48.3	47.1	45.8	43.2	41.3	39.4	38.2
49.6	—	—	58.9	55.7	52.5	50.6	48.7	47.4	46.2	43.6	41.7	39.7	38.5
49.8	—	—	59.4	56.2	53.0	51.0	19.1	47.8	46.5	43.9	42.0	40.1	38.8
50.0	—	—	59.9	56.7	53.4	51.4	49.5	48.2	46.9	44.3	42.3	40.4	39.1
50.2	—	—	—	57.1	53.8	51.9	49.9	48.5	47.2	44.6	42.6	40.7	39.4
50.4	—	—	—	57.6	54.3	52.3	50.3	49.0	47.7	45.0	43.0	41.0	39.7
50.6				58.0	54.7	52.7	50.7	49.4	48.0	45.4	43.4	41.4	40.0
50.8				58.5	55.1	53.1	51.1	49.8	48.4	45.7	43.7	41.7	40.3
51.0				59.0	55.6	53.5	51.5	50.1	48.8	46.1	44.1	42.0	40.7
51.2				59.4	56.0	54.0	51.9	50.5	49.2	46.4	44.4	42.3	41.0
51.4				59.9	56.4	54.4	52.3	50.9	49.6	46.8	44.7	42.7	41.3
51.6					56.9	54.8	52.7	51.3	50.0	47.2	45.1	43.0	41.6
51.8					57.3	55.2	53.1	51.7	50.7	47.5	45.4	43.3	41.8
52.0					57.8	55.7	53.6	52.1	50.7	47.9	45.8	43.7	42.3
52.2					58.2	56.1	54.0	52.5	51.1	48.3	46.2	44.0	42.6
52.4					58.7	56.5	54.4	53.0	51.5	48.7	46.5	44.4	43.0
52.6					59.1	57.0	54.8	53.4	51.9	49.0	46.9	44.7	43.3
52.8					59.6	57.4	55.2	53.8	52.3	49.4	47.3	45.1	43.6

续表

平均回弹值 R_m	测区混凝土强度换算值 $f^c_{cu,i}$（MPa）												
	平均碳化深度值 d_m（mm）												
	0	0.5	1.0	1.5	2.0	2.5	3.0	3.5	4.0	4.5	5.0	5.5	≥6.0
53.0					60.0	57.8	55.6	54.2	52.7	49.8	47.6	45.4	43.9
53.2						58.3	56.1	54.6	53.1	50.2	48.0	45.8	44.3
53.4						58.7	56.5	55.0	53.5	50.5	48.3	46.1	44.6
53.6						59.2	56.9	55.4	53.9	50.9	48.7	46.4	44.9
53.8						59.6	57.3	55.8	54.3	51.3	49.0	46.8	45.3
54.0							57.8	56.3	54.7	51.7	49.4	47.1	45.6
54.2							58.2	56.7	55.1	52.1	49.8	47.5	46.0
54.4							58.6	57.1	55.6	52.5	50.2	47.9	46.3
54.6							59.1	57.5	56.0	52.9	50.5	48.2	46.6
54.8							59.5	57.9	56.4	53.2	50.9	48.5	47.0
55.0							59.9	58.4	56.8	53.6	51.3	48.9	57.3
55.2								58.8	57.2	54.0	51.6	49.3	47.7
55.4								59.2	57.6	54.4	52.0	49.6	48.6
55.6								59.7	58.0	54.8	52.4	52.0	48.4
55.8									58.5	55.2	52.8	50.3	48.7
56.0									58.9	55.6	53.2	50.7	49.1
56.2									59.3	56.0	53.5	51.1	49.4
56.4									59.7	56.4	53.9	51.4	49.8
56.6										56.8	54.3	51.8	51.0
56.8										57.2	54.7	52.2	50.5
57.0										57.6	55.1	52.5	50.8
57.2										58.0	55.5	52.9	51.2
57.4										58.4	55.9	53.3	51.6
57.6										58.9	56.3	53.7	51.9
57.8										59.3	56.7	54.0	52.3
58.0										59.7	57.0	54.4	52.7
58.2											57.4	54.8	53.0
58.4											57.8	55.2	53.4
58.6											58.2	55.6	53.8
58.8											58.6	55.9	54.1
59.0											59.0	56.3	54.5
59.2											59.4	56.7	54.9
59.4											59.8	57.1	55.2
59.6												57.5	55.6
59.8												57.9	56.0
60.0												58.3	56.4

注　本表系按全国统一曲线制定。

附表二　　　　**超声—回弹综合法测区混凝土强度换算表（卵石）**

R_a \ f^c_{cu} \ v_a	3.80	3.82	3.84	3.86	3.88	3.90	3.92	3.94	3.96	3.98	4.00	4.02	4.04	4.06	4.08	4.10
24.0	—	—	—	—	10.0	10.0	10.1	10.2	10.2	10.3	10.4	10.4	10.5	10.5	10.6	10.7
25.0	10.5	10.6	10.7	10.7	10.8	10.9	10.9	11.0	11.1	11.1	11.2	11.3	11.3	11.4	11.5	11.6
26.0	11.4	11.4	11.5	11.6	11.7	11.7	11.8	11.9	12.0	12.0	12.1	12.2	12.2	12.3	12.4	12.5
27.0	12.2	12.3	12.4	12.5	12.5	12.6	12.7	12.8	12.9	12.9	13.0	13.1	13.2	13.3	13.3	13.4
28.0	13.1	13.2	13.3	13.4	13.5	13.5	13.6	13.7	13.8	13.9	14.0	14.1	14.1	14.2	14.3	14.4
29.0	14.1	14.1	14.2	14.3	14.4	14.5	14.6	14.7	14.8	14.9	15.0	15.1	15.1	15.2	15.3	15.4
30.0	15.0	15.1	15.2	15.3	15.4	15.5	15.6	15.7	15.8	15.9	16.0	16.1	16.2	16.3	16.4	16.5
31.0	16.0	16.1	16.2	16.3	16.4	16.5	16.6	16.7	16.8	16.9	17.0	17.1	17.2	17.3	17.4	17.5
32.0	17.0	17.1	17.2	17.3	17.5	17.6	17.7	17.8	17.9	18.0	18.1	18.2	18.3	18.5	18.6	18.7
33.0	18.1	18.2	18.3	18.5	18.6	18.7	18.8	18.9	19.0	19.1	19.2	19.4	19.5	19.6	19.7	19.8
34.0	19.1	19.3	19.4	19.5	19.6	19.8	19.9	20.0	20.1	20.3	20.4	20.5	20.6	20.8	20.9	21.0
35.0	20.3	20.1	20.5	20.7	20.8	20.9	21.0	21.2	21.3	21.4	21.6	21.7	21.8	22.0	22.1	22.2
36.0	21.4	21.5	21.7	21.8	22.0	22.1	22.2	22.3	22.4	22.7	22.8	22.9	23.1	23.2	23.4	23.5
37.0	22.6	22.7	22.9	23.0	23.2	23.3	23.4	23.6	23.7	23.9	24.0	24.2	24.3	24.5	24.6	24.8
38.0	23.8	23.9	24.1	24.2	24.4	24.6	24.7	24.9	25.0	25.2	25.3	25.4	25.6	25.8	25.9	26.1
39.0	25.0	25.2	25.3	25.5	25.7	25.8	26.0	26.1	26.3	26.5	26.6	26.8	27.0	27.1	27.3	27.5
40.0	26.3	26.5	26.6	26.8	27.0	27.1	27.3	27.5	27.6	27.8	28.0	28.2	28.3	28.5	28.7	28.8
41.0	27.6	27.8	27.9	28.1	28.3	28.5	28.6	28.8	29.0	29.2	29.4	29.5	29.7	29.9	30.1	30.3
42.0	28.9	29.1	29.3	29.5	29.6	29.8	30.0	30.2	30.1	30.6	30.8	31.0	31.2	31.3	31.5	31.7
43.0	30.3	30.5	30.6	30.8	31.0	31.2	31.4	31.6	31.8	32.0	32.2	32.4	32.6	32.8	33.2	33.4
44.0	33.1	33.3	33.5	33.7	33.9	34.1	34.3	34.6	34.8	35.0	35.2	35.4	35.6	35.9	36.1	36.4
45.0	33.1	33.3	33.5	33.7	33.9	34.1	34.3	34.6	34.8	35.0	35.2	35.4	35.6	35.9	36.1	36.4
46.0	34.5	34.7	35.0	35.2	35.4	35.6	35.9	36.1	36.3	36.5	36.7	37.0	37.2	37.4	37.7	37.9
47.0	36.0	36.2	36.5	36.7	36.9	37.2	37.4	37.6	37.9	38.1	38.3	38.6	38.8	39.0	39.3	39.5
48.0	37.5	37.7	38.0	38.2	38.5	38.7	39.0	39.2	39.4	39.7	39.9	40.2	40.4	40.7	40.9	41.2
49.0	39.0	39.3	39.5	39.8	40.0	40.3	40.5	40.8	41.1	41.3	41.6	41.8	42.1	42.3	42.6	42.8
50.0	40.6	40.9	41.1	41.4	41.7	41.9	42.2	42.1	42.7	42.3	43.2	43.5	43.8	44.0	44.3	44.6

续表

R_a \ f_{cu}^c \ v_a	4.12	4.14	4.16	4.18	4.20	4.22	4.24	4.26	4.28	4.30	4.32	4.34	4.36	4.38	4.40	4.42
23.0	—	—	10.0	10.1	10.1	10.2	10.2	10.3	10.4	10.4	10.5	10.5	10.6	10.7	10.7	10.8
24.0	10.7	10.8	10.9	10.9	11.0	11.1	11.1	11.2	11.2	11.3	11.4	11.4	11.5	11.6	11.6	11.7
25.0	11.6	11.7	11.8	11.8	11.9	12.0	12.0	12.1	12.2	12.2	12.3	12.4	12.5	12.5	12.6	12.7
26.0	12.5	12.6	12.7	12.8	12.8	12.9	13.0	13.1	13.1	13.2	13.3	13.4	13.4	13.5	13.6	13.7
27.0	13.5	13.6	13.7	13.7	13.8	13.9	14.0	14.1	14.1	14.2	14.3	14.4	14.5	14.5	14.6	14.7
28.0	14.5	14.6	14.7	14.7	14.8	14.9	15.0	15.1	15.2	15.3	15.4	15.5	15.5	15.6	15.7	15.8
29.0	15.5	15.6	15.7	15.8	15.9	16.0	16.1	16.2	16.3	16.3	16.4	16.5	16.6	16.7	16.8	16.9
30.0	16.6	16.7	16.8	16.9	17.0	17.1	17.2	17.3	17.4	17.5	17.6	17.7	17.8	17.9	18.0	18.1
31.0	17.7	17.8	17.9	18.0	18.1	18.2	18.3	18.4	18.5	18.6	18.7	18.8	18.9	19.0	19.1	19.3
32.0	18.8	18.9	19.0	19.1	19.2	19.3	19.5	19.6	19.7	19.8	19.9	20.0	20.1	20.3	20.4	20.5
33.0	19.9	20.1	20.2	20.3	20.4	20.5	20.7	20.8	20.9	21.1	21.1	21.3	21.4	21.5	21.6	21.7
34.0	21.1	21.3	21.4	21.5	21.6	21.8	21.9	22.0	22.2	22.3	22.4	22.5	22.7	22.8	22.9	23.0
35.0	22.1	22.5	22.6	22.8	22.9	23.0	23.2	23.3	23.3	23.6	23.7	23.8	24.0	24.1	24.2	24.4
36.0	23.6	23.8	23.9	24.1	24.2	24.3	24.5	24.6	24.8	24.9	25.0	25.2	25.3	25.5	25.6	25.8
37.0	24.9	25.1	25.2	25.4	25.5	25.7	25.8	26.0	26.1	26.3	26.4	26.6	26.7	26.9	27.0	27.2
38.0	26.3	26.4	26.6	26.7	26.9	27.0	27.2	27.4	27.5	27.7	27.8	28.0	28.1	28.3	28.5	28.6
39.0	27.6	27.8	28.0	28.1	28.3	28.4	28.6	28.8	28.9	29.1	29.3	29.4	29.6	29.8	29.9	30.1
40.0	29.0	29.2	29.4	29.5	29.7	29.9	30.1	30.2	30.4	30.6	30.8	30.9	31.1	31.3	31.5	31.6
41.0	30.1	30.6	30.8	31.0	31.2	31.4	31.5	31.7	31.9	32.1	32.3	32.5	32.6	32.8	33.0	33.2
42.0	31.9	32.1	32.3	32.5	32.7	32.9	33.1	33.2	33.4	33.6	33.8	34.0	34.2	34.4	34.6	34.8
43.0	33.4	33.6	33.8	34.0	34.2	34.4	34.6	34.8	35.0	35.2	35.4	35.6	35.8	36.0	36.2	36.4
44.0	34.9	35.2	35.4	35.6	35.8	36.0	36.2	36.4	36.6	36.8	37.0	37.2	37.5	37.7	37.9	38.1
45.0	36.5	36.7	36.9	37.2	37.4	37.6	37.8	38.0	38.3	38.5	38.7	37.9	39.1	39.4	39.6	39.8
46.0	38.1	38.3	38.6	38.8	39.0	39.2	39.5	39.7	39.9	40.2	40.2	40.6	40.8	41.1	41.3	41.5
47.0	39.7	40.0	40.2	40.4	40.7	40.9	41.2	41.1	41.6	41.9	42.1	42.4	42.6	42.8	43.1	43.3
48.0	41.4	41.7	41.9	42.1	42.4	42.6	42.9	43.1	43.4	43.6	43.9	44.1	44.4	44.6	44.9	45.1
49.0	43.1	43.4	43.6	43.9	44.1	44.4	44.6	44.0	45.2	45.4	45.7	45.9	46.2	46.5	46.7	47.0
50.0	44.8	45.1	45.4	45.6	45.9	46.2	46.4	46.7	47.0	47.2	47.5	47.8	48.1	48.3	48.6	48.9

续表

R_a \ f_{cu}^c \ v_a	4.44	4.46	4.48	4.50	4.52	4.54	4.56	4.58	4.60	4.62	4.64	4.66	4.68	4.70	4.72	4.74
22.0	—	10.0	10.0	10.1	10.2	10.2	10.3	10.3	10.4	10.4	10.5	10.5	10.6	10.6	10.7	10.8
23.0	10.8	10.9	10.9	11.0	11.1	11.1	11.2	11.2	11.3	11.4	11.4	11.5	11.6	11.6	11.7	11.7
24.0	11.8	11.8	11.9	12.0	12.0	12.1	12.2	12.2	12.3	12.4	12.4	12.5	12.5	12.6	12.7	12.7
25.0	12.7	12.8	12.9	12.9	13.0	13.1	13.2	13.2	13.3	13.4	13.4	13.5	13.6	13.7	13.7	13.8
26.0	13.7	13.8	13.9	14.0	14.0	14.1	14.2	14.3	14.4	14.4	14.5	14.6	14.7	14.7	14.8	14.9
27.0	14.8	14.9	15.0	15.0	15.1	15.2	15.3	15.4	15.4	15.5	15.5	15.7	15.8	15.9	15.9	16.0
28.0	15.9	16.0	16.1	16.1	16.2	16.3	16.4	16.5	16.6	16.7	16.8	16.8	16.9	17.0	17.1	17.2
29.0	17.0	17.1	17.2	17.3	17.4	17.5	17.6	17.7	17.8	17.8	17.9	18.0	18.1	18.2	18.3	18.4
30.0	18.2	18.3	18.4	18.5	18.6	18.7	18.8	18.9	19.0	19.1	19.2	19.3	19.4	19.5	19.6	19.7
31.0	19.4	19.5	19.6	19.7	19.8	19.9	20.0	20.1	20.2	20.3	20.4	20.5	20.6	20.8	20.9	21.0
32.0	20.6	20.7	20.8	20.9	21.0	21.2	21.3	21.4	21.5	21.6	21.7	21.8	22.0	22.1	22.1	22.3
33.0	21.9	22.0	22.1	22.2	22.3	22.5	22.6	22.7	22.8	23.0	23.1	23.2	23.3	23.4	23.6	23.7
34.0	23.2	23.3	23.4	23.6	23.7	23.8	23.9	24.1	24.2	24.3	24.5	24.6	24.7	24.8	25.0	25.1
35.0	24.5	24.7	24.8	24.9	25.1	25.2	25.3	25.5	25.6	25.7	25.9	26.0	26.2	26.3	26.4	26.6
36.0	25.9	26.0	26.2	26.3	26.5	26.6	26.8	26.9	27.1	27.2	27.3	27.5	27.6	27.8	27.9	28.1
37.0	27.3	27.5	27.6	27.8	27.9	28.1	28.2	28.4	28.5	28.7	28.8	29.0	29.1	29.3	29.4	29.6
38.0	28.8	28.9	29.1	29.3	29.4	29.6	29.7	29.9	30.1	30.2	30.4	30.5	30.7	30.9	31.0	31.2
39.0	30.3	30.4	30.6	30.8	30.9	31.1	31.3	31.4	31.6	31.8	32.0	32.1	32.3	32.5	32.6	32.8
40.0	31.8	32.0	32.2	32.3	32.5	32.7	32.9	33.0	33.2	33.4	33.6	33.7	33.9	34.1	34.3	34.5
41.0	33.4	33.6	33.7	33.9	34.1	34.3	34.5	34.7	34.9	35.0	35.2	35.4	35.6	35.8	36.0	36.6
42.0	35.0	35.2	35.4	35.6	35.8	35.9	36.1	36.3	36.5	36.7	36.9	37.1	37.3	37.5	37.7	37.9
43.0	36.6	36.8	37.0	37.2	37.4	37.6	37.8	38.0	38.2	38.5	38.7	38.9	39.1	39.3	39.5	39.7
44.0	38.3	38.5	38.7	38.9	39.1	39.4	39.6	39.8	40.0	40.2	40.4	40.6	40.9	41.1	41.3	41.5
45.0	40.0	40.2	40.5	40.7	40.9	41.1	41.3	41.5	41.8	42.0	42.2	42.5	42.7	42.9	43.1	43.4
46.0	41.8	42.0	42.2	42.5	42.7	42.9	43.2	43.4	43.6	43.9	44.1	44.3	44.6	44.8	45.0	45.3
47.0	43.6	43.8	44.0	44.3	44.5	44.8	45.0	45.2	45.5	45.7	46.0	46.2	46.5	46.7	47.0	47.2
48.0	45.4	45.5	45.9	46.1	46.4	46.6	46.9	47.1	47.4	47.7	47.9	48.2	48.4	48.7	48.9	49.2
49.0	47.2	47.5	47.8	48.0	48.3	48.6	48.8	49.1	49.3	49.6	49.9	—	—	—	—	—
50.0	49.1	49.4	49.7	50.1	—	—	—	—	—	—	—	—	—	—	—	—

续表

v_a / f_{cu}^c / R_a	4.76	4.78	4.80	4.82	4.84	4.86	4.88	4.90	4.92	4.94	4.96	4.98	5.00
21.0	—	—	10.0	10.0	10.1	10.1	10.2	10.2	10.3	10.3	10.4	10.4	10.5
22.0	10.8	10.9	10.9	11.0	11.0	11.1	11.2	11.2	11.3	11.3	11.4	11.4	11.5
23.0	11.8	11.9	11.9	12.0	12.0	12.1	12.2	12.2	12.3	12.3	12.4	12.5	12.5
24.0	12.8	12.9	12.9	13.0	13.1	13.1	13.2	13.3	13.3	13.4	13.5	13.5	13.6
25.0	13.9	13.9	14.0	14.1	14.2	14.2	14.3	14.4	14.4	14.5	14.6	14.7	14.7
26.0	15.5	15.5	15.1	15.2	15.3	15.4	15.4	15.5	15.6	15.7	15.7	15.8	15.9
27.0	16.1	16.2	16.3	16.4	16.4	16.5	16.6	16.7	16.8	16.9	16.9	17.0	17.1
28.0	17.3	17.4	17.5	17.6	17.6	17.7	17.8	17.9	18.0	18.1	18.2	18.3	18.4
29.0	18.5	18.6	18.7	18.8	18.9	19.0	19.1	19.2	19.3	19.4	19.5	19.6	19.7
30.0	19.8	19.9	20.0	20.1	20.2	20.3	20.4	20.5	20.6	20.7	20.8	20.9	21.0
31.0	21.1	21.2	21.3	21.4	21.5	21.6	21.7	21.8	22.0	22.1	22.2	22.3	22.4
32.0	22.4	22.5	22.7	22.8	22.9	23.0	23.1	23.2	23.4	23.5	23.6	23.7	23.8
33.0	23.8	23.9	24.1	24.2	24.3	24.4	24.5	24.7	24.8	24.9	25.0	25.2	25.3
34.0	25.2	25.4	25.5	25.6	25.8	25.9	26.0	26.1	26.3	26.4	26.5	26.7	26.8
35.0	26.7	26.8	27.0	27.1	27.3	27.4	27.5	27.7	27.8	27.9	28.1	28.2	28.4
36.0	28.2	28.4	28.5	28.6	28.8	28.9	29.1	29.2	29.4	29.5	29.7	29.8	30.0
37.0	29.8	29.9	30.1	30.2	30.4	30.5	30.7	30.8	31.0	31.1	31.3	31.5	31.6
38.0	31.3	31.5	31.7	31.8	32.0	32.2	32.3	32.5	32.6	32.8	33.0	33.1	33.3
39.0	33.0	33.1	33.3	33.5	33.7	33.8	34.0	34.2	34.3	34.5	34.7	34.8	35.0
40.0	34.6	34.8	35.0	35.2	35.4	35.5	35.7	35.9	36.1	36.3	36.4	36.6	36.8
41.0	36.3	36.5	36.7	36.9	37.1	37.3	37.5	37.7	37.9	38.0	38.2	38.4	38.6
42.0	38.1	38.3	38.5	38.7	38.9	39.1	39.3	39.5	39.7	39.9	40.1	40.3	40.5
43.0	39.3	40.1	40.3	40.5	40.7	40.9	41.1	41.3	41.5	41.7	42.0	42.2	42.4
44.0	41.7	41.9	42.1	42.4	42.6	42.8	43.1	43.2	43.4	43.7	43.9	44.1	44.3
45.0	43.6	43.8	44.0	44.3	44.5	44.7	44.9	45.2	45.4	45.6	45.8	46.1	46.3
46.0	45.5	45.7	46.0	46.2	46.4	46.7	46.9	47.1	47.4	47.6	47.8	48.1	48.3
47.0	47.4	47.7	47.9	48.2	48.4	48.7	48.9	49.2	49.4	49.6	49.9	—	—
48.0	49.4	49.7	49.9	—	—	—	—	—	—	—	—	—	—

注　1. 表内未列数值可用内差法求得，精确至0.1MPa。

2. 表中 R_a 为修正后的测区回弹值，v_a 为修正后的超声声速值，f_{cu}^c 为测区混凝土强度换算值。

附表三　　超声—回弹综合法测区混凝土强度换算表（碎石）

R_a \ f_{cu}^c \ v_a	3.80	3.82	3.84	3.86	3.88	3.90	3.92	3.94	3.96	3.98	4.00	4.02	4.04	4.06	4.08	4.10
20.0	—	—	—	—	—	—	—	—	—	—	—	—	—	—	10.0	10.0
21.0	—	—	—	—	—	10.0	10.0	10.1	10.2	10.3	10.4	10.5	10.6	10.7	10.8	10.8
22.0	10.2	10.3	10.4	10.5	10.6	10.7	10.8	10.9	11.0	11.1	11.2	11.3	11.4	11.5	11.6	11.7
23.0	11.0	11.1	11.2	11.3	11.4	11.5	11.6	11.7	11.8	11.9	12.0	12.1	12.2	12.3	12.4	12.5
24.0	11.7	11.8	11.9	12.0	12.1	12.3	12.4	12.5	12.6	12.7	12.8	12.9	13.0	13.1	13.2	13.4
25.0	12.5	12.6	12.7	12.8	12.9	13.1	13.2	13.3	13.4	13.5	13.6	13.8	13.9	14.0	14.1	14.2
26.0	13.3	13.4	13.5	13.6	13.8	13.9	14.0	14.1	14.3	14.4	14.5	14.6	14.8	14.9	15.0	15.1
27.0	14.1	14.2	14.3	14.5	14.6	14.7	14.9	15.0	15.1	15.3	15.4	15.5	15.7	15.8	15.9	16.1
28.0	14.9	15.1	15.2	15.3	15.5	15.6	15.7	15.9	16.0	16.2	16.3	16.4	16.6	16.7	16.9	17.0
29.0	15.8	15.9	16.0	16.2	16.3	16.5	16.6	16.8	16.9	17.1	17.2	17.4	17.5	17.7	17.8	18.6
30.0	16.6	16.8	16.9	17.1	17.2	17.4	17.5	17.7	17.8	18.0	18.1	18.3	18.5	18.6	18.9	18.9
31.0	17.5	17.6	17.8	18.0	18.1	18.3	18.4	18.6	18.8	18.9	19.1	19.3	19.4	19.6	19.8	19.9
32.0	18.4	18.5	18.7	18.9	19.0	19.2	19.4	19.6	19.7	19.9	20.1	20.2	20.4	20.6	20.8	20.9
33.0	19.3	19.5	19.6	19.8	20.0	20.2	20.3	20.5	20.7	20.9	21.1	21.2	21.4	21.6	21.8	22.0
34.0	20.2	20.4	20.6	20.8	20.9	21.1	21.3	21.5	21.7	21.9	22.1	22.3	22.5	22.6	22.8	23.0
35.0	21.1	21.3	21.5	21.7	21.9	22.1	22.3	22.5	22.7	22.9	23.1	23.3	23.5	23.7	23.9	24.1
36.0	22.1	22.3	22.5	22.7	22.9	23.1	23.3	23.5	23.7	23.9	24.1	24.3	24.6	24.8	25.0	25.2
37.0	23.1	23.3	23.5	23.7	23.9	24.1	24.3	24.5	24.8	25.0	25.2	25.4	25.6	25.8	26.1	26.3
38.0	24.1	24.3	24.5	24.7	24.9	25.1	25.4	25.6	25.8	26.0	26.3	26.5	26.7	27.0	27.2	27.4
39.0	25.0	25.3	25.5	25.7	26.0	26.2	26.4	26.7	26.9	27.1	27.4	27.6	27.8	28.1	28.3	28.5
40.0	26.1	26.3	26.4	26.8	27.0	27.3	27.5	27.7	28.0	28.2	28.5	28.7	29.0	29.2	29.5	29.7
41.0	27.1	27.3	27.6	27.8	28.1	28.3	28.6	28.8	29.1	29.3	29.6	29.8	30.1	30.4	30.6	30.9
42.0	28.1	28.4	28.6	28.9	29.2	29.4	29.7	29.9	30.2	30.5	30.7	31.0	31.3	31.5	31.8	32.1
43.0	29.2	29.5	29.7	30.0	30.3	30.5	30.8	31.1	31.3	31.6	31.9	32.2	32.4	32.7	33.0	33.3
44.0	30.3	30.5	30.8	31.1	31.4	31.6	31.9	32.2	32.5	32.8	33.0	33.3	33.6	33.9	34.2	34.5
45.0	31.3	31.6	31.9	32.2	32.5	32.8	33.1	33.4	33.6	33.9	34.2	34.5	34.8	35.1	35.4	35.7
46.0	32.4	32.7	33.0	33.3	33.6	33.9	34.2	34.5	34.8	35.1	35.4	35.7	36.0	36.3	36.7	37.0
47.0	33.5	33.9	34.2	34.5	34.8	35.1	35.4	35.7	36.0	36.3	36.6	37.0	37.3	37.6	37.9	38.2
48.0	34.7	35.0	35.3	35.6	35.9	36.3	36.6	36.9	37.2	37.5	37.9	38.2	38.5	38.9	39.2	39.5
49.0	35.8	36.1	36.5	36.8	37.1	37.4	37.8	38.1	38.4	38.8	39.1	39.5	39.8	40.1	40.5	40.8
50.0	37.0	37.3	37.6	38.0	38.3	38.7	39.0	39.3	39.7	40.0	40.4	40.7	41.1	41.8	41.8	42.1

续表

R_a \ f^c_{cu} \ v_a	4.12	4.14	4.16	4.18	4.20	4.22	4.24	4.26	4.28	4.30	4.32	4.34	4.36	4.38	4.40	4.42
20.0	10.1	10.2	10.3	10.4	10.5	10.6	10.6	10.7	10.8	10.9	11.0	11.1	11.2	11.3	11.3	11.4
21.0	10.9	11.0	11.1	11.2	11.3	11.4	11.5	11.6	11.7	11.8	11.9	12.0	12.0	12.1	12.2	12.3
22.0	11.8	11.9	12.0	12.1	12.2	12.3	12.4	12.5	12.6	12.7	12.8	12.9	13.0	13.1	13.2	13.3
23.0	12.6	12.7	12.8	12.9	13.0	13.1	13.2	13.3	13.5	13.6	13.7	13.8	13.9	14.0	14.1	14.2
24.0	13.5	13.6	13.7	13.8	13.9	14.0	14.1	14.3	14.4	14.5	14.6	14.7	14.8	15.0	15.1	15.2
25.0	14.4	14.5	14.6	14.7	14.8	15.0	15.1	15.3	15.3	15.4	15.6	15.7	15.8	15.9	16.1	16.2
26.0	15.3	15.4	15.5	15.6	15.8	15.9	16.0	16.2	16.3	16.4	16.6	16.7	16.8	17.0	17.1	17.2
27.0	16.2	16.3	16.5	16.6	16.7	16.9	17.0	17.1	17.3	17.4	17.6	17.7	17.8	18.0	18.1	18.3
28.0	17.1	17.3	17.4	17.6	17.7	17.9	18.0	18.2	18.3	18.4	18.6	18.7	18.9	19.0	19.2	19.3
29.0	18.1	18.3	18.4	18.6	18.7	18.9	19.0	19.2	19.3	19.5	19.6	19.8	20.0	20.1	20.3	20.4
30.0	19.1	19.3	19.4	19.6	19.7	19.9	20.1	20.2	20.4	20.5	20.7	20.9	21.0	21.2	21.4	21.5
31.0	20.1	20.3	20.4	20.6	20.8	20.9	21.1	21.3	21.5	21.6	21.8	22.0	22.2	22.3	22.5	22.7
32.0	21.1	21.3	21.5	21.7	21.8	22.0	22.2	22.4	22.6	22.7	22.9	23.1	23.3	23.5	23.6	23.8
33.0	22.2	22.3	22.5	22.7	22.9	23.1	23.3	23.5	23.7	23.9	24.0	24.2	24.4	24.6	24.8	25.0
34.0	23.2	23.4	23.6	23.8	24.0	24.2	24.4	24.6	24.8	25.0	25.2	25.4	25.6	25.8	26.0	26.2
35.0	24.3	24.5	24.7	24.9	25.1	25.3	25.5	25.7	25.9	26.2	26.4	26.6	26.8	27.0	27.2	27.4
36.0	25.4	25.6	25.8	26.0	26.2	26.5	26.7	27.0	27.1	27.3	27.6	27.8	28.0	28.3	28.4	28.7
37.0	26.5	26.7	27.0	27.2	27.4	27.6	27.9	28.1	28.3	28.5	28.8	29.0	29.2	29.5	29.7	29.9
38.0	27.6	27.9	28.1	28.3	28.6	28.8	29.0	29.3	29.5	29.7	30.0	30.2	30.5	30.7	30.9	31.2
39.0	28.8	29.0	29.3	29.5	29.8	30.0	30.2	30.5	30.7	31.0	31.2	31.5	31.7	32.0	32.2	32.5
40.0	30.0	30.2	30.5	30.7	31.0	31.2	31.5	31.7	32.0	32.2	32.5	32.8	33.0	33.3	33.5	33.8
41.0	31.1	31.4	31.7	31.9	32.2	32.4	32.7	33.0	33.2	33.5	33.8	34.0	34.3	34.6	34.9	35.1
42.0	32.3	32.6	32.9	33.1	33.4	33.7	34.0	34.2	34.5	34.8	35.1	35.4	35.6	35.9	36.2	36.5
43.0	33.5	33.8	34.1	34.4	34.7	35.0	35.2	35.5	35.8	36.1	36.4	36.7	37.0	37.3	37.6	37.9
44.0	34.8	35.1	35.4	35.6	35.9	36.2	36.5	36.8	37.1	37.4	37.7	38.0	38.3	38.6	38.9	39.2
45.0	36.0	36.3	36.6	36.9	37.2	37.5	37.8	38.1	38.5	38.8	39.1	39.4	39.7	40.0	40.3	40.6
46.0	37.3	37.6	37.9	38.2	38.5	38.9	39.2	39.5	39.8	40.1	40.4	40.8	41.1	41.4	41.7	42.1
47.0	38.6	38.9	39.2	39.5	39.9	40.2	40.5	40.8	41.2	41.5	41.8	42.2	42.5	42.8	43.2	43.5
48.0	39.8	40.2	40.5	40.9	41.2	41.5	41.9	42.2	42.6	42.9	43.2	43.6	43.9	44.3	44.6	45.0
49.0	41.2	41.5	41.8	42.2	42.5	42.9	43.2	43.6	43.9	44.3	44.7	45.0	45.4	45.7	46.1	46.5
50.0	42.5	42.8	43.2	43.6	43.9	44.8	44.6	45.0	45.4	45.7	46.1	46.5	46.8	47.2	47.6	47.9

续表

f_{cu}^{c} v_a / R_a	4.44	4.46	4.48	4.50	4.52	4.54	4.56	4.58	4.60	4.62	4.64	4.66	4.68	4.70	4.72	4.74
20.0	11.5	11.6	11.7	11.8	11.9	12.0	12.1	12.1	12.1	12.3	12.4	12.5	12.6	12.7	12.8	12.9
21.0	12.4	12.5	12.6	12.7	12.8	12.9	13.0	13.1	13.2	13.3	13.4	13.5	13.6	13.7	13.8	13.9
22.0	13.4	13.5	13.6	13.7	13.8	13.9	14.0	14.1	14.2	14.3	14.4	14.5	14.6	14.7	14.8	15.0
23.0	14.3	14.4	14.6	14.7	14.8	14.9	15.0	15.1	15.2	15.6	15.6	15.6	15.7	15.8	15.9	16.0
24.0	15.3	15.4	15.6	15.7	15.8	15.9	16.0	16.2	16.3	16.4	16.5	16.6	16.8	16.9	17.0	17.1
25.0	16.3	16.5	16.6	16.7	16.8	17.0	17.1	17.2	17.3	17.5	17.6	17.7	17.9	18.0	18.1	18.3
26.0	17.4	17.5	17.8	17.8	17.9	18.0	18.2	18.3	18.4	18.6	18.7	18.9	19.0	19.1	19.3	19.4
27.0	18.4	18.6	18.7	18.8	19.0	19.1	19.3	19.4	19.6	19.7	19.9	20.0	20.2	20.3	20.5	20.6
28.0	19.5	19.6	19.8	19.9	20.1	20.3	20.4	20.6	20.7	20.9	21.0	21.2	21.3	21.5	21.7	21.8
29.0	20.6	20.7	20.9	21.1	21.2	21.4	21.6	21.7	21.9	22.0	22.2	22.4	22.5	22.7	22.9	23.0
30.0	21.7	21.9	22.0	22.2	22.4	22.6	22.7	22.9	23.1	23.2	23.4	23.6	23.8	23.9	24.1	24.3
31.0	22.9	23.0	23.2	23.4	23.6	23.7	23.9	34.1	24.3	24.5	24.7	24.8	25.0	25.2	25.4	25.6
32.0	24.0	24.2	24.4	24.6	24.8	25.0	25.1	25.3	25.5	25.7	25.9	26.1	26.3	26.5	26.7	26.9
33.0	25.2	25.4	25.6	25.8	26.0	26.2	26.4	26.6	26.8	27.0	27.2	27.4	27.6	27.8	28.0	28.2
34.0	26.4	26.6	26.8	27.0	27.2	27.4	27.7	27.9	28.1	28.3	28.5	28.7	28.9	29.1	29.3	29.6
35.0	27.6	27.9	28.1	28.3	28.5	28.7	28.9	29.2	29.4	29.6	29.8	30.0	30.3	30.5	30.7	30.9
36.0	28.9	29.1	29.3	29.6	29.8	30.0	30.2	30.5	30.7	30.9	31.2	31.4	31.6	31.9	32.1	32.3
37.0	30.1	30.4	30.6	30.9	31.1	31.3	31.6	31.8	32.0	32.3	32.5	32.8	33.0	33.3	33.5	33.7
38.0	31.4	31.7	31.9	32.2	32.4	32.7	32.9	33.2	33.4	33.7	33.9	34.2	34.4	34.7	34.9	35.2
39.0	32.7	33.0	33.2	33.5	33.8	34.0	34.3	34.5	34.8	35.1	35.3	35.6	35.8	36.1	36.4	36.6
40.0	34.1	34.3	34.6	34.9	35.1	35.4	35.7	35.9	36.2	36.5	36.7	37.0	37.3	37.6	37.8	38.1
41.0	35.4	35.7	36.0	36.1	36.2	36.8	36.8	37.1	37.4	37.6	37.9	38.2	38.8	39.1	39.3	39.6
42.0	36.8	37.1	37.3	37.6	37.9	38.2	38.5	38.8	39.1	39.4	39.7	40.0	40.3	40.6	40.9	41.2
43.0	38.2	38.4	38.7	39.0	39.3	39.6	39.9	40.2	40.5	40.9	41.2	41.5	41.8	42.1	42.4	42.7
44.0	39.5	39.9	40.2	40.5	40.8	41.1	41.4	41.7	42.0	42.3	42.7	43.0	43.3	43.6	43.9	44.3
45.0	41.0	41.3	41.6	41.9	42.2	42.6	42.9	43.2	43.5	43.9	44.2	44.5	44.9	45.2	45.5	45.8
46.0	42.4	42.7	43.1	43.4	43.7	44.1	44.4	44.7	45.1	45.4	45.7	46.1	46.4	46.8	47.1	47.5
47.0	43.9	44.2	44.5	44.9	45.2	45.6	45.9	46.3	46.6	47.0	47.3	47.7	48.0	48.4	48.7	49.1
48.0	45.3	45.7	46.0	46.4	46.7	47.1	47.5	47.8	48.2	48.5	48.9	49.3	49.6	50.0	—	—
49.0	46.8	47.2	47.5	47.9	48.3	48.6	49.0	49.4	49.8	—	—	—	—	—	—	—
50.0	48.3	48.7	49.1	49.4	49.8	—	—	—	—	—	—	—	—	—	—	—

续表

R_a \ f^c_{cu} \ v_a	4.76	4.78	4.80	4.82	4.84	4.86	4.88	4.90	4.92	4.94	49.6	4.98	5.00
20.0	13.0	13.1	13.2	13.3	13.4	13.5	13.5	13.6	13.7	13.8	13.9	14.0	14.1
21.0	14.0	14.1	14.2	14.3	14.4	14.5	14.6	14.7	14.8	14.9	15.0	15.1	15.2
22.0	15.1	15.2	15.3	15.4	15.5	15.6	15.7	15.8	15.9	16.1	16.2	16.3	16.4
23.0	16.1	16.3	16.4	16.5	16.6	16.7	16.9	17.0	17.1	17.2	17.3	17.5	17.6
24.0	17.3	17.4	17.5	17.6	17.8	17.9	18.0	18.1	18.3	18.4	18.5	18.7	18.8
25.0	18.4	18.5	18.7	18.8	18.9	19.1	19.2	19.3	19.5	19.6	19.7	19.9	20.0
26.0	19.6	19.7	19.8	20.0	20.1	20.3	20.4	20.6	20.7	20.9	21.0	21.1	21.3
27.0	20.8	20.9	21.1	21.2	21.4	21.5	21.7	21.8	22.0	22.1	22.3	22.4	22.6
28.0	22.0	22.1	22.3	22.4	22.6	22.8	22.9	23.1	23.3	23.4	23.6	23.7	23.9
29.0	23.2	23.4	23.5	23.7	23.9	24.1	24.2	24.4	24.6	24.7	24.9	25.1	25.3
30.0	24.5	24.6	24.8	25.0	25.2	25.4	25.5	25.7	25.9	26.1	26.3	26.5	26.6
31.0	25.8	25.9	26.1	26.3	26.5	26.7	26.9	27.1	27.3	27.5	27.7	27.8	28.0
32.0	27.1	27.3	27.5	27.7	27.9	28.1	28.3	28.5	28.7	28.9	29.1	29.3	29.5
33.0	28.4	28.6	28.8	29.0	29.2	29.4	29.7	29.9	30.1	30.3	30.5	30.7	30.9
34.0	29.8	30.0	30.2	30.4	30.6	30.9	31.1	31.3	31.5	31.7	32.0	32.2	32.4
35.0	31.2	31.4	31.6	31.8	32.1	32.3	32.5	32.7	33.0	33.2	33.4	33.7	33.9
36.0.	32.6	32.8	33.0	33.3	33.5	33.7	34.0	34.2	34.5	34.7	34.9	35.2	35.4
37.0	34.0	34.2	34.5	34.7	35.0	35.2	35.5	35.7	36.0	36.2	36.5	36.7	37.0
38.0	35.4	35.7	35.9	36.2	36.5	36.7	37.0	37.2	37.5	37.8	38.0	38.3	38.6
39.0	36.9	37.2	37.4	37.7	38.0	38.3	38.5	38.8	39.1	39.3	39.6	39.9	40.2
40.0	38.4	38.7	39.0	39.2	39.5	39.8	40.1	40.4	40.6	40.9	41.2	41.5	41.8
41.0	39.9	70.2	40.5	40.8	41.1	41.4	41.7	42.0	42.3	42.5	42.8	43.1	43.4
42.0	41.4	41.7	42.1	42.4	42.7	43.0	43.3	43.6	43.9	44.2	44.5	44.8	45.1
43.0	43.0	43.3	43.6	43.9	44.3	44.6	44.9	45.2	45.5	45.8	46.2	46.5	46.8
44.0	44.6	44.9	45.2	45.6	45.9	46.2	46.5	46.9	47.2	47.5	47.9	48.2	48.5
45.0	46.2	46.5	46.9	47.2	47.5	47.9	48.2	48.5	48.9	49.2	49.6	49.9	—
46.0	47.8	48.1	48.5	48.8	49.2	49.5	49.9	—	—	—	—	—	—
47.0	49.4	49.8	—	—	—	—	—	—	—	—	—	—	—

注　1. 表内未列数值可用内差法求得，精确至 0.1MPa。

2. 表中 R_a 为修正后的测区回弹值，v_a 为修正后的超声声速值，f^c_{cu} 为测区混凝土强度换算值。

参 考 文 献

[1] 于忠涛，范忠明．桥隧结构检测技术．北京：人民交通出版社，2007.
[2] 王建华，孙胜江．桥涵工程试验检测技术．北京：人民交通出版社，2004.
[3] 卞国炎．公路施工试验与检测．北京：人民交通出版社，2003.
[4] 刘自明．桥梁工程检测手册．北京：人民交通出版社，2002.
[5] 朱新实，刘效尧．预应力技术及材料设备．北京：人民交通出版社，2005.
[6] 刘志强．公路工程试验检测技术与标准规范应用实务手册．长春：吉林音像出版社，2003.
[7] 周福田．土工试验及地基承载力检测．北京：人民交通出版社，2000.
[8] 朱之基．混凝土灌注桩质量无损检测技术．北京：人民交通出版社，1993.
[9] 吴新璇．混凝土无损检测技术手册．北京．人民交通出版社，2003.
[10] 刘志明，王邦楣．桥梁工程鉴定与加固手册．北京：人民交通出版社，2004.
[11] 陈开利，王邦楣，林亚超．桥梁工程检测手册．北京：人民交通出版社，2005.
[12] 金桃，张美珍．公路工程检测技术．北京：人民交通出版社，2005.
[13] 谌润水，胡钊芳．公路桥梁荷载试验．北京：人民交通出版社，2003.
[14] 黄晓明，张晓冰，高英．公路工程检测手册．北京：人民交通出版社，2004.
[15] 周德军．公路与桥梁检测技术．北京：人民交通出版社，2005.
[16] 夏连学，宁金成．公路与桥梁结构检测．郑州：黄河水利出版社，2002.
[17] 张俊平．桥梁检测．北京：人民交通出版社，2002.
[18] 张美珍．公路工程试验与检测．北京：人民交通出版社，2003.
[19] 孙忠义，王建华．公路工程试验工程师手册．北京：人民交通出版社，2004.
[20] 陈建勋，马建秦．隧道工程检测技术．北京：人民交通出版社，2005.
[21] 杨文渊．公路工程质检工程师手册——桥涵工程部分．北京：人民交通出版社，2005.